LEHMANN / HENRICH · DEUTSCHES FAMILIENRECHT

Lehrbücher und Grundrisse der Rechtswissenschaft

Vierter Band

Berlin 1967

WALTER DE GRUYTER & CO.

vormals G. J. Göschen'sche Verlagshandlung — J. Guttentag, Verlagsbuchhandlung
Georg Reimer — Karl J. Trübner — Veit & Comp.

Deutsches Familienrecht

von

Professor Dr. jur., Dr. rer. pol. h. c., Dr. phil. h. c.

Heinrich Lehmann †

Vierte, neubearbeitete Auflage

von

Dr. Dieter Henrich

Professor an der Universität Marburg

Berlin 1967

WALTER DE GRUYTER & CO.

vormals G. J. Göschen'sche Verlagshandlung — J. Guttentag, Verlagsbuchhandlung
Georg Reimer — Karl J. Trübner — Veit & Comp.

Archiv-Nr. 23 05671
Satz und Druck: Walter de Gruyter & Co., Berlin 30

Vorwort zur vierten Auflage

Die 3. Auflage des Familienrechts von Heinrich Lehmann erschien 1960. Seither ist vieles geschehen. Das Familienrechtsänderungsgesetz vom 11. 8. 1961 ordnete große Teile des Familienrechts neu. Rechtsprechung und Schrifttum trugen das Ihre dazu bei, Zweifelsfragen zu klären. Sie ließen aber auch manche Frage neu entstehen. In der Neubearbeitung wurde dieser Weiterentwicklung des Familienrechts Rechnung getragen. Kein Kapitel konnte unverändert bleiben. Trotz der Fülle der Änderungen blieb jedoch die Grundstruktur des Buches erhalten. Sie hat sich bewährt. Das Buch soll bleiben, was es war: ein Lehrbuch, das den Studenten und jeden am Familienrecht Interessierten kurz, klar und zuverlässig in das geltende Recht einführt, darüber hinaus aber auch die treibenden Kräfte und Leitgedanken der Entwicklung sichtbar macht und so das Verständnis für die Weiterentwicklung erleichtert.

Zu danken habe ich Herrn Referendar J. Pirrung, der mir bei der Sammlung des Materials, und meiner Assistentin, Fräulein D. Kümmel, die mir bei der Lektüre der Druckfahnen und der Anfertigung der Register geholfen hat.

Marburg, den 2. November 1966 Dieter Henrich

Vorwort zur ersten Auflage

Die Mitarbeit am Aufbau der juristischen Fakultät und überhaupt der Universität Köln hat meine Kräfte in den letzten Jahren so in Anspruch genommen, daß die schriftstellerische Arbeit zurücktreten mußte. Deshalb vermag ich erst heute den Grundriß des Familienrechts vorzulegen.

Mein Streben ging dahin, neben der dogmatisch-systematischen Verarbeitung des Rechtsstoffes auch die treibenden Kräfte und Leitgedanken des „Familienrechts" herauszuarbeiten und seine Vorschriften und Einrichtungen zweckbegrifflich zu würdigen — selbstverständlich in den Grenzen, die durch die Anlage unserer Grundrisse gezogen sind. Mir scheint, daß wir gegenüber einem Gesetz, das die Abstraktion so weit getrieben hat, wie das BGB., die inhaltliche Bedeutung seiner Rechtssätze mehr hervorheben, daß wir die wirtschaftliche und soziale Funktion seiner Einrichtungen stärker betonen müssen. Die Rechtswissenschaft darf nicht zu einer reinen Formwissenschaft erstarren, wenn die Jünger des Rechts ihre Aufgabe als Mitschöpfer und Bildner passender Lebensformen richtig erfüllen sollen. Das können sie nur, wenn sie zum Sach- und Zweckdenken erzogen werden und sich stets vergegenwärtigen, daß die Rechtsordnung eine praktische und gerechte Lebensordnung sein will und soll.

Schopenhauer hat einmal gesagt, daß der innerste Kern jeder echten und wirklichen Erkenntnis eine Anschauung sei, daß alle großen Köpfe stets in Gegenwart der Anschauung gedacht haben. Auf den Juristen angewandt: Es gilt mehr aus den Dingen heraus, statt an die Dinge heran zu denken. Das ist es ja auch, wodurch sich die klassische Jurisprudenz der Römer von der nachklassischen und der Scholastik unterscheidet. Möchte es mir gelungen sein, meiner Darstellung etwas von diesem Geist echt juristischer Betrachtungsweise einzuhauchen.

Köln, Silvesterabend 1925 Heinrich Lehmann

Inhaltsverzeichnis

Einleitung

I. Abschnitt. Eherecht

II. Abschnitt. Kindschafts- und Verwandtschaftsrecht

III. Abschnitt. Vormundschaftsrecht

Einleitung

§ 1. Begriff, Wesen und gesetzliche Regelung des Familienrechts

I. Begriff

Das *Familienrecht* soll die *Familienbeziehungen* regeln, das heißt die Lebensbeziehungen, die sich aus *Ehe* und *Abstammung* (Verwandtschaft) ergeben. Den Kreis der betroffenen Personen kann man enger oder weiter ziehen. Die „*Großfamilie*" ist die Gemeinschaft aller Blutsverwandten, die „*Kleinfamilie*" umfaßt nur die Ehegatten und die Kinder. *Familie im Rechtssinn ist die Gesamtheit* der durch *Ehe* oder *Verwandtschaft* (*Abstammung*) verbundenen Personen.

Die *Hauptbestandteile* des Familienrechts des BGB bilden danach das *Ehe-* und das *Verwandtschaftsrecht.*

Kein Familienverhältnis im eigentlichen Sinne ist die *Vormundschaft*, aber sie ist *Ersatz* eines solchen. Die Vormundschaft über *Minderjährige* ersetzt die mangelnde *elterliche Fürsorge* — und auch die Vormundschaft über *Volljährige* ist nach dem Vorbild der elterlichen Gewalt gestaltet. Andererseits verweist das Gesetz bei der Regelung der elterlichen Gewalt mehrfach auf das Vormundschaftsrecht; vgl. §§ 1642, 1643, 1667. Nicht bloß der *Zweck* der Vormundschaft rechtfertigt ihre Regelung im Familienrecht, sondern auch ihre *geschichtliche Verknüpfung* mit der Familie, der nach deutschem Recht die Sorge und Vertretung ihrer schutzbedürftigen Angehörigen vorbehalten war.

Ehe-, Verwandtschafts- und Vormundschaftsrecht sind Ausflüsse eines einheitlichen germanischen Rechtsbegriffs, der Munt (manus). Mundium, Muntrecht bedeutet Schutzrecht und Schutzpflicht über freie Personen auf Grund eines besonderen Verhältnisses, hier des Familienverhältnisses. Die familienrechtliche Munt stand dem Familienhaupte zu und sonderte sich in die ehemännliche, väterliche und vormundschaftliche Munt. Diese ging dann später auf die Sippe über, für die der nächste Schwertmage zunächst als „gekorener" Vormund die Verwaltung übte, bis zuletzt die Gesamtvormundschaft der Sippe zur Obervormundschaft verblaßte und der nächste Schwertmage als „geborener" Einzelvormund übrigblieb.

Danach zerfällt das Familienrecht des BGB in drei Abschnitte:

1. *Abschnitt: Eherecht*, §§ 1297 bis 1588;
2. *Abschnitt: Verwandtschaftsrecht*, §§ 1589 bis 1772;
3. *Abschnitt: Vormundschaftsrecht*, §§ 1773 bis 1921.

II. Wesen

Das Familienrecht ist ein Teil der *Privatrechtsordnung*. Seinem Grundgehalt nach ist es *Sozialrecht*. Nur *ausnahmsweise* haben seine Vorschriften *öffentlichrechtliche* Natur.

Das *Privatrecht* hat die Aufgabe, die *Entfaltung* der freien *Einzelpersönlichkeit* zu gewährleisten. Dieser Aufgabe wird es gerecht, indem es dem Einzelnen einen bestimmten Anteil an den Lebensgütern zuweist, ihm einen Machtkreis schafft, und zugleich dessen grundsätzlich selbstherrliche Gestaltung ermöglicht. Das *Vermögensrecht* (Sachen- und Erbrecht) und das *Verkehrsrecht* (Schuldrecht) sind der Kern jeder Privatrechtsordnung.

Damit sind aber die Aufgaben der Privatrechtsordnung noch nicht erfüllt. Zwischen dem Einzelnen und dem Staat steht die *Familie*. Durch sie und in ihr bildet und gestaltet sich die Einzelpersönlichkeit, in ihr findet sie ihre Ergänzung. Die Familie steht geschichtlich sogar *vor* dem Staat, sie ist älter als er. Sie ist die Urzelle der staatlichen Gemeinschaft: in ihr hat der angeborene Geselligkeitstrieb seine erste Befriedigung gefunden.

Die Familie entsteht durch natürliche Vorgänge. Die Familienbeziehungen tragen als natürliche Beziehungen schon eine gewisse Regelung in sich: sie empfangen diese durch *Natur*, *Religion* und *Sitte*.

Der Staat kann sich wegen der Bedeutung der Familie für das Wohl des einzelnen und der Gesamtheit mit dieser natürlichen Ordnung nicht begnügen, er muß die Familienbeziehungen auch einer *rechtlichen* Regelung unterwerfen und ihnen Schutz verleihen.

Zunächst sucht der Staat in der Familie die Stätte für die Entwicklung und Ergänzung der *Einzelperson* zu schützen. Dabei übt er wegen des vorwiegend sittlichen und religiösen Charakters der Familienbeziehungen weise *Zurückhaltung*, er überläßt ihre Gestaltung in weitem Umfange der *Privatautonomie*, erkennt die *Selbstverwaltung* der Familie an. Dieser Zweck und diese Grundhaltung des Gesetzgebers sprechen für die Einordnung des Familienrechts in das *Privatrecht*.

Auf der anderen Seite läßt die starke persönliche Verbundenheit und Abhängigkeit der Familienmitglieder die *Gesamtinteressen* viel mehr in den Vordergrund treten, als dies im Vermögens- und Verkehrsrecht geschieht. Ein eigennütziger Gebrauch der Familienstellung müßte dem *Familienverband* gefährlich werden, aber auch der *staatlichen* Gemeinschaft selbst schaden; denn von der Rein- und Gesunderhaltung der Ehe und der Familienbeziehungen hängt letzthin die staatliche Wohlfahrt noch mehr ab als von dem Gedeihen der einzelnen Privatwirtschaften. Deshalb müssen sich die *Sonderinteressen* der Einzelnen durch das Familienrecht eine *starke Beschränkung* zugunsten der höheren Einheit der Familie und der staatlichen Gemeinschaft gefallen lassen.

Gleichwohl wäre es verfehlt, das Familienrecht wegen dieser Berücksichtigung der Gesamtinteressen grundsätzlich als Teil des *öffentlichen* Rechts zu betrachten. Zum öffentlichen Recht gehören nur die Vorschriften, die *unmittelbar* die Interessen des *Staates* und seiner Teile, der *öffentlichen Verbände*, schützen wollen und die die einzelnen Rechtsträger gerade als *Mitglieder* eines solchen *Verbandes* mit diesem in Beziehung setzen. Solche Vorschriften sind auch im Familienrecht enthalten. Man denke an die Mitwirkung des Standesbeamten beim Eheschluß, an die Überwachung der Kindererziehung durch das Vormundschaftsgericht. Aber in der Hauptsache sind die Gemeinschaftsinteressen, deren unmittelbaren Schutz das Familienrecht bezweckt, nicht solche des Staates und der öffentlichen Verbände, sondern eines *engeren*, im Staate bestehenden *sozialen* Verbandes, eben des *Familien*verbandes. Erst mittelbar wird aus ihrer Befriedigung das Gedeihen der staatlichen Gesamtheit erwartet. Rechte und Pflichten werden durch das Familienrecht dem Einzelnen grundsätzlich nicht in seiner Sonderexistenz, aber auch nicht in seiner Eigenschaft als Staatsglied, sondern in seiner organischen Verbindung mit den anderen Gliedern der Familie, als *Familien*mitglied, zugesprochen.

Die Normen, die das Interesse der *sozialen* Verbände unmittelbar schützen, die Beziehungen der menschlichen Willensträger als *Gesellschaftswesen* regeln, bilden das *Sozialrecht*. Das Sozialrecht darf nun aber keineswegs in seiner Gesamtheit als öffentliches Recht bezeichnet werden; es gibt unendlich viel Sozialrecht, das nicht Staatsrecht ist; vgl. *v. Gierke*, Deutsches Privatrecht I 27. Der Staat weist dem Sozialrecht — je nach dem Wert, das er ihm für sein eigenes Leben zumißt — eine verschiedene Stellung zu. Bald schützt er die Interessen der sozialen Verbände in den Formen und mit den Mitteln des Privatrechts — so grundsätzlich im Familienrecht; bald schützt er sie auch mit den Mitteln des öffentlichen Rechts, macht sie geradezu zu staatlichen Interessen — so zu einem erheblichen Teil im modernen Arbeitsrecht.

Art. 6 GG stellt *Ehe* und *Familie* unter den *besonderen Schutz* der *staatlichen Ordnung*. Auch dadurch wird das Familienrecht nicht zum *öffentlichen* Recht. Denn darin liegt nichts anderes als die Verheißung, die Familienbeziehungen *bevorzugt* zu schützen. Über die *Formen* und *Mittel* des Schutzes ist damit nichts gesagt.

Danach bilden den Grundstock des Familienrechts *sozial*rechtliche Normen *nicht öffentlich*rechtlicher Natur, die die Beziehungen der menschlichen Willensträger als *Gesellschaftswesen*, und zwar als *Familienmitglieder*, ordnen.

Daneben finden sich *individual*rechtliche Normen von zweifellos *privat*rechtlicher Natur, die die Sonderinteressen der Einzelnen als solche schützen wollen, insbesondere die Entfaltung der Eigenpersönlichkeit trotz Einordnung in den Familienverband gewährleisten.
Endlich finden sich im geringeren Umfange *öffentlich*rechtliche Vorschriften, die Beziehungen zwischen dem *Staat* als *solchem* und dem Einzelnen in seiner Eigenschaft als *Staatsglied* herstellen, z. B. die Mitwirkung von Behörden vorsehen, wie die des Standesbeamten, der Vormundschaftsbehörden, des Jugendamts usw. Die neuere Entwicklung hat diesen öffentlichrechtlichen Einschlag des Familienrechts erheblich verstärkt. Das Jugendwohlfahrtsgesetz erkennt z. B. dem Kinde neben dem privatrechtlichen Anspruch gegen die Eltern einen *öffentlich*rechtlichen Anspruch gegen den Staat auf Erziehung zu. Und Art. 6 IV GG erkennt den Anspruch jeder Mutter auf Schutz und Fürsorge durch die Gemeinschaft ausdrücklich an.

III. Überblick über die gesetzliche Regelung des Familienrechts

Während das BGB in seinem Paragraphengefüge im allgemeinen unverändert bestehen geblieben ist, hat sich sein viertes Buch — *Familienrecht* — einschneidende Abänderungen gefallen lassen müssen.

1. Am fühlbarsten waren die Eingriffe in das *Eherecht*, das das BGB im ersten Abschnitt über die „Bürgerliche Ehe“ (§§ 1297—1588) geregelt hat.
Das *Ehemißbrauchsgesetz* vom 23. 11. 1933 wandte sich gegen Mißbräuche bei der Eheschließung (Namensehe) und fügte den § 1325a ein, der in das Ehegesetz von 1938 (§ 23) einging und von § 19 EheG 1946 wörtlich übernommen wurde. Die im Ehemißbrauchsgesetz ursprünglich vorgesehene Nichtigkeit der Staatsangehörigkeitsehe wurde gestrichen.
Ein Gesetz vom 12. 4. 1938 über die *Änderung familienrechtlicher Vorschriften* regelte einige Ehehindernisse und die Befreiung davon neu.
Das am 6. 7. 1938 erlassene *Ehegesetz* (Gesetz zur Vereinheitlichung des Rechts der Eheschließung und der Ehescheidung im Lande Österreich und im übrigen Reichsgebiet) brachte eine Reform des ganzen Rechtes der Eheschließung, Ehenichtigkeit, Eheaufhebung und Ehescheidung; es ersetzte namentlich die Eheanfechtung durch die Eheaufhebungsklage und ermöglichte die Ehescheidung nach dreijähriger Heimtrennung.
Nach dem Zusammenbruch der nationalsozialistischen Herrschaft wurde das Ehegesetz 1938 von den nationalsozialistischen Bestimmungen gereinigt und durch das *Ehegesetz* des *alliierten Kontrollrats* vom 20. 2. 1946 ersetzt. Dieses Ehegesetz gilt noch heute. Von Art. 3 GG ist es unbe-

rührt geblieben, weil laut Art. 1 des Überleitungsvertrags Kontrollratsrecht nur in einem besonderen Verfahren geändert oder außer Kraft gesetzt werden kann, und Art. 142a GG ausdrücklich feststellt, daß die Bestimmungen des Überleitungsvertrags den Vorrang vor den Artikeln des Grundgesetzes haben.

Allerdings ist der Gesetzgeber seit dem Inkrafttreten des *Überleitungsvertrages* (5. 5. 1955) von Verfassungs wegen verpflichtet, besatzungsrechtliche Vorschriften in angemessener Frist an das *Grundgesetz anzupassen*. Eine Verletzung dieser Pflicht kann vom Bundesverfassungsgericht festgestellt werden; vgl. BVerfG, FamRZ 1963, 228. Soweit Vorschriften des Ehegesetzes durch den Bundesgesetzgeber bereits geändert worden sind, sind sie Bestandteil des Bundesrechts geworden und können folglich auch auf ihre Verfassungsmäßigkeit überprüft werden; vgl. OLG Hamm, FamRZ 1963, 248 und 1964, 212.

Durch *Kontrollratsgesetz* vom 21. 4. 1947 wurde § 15a EheG eingeführt, der die Eheschließung von Ausländern in Deutschland betrifft.

Die *Durchführungsverordnungen* zum Ehegesetz 1938 blieben, soweit sie nicht mit dem Ehegesetz von 1946 unvereinbar waren, zunächst in Kraft, § 79 EheG. Das *Familienrechtsänderungsgesetz* vom 11. 8. 1961 hat jedoch die Mehrzahl von ihnen aufgehoben. Gegenwärtig gelten nur noch einige Vorschriften der 1. DVO vom 27. 7. 1938 und — in modifizierter Form — die 6. DVO vom 21. 10. 1944, die sogenannte Hausratsverordnung.

Einige Gesetze regelten verschiedene Kriegsfolgen, so das Gesetz über die *Anerkennung von Nottrauungen* vom 2. 12. 1950, das Gesetz über die *Anerkennung freier Ehen rassisch und politisch Verfolgter* vom 23. 6. 1950 (in der Fassung des Gesetzes vom 7. 3. 1956) und das Gesetz über die *Rechtswirkungen des Ausspruchs einer nachträglichen Eheschließung* vom 29. 3. 1951.

Die einschneidendsten Änderungen der Nachkriegszeit brachte die Verwirklichung des *Grundsatzes von der Gleichberechtigung der Geschlechter* (Art. 3 II GG). Dieser Grundsatz ist seit dem 1. 4. 1953 geltendes Recht. Entgegenstehende Vorschriften sind seit dieser Zeit außer Kraft. Die Gerichte mußten, da der Gesetzgeber säumig war, zunächst ohne gesetzliche Grundlagen Recht sprechen. Nach einer Epoche ziemlicher Unsicherheit — es gab zahlreiche einander widersprechende Urteile — trat dann schließlich am 1. 7. 1958 das *Gleichberechtigungsgesetz* vom 18. 6. 1957 in Kraft. Der Gesetzgeber mußte sich freilich bald den Vorwurf machen lassen, das Gleichberechtigungsgebot nicht in allen Punkten berücksichtigt zu haben. Das BVerfG erklärte am 29. 7. 1959 die durch das GleichberG geänderten §§ 1628 und 1629 I BGB für nichtig.

Die Hauptbedeutung des *Familienrechtsänderungsgesetzes* vom 11. 8. 1961 liegt auf dem Gebiete des Kindschaftsrechts, aber auch verschiedene Bestimmungen des Ehegesetzes sind von ihm neu gefaßt worden. Von den Änderungen ist insbesondere die Erschwerung der Ehescheidung gegen den Widerspruch des schuldlosen Teiles zu nennen (§ 48 II EheG).

2. Das *Verwandtschafts-* und das *Vormundschaftsrecht* des BGB sind nicht im gleichen Ausmaß wie das Eherecht geändert worden, wenngleich auch hier tiefgehende Eingriffe durch Sondergesetze vorgenommen wurden.
Abgesehen von den Bestimmungen des Gesetzes über die *Änderung familienrechtlicher Vorschriften* vom 12. 4. 1938 über die Anfechtung der Ehelichkeit, die Abstammungsfeststellung und die Annahme an Kindes Statt wirkte sich am einschneidendsten aus die Jugendwohlfahrtsgesetzgebung, die mit dem *Reichsjugendwohlfahrtsgesetz* vom 9. 7. 1922 einsetzte. Dieses Gesetz stellte der Dilettantenvormundschaft des BGB die Amtsvormundschaft entgegen. Es ist mehrfach geändert worden, zuletzt in der Neubekanntmachung vom 11. 8. 1961. Schon vorher war das Gesetz über die *religiöse Kindererziehung* vom 15. 7. 1921 ergangen.
Von den neueren Gesetzen verdienen insbesondere das *Gleichberechtigungsgesetz* vom 18. 6. 1957 und das *Familienrechtsänderungsgesetz* vom 11. 8. 1961 Erwähnung, das Gleichberechtigungsgesetz, weil es die Beziehungen der Kinder zu ihren Eltern neu ordnete, und das Familienrechtsänderungsgesetz insbesondere wegen seiner Reformen auf dem Gebiete der Anfechtung der Ehelichkeit und der Adoption.

3. Die *Regelung des Verfahrens* ist durch die §§ 606—687 ZPO und durch das Gesetz über die Angelegenheiten der freiwilligen Gerichtsbarkeit vom 17. 5. 1898 erfolgt. Auch hier brachten das Gleichberechtigungsgesetz und das Familienrechtsänderungsgesetz zahlreiche Neuerungen. Die *Beurkundung* personenrechtlicher Vorgänge wurde durch das Personenstandsgesetz vom 3. 11. 1937 in der Fassung vom 8. 8. 1957 neu geregelt. Dazu trat die AVO vom 12. 8. 1957.

§ 2. Treibende Kräfte und Leitgedanken des Familienrechts. Kritische Stellungnahme zum BGB

Auf keinem Gebiet des Privatrechts sieht sich der Gesetzgeber vor schwierigere Aufgaben gestellt als auf dem des Familienrechts. Nirgendwo sonst sind die Gegensätze größer, nirgendwo sonst außerrechtliche Mächte stärker als hier. Stehen doch in Widerstreit: Persönliches zu Überpersönlichem, sittliche Mächte, Weltanschauungen zur starren Rechtsordnung, nationale Eigenart zum Zweckgedanken, Kirche zum

Staat, Geschlecht zu Geschlecht, Generation zu Generation, Einzelwirtschaft zur Gesamtwirtschaft, Sonderinteressen des einzelnen zu gesellschaftlichen Forderungen des Staatswohles, der Volksgesundheit und Volkserziehung.

Nirgendwo sonst muß deshalb das positive Recht dem kritischen Blick mehr als die Verkörperung des ewig Gestrigen erscheinen. Für das BGB, das ein richtiges Kompromißwerk einer Übergangsepoche ist, gilt das in verstärktem Maße. Seine Hinneigung zur abstrakten, formaljuristischen Regelung, die den sachlichen Leitgedanken oft genug zurücktreten läßt, wirkt hier am unerfreulichsten. Wo das Gesetz Zurückhaltung übt, erscheint es kleinlich. Und auch wo es die Gegensätze auszugleichen versucht, vermißt man oft die Großzügigkeit.

Viel volkstümlicher ist demgegenüber die Regelung des Familienrechts im Schweizer ZGB ausgefallen! Man vergleiche etwa die Formulierung der allgemeinen Rechte und Pflichten der Ehegatten in Art. 159 ZGB:

Durch die Trauung werden die Ehegatten zur ehelichen Gemeinschaft verbunden.
Sie verpflichten sich gegenseitig, das Wohl der Gemeinschaft in einträchtigem Zusammenwirken zu wahren und für die Kinder gemeinsam zu sorgen.
Sie schulden einander Treue und Beistand.

Menschheitswert und Würde der Ehe kommen hier ohne übertriebenes Moralisieren weit schöner zur Geltung als in dem nüchternen Satz des § 1353 BGB: „Die Ehegatten sind einander zur ehelichen Lebensgemeinschaft verpflichtet."

Die wissenschaftliche Darstellung des Familienrechts des BGB hat deshalb die Aufgabe, die *treibenden Kräfte* und *Leitgedanken* der Regelung möglichst sichtbar zu machen.

I. Persönlicher und sittlicher Charakter der Familienbeziehungen — Zurückhaltung des Gesetzes

Durchaus im Vordergrund steht die große Bedeutung der *Persönlichkeit* für die Familie.

Vornehmlich gilt das für die *Ehe*. Körperlicher Geschlechtstrieb und seelisches Bedürfnis nach Liebe und Gegenliebe führen die Gatten zueinander, sie suchen zunächst *sich selber*. Die Ehe wird geschlossen als ein Individualbund zu gegenseitigem Genügen und gegenseitiger Ergänzung. In dem Maße, wie diese Absicht sich verwirklicht und in jedem Gatten eine verständnis- und liebevolle ergänzende Fürsorge für den anderen ausgelöst wird, läutert sich dann dieser Eigenbund (Individualbund) zu einem Gemeinschaftsbund (Sozialbund).

Die Vertiefung des *Eltern- und Kindesverhältnisses* ist nicht minder eine Frage der *Persönlichkeit*. Sie hängt davon ab, wie weit die Hilfsbedürftigkeit des Kindes und der Trieb der Zuneigung zum eigenen Blut *seelische* Kräfte in den Eltern und Kindern auslösen, ein aus Liebe, Fürsorge, Autorität und Gehorsam eigentümlich gemischtes Verhältnis erzeugen. Weil die Familienbeziehungen sich nicht in einer Naturverbindung erschöpfen, sondern im *Persönlichen* wurzeln, *seelischen* Bedürfnissen des Menschen entsprechen und diese befriedigen, tragen sie zugleich *sittlichen* Charakter. Unmittelbarer und eigentlicher Träger der Sittlichkeit ist immer die *Einzelpersönlichkeit.*

Das Beste bei der glücklichen Gestaltung des Familienlebens muß demnach von der *Persönlichkeit,* ihrer *sittlichen* Kraft erwartet werden — zumal die Verpflichtungen aus der Familiengemeinschaft sich nicht in einer einmaligen Leistung erschöpfen, sondern eine *fortwährende,* lebendige Hingabe der Mitglieder an die Gemeinschaft verlangen. Deshalb geziemt dem Gesetzgeber vor allem weise *Zurückhaltung* bei der Regelung des Familienrechts. Er kann nicht durch *Vorschriften gewährleisten,* daß die Zwecke der Familiengemeinschaft erreicht werden, er muß sich damit begnügen, ihre Förderung anzustreben, Störungen fernzuhalten. Die ideale Gestaltung muß Sache des Einzelfalles bleiben. Nirgendwo gilt mehr als hier, daß das Recht sich mit einem „*ethischen Minimum*" bescheiden, das Beste von der Freiwilligkeit des Einzelnen erwarten muß. In der *Ehe,* wo die rechte eheliche Gesinnung herrscht, regelt sich meist alles von selbst. Der Staat hat hauptsächlich die Aufgabe, da einzugreifen, wo die sittlichen Kräfte versagen und die Beziehungen zwischen den Gatten Schaden gelitten haben. Hier muß er Mißbräuchen entgegentreten, die zur Verkümmerung der Persönlichkeit und der Vermögensinteressen des unterdrückten Teils führen können. Das BGB hat dieser Erkenntnis nicht immer genügend Rechnung getragen und seine eherechtlichen Vorschriften zu sehr nach dem Ideal der vollkommenen Ehe aufgestellt, während sie doch vornehmlich für die zerstörte Ehe praktisch werden. Dieser Vorwurf traf namentlich das eheliche *Güterrecht.* Die Neuordnung des Güterrechts durch das Gleichberechtigungsgesetz zeigt realistischere Züge.

Das *Kindschaftsverhältnis* verträgt und erfordert eine eingehende Regelung auch für den *normalen* Fall, weil die Erziehungsgewalt der Eltern über das unmündige Kind normiert und abgegrenzt werden muß, und ebenso bedarf die wirtschaftliche Seite des Kindschaftsverhältnisses einer genaueren Ordnung.

Ganz anders liegen die Dinge für das *Vormundschaftsverhältnis.* Die Vormundschaft als Amt der Obhut und Vertretung schutzbedürftiger, nicht unter elterlicher Gewalt stehender Personen ist eine *reine Rechtseinrichtung* und erfährt ihre Regelung überhaupt erst durch die Rechtsordnung.

II. Die religiöse Seite der Familie — Staat und Kirche

Die Familienbeziehungen bedürfen nicht bloß rechtlicher Regelung, sie haben auch eine *religiöse* Seite. Die beiden großen Mächte: *Staat* und *Kirche* sind an ihrer Ordnung gleichmäßig interessiert, besonders an der Ehe.

Keine kann auf ihre Regelung verzichten, die Kirche nicht, wenn sie ihre religiösen Aufgaben erfüllen will, der Staat nicht, weil die Ehe als Grundlage aller rechtlichen Ordnung der rechtlichen Regelung und der dadurch erzeugten Rechtssicherheit bedarf, weil ferner bei dem Widerstreit der Kirchen die Ehe zwischen Angehörigen verschiedener Bekenntnisse und Bekenntnislosen ermöglicht werden muß. Der Staat kann heute nicht mehr einer einzelnen Kirche die Regelung des Eherechts überlassen, er muß von sich aus die Voraussetzungen aufstellen, unter denen er eine Ehe im Rechtssinn anerkennen und ihre Trennung gestatten will. Für den Staat sind dabei mehr praktische Gesichtspunkte, wirtschaftliche und soziologische, gelegentlich auch bevölkerungspolitische, maßgebend, die Kirchen lehnen sich dagegen an Offenbarungen und Dogmen an.

Aus diesen Gründen wird man sowohl der kirchlichen wie der staatlichen Gemeinschaft das Recht zusprechen müssen, die Ehe und die Familienbeziehungen im Hinblick auf *ihre* Zwecke selbständig zu regeln. Wünschenswert aber ist, daß diese Regelungen sich streng auf das Gebiet der eigentümlichen Aufgaben der fraglichen Gemeinschaft beschränken und alle unnötigen Widerstreite vermeiden, um so ihren Angehörigen einen Modus vivendi zu eröffnen, wonach diese den beiderseitigen Vorschriften ohne Konflikte der Pflichten nachkommen können. Dieses hohe Ziel ist im wesentlichen durch das BGB erreicht.

Das grundsätzliche Verhältnis der kirchlichen und der staatlichen Ehegesetzgebungsgewalt hat viele Wandlungen durchgemacht. Die alleinige Zuständigkeit der Kirche, die im Mittelalter allgemein anerkannt war, wurde zuerst erschüttert durch die Reformatoren, die die Sakramentsnatur der Ehe leugneten und die Ehe für ein „weltlich Ding" erklärten. Die Gesetzgebung der Aufklärungszeit nahm Eherecht und Ehegerichtsbarkeit als ausschließlichen Herrschaftsbereich des Staates in Anspruch. In Deutschland wurde die obligatorische Zivilehe durch das Reichspersonenstandsgesetz vom 6. 2. 1875 eingeführt und auch vom BGB beibehalten. Obwohl das BGB darüber hinaus die *ganze rechtliche* Seite der Ehe *selbständig* regelt, erkennt es an, daß die Ehe auch eine *religiöse* Seite hat und erklärt in § 1588, daß die *kirchlichen* Verpflichtungen in Ansehung der Ehe durch seine Vorschriften nicht berührt werden. Damit ist praktisch ein Ausgleich auf der oben angedeuteten Linie gewonnen und der religiöse Friede gewahrt. Demgegenüber darf in Kauf genommen werden, daß die Normen des staatlichen Eherechts zuweilen strenger

Einheitlichkeit und Folgerichtigkeit entbehren und Kompromißcharakter haben. Höher als die Konsequenz steht der religiöse Friede.

III. Nationale Tönung des Familienrechts

Weil die allgemeinen sittlichen und religiösen Ideen, die in einer Volksgemeinschaft herrschen, auf dem Gebiete des Familienrechts vorwiegende Bedeutung haben, ist das Familienrecht mehr als alle anderen Teile einer Privatrechtsordnung *national* getönt. Diese Bodenständigkeit des Familienrechts erklärt, daß das deutsche Familienrecht seinen *sozialrechtlichen* Charakter ziemlich bewahrt und sich am freiesten gehalten hat von dem Einfluß des stark *individualistischen römischen* Rechts der späteren Kaiserzeit.

Römisch-rechtliche Gedanken sind zwar schon vor der eigentlichen Rezeption durch Vermittlung der Kirche in Deutschland eingedrungen, etwa der Grundsatz: consensus facit nuptias. Die Rezeption hat dagegen das *persönliche* Familienrecht *sachlich* kaum beeinflußt, ihm in der Hauptsache nur römisch-rechtliche Benennung und Rechtstechnik gebracht. Erheblicher war ihre Bedeutung für das *Familiengüterrecht.* Die Aufnahme des Dotalrechts hat z. B. die weitere Entwicklung der Verwaltungsgemeinschaft mitbestimmt. Die Stellung des Vaters zum Kindesvermögen und die Ausgestaltung der Vormundschaft tragen zum Teil noch heute römisch-rechtliches Gepräge.

Im Augenblick stehen wir in einer Entwicklung, die, ausgelöst durch die Völkerwanderung der letzten 20 Jahre und gefördert durch die Massenkommunikationsmittel, Presse, Rundfunk und Fernsehen, die nationalen Unterschiede allmählich einebnet. Geistige Strömungen bleiben nicht mehr auf ein Land beschränkt, sondern verbreiten sich über Staaten mit einer gleichen oder ähnlichen Sozialstruktur. Von solchen Strömungen ist auch das Familienrecht erfaßt worden. Der Gedanke von der Gleichberechtigung der Geschlechter zählt dazu; Tendenzen zur Verstärkung des Jugendschutzes und der Verbesserung der Stellung der unehelichen Kinder sind allenthalben erkennbar.

Das hat zwar, von regionalen Vereinheitlichungen abgesehen, noch nicht zu einer allgemeinen *Rechtsvereinheitlichung* geführt, wohl aber zu einer beachtenswerten *Rechtsangleichung,* die noch vor kurzem für unerreichbar gehalten wurde; vgl. dazu *Neuhaus,* Europäisches Familienrecht?, Dölle-Festschrift II, 419ff.

IV. Wirtschaftliche Bedeutung der Familie

Die wirtschaftliche und soziale Bedeutung der Familie erschließt sich nur, wenn wir sie als *Haushaltungsgemeinschaft* erfassen. Dann umfaßt sie außer der Familie im Rechtssinn auch die sonstigen in die Hausgemeinschaft aufgenommenen Personen: Hauspersonal, landwirtschaftliche Hilfskräfte usw.

Im Haushalt haben wir eine Zusammenfassung wirtschaftlicher Kräfte, einen Sozialverband, der nicht minder wichtig ist als die gewerbliche Unternehmung und zahlenmäßig diese weit übertrifft. Während die Unternehmung eine *Erwerbs*veranstaltung ist, bildet der Haushalt einen Sozialverband zur dauernden *Beschaffung* und *Verwendung* von Gütern für die *eigene Versorgung.*

Die Eingliederung in die Erzeugungs- und Verzehrgemeinschaft des Haushalts verlangt, daß, wer sich am Verzehr beteiligt, auch nach seinen Kräften an der Beschaffung der Güter teilnimmt; vgl. §§ 1617, 1618. Die Bedeutung der Familie als *Produktionsgemeinschaft* ist freilich in dem Maße zurückgegangen, in dem wir von der geschlossenen Hauswirtschaft zur Tausch-, Geld- und Kreditwirtschaft übergegangen sind. Ein Stück hauswirtschaftlicher Betätigung nach dem anderen ist der Familienwirtschaft durch die Industrialisierung verlorengegangen, und damit hat sich der häusliche Lebenskreis zuerst des Mannes und dann der Frau immer mehr verkleinert.

Als das BGB entstand, wurden die Bedürfnisse der meisten Haushalte durch das *außerhäusliche* Arbeitseinkommen des *Mannes* gedeckt. Schon diese *wirtschaftliche* Stellung des Mannes als Ernährer der Familie rechtfertigte in den Augen der Gesetzgeber seine *rechtliche* Anerkennung als *Familienhaupt* — ganz abgesehen von der geschichtlich überkommenen, in der christlichen Moral begründeten Vorrangstellung des Mannes. Seitdem ist aber der Anteil der *Frau* an der volkswirtschaftlichen Produktion ständig gewachsen, sie ist in steigendem Maße aus dem Haus in die soziale Gemeinschaft ausgewandert. Immer mehr Frauen sehen sich genötigt, durch außerhäusliche Arbeit das sonst zum Unterhalt der Familie unzureichende Einkommen zu vergrößern.

Diese wirtschaftliche Umwälzung war eine der Haupttriebfedern für das Verlangen der Frau nach völliger *Gleichberechtigung* mit dem Mann.

V. Das Streben nach Gleichberechtigung

Auf die *wirtschaftliche* Entwicklung berief sich vor allem die sogenannte *Frauenbewegung*, die sich als eine rechtsbildende Kraft von höchster Bedeutung für die Gestaltung des Familienrechts erwiesen hat. Zur Zeit der Entstehung des BGB war die Frauenbewegung noch im Anfangsstadium. Nachdem sie als erstes ihre Forderungen nach politischer Gleichberechtigung der Frau und Teilnahme an der Staatsgewalt durchgesetzt hatte, sammelte sie alle Energie, um auch die völlige *privatrecht-*

liche Gleichstellung mit dem Manne für das Familienrecht zu erringen. Schon das BGB hatte zwar diesen Forderungen ein gewisses Verständnis entgegengebracht, aber doch im Grundsatz festgehalten am *patriarchalischen* und *christlichen* Eheideal. Danach ist die Ehe zwar eine Verbindung gleichwertiger, aber nicht gleichberechtigter Genossen; der *rechtliche Vorrang* gebührt dem *Mann* sowohl im Verhältnis der Gatten zueinander wie zu den Kindern. Demgegenüber vertraten die Anhänger der Frauenbewegung ein streng *individualistisches* Eheideal und verlangten restlose Beseitigung der Vorherrschaft des Mannes. In diesem Verlangen vereinten sich die Anhänger eines folgerichtig durchdachten Individualismus mit den Wortführern des *Sozialismus*. Daß sich auch diese für eine derartige individualistische Forderung eingesetzt haben, darf nicht wundernehmen. Denn nach Bebels Buch „Die Frau und der Sozialismus" erstrebt der Sozialismus einen Gesellschaftszustand, „in dem volle Gleichberechtigung *aller* ohne Unterschied des Geschlechts zur Geltung kommt".

Die Weimarer Reichsverfassung erklärte sich zugunsten dieser Forderungen. Art. 119 I sagt von der Ehe: „Sie beruht auf der Gleichberechtigung der beiden Geschlechter."

Das Grundgesetz hat dann 1949 das *Gleichberechtigungsgebot* in noch schärferer Form in Art. 3 II ausgesprochen und in Art. 6 auch für die Pflege und Erziehung der Kinder als maßgebend anerkannt. Das Besondere an dem Gleichberechtigungsgebot des Grundgesetzes war, daß es nicht mehr — wie in der WRV — als bloßer *Programmsatz* verstanden wurde, sondern als *aktuell geltende Norm*. Das Gleichberechtigungsgebot trat nach einer Übergangsfrist, die dem Gesetzgeber die Anpassung des geltenden Rechts an die neue verfassungsrechtliche Situation ermöglichen sollte, vom Gesetzgeber aber nicht genutzt wurde, am 1. 4. 1953 in Kraft. Damit trat alles dem Gleichberechtigungsgebot widersprechende Recht außer Kraft. Die Gerichte hatten nun bei jeder kritischen Norm zu prüfen,ob sie dem Art. 3 II GG widersprach oder nicht. Sie haben diese Aufgabe erstaunlich gut gelöst.

Am 18. 6. 1957 verabschiedete der Gesetzgeber das *Gesetz* über die *Gleichberechtigung von Mann und Frau* auf dem Gebiet des bürgerlichen Rechts. Am 1. 7. 1958 trat das Gesetz in Kraft. Sehr bald zeigte sich jedoch, daß mit diesem Gesetz den Forderungen des Grundgesetzes noch nicht Genüge geschehen war. Das *Bundesverfassungsgericht* entschied, daß die durch das Gleichberechtigungsgesetz neu formulierte Vorschrift des § 1628 BGB, die dem Vater den Stichentscheid bei Meinungsverschiedenheiten der Eltern in Angelegenheiten des Kindes (Schulbesuch, Ausbildungszwang, religiöse Erziehung usw.) zusprach, gegen das Gleichberechtigungsgebot verstoße; ebenso § 1629 I über das alleinige Vertretungsrecht des Vaters. Die bestehenden biologischen oder funktionellen Verschiedenheiten zwischen Mann und Frau könnten, so meinte das Bundesverfassungsgericht, die Beziehungen zu den Kindern keineswegs so entscheidend beeinflussen, daß die vergleichbaren Elemente dahinter zurücktreten müßten; diesen komme das Übergewicht zu. Die Folge: wenn sich die Eltern nicht einigen können, muß das Vormundschaftsgericht entscheiden.

Man wird die *logische* Haltbarkeit dieser Schlußfolgerungen anerkennen müssen, aber doch fragen dürfen, ob das Ergebnis die *Familieninteressen* voll befriedigen kann, ob der Richter derartige Willens- und Ermessensentscheidungen besser und richtiger zu treffen in der Lage ist, als die unmittelbar beteiligten Eltern, ob die Anrufbarkeit des Richters nicht den Bestand der Ehe gefährden kann. Jedenfalls sollte der Richter nicht eine Entscheidung treffen können, die kein Elternteil will; er sollte sich vielmehr darauf beschränken, die Meinung des Elternteils für maßgebend zu erklären, die dem Wohle des Kindes besser zu dienen scheint.

VI. Die soziale Bedeutung der Familie

1. Allgemeines. Familie und Staat. Im Familienleben ist das Leben des einzelnen mit dem der Gesellschaft aufs engste verwachsen, im Familienrecht muß sich deshalb die individuelle Freiheit des einzelnen auch stärkere Einschränkungen gefallen lassen als auf irgendeinem anderen Gebiete des Privatrechts — zunächst im Interesse des Gedeihens der *Familie selbst* und dann mittelbar im Interesse der großen *staatlichen Gemeinschaft*, die sich auf der Familie aufbaut. Denn Leben und Entwicklung eines Volkes, seine wirtschaftliche Blüte und seine politische Stellung sind durch die Gesundheit und Reinheit des Familienlebens bedingt. Die Familie ist die Quelle zur fortwährenden Erneuerung des Volkskörpers.

Dementsprechend erklärt Art. 6 GG:

> „Ehe und Familie stehen unter dem besonderen Schutze der staatlichen Ordnung.
> Pflege und Erziehung der Kinder sind das natürliche Recht der Eltern und die zuvörderst ihnen obliegende Pflicht. Über ihre Betätigung wacht die staatliche Gemeinschaft."

Darüber hinaus hat die Jugendwohlfahrtsgesetzgebung ein *eigenes Recht des Kindes* auf Erziehung nicht bloß den Eltern gegenüber, sondern auch dem *Staat gegenüber* entwickelt. „Insoweit der *Anspruch* des Kindes auf Erziehung von der Familie nicht erfüllt wird, tritt, unbeschadet der Mitarbeit freiwilliger Tätigkeit, *öffentliche Jugendhilfe* ein", § 1 III JWG.

Art. 6 GG gibt aber der Familie nicht nur einen Anspruch auf staatlichen *Schutz,* er schützt die Familie auch vor *unzulässigen Eingriffen* des Staates. Das Recht der Eltern auf Pflege und Erziehung ihrer Kinder ist ein echtes *Grundrecht,* in das der Staat nur eingreifen kann, wenn der Eingriff notwendig ist, um eine Gefährdung der Kinder zu verhüten. In seinem Wesenskern darf er das Elternrecht nicht antasten. Daraus folgt, daß z. B. das Recht, für die Person des Kindes zu sorgen, einem Elternteil niemals der *Substanz* nach entzogen werden darf. Nur die *Ausübung* kann ihm untersagt werden.
Da eine genügende Gewähr für die richtige Erziehung der Kinder nur in der ehelichen Familie geboten wird, ist es erklärlich, daß der Staat die *uneheliche* Geschlechtsverbindung ungern sieht und die aus ihr stammenden Kinder als „uneheliche" benachteiligt hat. Nach dem BGB ist das uneheliche Kind mit dem natürlichen Vater nicht verwandt und hat bloß einen eingeschränkten Unterhaltsanspruch gegen ihn; der Mutter ist die elterliche Gewalt grundsätzlich versagt, das Kind erhält einen Vormund. Die *Bedenken,* die sich gegen diese Regelung erheben, sind in jüngster Zeit namentlich auf dem 44. Deutschen Juristentag in Hannover 1962 wieder mit Nachdruck geltend gemacht worden. Das *Grundgesetz* gebietet in Art. 6 V, den unehelichen Kindern die gleichen Bedingungen für ihre leibliche und seelische Entwicklung und ihre Stellung in der Gesellschaft zu schaffen wie den ehelichen Kindern. Dieses Gebot darf der Gesetzgeber nicht länger unbeachtet lassen.

2. Zwingender und ausschließlicher Charakter der familienrechtlichen Regeln und Einrichtungen. Die eben kurz gewürdigte besondere Bedeutung der Familie für Leben und Wohlfahrt des Staates macht es ohne weiteres verständlich, daß die familienrechtlichen Vorschriften zum größten Teil *zwingenden* Charakter haben und der Parteivereinbarung entzogen sind. Das muß um so mehr da gelten, wo die Rechtsregeln sich mit den Normen der Moral decken — eine abweichende Vereinbarung also einen Verstoß gegen die guten Sitten enthalten würde.
Die gleichen Erwägungen rechtfertigen den *ausschließlichen* Charakter der familienrechtlichen Einrichtungen. Das Familienrecht ist, ähnlich wie das Sachenrecht, *gebundenes* Recht. Andere als die gesetzlich anerkannten Rechtsverhältnisse können grundsätzlich nicht geschaffen werden.

Man kann z. B. niemanden als Bruder, Schwester oder Schwiegermutter annehmen; die Annahme an Kindes Statt ist vom Gesetz nur unter genau bestimmten, einschränkenden Voraussetzungen zugelassen, §§ 1741ff.
Zwei Personen verschiedenen Geschlechts können nicht einen formlosen, obligatorisch wirksamen Vertrag zu körperlicher und geistiger Lebensgemeinschaft nach Art der Ehe schließen und damit eine „*freie Ehe*" mit rechtlichem Inhalt schaffen. Ein solcher Vertrag würde der rechtlichen Anerkennung entbehren.

3. Erhöhte Rechtssicherheit, Klarheit, Erkennbarkeit. Wegen der *sozialen* Bedeutung der familienrechtlichen Beziehungen, namentlich ihrer Tragweite für *dritte* Personen, die mit den Familienmitgliedern in Berührung kommen, hat das Gesetz für *erhöhte Rechtssicherheit, Klarheit* und *Erkennbarkeit* gesorgt.

Die familienrechtlichen Geschäfte: Eheschluß, Adoption, Ehevertrag sind *formalisiert* und *bedingungsfeindlich* sowie *höchstpersönlich*; Stellvertretung ist nur ausnahmsweise zugelassen; vgl. etwa §§ 1751, 1751 a. Weitgehende Mitwirkung von *Behörden* und *Eintragungen* in *öffentliche Register* sind vorgesehen. Die Ehe *muß vor dem Standesbeamten* unter *persönlicher* und *gleichzeitiger* Anwesenheit *beider Teile unbedingt* und *unbefristet* eingegangen werden und soll ins Familienbuch eingetragen werden. Zulässige *Abweichungen* des ehelichen *Güterrechts* vom gesetzlichen müssen, um Dritten gegenüber zu wirken, im *Güterrechtsregister* verlautbart werden, § 1412. Nichtigkeit und Aufhebung der Ehe können grundsätzlich nur durch *Klage* geltend gemacht werden. Im *Eheprozeß* wirkt der *Staatsanwalt* mit und hat das staatliche Interesse an der Aufrechterhaltung der Ehe zu wahren, § 607 ZPO.

4. Sachliche Ordnung der Familienbeziehungen aus dem Gemeinschaftsgedanken. Die bisher herausgearbeiteten Eigenheiten des Familienrechts sind mehr förmlicher Natur. Als Hauptfrage bleibt die, wie der Staat durch den *sachlichen* Inhalt seiner Vorschriften die möglichst vollkommene Erreichung der Zwecke der Familie fördern soll. Das kann nur geschehen durch Ordnung der Familienbeziehungen aus dem *Gemeinschaftsgedanken* heraus.

Damit der Staat, der *weitere* Sozialverband, gedeihen kann, muß vor allem die *Einheit* und *Geschlossenheit* der *Familie*, also des *engeren* Sozialverbandes, gewährleistet sein. Das ist ohne lebendige Hingabe der Mitglieder an die Familiengemeinschaft nicht denkbar, verlangt also, daß die einzelnen Mitglieder ihr Sonderinteresse am freien Ausleben ihrer Persönlichkeit hinter dem Gesamtinteresse der Familiengemeinschaft zurücktreten lassen.

Seit der Revolution von 1918 haben wir unter dem Einfluß der sozialistischen Strömungen die *sozialrechtliche* Seite, die auch den *Vermögensrechten* innewohnt, schärfer betont. Eigentum verpflichtet, sein Gebrauch soll zugleich dem Wohle der Allgemeinheit dienen (Art. 153 III WRV und Art. 14 GG). Um wieviel mehr muß das gelten für die *familienrechtlichen* Beziehungen! Hier ist nicht einmal eine *grundsätzlich* eigennützige Ausgestaltung der Rechtsstellung erträglich, die *Pflichtseite* steht im *Vordergrund.* Die Familienrechte stehen den einzelnen nicht zu in ihrem Sonderdasein, sondern in ihrer organischen Verknüpfung als Mit-

glieder des Familienverbandes. Sie sind *Pflichtrechte.* Die elterliche Gewalt wird den Eltern in erster Linie um des *Kindes* willen zugesprochen, nicht um ihrer selbst willen. Die Rechtsstellung des Vormundes ergibt sich aus seiner Amtsstellung; er *darf,* was er *soll.*
Aus diesen Gründen sind auch der *Verzicht* auf Familienrechte und ihre *Übertragbarkeit* grundsätzlich ausgeschlossen.
Auch *Art* und *Schranken* der *Rechtsausübung* ergeben sich aus dem *Gemeinschaftsgedanken.* Im Hinblick darauf verlangt und erfährt eine besondere Ausprägung der Grundsatz des § 242 BGB, wonach die Rechtsausübung nur so zulässig ist, wie es Treu und Glauben mit Rücksicht auf die Verkehrssitte entspricht. An Stelle der Verkehrssitte tritt im Familienrecht die *Idee* der *richtigen,* der *rechten Gemeinschaft.* Mißbrauch und unzulässig ist danach jede Ausübung von Familienrechten, die Treu und Glauben mit Rücksicht auf die Idee einer rechten Familiengemeinschaft widerspricht.

Die Gatten dürfen ihre Rechte nur so ausüben, wie es die rechte *eheliche* Gesinnung erfordert, § 1353, die Eltern die elterliche Gewalt nur so, wie es der rechten *elterlichen* Gesinnung entspricht, § 1666. — Rechte Gesinnung ist aber nur eine solche, die mit einer rechten Gemeinschaft verträglich ist.

Wie das Gesetz im *einzelnen* der Mißachtung des Gemeinschaftsgedankens entgegentritt und seine Förderung erstrebt, kann nur bei den einzelnen Rechtseinrichtungen gezeigt werden. Hier muß der Hinweis auf die schon erwähnte soziale Überwachung der Eheführung und der elterlichen und vormundschaftlichen Fürsorgetätigkeit genügen.
In den letzten Jahrzehnten ist das Verständnis für eine *planmäßige Familienpolitik* beträchtlich gewachsen. Man hat immer mehr erkannt, daß die *Belange* der *kinderreichen Familien* stärker berücksichtigt werden müssen. Zu nennen sind insbesondere die Maßnahmen des *Familienlastenausgleichs,* insbesondere das Kindergeldgesetz vom 13. 11. 1954, *steuerliche Maßnahmen* (Kinderfreibeträge, § 32 II EinkStG) und die *Wohnungspolitik,* etwa die Bevorzugung kinderreicher Familien bei der Wohnraumvermittlung. Auf all diesen Gebieten bleibt freilich noch viel zu tun. Das Kindergeld steht in keinem Verhältnis zu der wirtschaftlichen Mehrbelastung, die jedes Kind für eine Familie bedeutet, und beim Wohnungsbau wird immer noch zu wenig der kinderreichen Familien gedacht. Auf *steuerrechtlichem* Gebiet wirkte sich insbesondere die *Zusammenveranlagung* im Bereich der Einkommensteuer ehe- und familienfeindlich aus, weil sie wegen der steuerlichen Progression meist zu einer Erhöhung des Steuersatzes führte. Hier bedurfte es zweier Entscheidungen des BVerfG, um diese Zusammenveranlagung zu beseitigen.

Nachdem das BVerfG in einer ersten Entscheidung die Zusammenveranlagung von Ehegatten für verfassungswidrig erklärt hatte (BVerfG FamRZ 1957, 82), gab der Gesetzgeber den Ehegatten ein Wahlrecht zwischen getrennter Veranlagung und Zusammenveranlagung, § 26 EinkStG. Wählen die Ehegatten jetzt die Zusammenveranlagung, dann wird ihr Einkommen zusammengerechnet, halbiert und der auf das halbierte Einkommen nach dem Tarif entfallende Steuerbetrag verdoppelt (*Splittingverfahren*). Bestehen blieb zunächst noch die Zusammenveranlagung, wenn neben dem Steuerpflichtigen noch seine noch nicht 18 Jahre alten Kinder ein Einkommen bezogen, § 27 EinkStG. Auf verschiedene Vorlagebeschlüsse des BFinH hin erklärte das BVerfG dann in einer zweiten Entscheidung (DB 1964, 1094f.) auch diese Vorschrift für nicht vereinbar mit Art. 6 I GG.

§ 3. Verwandtschaft und Schwägerschaft

Verwandtschaft und Schwägerschaft sind familienrechtliche *Grundbegriffe*, die mannigfache Bedeutung haben und deshalb systematisch besser nicht erst beim Verwandtenrecht (§§ 1589f.), wo der Gesetzgeber sie geregelt hat, sondern vorab geklärt werden. Das Recht der Eheverbote setzt ihre Kenntnis voraus.

I. Die Verwandtschaft beruht auf der Abstammung

Das BGB versteht also unter Verwandtschaft regelmäßig nur die *Bluts*verwandtschaft, § 1589. Lediglich in der Überschrift zum zweiten Abschnitt des vierten Buches wird der Begriff der Verwandtschaft in einem weiteren Sinn verstanden, nämlich dort auch die Schwägerschaft und die Adoptionsverhältnisse einschließend. Um Zweifel auszuschließen, spricht § 1766 von „leiblichen“ Verwandten. Damit ist jedoch derselbe Personenkreis gemeint, der in § 1589 schlicht als „verwandt“ bezeichnet wird.

Das römische Recht hat zwei Verwandtschaftsbegriffe entwickelt, von denen der eine (agnatio) auf der väterlichen Gewalt und der andere (cognatio) auf der Abstammung beruht. Das germanische Recht unterscheidet die im Mannesstamm verwandten Männer als Schwertmagen von den übrigen durch Abstammung verbundenen: Spilmagen oder Kunkelmagen. Das BGB kennt derartige Unterschiede nicht, die Verwandtschaft wird durch blutmäßige Abstammung sowohl von Männern wie von Frauen gleichmäßig vermittelt.

1. Die Verwandtschaft ist entweder eine Verwandtschaft in *gerader* Linie — so zwischen Personen, die voneinander abstammen, oder eine solche in der *Seitenlinie* — so zwischen Personen, die gemeinsam von einer dritten Person abstammen, § 1589 I.

Vater und Sohn sind in gerader Linie verwandt, Bruder und Schwester in der Seitenlinie. Die Ehegatten sind als solche überhaupt nicht miteinander verwandt.

Die *Seiten*verwandten unterscheidet man weiter in *vollbürtige*, die von demselben Elternpaar abstammen, und *halbbürtige*, die nur einen Elternteil gemeinsam haben.

Im Leben bezeichnet man *halbbürtige* Seitenverwandte meist als *Stiefverwandte* und spricht von Stiefbruder, Stiefschwester usw. Mit dem Ausdruck Stiefverwandtschaft werden aber auch die Schwägerschaftsbeziehungen des Stiefvaters zum Stiefkind usw. getroffen (siehe unten II).

2. Der *Grad* der Verwandtschaft bestimmt sich nach der *Zahl* der sie vermittelnden *Geburten*, § 1589 I 3; tot gradus, quot generationes.

Das BGB hat sich damit die einfache, mechanische Berechnungsweise des *römischen* Rechts zu eigen gemacht. Das *germanische* Recht hat eine organische Zählung entwickelt und behandelt eine Person mit allen ihren Abkömmlingen als eine Einheit (Parentel oder Ordnung). Diese Zählung liegt der Beerbung zugrunde (§§ 1924ff.). Im Anschluß an das germanische Recht zählt das *kanonische* Recht bei der Feststellung des Ehehindernisses nur nach einer Seite des Stammbaums, und zwar bei Ungleichheit nach der längeren. Nach kanonischem Recht sind danach Geschwister im ersten Grade, nach BGB im zweiten verwandt; Tante und Nichte nach kanonischem Recht im zweiten, nach BGB im dritten Grade.

3. Je nachdem die Verwandtschaft durch eheliche oder uneheliche Abstammung vermittelt wird, unterscheidet man *eheliche* und *uneheliche* Verwandtschaft. Die uneheliche Abstammung erzeugt nach geltendem Recht verwandtschaftliche Beziehungen nur zwischen dem Kind und seiner *Mutter* und den *mütterlichen* Verwandten. Ein uneheliches Kind und dessen *Vater* gelten als *nicht verwandt*, § 1589 II. Diese Regelung soll jedoch demnächst entfallen; vgl. Art. 1 Ziff. 4 des Referentenentwurfs eines Unehelichengesetzes.

Nur für das Eheverbot der Blutsverwandtschaft werden die Beziehungen zwischen dem unehelichen Kind und seinem Erzeuger der Verwandtschaft gleichgestellt, § 4 EheG.

II. Die *Schwägerschaft* beruht auf der *Verwandtschaft* in *Verbindung* mit der *Ehe*. Die Verwandten eines Ehegatten sind mit dem anderen verschwägert und umgekehrt, § 1590 I. Die Schwägerschaft dauert fort, auch wenn die Ehe, wodurch sie begründet wurde, aufgelöst ist, § 1590 II.

Der Schwägerschaftsbegriff des BGB entspricht der römisch-rechtlichen affinitas. Die Schwägerschaft umfaßt nicht bloß die sogenannte „Verschwägerung" des täglichen Lebens, sondern auch Fälle der sogenannten Stiefverwandtschaft. Stiefvater und Stiefmutter sind mit den Stiefkindern nicht verwandt, sondern verschwägert. Die Schwägerschaft reicht andererseits nicht über den Kreis der Blutsverwandten des anderen Gatten hinaus; der Ehemann ist mit dem Ehegatten der Schwester seiner Frau im Rechtssinne nicht verschwägert, mögen sie sich auch Schwager nennen. Desgleichen sind nicht miteinander verschwägert die Verwandten eines Ehegatten mit den Verwandten des anderen Ehegatten.

1. Auch bei der Schwägerschaft unterscheidet man eine solche in *gerader Linie* — das Verhältnis des Gatten zu Abkömmlingen und Vorfahren des anderen, und eine solche in der *Seitenlinie* — die Beziehungen des Gatten zu den Seitenverwandten des anderen, § 1590 I 2.

2. Der *Grad* der Schwägerschaft bestimmt sich nach dem Grade der sie vermittelnden Verwandtschaft, § 1590 I 2.

3. Die Schwägerschaft wird nur durch die Ehe, *nicht* aber durch *uneheliche Beiwohnung* begründet. Da aber das uneheliche Kind mit seiner Mutter und deren Verwandten verwandt ist, ist es mit dem Ehegatten eines dieser Verwandten verschwägert, wie auch sein Ehegatte mit diesen in Schwägerschaft steht.

4. Die Schwägerschaft bleibt *bestehen*, auch wenn die *Ehe*, durch die sie begründet wurde, *aufgelöst* ist, sei es durch Tod, Scheidung oder Aufhebung, § 1590 II. Neue Schwägerschaften können aber nach der Scheidung der Ehe mit den zweitehelichen Kindern des anderen Gatten nicht mehr begründet werden. Die nichtige Ehe begründet keine Schwägerschaft; doch kann dies erst geltend gemacht werden, wenn die Ehe durch Urteil für nichtig erklärt ist, § 23 EheG.

III. Die rechtliche Bedeutung von Verwandtschaft und Schwägerschaft

Beziehungen zwischen durch Abstammung oder Ehe verbundenen Personen werden heute hauptsächlich im engeren Familienkreis von Gatten, Eltern und Kindern gepflegt, darüber hinaus sind sie im Laufe der Zeit immer schwächer geworden, das Gefühl für die Bedeutung eines geschlossenen Geschlechtsverbandes ist dem modernen, individualistisch denkenden Menschen verloren gegangen. Erst wenn die *Beerbung* in Frage kommt, wird es wieder lebendiger. Dementsprechend sind die Rechtswirkungen von Verwandtschaft und Schwägerschaft immer geringfügiger geworden.

1. Die Bedeutung der *Verwandtschaft* zeigt sich namentlich:

a) im *Familienrecht,*

α) in einer auf die Verwandten gerader Linie beschränkten *Unterhaltspflicht,* §§ 1601 ff.;
β) in der Aufstellung von *Eheverboten* für Verwandte gewisser Art und Grade, § 4 EheG;
γ) in einer Beteiligung der Verwandten an der *vormundschaftlichen* Fürsorge, §§ 1847, 1862 I 2 (Recht auf Anhörung), 1779 (Berücksichtigung bei der Auswahl des Vormunds) usw.;

b) im *Erbrecht* durch Anerkennung eines *gesetzlichen Verwandtenerbrechts,* für das die Parentelordnung maßgebend ist, § 1924 ff.;
c) im *Prozeßrecht* und *Steuerrecht* in der Zubilligung eines *Zeugnisverweigerungsrechts,* §§ 383, 384, 408 ZPO, § 52 StPO, § 176 RAbgO, ferner in der Ausschließung von der Ausübung des Richteramtes, § 41 Nr. 3 ZPO, § 22 Nr. 3 StPO, § 6 Nr. 3 FGG;
d) im *Strafrecht* in den Bestimmungen über die Stellung des *Angehörigen,* §§ 52, 54, 232, 247, 257, 263, 294 StGB.

2. Die Bedeutung der *Schwägerschaft* ist weit geringer. Im *Familienrecht* spielt sie eine Rolle als Ehehindernis, § 4 I EheG; eine Unterhaltspflicht begründet sie nicht, weder zwischen Schwiegereltern und Schwiegerkindern noch zwischen Stiefeltern und Stiefkind. Dagegen sind die Verschwägerten im *Vormundschaftsrecht* den Verwandten vielfach gleichgestellt, §§ 1779 II, 1847, 1859, 1867. Gleiches gilt hinsichtlich des *Zeugnisverweigerungsrechts* und des Ausschlusses vom Richteramt.

§ 4. Das Schrifttum des Familienrechts

I. Die umfassendste systematische Darstellung des Familienrechts enthalten die großen *Lehrbücher* von *Dölle* (Familienrecht, Bd. I [1964], Bd. II [1965]) und *Gernhuber* (Lehrbuch des Familienrechts, 1964).

II. Von den *kürzeren Lehrbüchern* gibt den neuesten Stand wieder allein das Kurzlehrbuch von *Beitzke*, Familienrecht, 12. Aufl. 1964. Weiterhin sind zu nennen: *Mitteis*, Familienrecht, 4. Aufl. 1949, und *R. Schmidt*, Das Familienrecht, 2. Aufl. 1957.

III. In den *Großkommentaren* ist die Darstellung des Familienrechts im Erscheinen begriffen. Bereits erschienen sind: *Staudinger*, Bd. IV, 10./11. Aufl., §§ 1297 bis 1302, 1353—1390 (*Dietz, Hübner, Felgentraeger*), §§ 1589 bis 1670 (*Lauterbach, Gotthardt, Donau, Schwoerer, Engler, Göppinger*); §§ 1705 bis 1740 (*Göppinger, Bökelmann*); BGB-RGRK, IV Bd., 10./11. Aufl., §§ 1297 bis 1588 (*Scheffler* und *Koeniger*), §§ 1589 bis 1921 (*Meyer* und *Scheffler*), EheG §§ 1 bis 47 (*Wüstenberg*).

Eine vollständige Kommentierung des Familienrechts enthält der Kommentar von *Soergel-Siebert*, IV. Bd., 9. Aufl. 1963 (*Lange, Vogel, Lade, Germer*).

IV. *Kurzkommentare: Achilles-Greiff*, 20./21. Aufl. 1958/63 (*Beitzke* und *Eggel*); *Erman*, 3. Aufl. 1962 (*Bartholomeyczik, Wagner, Ronke, Hefermehl*); *Palandt*, 25. Aufl. 1966 (*Lauterbach*).

V. Zum *ausländischen Familienrecht* vgl. *Bergmann*, Internationales Ehe- und Kindschaftsrecht, 3. Aufl. (Loseblatt).

VI. *Zeitschriften*: Zeitschrift für das gesamte Familienrecht (FamRZ); Das Standesamt (StAZ); Der Amtsvormund (DAV); Zentralblatt für Jugendrecht und Jugendwohlfahrt (ZBlJugR); Recht der Jugend (RdJ).

I. Abschnitt

Eherecht

§ 5. Wesen der Ehe. — Kirchliches und weltliches Eherecht

Schrifttum: Müller-Freienfels, Ehe und Recht, 1962; *Hübner*, Eheschließung und allgemeine Wirkungen der Ehe als dogmatisches Problem, FamRZ 1962, 1ff.

I. Die *Ehe* ist die *rechtlich anerkannte* und *geregelte*, in feierlicher Form abgeschlossene, *vertragliche Verbindung* von Mann und Frau zu *ungeteilter und dauernder Lebensgemeinschaft*.

Das Gesetz hat eine Begriffsbestimmung unterlassen. Gleichwohl ist man sich über die aufgestellten Merkmale einig, die dem sittlichen Idealbild einer Geschlechtsverbindung entsprechen, wie es der europäischen Kulturwelt gemeinsam ist.

Wesentlich ist zunächst die Anerkennung und Regelung einer solchen Verbindung durch die *Rechtsordnung*; die Ehe ist ein *Rechts*verhältnis. Damit wäre an sich vereinbar, daß der Staat die nähere Regelung der Voraussetzungen und Formen des Eheschlusses einer anderen Macht, der Kirche, überlassen würde, wie das während des ganzen späteren Mittelalters der Fall war. Das BGB steht nicht auf diesem Standpunkt, sondern regelt das Eherecht *selbständig* mit Rücksicht auf die *staatlichen* Bedürfnisse. Die Regelung ist *erschöpfend* und *ausschließlich*; nur eine Geschlechtsverbindung, die den Vorschriften des Gesetzes entspricht, hat den Charakter und die Rechtsfolgen der Ehe. Es gibt nach dem BGB nur *eine* Ehe, und das ist die seinen Vorschriften entsprechende.

II. Die Ehe als *innigste Lebensgemeinschaft* zweier Menschen, die mit der Fortpflanzung des Geschlechts geradezu an der göttlichen Schöpfertätigkeit teilnehmen, ist eben deshalb auch ein religiöses Verhältnis. Ihre Beziehung zur Religion zeigt sich bei allen Völkern und kommt namentlich in den *religiösen Formen* der Eheschließung zum Ausdruck. Vor allem wird die religiöse Natur des Ehebundes von der *katholischen Kirche* betont. Ihr ist die Ehe ein geistlich Ding, eine von Gott eingesetzte

Einrichtung, ein *Sakrament*. Daher nimmt sie die *Ehegesetzgebung* und *Ehegerichtsbarkeit* — soweit es sich nicht um die bürgerliche Seite (Registrierung und vermögensrechtliche Wirkungen) handelt — *ausschließlich für sich* in Anspruch; sie verlangt für die kirchliche Eheordnung, die in der Offenbarung wurzelt, den *Vorrang* vor dem weltlichen Recht.
In dieser Schärfe ist der kirchliche Standpunkt erst allmählich entwickelt worden. Bis zum 10. Jahrhundert hat die Kirche die staatliche Ordnung des Ehewesens hingenommen und nur versucht, das weltliche Recht in einzelnen Punkten zu beeinflussen. In dem Maße, wie das kirchliche Gesetzgebungsrecht auch auf anderen Gebieten anerkannt und die kirchliche Eheordnung ausgebildet wurde, eroberte im späteren Mittelalter die Kirche das ganze Gebiet des Ehewesens für sich, das weltliche Eherecht verschwand.
Erst der *neuzeitliche, paritätische Staat* vermochte das verlorene Gebiet zurückzugewinnen und die Ordnung des Ehewesens als eine *ausschließliche* Aufgabe der *weltlichen* Gesetzgebung durchzuführen.
Das geistige Rüstzeug lieferten ihm die Lehren der Reformatoren — nach Luther ist die Ehe ein „äußerlich, weltlich Ding" —, die Unterscheidung der gallikanischen Theologen zwischen dem Ehevertrag und dem Sakrament und die Schriften der Naturrechtslehrer und Philosophen der Aufklärungszeit, die die Sakramentsnatur der Ehe leugneten und diese als einen reinen contractus civilis auffaßten.
Die *praktische Notwendigkeit* zur Ausbildung eines *staatlichen, konfessionslosen* Eherechts ergab sich aus den Grundsätzen der Glaubens- und Gewissensfreiheit und der Gleichberechtigung der Konfessionen; die Mischehen und die Ehen der Dissidenten (Freigläubigen) konnten den Vorschriften eines konfessionellen Eherechts nicht wohl unterworfen werden.
Auch das selbständige, staatliche Eherecht, das ohne Rücksicht auf kirchliche Anforderungen das Ehewesen rein aus staatlichen Notwendigkeiten zu ordnen sucht, hat sich erst allmählich ausgebildet, namentlich ließ es der Staat lange bei den *kirchlichen Formen* der Eheschließung bewenden und regelte anfänglich nur die Ehehindernisse und die Ehescheidung selbständig, so z. B. das preuß. ALR und das österr. ABGB.
Wo der Staat auch eine *bürgerlich-rechtliche Form* der Eheschließung geschaffen hat, spricht man von *Zivilehe*, und zwar:
von *Notzivilehe*, wo eine solche Form nur für gewisse Gruppen (Dissidenten, Juden) vorgesehen ist, oder für den Fall, daß der Geistliche die kirchliche Trauung verweigert — so in Spanien;
von *fakultativer* (Wahl-) *Zivilehe*, wo den Brautleuten die Wahl zwischen der kirchlichen und der staatlichen Form gelassen wird — so in England, Dänemark, Schweden, Norwegen, Island, dem Großteil der USA, sowie in Italien und Portugal;

von *obligatorischer Zivilehe*, wo der Staat nur die Ehe als gültig anerkennt, die in den von ihm vorgeschriebenen Formen geschlossen ist — so in Deutschland, Österreich, Frankreich, Holland, Belgien, der Schweiz, sowie in allen Oststaaten.
Den Gedanken der bürgerlichen Ehe in reiner Form für alle Staatsbürger hat zuerst *Frankreich* (1792) verwirklicht. Für *Deutschland* hat erst das Reichspersonenstandsgesetz vom 6. 2. 1875 die obligatorische Zivilehe eingeführt, die kirchliche Gerichtsbarkeit beseitigt und die Ehehindernisse (aber nicht deren Wirkungen) näher bestimmt. Das BGB hat den eherechtlichen Inhalt des Personenstandsgesetzes in der Hauptsache übernommen, ihn aber folgerichtig zu einem geschlossenen Eherecht ausgestaltet. Dessen Inhalt steht in wesentlichen Punkten mit dem Eherecht der katholischen Kirche in Widerspruch, namentlich was die Voraussetzungen und die Form der Eheschließung (Zwangszivilehe) und das Scheidungsrecht angeht. Daran wäre das Zustandekommen des BGB beinahe gescheitert, wenn nicht einige Zugeständnisse an die kirchlichen Kreise die Hauptgewissensbedenken ausgeräumt hätten.

Rein förmliche Bedeutung hatte die Änderung der Überschrift des 1. Abschnittes des IV. Buchs in „*Bürgerliche Ehe*" statt „Ehe". Damit wird nicht zugegeben, daß es neben der „bürgerlichen" noch eine zweite, die „kirchliche" Ehe gibt, sondern nur gesagt, daß das Gesetz nur die *bürgerliche* Seite der (einen) Ehe regelt. Das darin liegende mittelbare Zugeständnis, daß die Ehe auch eine religiöse Seite habe, daß die Beziehungen der Brautleute und Ehegatten zu ihrer Religionsgemeinschaft ihnen besondere kirchliche Pflichten auferlegen können, kommt noch klarer zum Ausdruck in dem ausdrücklichen Hinweis des § 1588 (des sog. *Kaiserparagraphen*) auf diese Pflichten. Rechtliche Bedeutung hat dieser Paragraph aber nicht; das Gesetz will auf die kirchlichen Pflichten nur so weit hinweisen, als sie seinen Normen nicht widersprechen.
Eine Annäherung an die katholische Auffassung lag in der Änderung der Eheschließungsform (§ 1317 a. F.) gegenüber dem Personenstandsgesetz. Nach diesem wurde die Eheschließung vollendet erst durch den Ausspruch des Standesbeamten, daß er die Eheleute nunmehr kraft Gesetzes für rechtmäßig verbundene Eheleute erkläre. Der *Zusammenspruch* war also entsprechend der *protestantischen* Auffassung die entscheidende Handlung. Nach § 1318a. F. BGB dagegen wurde eine solche Erklärung des Standesbeamten nur mehr durch eine Sollvorschrift vorgeschrieben und hatte rein feststellende Bedeutung. Das EheG hat diese Regelung übernommen (§§ 13,14); die entscheidende Handlung liegt nunmehr entsprechend der *katholischen* Auffassung in der vorhergegangenen *Selbsttrauung* durch die Verlobten.
Das sachlich wertvollste Zugeständnis war die Zulassung der bloßen Aufhebung der ehelichen Gemeinschaft statt der völligen Scheidung, die vom EheG 1938 allerdings wieder gestrichen worden ist.

III. Wenn die Rechtsordnung das Eherecht auch *selbständig* regelt, so schließt das nicht aus, daß sie *sachlich* stark von dem Inhalt des *kirchlichen* Eherechts, das viele Jahrhunderte allein herrschend war, *beeinflußt* wird. Nicht minder ist selbstverständlich, daß die gesetzliche Eheordnung nach dem *sittlichen Ideal* einer geschlechtlichen Verbindung von Mann und Weib gestaltet ist. Daraus ergeben sich folgende *Rechtsgrundsätze*:

1. Der Grundsatz der *freien Vertragsehe* der Gatten. Als Begründungsakt der ehelichen Gemeinschaft ist anerkannt nur die *freie Einigung* der künftigen *Gatten selbst, deren freier Vertrag*. Das allein entspricht dem Gedanken der Ehe als eines Treubundes voll ausgereifter, sittlicher Persönlichkeiten. Raub- und Kaufehe gehören überwundenen Kulturepochen an. Die katholische Kirche hat das Verdienst, diesem Gedanken im Anschluß an das spätere römische Recht zum Sieg verholfen zu haben. Consensus facit nuptias.

Der Eheschließung den Charakter eines Vertrages zuzuerkennen, bedeutet nicht, die Ehe über den freiwilligen Akt des Eheschlusses hinaus zur Disposition der Eheleute zu stellen. Es soll damit nur ausgedrückt werden, daß die Ehe als Rechtsverhältnis durch zwei korrespondierende rechtsgeschäftliche Willenserklärungen zustande kommt; vgl. Hübner, FamRZ 1962, 1ff.

Der Bedeutung der Ehe entspricht die *feierliche Form* des Vertragsschlusses. Durch ihre Wahrung unterscheidet sich die Ehe vom sogenannten *Konkubinat*.

2. Der Grundsatz der *Ungeteiltheit* der Gemeinschaft. Auch das *Ziel* der *Rechts*einrichtung der Ehe liegt in der Herstellung *völliger Lebensgemeinschaft*; dem sittlichen Ideal genügt die rein leibliche Geschlechtsverbindung nicht, es erfordert auch geistige Gemeinschaft, die dem seelischen Bedürfnis nach Liebe und Gegenliebe, nach Ergänzung der Persönlichkeit gerecht wird.

Schön drückt das aus die römisch-rechtliche Begriffsbestimmung: nuptiae sunt coniunctio maris et feminae et consortium omnis vitae, divini et humani iuris communicatio, D. 23, 2, L. 21.

Weil das Ziel der Rechtseinrichtung, nämlich die Herstellung vollkommener Lebensgemeinschaft, aus dem sittlichen Ideal der Geschlechtsverbindung gewonnen wird, ist es gleichgültig, ob der Ehevertrag *subjektiv* diesen Zweck verfolgt. Darauf kann die Rechtsordnung keine Rücksicht nehmen; die Rechtsfolgen der Ehe, also namentlich die Verpflichtung zu voller Lebensgemeinschaft, treten unabdingbar ein, sobald der Vertrag formgerecht geschlossen ist. Nur für die bloße Namensehe macht § 19 EheG eine Ausnahme.

3. Der Grundsatz der *Einpaarigkeit* der Ehe, der *Einehe*. Volle gegenseitige Hingabe ist mit der Vielmännerei und Vielweiberei unverträglich und nur bei Einheit der Ehe (Monogamie) denkbar. Die Ehe der heutigen christlichen Kulturwelt ist die *Einehe*. Nach § 20 EheG ist die Doppelehe nichtig.

4. Der Grundsatz *dauernder Lebensgemeinschaft*. Die Idee einer vollkommenen Lebensgemeinschaft verlangt, daß ihre Dauer über die

Wechselfälle des Geschicks hinausgehoben und unabhängig gemacht wird von der Willkür des einen oder des anderen Teils, zumal, wenn Kinder dem Ehebund entsprossen sind, deren Erziehung durch die Zerstörung des elterlichen Heimes Schaden leiden muß.
Daher darf die Lösung des Bandes *keinesfalls ins Belieben der Gatten* gestellt werden. Fraglich kann nur sein, ob die Trennung der Ehe unter erschwerten, richterlich nachzuprüfenden Voraussetzungen *ausnahmsweise* zuzulassen ist.
Die *katholische Kirche* lehnt derartige Ausnahmen aus religiösen und ethischen Gründen schlechthin ab und erblickt in der Unlöslichkeit der Ehe einen *Wesenszug* der von Christus selbst gestifteten Einrichtung. Protestantismus und neuzeitlicher Staat, für die mystische Beweggründe ausscheiden, sehen in der ausnahmslosen Unlöslichkeit eine Überspannung an sich berechtigter sittlicher und sozialer Erwägungen. Sie erkennen die Löslichkeit *ausnahmsweise* an, wenn das Festhalten der Gatten am Ehebande zu einem die Persönlichkeit zerbrechenden oder doch für sie unerträglichen Zwange führen müßte. Über die nähere Bestimmung der Ausnahmefälle gehen die Ansichten und die Rechtsordnungen auseinander.

5. Der Grundsatz der *Gleichberechtigung von Mann und Frau.* Das Gebot der Gleichberechtigung (Art. 3 II GG) bedeutet, daß jede *Schlechterstellung* eines Ehegatten, die nur auf seinem Geschlecht beruht, *unzulässig* ist. Das gilt sowohl für die persönlichen Beziehungen der Ehegatten zueinander und zu ihren Kindern als auch für die vermögensrechtlichen Beziehungen. Differenzierungen sind nur dort zulässig, wo sie auf *naturgegebenen* (biologischen) *Wesensunterschieden* beruhen. Dagegen verstößt es gegen das Gleichberechtigungsgebot, wenn dem Manne unter dem Hinweis auf die überkommene Ordnung innerhalb der Familie oder auf die angeblich verschiedene Funktion der Ehegatten innerhalb der Familie bestimmte Rechte zuerkannt, der Frau aber verweigert werden.

§ 6

I. Titel

Das Verlöbnis

Schrifttum: Thönnissen, Grundfragen des Verlöbnisrechts, 1964; *Canaris,* Das Verlöbnis als „gesetzliches" Rechtsverhältnis, AcP 165 (1965) 1.

Geschichtliche Entwicklung

1. Das spätere *römische* Recht unterschied von dem Vertrag auf *gegenwärtige* Schließung der Ehe (sponsalia de praesenti) den Vertrag auf *künftige* Schließung (sponsalia de futuro, Verlöbnis), der formlos und unklagbar war.

2. Das *germanische* Recht zerlegte nach dem Übergang zur sog. „Kaufehe" den Eheschluß in zwei Teile, den „Kaufvertrag" (die Verlobung) und die Übergabe der Braut (traditio, Trauung). An dieser Zweiteilung hielt man fest, als aus der „Kaufehe" ein freier Vertrag zwischen den Eheleuten selbst wurde. Dem eigentlichen Eheschluß ließ man vorhergehen einen förmlichen *Vorvertrag*, gerichtet auf Abgabe der Eheschließungserklärungen. Aus ihm erwuchsen schuldrechtliche und personenrechtliche Wirkungen; die Verpflichtung zur Eingehung der Ehe war klagbar und vollstreckbar.
3. Das *kanonische* Verlöbnisrecht, das das weltliche verdrängte, übernahm die Erfüllungsklage (ohne Vollstreckungszwang) aus dem deutschen Recht — actio matrimonialis oder ex sponsu —, schloß sich aber im übrigen dem römischen Recht an, also: Formlosigkeit des Verlöbnisses, das nicht als Teil der Eheschließung, sondern als selbständiger Vertrag aufgefaßt wurde. 1907 hat die katholische Kirche das Verlöbnisrecht reformiert. Nach can. 1017 § 1 cod. iur. can. müssen die Verlöbniserklärungen schriftlich abgegeben und von den Brautleuten, sowie vom Pfarrer oder von zwei Zeugen unterschrieben werden. Eine Klage auf Eheschließung gibt es nicht mehr.
4. Die *staatliche* Gesetzgebung der Neuzeit hat sich immer mehr vom Gedanken des Erfüllungszwanges abgewandt und die Wirkung des Verlöbnisses auf einen Schadensersatzanspruch bei ungerechtfertigtem Rücktritt beschränkt; so schon praktisch Preuss. ALR II 1 § 82, Sächs. BGB § 1579 und jetzt §§ 1297ff. BGB.

I. Wesen und Rechtsnatur des Verlöbnisses

Der Eheschließung geht in der Regel ein *Brautstand* (Verlöbnis) voraus. Dieser wird begründet durch das *wechselseitige Versprechen künftiger Eheschließung* (ebenfalls Verlöbnis genannt). Sein Zweck ist *nicht*, eine *Prüfungszeit* einzuleiten, sonst könnte grundloser Rücktritt nicht ersatzpflichtig machen (§ 1298), sein Zweck ist vielmehr, den *Übergang* vom *Fremdsein* zum späteren ehelichen *Vertrautsein* zu erleichtern und die engeren Beziehungen zwischen den Brautleuten der Gesellschaft gegenüber zu *rechtfertigen.*
Über die *Rechtsnatur* des Verlöbnisses herrscht Streit. Es stehen sich gegenüber: die *Vertragstheorie*, die *Tatsächlichkeitstheorie*, die Theorie des *familienrechtlichen Vertrags* und — in jüngster Zeit hinzugekommen — die Theorie vom Verlöbnis als *„gesetzlichem" Rechtsverhältnis.*
Nach der *Vertragstheorie* (das ist die derzeit h. M.) ist das Verlöbnis ein *Vertrag* wie jeder andere, dessen Gültigkeit sich also nach den Vorschriften des *Allgemeinen Teils* des BGB richtet. Nach der *Tatsächlichkeitstheorie*, die heute freilich kaum noch vertreten wird, liegt eine Verlobung auch dann vor, wenn nach den allgemeinen Grundsätzen *kein gültiger Vertrag* geschlossen worden ist. Sie knüpft allein an die tatsächliche Situation an, stellt an die Verlobung also geringere Anforderungen als die Vertragstheorie. Andererseits erkennt sie dem Verlöbnis *keine rechtliche*, sondern nur eine *sittliche* Bindungswirkung zu. Nach der Theorie vom *familienrechtlichen Vertrag* ist die Verlobung zwar ein

Vertrag, aber ein *Vertrag sui generis*, der den Regeln des Allgemeinen Teils *nicht* unterliegt. Insbesondere soll zur Eingehung des Verlöbnisses *nicht* die *Geschäftsfähigkeit* der Brautleute erforderlich sein, sondern nur eine besondere *Verlöbnisfähigkeit*. Verlöbnisfähig soll jeder sein, der die zur Erkenntnis der Bedeutung des Eheversprechens erforderliche geistige und sittliche *Reife* besitzt. Die jüngste These, begründet von *Canaris* (AcP 165, 1ff.), sieht in dem Verlöbnis weder einen Vertrag, noch ein lediglich tatsächliches Verhältnis, sondern ein *gesetzliches Rechtsverhältnis* ohne primäre Leistungspflicht, das seine Grundlage in der Inanspruchnahme und Gewährung von Vertrauen im Hinblick auf den geplanten Eheschluß findet.
Die letztgenannte These vermag zwar die Probleme des Verlöbnisrechts in einer recht eindrucksvollen Weise zu lösen, sie berücksichtigt aber zu wenig, daß nach herkömmlicher Auffassung das Verlöbnis noch immer zwei übereinstimmende und auf ein bestimmtes Ziel gerichtete *Willenserklärungen* voraussetzt, m. a. W. einen *Vertrag*. Was den Streit zwischen der allgemeinen Vertragstheorie und der Theorie vom familienrechtlichen Vertrag angeht, so ist zwar sicher richtig, daß auf die Verlobung die Vorschriften des Allgemeinen Teils nicht ohne weiteres angewandt werden können. Andererseits verlangt es die Rechtssicherheit, daß die Vorschriften des Allgemeinen Teils nur *insoweit* ausgeschaltet werden, als andere *präzise* Vorschriften an ihre Stelle gesetzt werden können. Hätte der Gesetzgeber an Stelle der Geschäftsfähigkeit eine besondere Verlöbnisfähigkeit setzen wollen, so hätte er es wohl gesagt. Es sollte darum bei aller Berücksichtigung der Besonderheiten familienrechtlicher Verträge an dem Erfordernis der *Geschäftsfähigkeit festgehalten* werden; a. A. noch die Vorauflage.

II. Der Verlöbnistatbestand

Das Verlöbnis wird begründet durch einen *Vertrag*, genauer die erklärte Willensübereinstimmung zweier Personen verschiedenen Geschlechts, miteinander die *Ehe* eingehen zu wollen und das *Gemeinschaftsverhältnis* des *Brautstandes* zu begründen, das ihre engeren Beziehungen der Gesellschaft gegenüber rechtfertigen soll. Mangels näherer gesetzlicher Regelung des Tatbestandes bestimmen sich die *Voraussetzungen* des Vertrages im allgemeinen nach den Bestimmungen des Allgemeinen Teils über die Willenserklärung unter Berücksichtigung der Sonderregelung des Ehegesetzes über die Erfordernisse der Eheschließung. Daraus ergibt sich:

1. Das Verlöbnis unterliegt *keiner Form*. Das macht die Abgrenzung zur bloßen Liebschaft schwierig. Wo einzelne Gesellschaftsschichten Formen

ausgebildet haben (Ringwechsel, Anzeige), erleichtern diese die Feststellung eines Verlöbnisses, sind aber nicht wesentlich. Einer Feststellungsklage auf Bestehen oder Nichtbestehen des Verlöbnisses steht nichts im Wege.

2. Die Verlobung setzt die *Geschäftsfähigkeit* der Brautleute voraus. Minderjährige Personen bedürfen der Einwilligung oder der Genehmigung des gesetzlichen Vertreters.
Gegen diese Folgerung, die sich aus den §§ 107 und 108 ergibt, wird immer wieder eingewendet, die verlassene minderjährige Braut müsse auch dann *geschützt* werden, wenn sie sich ohne Zustimmung ihres gesetzlichen Vertreters verlobt habe. Ein solches Schutzbedürfnis besteht auch in der Tat. Ihm kann jedoch dadurch Rechnung getragen werden, daß man die Schadensersatzansprüche der Braut *nicht* auf die *Verlobung* als solche gründet, sondern auf den durch die Verlobung begründeten *Brautstand*, also auf die durch die Verlobung begründete *soziale Beziehung* zwischen den Verlobten. Zur Begründung einer solchen sozialen Beziehung muß es genügen, wenn ein Vertrag *überhaupt* geschlossen worden ist, mag dieser Vertrag auch *schwebend unwirksam* sein. Verweigert freilich der gesetzliche Vertreter die Genehmigung, dann wird der Verlobungsvertrag absolut unwirksam. Damit entfällt der Aufhänger, an dem der Brautstand gehangen hat, und darum kann in diesem Fall der minderjährige Partner — jedenfalls nach den Verlöbnisvorschriften — keine Ersatzansprüche mehr geltend machen. Während des Schwebezustandes wird man — in vorsichtiger Analogie zu § 30 EheG — dem *Minderjährigen,* nicht aber dem volljährigen Partner, auch das Recht geben müssen, seine Verlöbniserklärung zu *widerrufen,* ohne damit die Ersatzpflichten des § 1298 auszulösen. Für den volljährigen Partner ist die *Minderjährigkeit* seines Verlobten auch *kein wichtiger Grund,* vom Verlöbnis *zurückzutreten,* es sei denn, daß der Minderjährige der Wahrheit zuwider behauptet hat, seine Eltern seien mit der Verlobung einverstanden (arg. e § 109 II).

3. Mangel der *Ernstlichkeit* schließt die Annahme eines Verlöbnisses aus, § 118. Nichtig ist das *simulierte* Verlöbnis, z. B. das zwischen Dirne und Verbrecher, um der Zeugnispflicht zu entgehen, § 117. Dagegen ist ein Eheversprechen *nicht* deshalb nichtig, weil sich der Versprechende *insgeheim vorbehält,* das Erklärte nicht zu wollen, § 116.

4. Das Verlöbnis kann als *sozialrechtliche Dauerverbindung nicht rückwirkend* wieder aus der Welt geschafft werden. *Irrtum, Zwang* und *Betrug* begründen darum *kein Anfechtungsrecht* nach den §§ 119 und 123; sie

geben aber in praktisch allen Fällen ein Recht zur Auflösung des Verlöbnisses durch *Rücktritt*; vgl. *Staudinger-Dietz,* Vorbem. 58ff. vor § 1297; a. A. RG JW 1936, 863.

5. *Stellvertretung* (im Willen) ist als *Verstoß* gegen die *guten Sitten* grundsätzlich nicht anzuerkennen. Vertretung in der *Erklärung* ist möglich; vgl. RG 98, 13.

6. *Bedingung* und *Befristung* können das Verlöbnis unsittlich machen (z. B. die Bedingung, daß der Geschlechtsverkehr Folgen habe), brauchen das aber nicht. Unbedenklich ist z. B., das Verlöbnis von der Zustimmung der Eltern abhängig zu machen. Denkbar ist sowohl ein aufschiebend bedingtes als auch ein auflösend bedingtes Verlöbnis.

7. Nichtig ist endlich eine Verlobung, die gegen das *Gesetz* oder gegen die *guten Sitten* verstößt, wie z. B. das Verlöbnis eines noch Verheirateten oder bereits Verlobten; vgl. RG 170, 72; 105, 245. Das Bestehen von *Ehehindernissen,* die die Ehe nach dem Ehegesetz unheilbar nichtig machen, steht auch der Gültigkeit der Verlobung im Wege.
Nichtig kann ein Verlöbnis auch dann sein, wenn in bezug auf die beabsichtigte Ehe *Abreden* getroffen werden, die dem *Wesen* der Ehe widersprechen. Die Nichtigkeit einer solchen *Abrede* macht das *Verlöbnis* aber nicht in jedem Fall nichtig (§ 139 BGB!). Man denke an den Fall, daß ein Mann dem von ihm geschwängerten Mädchen die Ehe verspricht, um dem Kind die Stellung eines ehelichen Kindes zu verschaffen, die Verlobten aber die „Nebenabrede" treffen, sich alsbald wieder scheiden zu lassen; vgl. LG Wiesbaden, FamRZ 1965, 272.

III. Verlöbniswirkungen

1. Das Verlöbnis erzeugt nicht bloß eine *sittliche* Pflicht zu einem dem Verlöbnis entsprechenden Verhalten und zur Eheschließung, sondern auch eine *rechtliche* Verpflichtung dazu, die aber wegen des vorwiegend sittlichen Gehalts der Ehe nicht erzwungen werden kann. „Aus einem Verlöbnis kann nicht auf Eingehung der Ehe geklagt werden", § 1297 I. Auch die *mittelbare* Erzwingung des Eheversprechens, z. B. durch eine Vertragsstrafe, ist unzulässig, § 1297 II.

§ 888 II ZPO versagt außerdem noch einer Verurteilung zur Eheschließung die Vollstreckbarkeit, was nur mehr für ein etwaiges ausländisches Urteil bedeutsam ist.

Das Verlöbnis hat ferner *gewisse personenrechtliche* Wirkungen der Ehe selbst. Der Verlobte ist „Angehöriger" im Sinne des StGB, was einen Strafausschließungsgrund bei Notstand und Begünstigung begründet (§§ 52, 54, 257 II StGB), der Verlobte hat ein Recht zur Verweigerung des Zeugnisses und Sachgutachtens im Zivil- und Strafprozeß (§§ 383 Ziff. 1, 384 Ziff. 1 u. 2, 385 I, 408 I ZPO; §§ 52 I Ziff. 1, 55, 61 Ziff. 2—4, 63, 76 StPO).

Die Erleichterungen zugunsten der Ehegatten bei Erbvertrag und Erbverzicht kommen auch den Verlobten zugute (§§ 2275, 2276 u. 2347). Andererseits sind die Verlobten noch nicht berechtigt, wie Eheleute zusammen zu leben. Geschlechtsverkehr auch zwischen ernsthaft Verlobten ist *Unzucht* im Sinne des Strafgesetzbuches. Eltern, die das Zusammenleben Verlobter in einem ihnen überlassenen Raum gestatten, machen sich der Kuppelei schuldig; vgl. BGH NJW 1962, 1403ff., 1405.

2. Mit der Verneinung des Rechtszwangs hängt innerlich zusammen die *Freiheit zum Rücktritt* vom Verlöbnis, die in § 1298 mittelbar anerkannt ist. Der Rücktritt löst das Verlöbnis stets und ausnahmslos — ex nunc — auf. Jedoch ist zwischen *grundlosem* und *begründetem* Rücktritt zu unterscheiden; jener erzeugt eine Schadensersatzpflicht, dieser nicht. Für die *Rücktrittserklärung* gilt grundsätzlich das gleiche wie für die Verlobung selbst: sie ist eine einseitige Willenserklärung, die keiner Form bedarf, nicht durch einen Vertreter abgegeben werden kann und wirksam wird, sobald sie dem anderen Verlobten zugeht. Volle *Geschäftsfähigkeit* wird hier jedoch *nicht* vorausgesetzt. Ein Minderjähriger kann auch *gegen* den Willen seines gesetzlichen Vertreters von der Verlobung zurücktreten. Die Entscheidung, einen Menschen nicht heiraten zu wollen, muß allein dem Verlobten überlassen werden; vgl. den ähnlichen Fall in § 112.

a) *Grundloser* Rücktritt erzeugt *Schadensersatzansprüche*. Häufig hat der Rücktritt Nachteile für den anderen Verlobten oder Dritte zur Folge, die im Vertrauen auf das Zustandekommen der Ehe gehandelt haben; die Aussteuer ist schon beschafft worden, ein Verlöbnisschmaus hat stattgefunden, eine Stellung ist aufgegeben worden usw.

Wenn nun auch der Rücktritt mit Rücksicht auf die Persönlichkeit unbedingt freistehen muß, entspricht es doch der Billigkeit, den, der sein Wort ohne wichtigen Grund nicht einlöst, mit einer Entschädigungspflicht gegenüber dem vertrauenden Teil zu belasten, § 1298 I.

α) *Grundlos* ist der Rücktritt, wenn er „*ohne wichtigen Grund*" erfolgt, § 1298 III. Wie der grundlos Zurücktretende wird behandelt, wer durch sein *Verschulden* dem *anderen* einen wichtigen Rücktrittsgrund gibt, § 1299, also z. B. der Verlobte, der durch seine Untreue den andern zur Lösung des Verlöbnisses veranlaßt. Ebenso muß trotz Schweigens des Gesetzes behandelt werden, wer schuldhaft einen Rücktrittsgrund gibt und dann *selbst* aus wichtigem Grund zurücktritt, z. B. wegen einer durch Untreue erlangten Geschlechtskrankheit.

Haben *beide* Verlobten einen wichtigen Grund zum Rücktritt, so kann ein Schadensersatzanspruch nur dann geltend gemacht werden, wenn der Rücktrittsgrund des einen Verlobten auf einem *Verschulden* des anderen beruht, der andere Verlobte dagegen *keinen* Schuldvorwurf erheben kann; vgl. *Staudinger-Dietz*, § 1299 Anm. 14.

β) Als *wichtiger Grund* werden von der Rechtsprechung nur *Tatsachen* anerkannt, wonach einem Verlobten die Erfüllung des Eheversprechens *billigerweise nicht zugemutet* werden kann, wenn man die Anschauungen der Gesellschaftskreise der Verlobten berücksichtigt und die Umstände des einzelnen Falles objektiv würdigt. — Also z. B. Untreue, Mißhandlungen, Beleidigungen Angehöriger, schwere Krankheit, Vermögensverfall, schwere Charakterfehler, nicht dagegen der Mangel der elterlichen Einwilligung bei Volljährigkeit.
Auch die Erlangung der Überzeugung, zueinander nicht zu passen, ist mangels Nachprüfbarkeit kein wichtiger Grund im Sinne des Gesetzes, obwohl *moralisch* darin der allerwichtigste Grund zum Rücktritt erblickt werden muß; andernfalls würde der Ersatzanspruch in den meisten Fällen bedeutungslos sein.
γ) Der Ersatzanspruch geht *nicht* auf das *positive* Interesse an der Eheschließung (das Erfüllungsinteresse), sondern nur auf das *negative* Interesse an der Kenntnis der Nichterfüllung des Eheversprechens (das Vertrauensinteresse). Zu ersetzen sind also nicht die Vorteile, die die Ehe gebracht hätte, sondern nur die Nachteile, die man nicht erlitten hätte, wenn man den späteren Rücktritt schon damals vorhergesehen hätte; vgl. *Staudinger-Dietz*, § 1298 Anm. 24.
δ) *Ersatzberechtigt* sind außer dem anderen Verlobten auch dessen Eltern sowie Personen, die an Stelle der Eltern gehandelt haben (Pflegeeltern, Angehörige, Freunde usw.). Der Inhalt der Ansprüche ist aber je nach der Person der Ersatzberechtigten verschieden.

Eltern oder *Dritte* können nur Ersatz des Schadens verlangen, der daraus erwachsen ist, daß sie während der Verlobungszeit in Erwartung der Ehe *Aufwendungen* gemacht haben oder *Verbindlichkeiten* eingegangen sind (§ 1298 I, 1); man denke an die Kosten des Verlobungsschmauses, der Verlobungsanzeigen, der Aussteuer, einer Reise zu Verwandten usw.
Der verlassene *Verlobte* kann darüber hinaus auch das *sonstige Vertrauensinteresse* ersetzt verlangen, also namentlich die Einbußen durch andere Maßnahmen, die das Vermögen oder die Erwerbsstellung betrafen, z. B. durch Aufgabe einer Stellung, Aufgabe einer Wohnung, Wohnsitzverlegung.
Zu ersetzen sind in jedem Fall aber nur *angemessene* Aufwendungen oder Schäden, die durch *angemessene* Maßnahmen entstanden sind, § 1298 II.

ε) Grundsätzlich werden nur *Vermögensnachteile*, nicht aber Schädigungen in den *persönlichen* Verhältnissen ersetzt, also z. B. nicht der Schaden, den die Braut durch Ablehnung des Heiratsantrages eines anderen Bewerbers in der Zwischenzeit erlitten hat; das war keine vermögensrechtliche Maßnahme.

Nur in einem Falle macht das Gesetz eine *Ausnahme*: § 1300 gibt der *unbescholtenen Braut*, die dem Bräutigam während des Verlöbnisses die *Beiwohnung* gestattet hat, einen Anspruch auf Ersatz auch des *nicht vermögens*rechtlichen Schadens (Deflorationsanspruch, Kranzgeld). Dieser Genugtuungsanspruch ist höchstpersönlich und geht auf billige Entschädigung in Kapital oder Rente, namentlich wegen der verringerten Heiratsaussicht. Er erwächst *nicht* aus unerlaubter Handlung, sondern aus der getäuschten Erwartung der Braut, ihr Fehltritt werde ihr wegen der versprochenen Ehe keinen Schaden bringen.

Unbescholtenheit ist nicht gleich Jungfräulichkeit (auch eine Witwe hat den Anspruch), sondern *Unversehrtheit* der *Geschlechtsehre*. Sie fehlt, wenn die tatsächlichen Grundlagen eines makellosen Rufes infolge geschlechtlicher Verfehlung erweislich verlorengegangen sind und dadurch auch in den Augen *Dritter* der sittliche Wert gelitten hat; RG 149, 147. Die objektive Tatsache einer Beiwohnung *allein* begründet noch keine Bescholtenheit, sehr str.; a. A. *Dölle*, § 6 VI 3c, aa; *Gernhuber* § 8 V 2. Der Bräutigam *selbst*, dem sich die Braut vor der Verlobung hingegeben hat, darf sie nicht beschelten; vgl. RG 98, 13; 170, 79.
Die Weitergeltung des § 1300 war bis zum Inkrafttreten des *Gleichberechtigungsgesetzes* umstritten. Heute hat sich die Auffassung durchgesetzt, daß § 1300 dem Gleichberechtigungsgebot *nicht* widerspricht, weil er kein Vorrecht der Frau darstellt, sondern die — naturgemäß — empfindlichere weibliche Geschlechtsehre schützen soll; vgl. BGH 20, 195. Eine andere Frage ist die, ob § 1300 nicht de lege ferenda durch eine Vorschrift ersetzt werden sollte, die *jedem* Verlobten einen Anspruch auf Ersatz des immateriellen Schadens gibt, wenn er durch den Verlöbnisbruch in seinem Persönlichkeitsrecht verletzt worden ist; vgl. dazu *Stoll*, Gutachten zum 45. DJT, 158f.

ζ) Schadensersatzansprüche aus *unerlaubter Handlung* können neben den Ansprüchen aus den §§ 1297ff. nur geltend gemacht werden, wenn der Sachverhalt über den Bruch der Verlöbnistreue hinaus eine unerlaubte Handlung des Verlöbnispartners ergibt; vgl. OLG Düsseldorf, FamRZ 1962, 429; str.

b) Alle Endigungsgründe des Verlöbnisses außer der Heirat — also grundloser und begründeter Rücktritt, wechselseitiges Einverständnis, Unmöglichkeit der Erfüllung und Tod — erzeugen grundsätzlich einen *Anspruch* jedes Verlobten auf *Herausgabe der Brautgeschenke* nach Bereicherungsrecht, § 1301. Das ist aber nachgiebiges Recht; für den Fall des Todes eines Verlobten ist sogar im Zweifel der Ausschluß der Rückforderung als gewollt anzusehen, § 1301 S. 2.

Brautgeschenke sind alle Schenkungen, die *nach* der Verlobung erfolgen und durch das Verlöbnis motiviert werden (z. B. auch der schenkweise Erlaß einer Schuld). Den Brautgeschenken steht gleich, was zum *Zeichen* des Verlöbnisses gegeben wird (Verlobungsring), wohl auch die Briefe. Die Anwendbarkeit des Bereicherungsrechts führt nach § 815 zum *Ausschluß* des Rückforderungsrechts für den Geber, der die Eheschließung wider Treu und Glauben verhindert hat, was freilich nicht ohne weiteres bei jedem grundlosen Rücktritt gesagt werden kann; vgl. *Staudinger-Dietz*, § 1301 Anm. 11; a. A. *Dölle* § 6 VII 2.

c) Beide Ansprüche *verjähren* in zwei Jahren von der Auflösung des Verlöbnisses an, § 1302. Das gilt nicht für Ansprüche aus anderen Gesichtspunkten, z. B. aus unerlaubter Handlung, etwa aus einem Betrug oder einer Nötigung bei Eingehung des Verlöbnisses.

II. Titel

Die Eingehung der Ehe

Schrifttum: Bosch, Neue Rechtsordnung in Ehe und Familie, 1954; *Familienrechtsreform*, herausgegeben von *Dombois* und *Schumann*, 1955; *Neuhaus*, Staatliche und kirchliche Eheschließung in rechtsvergleichender Sicht, FamRZ 1955, 305; *Conrad*, Zur Einführung der Zwangszivilehe in Preußen und im Reich (1874/75), Festschrift Lehmann (1956), Bd. I, 113; *Hübner*, Eheschließung und allgemeine Wirkungen der Ehe als dogmatisches Problem, FamRZ 1962, 1; *Müller-Freienfels*, Ehe und Recht, 1962.

§ 7

I. Kapitel

Die Form der Eheschließung

Geschichtliche Entwicklung

1. Wenn man vom Frauen*raub* absieht, der der geschichtlichen Vorzeit angehört, darf man als die *germanische* Form der Eheschließung die *Sippenvertragsehe* bezeichnen. Die Ehe wurde geschlossen zwischen der Sippe der Braut und der Sippe des Mannes. Der Mann gab der durch den Muntwalt vertretenen Sippe der Braut eine Freundesgabe, den sog. *Muntschatz*, durch deren Annahme die Brautsippe zur *Übergabe* des Mädchens verpflichtet wurde. Die Brautübergabe fand in feierlicher Form statt. Ihr folgten die *Heimführung* in das Haus des Mannes, das offenkundige *Beschreiten des Ehebettes* durch die Neuvermählten und am Morgen nach der Brautnacht die Überreichung der *Morgengabe* durch den Mann, der dadurch die Frau als Hausfrau anerkannte. Allmählich traten die *Brautleute selbst* in den Vordergrund, die Braut verlobt sich mit dem Bräutigam, sie wird ihm nicht mehr übergeben, sondern die *Brautleute* werden unter Teilnahme der Sippe *zusammengegeben*, der Muntschatz wird zur Gabe des Bräutigams an die Braut zwecks Witwenversorgung. Die *Kirche* setzte durch, daß der Trauung ein *Kirchgang* und *geistliche Segnung* der Ehe zu folgen habe; im 11. Jahrhundert wird die Trauung vor die Kirchentür verlegt und in Gegenwart des Geistlichen vorgenommen, der das Paar segnet: „Aus dem Zusammen*geben* wird ein Zusammen*sprechen*“ (Sohm). Endlich bemächtigt sich die Kirche der Trauung ganz; die *Laien*trauung wird durch die *kirchliche* Trauung des Geistlichen verdrängt, der sie zuerst noch *vor*, seit dem 16. Jahrhundert *in* der Kirche vornimmt.

2. Nach *katholischer*, dem römischen Recht entsprechender Auffassung, liegt aber das *Wesentliche* bei der Eheschließung nicht in der *Trauung* durch den *Geistlichen*, sondern in dem freien *Vertragsschluß* der *Brautleute* selbst: consensus facit nuptias. Das ergibt sich auch aus der *sakramentalen Natur* der Ehe, wonach die Spender des Sakraments die *Gatten selber* sind, nicht etwa der assistierende oder kopulierende

Priester. Die „priesterliche Trauung“ folgt also dem Eheschluß nach, bedeutet nur Feststellung und Einsegnung.
Durch die Verlegung des ehebegründenden Aktes in die *Konsenserklärung* der Gatten wurde die Ehe auf eine höhere Stufe gehoben und ihrem *persönlichen* und *sittlichen* Charakter in besonderem Maße Rechnung getragen. Indessen ergab sich aus dem Satz, daß zur Gültigkeit des Eheschlusses die einfache Konsenserklärung genüge, auch die nachteilige Folge, daß *heimliche* Ehen (matrimonia clandestina) geschlossen werden konnten, und daß die Unterscheidung der Verlobung (sponsalia de futuro) vom eigentlichen Eheschluß (sponsalia de praesenti sc. matrimonio) erschwert wurde.
Um diesen Mißständen abzuhelfen und die Offenkundigkeit der Eheschließung zu sichern, schrieb das *Konzil von Trient* 1563 (decretum tametsi, sessio XXIV de ref. matrim. c. 1.) die Mitwirkung eines *Geistlichen* und zweier Zeugen bei der Eheschließung *zwingend* vor. Die Verletzung dieser Formvorschrift bedeutete einen Ehenichtigkeitsgrund.
Zuständig war der *eigene* Pfarrer (parochus proprius), d. h. der Pfarrer des Domizils, Quasidomizils oder (bei Heimatlosen) des Aufenthaltsortes eines der Verlobten (und der entsprechende ordinarius proprius). Es genügte „*passive* Assistenz“, es war also eine Überrumpelung möglich.
Die tridentinische Eheschließungsform galt aber nur da, wo das decretum tametsi *verkündet* worden war, was in manchen nicht katholischen oder gemischt-konfessionellen Ländern (Großbritannien, den nordischen Staaten, großen Teilen Deutschlands und in der Schweiz) unterblieben ist. Daher konnte hier eine Ehe nach vortridentinischem Recht geschlossen werden und wurde auch die bloße Zivilehe als kirchlich gültige Ehe anerkannt. Dem machte die Bulle Pius X. „Provida“ vom 18. Januar 1906 ein Ende, indem sie für alle Ehen die tridentinische Form vorschrieb.
Am 3. August 1907 erging dann das Dekret „ne temere“, das die tridentinische Form so umgestaltete, wie sie heute im wesentlichen in den codex iuris canonici von 1917 can. 1094ff. übergegangen ist. Zur Gültigkeit der Ehe genügt heute nicht mehr rein passive Assistenz, vielmehr muß der Pfarrer *freiwillig* mitwirken (neque vi neque metu gravi constrictus). Zuständig ist heute jeder Pfarrer innerhalb des Sprengels, an Stelle des parochus proprius ist also getreten der *Orts*pfarrer (oder der ordinarius loci bzw. der von ihnen ermächtigte Priester). Sind die zuständigen Geistlichen nicht erreichbar, so kann ausnahmsweise die Ehe nach can. 1098 vor zwei Zeugen geschlossen werden, wenn Lebensgefahr besteht oder die Unerreichbarkeit voraussichtlich einen Monat dauern wird.
Nach can. 1099 cod. iur. can. gilt die kirchliche Eheschließungsform nicht bloß für die Ehen von Katholiken, sondern auch von Katholiken mit Akatholiken (*Mischehen*). Dagegen gilt sie *nicht* für *rein akatholische* Ehen. Die standesamtliche Trauung von Akatholiken wird also nach dem Satz „consensus facit nuptias“ als gültige Ehe im kirchlichen Sinne anerkannt.

3. In der *evangelischen* Kirche hat sich ein einheitliches Eherecht nur langsam entwickelt. Seit dem 18. Jahrhundert wird die *kirchliche Trauung* als der die Ehe begründende Akt anerkannt, d. h. die Ehe wird auf Grund der vor dem Pfarrer abgegebenen Eheschließungserklärungen der Brautleute durch die *Handlung* des *Geistlichen* (Zusammensprechen und Segnung) geschlossen.

4. Das Bestreben, die kirchliche und staatliche Seite der Ehe zu trennen und ein *selbständiges weltliches* Eherecht zu schaffen, hat im Laufe des 19. Jahrhunderts zum Sieg *weltlicher* Eheschließungsformen in fast allen Kulturstaaten geführt. Die *Zwangszivilehe*, erstmals eingeführt in Frankreich im Jahre 1792, wurde 1874 in Preußen und 1875 im Zusammenhang mit der Kulturkampfgesetzgebung durch

das Personenstandsgesetz im ganzen Reich eingeführt. Das BGB und später die Ehegesetze von 1938 und 1946 haben an ihr festgehalten.
Heute ist das Prinzip der Zwangs- oder obligatorischen Zivilehe wieder sehr *umstritten*. Von verschiedenen Seiten wird sogar behauptet, die *obligatorische* Zivilehe sei *verfassungswidrig*, nämlich unvereinbar mit Art. 4 GG, der die Glaubens- und Gewissensfreiheit garantiert. Diese Ansicht geht wohl zu weit. Den religiös gebundenen Bürgern wird ja die religiöse Eheschließung nicht untersagt, es wird ihr nur keine bürgerliche Wirkung zuerkannt. Andererseits spricht *rechtspolitisch* vieles dafür, den Verlobten die *Wahl* zwischen einer staatlichen und einer kirchlichen Eheschließungsform zu lassen (sog. Prinzip der „*fakultativen* Zivilehe"), zumal dies keineswegs bedeutet, daß den Kirchen damit auch die Jurisdiktionsgewalt über diese Ehen zurückgegeben werden muß.

Die Eheschließungsform des EheG

Das EheG stellt *wesentliche* Erfordernisse auf (*Muß*vorschriften) und *nicht* wesentliche (bloße Ordnungs- oder *Soll*vorschriften); das Fehlen der ersteren macht die Ehe ungültig, das der letzteren hindert die Gültigkeit nicht, macht aber den Eheschluß unerlaubt. Die Förmlichkeiten gehen z. T. der Eheschließung voraus, z. T. betreffen sie den Akt selbst, z. T. folgen sie ihm nach. Mußerfordernisse sind nur für den Akt selbst aufgestellt.

I. Vorhergehende *Förmlichkeiten, von deren Beobachtung die Gültigkeit der Ehe nicht abhängt — Sollvorschriften*

Der Eheschließung soll regelmäßig ein vom Standesbeamten anzuordnendes *Aufgebot* (Bekanntmachung der Personalien) vorhergehen, um Ehehindernisse zur amtlichen Kenntnis zu bringen und den Abschluß unerlaubter Ehen zu hindern, §§ 12 I EheG, 3 PStG.

Diesen Zweck vermag das Aufgebot aber heute allenfalls noch auf dem Lande und in der Kleinstadt zu erreichen, da die Form der Bekanntmachung (vierzehntägiger Aushang am Standesamt und Rats- oder Gemeindehaus der Wohnsitz- bzw. Aufenthaltsgemeinde) für die Großstädte wenig Erfolg verspricht. Die aus dem kanonischen Recht stammende Einrichtung ist veraltet. Das Aufgebot darf unterbleiben bei lebensgefährlicher Erkrankung eines Verlobten, außerdem kann der Standesbeamte Befreiung erteilen, § 12 II u. III EheG.

Der Mangel des Aufgebots ist ein *aufschiebendes* Ehehindernis. Sein Unterbleiben hat keinen Einfluß auf die Gültigkeit der Ehe.
Der Standesbeamte darf das Aufgebot aber nur erlassen, wenn er ein Ehehindernis nicht für gegeben hält. Zum *Nachweis* der *Ehefähigkeit* haben die Verlobten ihre Geburtsurkunden und beglaubigte Abschriften aus dem Familienbuch oder Auszüge aus diesem beizubringen, § 5 PStG.

Bei *Ausländern* soll der Standesbeamte ein Zeugnis ihres Heimatstaates, daß der Eheschließung kein nach dessen Gesetzen begründetes Ehehindernis entgegensteht, fordern, doch kann der OLG-Präsident davon befreien, § 10 EheG.

II. Förmlichkeiten des Eheschließungsaktes selbst

1. *Wesentliche* Förmlichkeiten (*Muß*erfordernisse), deren Mangel das Nichtzustandekommen oder die Nichtigkeit der Ehe zur Folge hat.

a) Eine Ehe kommt nur *zustande,* wenn die Eheschließung vor einem *Standesbeamten* stattgefunden hat, § 11 I EheG. Die Eheschließung vor einem Geistlichen gilt darum im Rechtssinn als nicht existent, als *Nichtehe,* als matrimonium non existens. Vor einem Standesbeamten hat die Eheschließung nur dann stattgefunden, wenn der Standesbeamte zur Entgegennahme der Erklärungen der Verlobten *bereit* war. Verlangt wird also, ebenso wie im kanonischen Recht, aktive Assistenz.

Der Standesbeamte wird von den Gemeinden nach Zustimmung der höheren Verwaltungsbehörde bestellt, § 54 I 1 PStG. Regelmäßig ist der *Bürgermeister* zu bestellen. In Gemeinden, die einen Stadtkreis bilden, müssen, in anderen Gemeinden können *besondere Beamte* als Standesbeamte bestellt werden, § 53 PStG.

Der Standesbeamte darf nur innerhalb seines *Amtsbereiches* tätig werden. Außerhalb seines Amtsbereiches ist er überhaupt nicht Standesbeamter. Um nichtige Eheschlüsse zu verhindern, stellt aber § 11 EheG der Mitwirkung eines Standesbeamten gleich die Mitwirkung einer Person, die, ohne Standesbeamter zu sein, das Amt eines Standesbeamten *öffentlich ausgeübt* hat; doch muß die Ehe in das Heiratsbuch *eingetragen* werden. Mangels solcher Eintragung liegt in derartigen Fällen überhaupt keine Ehe, auch keine vernichtbare, sondern eine Nichtehe vor; vgl. unten § 9 I. Wenn dagegen ein *wirklicher* Standesbeamter in seinem *Amtsbezirk* bei einem Eheschluß, ohne für *diese* Verlobten *zuständig* zu sein, mitwirkt, so steht das der Gültigkeit der Ehe nicht im Wege, selbst wenn die Eintragung in das Heiratsbuch unterbleibt.

b) Die *persönlich* und *gleichzeitig* anwesenden Verlobten müssen vor dem Standesbeamten *unbedingt* und *unbefristet* erklären, die Ehe miteinander eingehen zu wollen, § 13 EheG.

Eine *Verletzung* dieser Formerfordernisse, z. B. die Eheschließung durch *Boten* oder *Stellvertreter* oder die Abgabe einer *bedingten* Erklärung durch einen Verlobten, hindert zwar nicht das Zustandekommen der Ehe, macht die Ehe aber nichtig (d. h. vernichtbar), § 17 I EheG.

2. *Unwesentliche* Förmlichkeiten (*Soll*vorschriften), deren Mangel die Gültigkeit der Ehe nicht berührt.

a) Die Ehe soll vor dem *zuständigen* Standesbeamten geschlossen werden. Zuständig ist der Standesbeamte, in dessen Bezirk *einer* der Verlobten seinen *Wohnsitz* oder seinen *gewöhnlichen Aufenthalt* hat. Unter *mehreren* zuständigen Standesbeamten haben die Verlobten die *Wahl.* Ist danach kein Standesbeamter in Deutschland zuständig, so ist der Standesbeamte des Standesamtes I in Berlin oder der Hauptstandesämter München, Baden-Baden und Hamburg zuständig. Der nach dem Gesetz zuständige Standesbeamte kann einen anderen zur Eheschließung ermächtigen, § 15 EheG.

b) *Zwei Zeugen* sollen zugezogen werden.

c) Der Standesbeamte soll an die Verlobten einzeln und nacheinander die *Frage* richten, ob sie die Ehe miteinander eingehen wollen.

d) Nach Bejahung dieser Frage soll der Standesbeamte *aussprechen*, daß die Verlobten nunmehr kraft Gesetzes rechtmäßig verbundene Eheleute seien, § 14 I EheG i. Verb. mit § 448 der Dienstanweisung für die Standesbeamten und ihre Aufsichtsbehörden.

Dieser Ausspruch hat aber nur feststellende Bedeutung, ist also unwesentlich; ein vorheriger Tod eines Verlobten wäre unschädlich.

III. Dem Eheschluß nach*folgende Förmlichkeiten* (*Sollvorschriften*)

Der Standesbeamte soll die Eheschließung in das *Heiratsbuch* eintragen, § 14 II EheG i. Verb. mit § 9 PStG. Die Eintragung wird von dem Standesbeamten, den Ehegatten und den Zeugen *unterschrieben*. Anschließend legt der Standesbeamte ein sog. *Familienbuch* an, § 12 PStG.

Die Eintragung in das *Heiratsbuch* ist *wesentlich* nur in dem Fall, daß die Ehe vor einem *Schein*standesbeamten geschlossen worden ist (s. o. unter II 1 a). Sonst ist ihr Unterbleiben auf den Bestand der Ehe ohne Einfluß, beweist aber den Eheschließungsvorgang, so wie er beurkundet ist. Der Nachweis der Unrichtigkeit der beurkundeten Tatsachen ist zulässig, § 60 PStG.

IV. Besondere Eheschließungsformen

1. *Ferntrauung.* Angehörige der Wehrmacht konnten sich nach der Personenstands-VO der Wehrmacht i. d. F. vom 17. 10. 1942 *ferntrauen* lassen. Die Eheschließungserklärung der *Frau* konnte vor dem Standesbeamten in *Abwesenheit* des Mannes abgeben werden, wenn dieser seine Eheschließungserklärung innerhalb eines bestimmten Zeitraumes (sechs Monate, später neun Monate) vorher vor der zuständigen *Wehrmachtsdienststelle* abgegeben hatte. Mit der Erklärung der Braut vor dem Standesbeamten kam die Ehe zustande, und zwar auch dann, wenn der Mann in der Zwischenzeit verstorben war.
Gegen die *Gültigkeit* dieser Ehen erheben sich keine allgemeinen Bedenken. Ferntrauungen sind aber seit dem 1. 3. 1946, d. h. seit dem Inkrafttreten des EheG, nicht mehr zulässig; vgl. KG FamRZ 1957, 52. In der britischen Zone waren Ferntrauungen bis zum 31. 1. 1949 zulässig (VO über Ferntrauungen vom 5. 1. 1949).

2. *Nachträgliche* (*postmortale*) *Eheschließung.* Weiterhin wurde auf Grund eines vertraulichen Runderlasses des RMdI vom 15. 6. 1943 die Möglichkeit einer *nachträglichen Eheschließung* anerkannt. Danach konnte die Braut eines gefallenen Wehrmachtsangehörigen einen entsprechenden Antrag an die untere oder obere Verwaltungsbehörde richten, die ihn dem RMdI vorzulegen hatte. Dieser beauftragte die Aufsichtsbehörde und durch sie den Standesbeamten mit der Prüfung, ob die Voraussetzungen für eine nachträgliche Eheschließung im konkreten Fall

gegeben seien. Als einzige Voraussetzung kam grundsätzlich die bis zum Tode des Gefallenen nicht aufgegebene, ernstliche Eheschließungsabsicht in Betracht, bei deren Prüfung großzügig verfahren werden sollte, wenn ein Kind des Gefallenen vorhanden oder zu erwarten war. Bei Bejahung der Voraussetzung erging eine Eheschließungsanordnung des RMdI. Auf Grund derselben wurde die Eheschließung in den für sie allgemein vorgesehenen Formen vollzogen. Der für den Aufenthaltsort der Verlobten zuständige Beamte richtete an die erschienene Frau die Frage, ob sie die nachträgliche Ehe mit dem gefallenen Verlobten eingehen wolle, und sprach dann im Namen des Reichs und auf Anordnung des hierzu besonders ermächtigten RMdI aus, daß die Ehe hiermit rechtmäßig geschlossen werde und daß die Braut nunmehr rechtmäßig verbundene Ehefrau des am soundsovielten gefallenen Verlobten sei, und zwar nachträglich mit Wirkung von dem Tage ab, der dem Sterbetag des Ehemannes vorausgegangen war.
Die *Rechtsgültigkeit* dieser nachträglichen Ehen ist mit Recht *verneint* worden. Dem geheimen Ministerialerlaß, der sich auf einen nicht nachweisbaren Führererlaß stützte, fehlte die *Rechtsgrundlage.* Beide Erlasse sind niemals in der für Rechtsnormen erforderlichen Weise *veröffentlicht* worden; bloße Verwaltungsakte können aber die Eheschließungsformen des bürgerlichen Rechts nicht abändern.
Die *Wirkungen* des Ausspruchs einer nachträglichen Eheschließung sind durch das Bundesgesetz vom 29. 3. 1951 geregelt worden. Es beließ der Frau das Recht, den *Namen* des Mannes zu führen und gab ihr die versorgungsrechtlichen Ansprüche, wie sie einer *Witwe* zustehen. Nur ein *Erbrecht* wurde ihr aberkannt.
Seit Inkrafttreten des EheG von 1946 können selbstverständlich postmortale Eheschließungen, weil in Widerspruch mit § 13 EheG stehend, nicht mehr angeordnet werden, § 79 EheG.

3. *Rassisch oder politisch Verfolgte,* denen während des Dritten Reiches die ordnungsmäßige standesamtliche Eheschließung unmöglich gemacht worden war, konnten nach dem Bundesgesetz vom 23. 6. 1950 den Antrag stellen, ihrer Verbindung nachträglich mit rückwirkender Kraft die *Rechtswirkungen* einer *gesetzlichen Ehe* zuzuerkennen. Der Antrag auf Erlaß einer solchen Anordnung mußte — von bestimmten Ausnahmen abgesehen — bis zum 31. 12. 1957 gestellt sein.

4. Durch das Kontrollratsgesetz 52 ist in das EheG der § 15a neu eingefügt worden. Danach ist, sofern *keiner* der Verlobten *deutscher Staatsangehöriger* ist, eine Eheschließung nach den Gesetzen des Landes möglich, dessen Staatsangehörigkeit *einer* der Verlobten besitzt.
Die Ehe muß vor einer Person geschlossen werden, die ordnungsgemäß von der *Regierung* ihres Landes — eine *generelle gesetzliche* Ermächtigung (Beispiel: alle Geistlichen können auch im Ausland Ehen schließen) genügt *nicht*; vgl. BGH FamRZ 1965, 311 — zur Vornahme von Eheschließungen *ermächtigt* ist.

II. Kapitel

Die sachlichen Voraussetzungen der Eheschließung
Fehlerhafte Ehe und Ehehindernisse

§ 8. A. Allgemeines. Grundgedanken und Art der Regelung

Die Eheschließung hat außer förmlichen Voraussetzungen auch *sachliche.* Sie ergeben sich einmal aus dem *Vertrags*charakter des Eheschlusses;

dieser muß den *allgemeinen rechtsgeschäftlichen* Voraussetzungen entsprechen. Sie ergeben sich sodann aus *besonderen eherechtlichen* Gesichtspunkten, sittlichen, religiösen, sozialen und politischen Rücksichten; die allgemeinen Vertragsvorschriften genügen hier nicht.

Deshalb sind die Voraussetzungen der Eheschließung *besonders* geregelt, aber zum großen Teil im Anschluß an das kanonische Recht unter dem Gesichtspunkt des *Eheverbotes*, *Ehehindernisses*, des *Fehlens* einer *Voraussetzung*, impedimentum. Das kirchliche Recht unterscheidet zwischen trennenden Ehehindernissen (impedimenta dirimentia), die dem gültigen Zustandekommen der Ehe entgegenstehen, und bloß aufschiebenden Ehehindernissen (impedimenta impedientia), die zwar den Abschluß verbieten, unerlaubt machen, die Gültigkeit der trotzdem geschlossenen Ehe aber nicht berühren. Diese Scheidung haben auch das BGB und das EheG übernommen.

Das EheG zählt zunächst die *Voraussetzungen* des Eheschlusses auf, *ohne* die *Folgen ihres Fehlens anzugeben*, und zwar in folgender Reihenfolge: A) Ehefähigkeit (§§ 1—3), B) Eheverbote (§§ 4—10), C) Eheschließung (§§ 11—15). Dann regelt es die *Folgen* ihres *Fehlens*, soweit sie die *Nichtigkeit* der Ehe oder ihre *Aufhebbarkeit* begründen: D) Nichtigkeit der Ehe (§§ 16—27) und E) Aufhebung der Ehe (§§ 28—40). Das Fehlen der nicht erwähnten Voraussetzungen beeinflußt also den Bestand der Ehe nicht, insoweit handelt es sich nur um aufschiebende Hindernisse (impedimenta impedientia).

Unsere Darstellung wird deshalb zuerst die verschiedenen Arten der Unwirksamkeit entwickeln und dann die Ehehindernisse nach ihren Wirkungen gruppiert aufzählen.

§ 9. B. Fehlerhafte Ehe

Die verschiedenen Arten der Unwirksamkeit

Schrifttum: Schwab, Die Feststellung des Verschuldens im Ehenichtigkeitsurteil, JZ 1955, 730; *Ferid*, Beerbung eines bigamen Erblassers, in dessen Ehe die Zugewinngemeinschaft gegolten hat, FamRZ 1963, 410; 1964, 185.

Fehlerhaft nennen wir die Ehe, der materielle oder formelle Mängel anhaften, welche ihre volle Wirksamkeit ausschließen. Der verschiedenen Bedeutung der Voraussetzungen, der Art und dem Grade der Fehlerhaftigkeit entsprechen *drei verschiedene Grade* mangelnder Wirksamkeit, nämlich: *völlige Nichtigkeit*, *Vernichtbarkeit* und *Aufhebbarkeit*.

I. Die völlige Nichtigkeit

Völlig nichtig ist die Ehe, wenn nicht einmal der *äußere Tatbestand* eines Eheschlusses vorliegt. Dies ist der Fall:

1. bei einer Ehe zwischen Personen *gleichen* Geschlechts, selbst wenn die „Ehe" ins Heiratsbuch eingetragen worden ist,

2. bei einer Ehe, die nicht vor einem *Standesbeamten* geschlossen worden ist, § 11 I EheG; vgl. dazu oben § 7 II 1a.
Hier ist *rechtlich* nichts vorhanden, *jeder* kann die Nichtigkeit in jeder Form geltend machen, sie ist von Amts wegen zu beachten; die sog. Ehegatten können ohne weiteres wieder heiraten, die Kinder sind unehelich. Eine Nichtigkeits*erklärung* nach § 23 EheG kommt nicht in Frage, sondern nur ein Urteil, durch das das Nichtbestehen einer Ehe *festgestellt* wird, § 638 ZPO.

II. Vernichtbarkeit

Regelmäßig ist aber die Ehe, der ein Nichtigkeitsgrund anhaftet, kein reines Nichts, sondern *zunächst* als *gültig zu behandeln,* bis sie auf erhobene *Nichtigkeitsklage* hin für *nichtig erklärt* worden ist und das Urteil, ein *Gestaltungs*urteil, die Rechtskraft erlangt hat. Die Ehe ist also nicht im gewöhnlichen Sinn nichtig, sondern *vernichtbar.* Daß das Gesetz eine gerichtliche Prüfung und Feststellung des Nichtigkeitsgrundes verlangt (§ 23 EheG), ehe die Nichtigkeit von *jedermann* geltend gemacht werden kann, rechtfertigt sich aus der sittlichen Bedeutung der Ehe und ihrer Wichtigkeit für die Lebensstellung der Gatten und Nachkommen. Es wäre z. B. unerträglich, wenn die Gatten auf Grund eines fälschlich angenommenen Nichtigkeitsgrundes sich neu verheiraten könnten.
Das Nichtigkeitsurteil *zerstört* den *Schein der Ehe,* der durch den formgerechten Eheschluß oder doch ihre Eintragung erzeugt worden ist.
Dieser *Schein* bleibt bestehen, auch wenn die Ehe durch den Tod eines Ehegatten oder durch Scheidung *aufgelöst* worden ist. Die Nichtigkeitsklage kann darum auch noch *nach* der *Auflösung* der Ehe erhoben werden, § 24 I 2 EheG. Nur wenn *keiner* der Ehegatten mehr am Leben ist, ist die Klage ausgeschlossen, § 24 II EheG. Die Ehe ist dann für immer als gültig anzusehen. Ein schon erlassenes Nichtigkeitsurteil kann nicht mehr rechtskräftig werden.

1. Das EheG kennt sechs Fälle der Vernichtbarkeit:

a) *Mangel* eines *wesentlichen Formerfordernisses,* § 17 EheG;
b) *Mangel* der *Geschäfts-* oder *Urteilsfähigkeit* eines Verlobten zur Zeit der Eheschließung, § 18 EheG;
c) *Namensehe,* § 19 EheG;
d) *Doppelehe,* § 20 EheG;
e) *Verwandtschaft* oder *Schwägerschaft,* § 21 EheG;
f) *Ehebruch,* § 22 EheG.

2. *Die Klageberechtigung.* Weil in allen Fällen der Vernichtbarkeit öffentliche Belange im Spiele sind, kann stets der *Staatsanwalt* die Nichtigkeitsklage erheben, § 24 I EheG. Außerdem ist *jeder Ehegatte* und bei der Doppelehe auch der *Ehegatte* der *früheren Ehe* klageberechtigt. Wenn die Ehe *aufgelöst* ist, kann nur der Staatsanwalt die Klage erheben. Sind beide Gatten gestorben, so fällt auch seine Klagebefugnis weg (§ 24 II EheG), da kein öffentliches Interesse mehr besteht.
Nach § 634 ZPO kann der Staatsanwalt, auch wenn er die Klage nicht erhoben hat, jederzeit von sich aus den Rechtsstreit weiter betreiben, insbesondere selbständige Anträge stellen und Rechtsmittel einlegen.

Andere Personen können die Ehenichtigkeitsklage nicht erheben. Die ursprünglich jedem interessierten Dritten zugestandene Klagebefugnis (§ 632 I 2 ZPO a. F.) ist bereits durch das EheG 1938 beseitigt worden.

3. *Die vorläufige Wirksamkeit.* Da die Ehe bis zur Rechtskraft des Nichtigkeitsurteils die Wirkungen einer gültigen Ehe hat, erhält die Frau zunächst den Namen des Mannes, das Güterrecht gilt, die Kinder sind ehelich. Die Ehe ist von jedermann und in jeder Hinsicht bis zur Nichtigkeitserklärung als bestehend zu behandeln; vgl. BGH 30, 142. Der Folgerung, daß die Ehegatten zur *ehelichen Lebensgemeinschaft*, also auch zur Leistung der ehelichen Pflicht verbunden sind, kann für die blutschänderische und die bigamische Ehe nach Ansicht der h. M. vorgebeugt werden durch Berufung auf das Mißbrauchsverbot des § 1353 II und — nach Einreichen der Klage — durch die Erwirkung einer einstweiligen Anordnung (§ 627 ZPO). Demgegenüber hat *Beitzke* (§ 10 III 3) mit Recht darauf hingewiesen, daß es in diesen Fällen einer Berufung auf das Mißbrauchsverbot überhaupt nicht bedarf, weil von vornherein kein Ehegatte von seinem Partner die Begehung einer strafbaren Handlung verlangen kann.
Als vorläufig wirksame Ehe kann die vernichtbare Ehe auch durch Tod oder Scheidung *aufgelöst* werden.

Nach dem Tode eines doppelt Verheirateten können somit u. U. zwei Gatten ein gesetzliches Erbrecht haben; so *Lange*, AcP 145, 165; *Ferid*, FamRZ 1963, 410 und 1964, 185; *Dölle*, § 23 V 3, str.

4. *Rückwirkung des Urteils und Ausnahmen davon.* Die Vernichtung der Ehe durch Nichtigkeitsurteil hat *rückwirkende* Kraft, die Ehe ist als von Anfang an nichtig zu behandeln. Folglich verliert die Frau wieder den Namen des Mannes. Leistungen der Partner, die auf der für nichtig erklärten Ehe beruhten, sind grundsätzlich nach den Vorschriften über die Herausgabe einer ungerechtfertigten Bereicherung zurückzugewähren. Das gilt insbesondere für *Unterhaltsleistungen.* Allerdings werden Unterhaltsleistungen von Seiten des Mannes regelmäßig dadurch abgegolten

sein, daß die Frau — ebenfalls ohne rechtlichen Grund — den Haushalt geführt hat.

Im Interesse der *Kinder*, der *Ehegatten* und *gutgläubiger Dritter* gibt es jedoch einige *Ausnahmen* von der rückwirkenden Vernichtung:

a) *Kinder*, die nach der Schließung der nichtigen Ehe geboren oder vor der Nichtigkeitserklärung empfangen werden, sowie Kinder, die durch die Eheschließung legitimiert worden sind, *bleiben ehelich*, wenn sie ohne die Nichtigkeitserklärung der Ehe eheliche Kinder sein würden, §§ 1591 I 1, 1719.

Für die Rechtsbeziehungen der Eltern zu den Kindern gelten die Vorschriften über die elterliche Gewalt nach einer Ehescheidung, § 1671 VI. Vgl. im einzelnen unten § 27.

b) Hat auch nur *einer* der *Gatten* die *Nichtigkeit* beim Eheschluß *nicht gekannt*, so finden in *vermögensrechtlicher* Hinsicht (aber nur in dieser) die *Scheidungsvorschriften* entsprechende Anwendung. Wer die Nichtigkeit kannte, wird wie ein schuldig geschiedener Gatte behandelt, § 26 I EheG. Der redliche Gatte kann also verlangen, vom unredlichen Teil so gestellt zu werden, wie wenn die Ehe wegen dessen Alleinschuld geschieden worden wäre. Der gutgläubige Gatte kann somit vom bösgläubigen Unterhalt nach den §§ 58 und 59 EheG verlangen. Die güterrechtliche Abwicklung hat nach dem Güterstand zu erfolgen, der bei gültiger Ehe gegolten hätte. Da die *Nichtigkeitsfolgen* für einen Gatten u. U. *günstiger* sein können, gibt § 26 II EheG dem redlichen Gatten das Recht, auf die Anwendung der Scheidungsvorschriften zu verzichten und es für die vermögensrechtlichen Beziehungen bei den Nichtigkeitsfolgen zu belassen. Er muß diese Erklärung dann binnen sechs Monaten seit Rechtskraft des Urteils dem anderen Gatten gegenüber abgeben, § 26 II EheG.

Waren *beide* Gatten *schlechtgläubig*, d. h. wußten beide um die Vernichtbarkeit der Ehe, dann verbleibt es schlechthin bei den Nichtigkeitsfolgen.

Allenfalls kann zu fragen sein, ob es bei Berücksichtigung aller Umstände einer sittlichen Pflicht oder dem Grundsatz von *Treu* und *Glauben* entspricht, daß von der Geltendmachung einer Erstattungsforderung gegenüber dem Ehepartner ganz oder teilweise abgesehen wird; vgl. BGH NJW 1965, 581.

Waren *beide* Gatten *gutgläubig*, so ist die Unterhaltspflicht nach den Billigkeitserwägungen des § 61 II EheG zu bestimmen, ohne daß es darauf ankäme, wer die Klage erhoben hat, § 16 der 1. DVO zum EheG.

c) *Gutgläubigen Dritten* gegenüber ist die Berufung auf die Nichtigkeit beschränkt, § 27 EheG. Wer, ohne die Vernichtbarkeit der Ehe zu kennen, mit einem Ehegatten ein *Rechtsgeschäft* geschlossen oder gegen ihn ein *Urteil* erstritten hat, wird geschützt. So kann z. B. ein gutgläubiger Dritter verlangen, daß der Mann ein von der Frau im Rahmen ihres häuslichen Wirkungskreises eingegangenes Rechtsgeschäft gemäß § 1357 I gegen sich gelten läßt.

d) Zu beachten ist, daß auch das *Zeugnisverweigerungsrecht* der Gatten erhalten bleibt, §§ 383, 384, 408 ZPO, 52, 55, 76 StPO. Auch vom *Richteramt* bleiben sie ausgeschlossen, §§ 41 ZPO, 22 StPO, 6 FGG; vgl. *Dölle* § 24 II 1 a.

e) Die faktische Situation, die durch eine nichtige Ehe geschaffen wird, kann auch im *Beamten-*, *Sozialversicherungs-* und *Kriegsopferrecht* nicht unberücksichtigt bleiben. So hat z. B. die Frau eines verstorbenen Bundesbeamten, wenn die Ehe für nichtig erklärt wird, einen Anspruch auf Unterhaltsrente, wenn der Verstorbene ihr nach den §§ 58, 59 oder 61 II EheG hätte Unterhalt leisten müssen, § 125 III BBG. Andererseits wird einer Bundesbeamtenwitwe, die sich wieder verheiratet, für die Dauer der zweiten Ehe Witwengeld auch dann nicht gewährt, wenn diese Ehe später für nichtig erklärt wird, § 164 BBG. Ähnliche Regelungen gelten im Sozialversicherungs- und Kriegsopferrecht; vgl. BGB-RGRK § 26 EheG Anm. 21 ff.

5. In mehreren Fällen erkennt das Gesetz eine *Heilung* der Nichtigkeit an, so:

a) Für die *formwidrig* geschlossene Ehe, wenn die Gatten fünf Jahre oder bei früherem Tode eines Gatten bis dahin mindestens drei Jahre als Ehegatten miteinander gelebt haben, ohne daß die Nichtigkeitsklage erhoben worden wäre, § 17 II EheG.

So bei einer Eheschließung durch Stellvertreter, unter einer Bedingung, ohne gleichzeitige Anwesenheit der beiden Gatten.

b) Für die Ehe eines *Geschäftsunfähigen*, *Bewußtlosen* oder zeitweise *Geistes*gestörten durch *formlose Bestätigung* nach dem Wegfall der Störung, sofern nicht schon vorher die Ehe für nichtig erklärt oder aufgelöst worden ist, § 18 II EheG.

Die Bestätigung ist die Äußerung des Willens, die Ehe fortsetzen zu wollen — was auch stillschweigend, z. B. durch Fortsetzung der Geschlechtsgemeinschaft geschehen kann; vgl. *Dölle*, § 22 I 2 a.

c) Für die *Namensehe* unter den gleichen Voraussetzungen wie bei der formwidrigen Ehe, § 19 II EheG.

d) Für die *Verschwägerten*ehe und die Ehe mit dem *Ehebruchspartner* auf *Grund nachträglicher Befreiung*, §§ 21 II, 22 II EheG.

Gerade bei diesen Fällen der Heilung der Ehenichtigkeit zeigt sich die Undurchführbarkeit des strengen, römisch-rechtlichen Nichtigkeitsbegriffs des Allgemeinen Teils. Soziale Vorgänge, die das Schicksal einer Reihe von Menschen entscheidend bestimmen, wie z. B. der Eheschluß, kann man nicht gut, weil sie den rechtlichen Vorschriften nicht völlig entsprechen, als nicht vorhanden betrachten. Ihre Behandlung nach Art der Anfechtbarkeit ist das Richtige. Das EheG drückt sich freilich ungenau aus, wenn es sagt, die Ehe sei auf Grund der Heilung „als von Anfang an gültig anzusehen". Die vernichtbare Ehe ist ja schon ohnedies *vorläufig* als gültig zu behandeln. Infolge der Heilung wird lediglich die *Vernichtbarkeit getilgt*.

6. Das *Verfahren* bei der *Nichtigkeits*klage, die zu den „Ehesachen" gehört (§ 606 ZPO), untersteht wichtigen *Sonder*vorschriften — um das

öffentliche Interesse am Bestand der Ehe, an der Klarheit und Rechtssicherheit der eherechtlichen Beziehungen zu wahren.
a) Die Geltung des *Verhandlungsgrundsatzes* — wonach die *Parteien* des Zivilprozesses Inhalt und Umfang des Rechtsschutzes und der Stoffsammlung bestimmen — ist in wichtigen Punkten *ausgeschaltet*; andernfalls könnten gültige Ehen unberechtigt vernichtet, vernichtbare aber vollgültig werden.

Die Vorschriften über die Wirkungen des gerichtlichen Geständnisses, des Anerkenntnisses usw. sind unanwendbar, § 617 ZPO. Kein Anerkenntnis- oder Versäumnisurteil gegen den Beklagten! Das Gericht kann das persönliche Erscheinen der Parteien erzwingen, § 619 ZPO, und, um Klarheit über das Bestehen der Ehe zu erhalten, nicht vorgebrachte Tatsachen berücksichtigen und von Amts wegen Beweise aufnehmen, § 622 ZPO.

b) Die *Staatsanwaltschaft* ist zur Mitwirkung befugt und hat das staatliche Interesse an der Aufrechterhaltung der Ehe zu wahren, § 607 ZPO.
c) Das *Urteil wirkt* — wenn es bei Lebzeiten beider Gatten oder, falls der Staatsanwalt die Nichtigkeitsklage erhoben hatte, des *Längstlebenden* von ihnen rechtskräftig geworden ist — *für* und *gegen alle*, § 636a ZPO.

Zur Frage, ob die Feststellung des *Verschuldens* im Ehenichtigkeitsurteil erfolgen muß, vgl. *Schwab*, JZ 1955, 730. Wegen der Kostenfolgen ist eine solche Feststellung auf Antrag sicher erforderlich; vgl. § 93a ZPO. Ob die Feststellung auch für ein späteres Unterhalts- oder Sorgerechtsverfahren *bindende* Wirkung hat, ist bestritten. Verneinend BGB-RGRK, § 24 EheG Anm. 19 und *Palandt-Lauterbach*, Einführung vor § 16 EheG Anm. 2; mit Recht bejahend *Schwab* (aaO.), *Beitzke* (§ 10 III 1) und OLG Stuttgart, NJW 1955, 1360.

III. Die Aufhebbarkeit

Der schwächste Grad der Eheunwirksamkeit ist die *Aufhebbarkeit*. Die *Aufhebung* der Ehe ist durch das Ehegesetz 1938 *an die Stelle* der früheren *Anfechtung* der Ehe gesetzt worden, und dabei hat es auch das Ehegesetz 1946 gelassen. Die Anfechtung zerstörte die Ehe mit *rückwirkender* Kraft. Das entsprach der Bedeutung der Gründe, aus denen das Anfechtungsrecht gewährt wurde, nicht. Es handelt sich um *Willensmängel*, die dem Eheschließungswillen *eines* der Verlobten anhaften, deren Geltendmachung ihm in *seinem* Interesse freigestellt wird, ohne daß öffentliche Belange das fordern. Da diese Mängel die durch den Eheschluß begründete tatsächliche Gemeinschaft nicht nachträglich aus der Welt schaffen können, erscheint es richtig, dem Ehegatten, in dessen Person sie vorliegen, nur das Recht zu geben, die *Fortsetzung der Gemeinschaft zu verweigern*, also ein *Aufhebungsrecht*. Die Aufhebung löst die Ehe *nur für die Zukunft* auf, gerade wie die *Scheidung*, ihre *Wirkungen* sind denen der Scheidung *gleichgestellt*, § 37 I EheG.

Im *Tatbestand* unterscheidet sich die Aufhebung aber scharf von der Scheidung. Mit *jener* werden Gründe geltend gemacht, die schon zur Zeit des *Eheschlusses* vorlagen, mit *dieser später* eingetretene.

1. Das Gesetz kennt folgende *Fälle* der *Aufhebbarkeit*:

a) *Fehlende Einwilligung* des *gesetzlichen Vertreters* eines beschränkt Geschäftsfähigen, § 30 EheG.

b) *Willensmängel* (Irrtum, Betrug, Drohung), §§ 31—34 EheG.

c) *Rückkehr* des *fälschlich* für *tot erklärten Gatten*, dessen Gatte eine neue Ehe eingegangen ist, § 39 EheG.

2. *Die Klageberechtigung.* Weil nur private Belange in Betracht kommen, ist der Kreis der *Aufhebungsberechtigten* auch auf die unmittelbar Beteiligten *beschränkt*. Das Aufhebungsrecht steht nur zu dem durch den Aufhebungsgrund geschützten *Ehegatten*, also dem beschränkt Geschäftsfähigen, dem Irrenden, dem Betrogenen, dem Bedrohten, dem redlichen Gatten der neuen Ehe (bei der Todeserklärung). Das Aufhebungsrecht ist eine *höchstpersönliche* Befugnis. Ob jemand seine Ehe aufheben will, soll wegen ihrer die ganze Person erfassenden Bedeutung nur er selber beurteilen. Auch ein in der Geschäftsfähigkeit beschränkter Gatte bedarf nicht der Zustimmung seines gesetzlichen Vertreters (§ 612 ZPO), es sei denn, daß gerade der Mangel der Vertretereinwilligung in den Eheschluß die Aufhebbarkeit begründet; hier ist — solange die Geschäftsbeschränktheit dauert — nur der *gesetzliche Vertreter* zur Aufhebungsklage berechtigt, § 30 I 2 EheG. Für den Geschäftsunfähigen muß natürlich der gesetzliche Vertreter das Aufhebungsrecht ausüben, ist aber an die Genehmigung des Vormundschaftsgerichts gebunden, § 612 II ZPO.

Über den Sonderfall der Rückkehr des fälschlich für tot Erklärten s. u. § 18.

3. *Der Aufhebungsakt.* Die Aufhebung erfolgt durch *Urteil* auf Grund einer Aufhebungs*klage*. Das Urteil ist ein Gestaltungsurteil, das die Ehe mit der Rechtskraft auflöst, § 29 EheG.

Hier ist gerade wie bei der Geltendmachung der Nichtigkeit *Klageerhebung* nötig, weil die Berechtigung zur Aufhebung zweifelhaft sein kann und wegen der Bedeutung der Ehe gerichtlich geprüft und festgestellt werden muß. Die Gatten müssen zuverlässig wissen, woran sie sind.

Die Aufhebungsklage kann nur binnen eines Jahres erhoben werden von dem Zeitpunkt an, in dem der Aufhebungsberechtigte von dem Aufhebungsgrund erfährt bzw. die Erhebung ihm (z. B. wegen Aufhebung der durch die Drohung erzeugten Zwangslage) zugemutet werden kann, § 35 EheG. Vergleiche auch § 36 EheG über die Verlängerung der Frist bei Versäumung derselben durch den gesetzlichen Vertreter.

4. *Die Rechtsfolgen* der Aufhebung sind die gleichen wie die der *Scheidung*, § 37 I EheG. Demgemäß muß das Urteil auch einen *Schuldausspruch* enthalten, § 52 I EheG; vgl. RG 164, 244. Dazu bedarf es eines besonderen Antrags nicht.
Als *schuldig* ist anzusehen in den Fällen der §§ 30—32 EheG (Mangel der Vertretereinwilligung und Irrtum) der Ehegatte, der den Aufhebungsgrund beim Eheschluß kannte. Also bei Fehlen der Vertretereinwilligung der *andere* Teil, der von diesem Mangel wußte; beim Irrtum der Partner des Irrenden, dem dessen Irrtum und seine Ursächlichkeit bekannt war; vgl. BGH 25, 83. In den Fällen der §§ 33 und 34 EheG (arglistige Täuschung und Drohung) ist als schuldig anzusehen, wer die Täuschung verübt oder den Partner bedroht hat; bei Täuschung oder Drohung durch einen Dritten, wer darum gewußt hat, § 37 II EheG. Ob der Schuldausspruch *Schuldfähigkeit* voraussetzt, ist bestritten, aber wohl anzunehmen; vgl. OLG Hamm FamRZ 1964, 438; a. A. RG 164, 244.

Nicht selten wird die Aufhebungsklage mit einer *Scheidungsklage* des anderen Teils beantwortet oder umgekehrt. Hier ist nach § 18 der 1. DVO z. EheG die *Mitberücksichtigung* der *Scheidungsschuld* im Aufhebungsurteil vorgeschrieben. Ist jeder der beiden Ehegatten als schuldig anzusehen, so sind beide für schuldig zu erklären. Eine Mitschuld des Klägers ist aber auch dann zu berücksichtigen, wenn der Beklagte keine Scheidungswiderklage erhoben hat. Die §§ 52 III und 53 II EheG sind hier analog anwendbar; vgl. BGH 29, 265.

5. *Das Aufhebungsrecht* kann vor und nach seiner Ausübung *erlöschen*. Davon ist zu scheiden der *Wegfall* der *Wirkungen* des schon ausgeübten Rechts.

a) *Vor* seiner *Ausübung erlischt* das Aufhebungsrecht

α) durch *Auflösung* der Ehe (Tod, Scheidung oder Wiederverheiratung im Falle der Todeserklärung);

β) durch *Ablauf* der *Klagefrist*, §§ 35 und 36 EheG. Sie ist eine Ausschlußfrist;

γ) durch *Bestätigung* des Aufhebungsberechtigten oder durch *Genehmigung* des *gesetzlichen Vertreters*, dessen Zustimmung fehlte, § 30 II EheG.

Die *Bestätigung* ist der in Kenntnis des Aufhebungsgrundes geäußerte Wille, die Ehe fortzusetzen. Die Willensäußerung kann auch stillschweigend, z. B. durch Leistung der ehelichen Pflichten, geschehen. Eigenartig ist, daß regelmäßig der Geschäftsbeschränkte trotz der Geschäftsbeschränktheit ohne Zustimmung seines gesetzlichen Vertreters die Ehe bestätigen kann; nur wenn die Ehe wegen fehlender Einwilligung des gesetzlichen Vertreters aufhebbar ist, § 30 EheG, erwirbt der aufhebungsberechtigte Gatte das Bestätigungsrecht erst mit Erlangung der unbeschränkten Geschäftsfähigkeit.
Die *Genehmigung* des gesetzlichen Vertreters kann der Vormundschaftsrichter auf Antrag eines Ehegatten — nicht nur auf Antrag des geschäftsbeschränkten Ehegatten — *ersetzen*, wenn sie ohne triftigen Grund verweigert wurde, § 30 III EheG.

δ) Wegen eines *Eigenschaftsirrtums* kann die Aufhebung der Ehe nicht mehr verlangt werden, wenn sie sich „*bewährt*“ hat, d. h. wenn das „Verlangen nach Aufhebung der Ehe mit Rücksicht auf die bisherige Gestaltung des ehelichen Lebens der Ehegatten als sittlich nicht gerechtfertigt erscheint“, § 32 II EheG.

b) *Nach* der Erhebung der Aufhebungsklage muß man unterscheiden:

α) Die *Wirkungen* des schon ausgeübten Aufhebungsrechts werden durch *Klagezurücknahme* beseitigt; was aber eine erneute Klageerhebung nicht ausschließt, falls nicht im konkreten Fall die Zurücknahme als Bestätigung zu deuten ist und falls die Klagefrist noch nicht verstrichen ist.

β) Das *Aufhebungsrecht selbst* geht auch jetzt noch unter durch *Bestätigung* der Ehe durch den aufhebungsberechtigten Gatten oder *Genehmigung* durch den gesetzlichen Vertreter, falls die Ehe ohne seine Zustimmung geschlossen war und der betr. Gatte noch beschränkt geschäftsfähig ist; ebenso durch *Tod* während des Prozesses; vgl. § 628 ZPO.

6. *Das Verfahren* bei der Aufhebungsklage, die ebenfalls zu den *Ehesachen* gehört (§ 606 ZPO), untersteht ähnlichen Sondersätzen wie die Ehenichtigkeitsklage. Jedoch ist eine *Offizial*tätigkeit des Gerichts nur zum Zwecke der *Aufrechterhaltung* der Ehe zugelassen, § 622 ZPO. Dem Staat liegt hier lediglich daran, eine materiell unbegründete Aufhebung der Ehe zu vermeiden, während er bei den Nichtigkeitsgründen an der Aufklärung des Sachverhalts nach beiden Richtungen hin, gegebenenfalls auch gerade an der *Vernichtung* der (blutschänderischen, bigamischen usw.) Ehe interessiert ist.

Also Wirkungslosigkeit des Geständnisses bezüglich einer Tatsache, die die Aufhebung begründen soll, z. B. einer arglistigen Täuschung; Wirksamkeit bezüglich einer Tatsache, die zur Aufrechterhaltung der Ehe führt, wie z. B. der Bestätigung. Keine Beweiserhebung von Amts wegen, um einen Irrtum des Klägers festzustellen, wohl aber, um seine Kenntnis der wahren Sachlage darzutun.

Der *Staatsanwalt* ist nicht klageberechtigt, wohl aber zur Mitwirkung befugt, § 607 I ZPO.

Eigenartig ist die in § 616 ZPO angeordnete *Ausschlußwirkung* bezüglich aller den Parteien *bekannten Aufhebungsgründe.* Um einer Vervielfältigung der Aufhebungsprozesse vorzubeugen, müssen beide Parteien bis zum Schluß der mündlichen Verhandlung zweiter Instanz alle ihnen bekannten Aufhebungsgründe *geltend* machen, sonst werden sie damit ausgeschlossen. Ja, sie müssen sogar in einem Aufhebungsprozeß auch alle ihnen bekannten *Scheidungs*gründe vorbringen, um den Ausschluß mit ihnen zu vermeiden. Das gilt umgekehrt auch für den Scheidungsprozeß.

Aufhebungs- und *Scheidungs*klage können miteinander *verbunden* werden, ebenso mit einer *Herstellungs*klage, § 615 ZPO. Sind Aufhebungs- und Scheidungsbegehren begründet, ist nur auf Aufhebung zu erkennen. Die Schuld eines Ehegatten, die das Scheidungsbegehren oder einen Schuldantrag gegenüber diesem Begehren rechtfertigt, ist im Schuldausspruch zu berücksichtigen. Das Urteil kann z. B. folgendermaßen lauten: „Die Ehe der Parteien wird aufgehoben. Kläger und Beklagte tragen die Schuld. Die Schuld der Beklagten überwiegt.“

§ 10. C. Die sachlichen Voraussetzungen der Eheschließung — Ehehindernisse

Schrifttum: Lange, Fragen des Eheschließungsrechts, AcP 145, 129; *Göppinger*, Die Befreiung vom Erfordernis der Ehemündigkeit, FamRZ 1961, 463; *Lukes*, Die Einwilligung zur Eheschließung nicht voll geschäftsfähiger Personen, StAZ 1962, 30, 57; *Lüke*, Die Eheverbote wegen Schwägerschaft und Ehebruchs, NJW 1962, 2177; *Becker*, Volljährigkeits- und Ehemündigkeitserklärungen, MDR 1963, 965, 1808; *Lutter*, Das Eheschließungsrecht in Frankreich, Belgien, Luxemburg und Deutschland (1963); *Ramm*, Eheverbot und Ehenichtigkeit, JZ 1963, 47, 81; *Katholnigg*, Der Einfluß des Artikels 6 Abs. 1 GG auf die Eheverbote wegen Schwägerschaft, Geschlechtsgemeinschaft und Ehebruchs, FamRZ 1964, 123.

Abgesehen von den Formerfordernissen hat das Gesetz die *Voraussetzungen* der Eheschließung *nicht* alle als *solche* geregelt, sondern z. T. im Anschluß an die kirchliche Lehre unter dem Gesichtspunkt des *Ehehindernisses*. Ehehindernisse sind Ehe*verbote*, Umstände, die der Eingehung der Ehe entgegenstehen.

Daneben gibt es Umstände, die kein Verbot begründen, z. B. der Irrtum, aber einen materiellen Mangel der Eheschließung erzeugen und deren Wirkungen beeinträchtigen. Auch hier sprechen viele von Ehehindernissen. Das ist freilich ungenau; denn man kann nicht sagen, daß es *verboten* ist, sich zu irren oder sich täuschen zu lassen. Richtig ist nur, daß die fehlerlose Willensbildung eine Voraussetzung vollwirksamen Eheschlusses ist. Will man den Begriff der Ehehindernisse so weit fassen, daß er die Willensmängel deckt, so muß man ihn als *Mangel einer Ehevoraussetzung* verstehen.

Dafür spricht, daß nach § 6 PStG der Standesbeamte die Eheschließung nur vornehmen *darf*, wenn ihm kein *Ehehindernis* bekannt geworden ist. Das ist vernünftigerweise *ausdehnend* auszulegen. Der Standesbeamte muß seine Mitwirkung auch ablehnen, wenn er erfährt, daß der beschränkt Geschäftsfähige ohne Einwilligung seines gesetzlichen Vertreters heiraten will (§ 30 EheG), oder wenn er Kenntnis erlangt von einem Irrtum, Zwang oder Betrug, der die Ehe aufhebbar machen würde; denn es widerspricht dem Zweckgedanken und bei Betrug und Zwang sogar dem Strafgesetz, daß der staatliche Beamte, dessen Mitwirkung die Ordnungsmäßigkeit des Eheschlusses gewährleisten soll, seine Hand bietet zum Abschluß einer vom Gesetz mißbilligten oder sogar strafbaren Ehe.

Die folgende Darstellung wird deshalb von dem weiteren Begriff der Ehehindernisse (im Sinne *fehlender Voraussetzungen* der *Eheschließung*) ausgehen und diese nach ihren Wirkungen gruppieren, unter deutlicher Scheidung der *echten* Ehehindernisse (Verbote) von den *unechten* Hindernissen, die nur fehlende Voraussetzungen bedeuten.

Nach ihrer *Wirkung* sind zu unterscheiden:

1. *Öffentliche trennende* Ehehindernisse, die die Ehe *nichtig* (*vernichtbar*) machen — die alten impedimenta dirimentia publica.

2. *Private trennende* Ehehindernisse, die die Ehe *aufhebbar* machen, aber nur z. T. echte Ehehindernisse im Sinne eines Eheverbots sind, z. T. unechte Hindernisse bedeuten (die Willensmängel) — die alten impedimenta dirimentia privata.

3. *Aufschiebende* Ehehindernisse, die dem Eheschluß entgegenstehen, ohne die Gültigkeit der trotzdem geschlossenen Ehe zu berühren, lauter echte unsanktionierte Verbote — die alten impedimenta impedientia tantum.

Grundsätzlich ist noch zu betonen, daß die Nichtigkeits- und Aufhebungsgründe im EheG *selbständig* und *erschöpfend* geregelt sind.

§ 11: Eine Ehe kommt *nur zustande*, wenn die Eheschließung vor einem Standesbeamten stattgefunden hat; § 16: Eine Ehe ist *nur* in den Fällen *nichtig*, in denen dies in den §§ 17 bis 22 dieses Gesetzes bestimmt ist; § 28: Die *Aufhebung* der Ehe kann *nur* in den Fällen der §§ 30 bis 34 und 39 dieses Gesetzes begehrt werden.

Die Nichtigkeits- und Anfechtungsgründe des *Allgemeinen Teils* des BGB gelten also *nicht*; namentlich ist ein Angriff auf die Ehe unzulässig in den Fällen der dem Gegner bekannten Mentalreservation (§ 116 II), der Scheinerklärung (§ 117) und der nicht ernstlichen Erklärung (§ 118). Der Grund liegt im öffentlichen Interesse an der Einrichtung der Ehe, die gegen Mißbrauch geschützt werden muß. Wer unter den vorgeschriebenen Formen erklärt, daß er die Ehe schließe, muß zu seinem Worte stehen.

Aus gleichen Gründen führt auch ein Verstoß gegen die guten Sitten (§ 138) nicht zur Nichtigkeit der Ehe, soweit er nicht durch das Gesetz als Nichtigkeitsgrund besonders anerkannt ist, wie z. B. im Fall der *Namensehe* (§ 19 EheG). Die Geldheirat ist gültig.

Zu scheiden von der Gültigkeit des Eheversprechens ist die der *unsittlichen Nebenabrede*, die selbstverständlich nichtig ist, also z. B. die Vereinbarung des Ausschlusses der Geschlechtsgemeinschaft, ständigen Getrenntlebens, der Ehebruchsfreiheit, der alsbaldigen Scheidung der Ehe. Diese Abreden sind im übrigen nicht nur deswegen nichtig, weil sie sittenwidrig sind, sondern auch deswegen, weil sie gegen das zwingende Gebot der ehelichen Lebensgemeinschaft (§ 1353) verstoßen, § 134.

I. Öffentliche trennende Ehehindernisse im weiteren Sinne, die *Nichtigkeit* (*Vernichtbarkeit*) zur Folge haben, sind *ausschließlich* (§ 16 EheG):

1. Der Mangel eines *wesentlichen Formerfordernisses*, § 17 EheG. Es handelt sich um kein Eheverbot, sondern nur um eine fehlende wesentliche Voraussetzung, die zur Sicherung der Ordnungsmäßigkeit und Erkennbarkeit der eherechtlichen Beziehungen aufgestellt ist.

Wenn die Ehe nicht vor einem *Standesbeamten* abgeschlossen ist, ist sie eine sog. *Nichtehe*, braucht also nicht durch Nichtigkeitsurteil vernichtet zu werden; s. o. § 7 II 1a und § 9 I.

Wesentlich sind nach § 13 EheG: *persönliches, gleichzeitiges* Erscheinen der Verlobten vor dem Standesbeamten sowie die *persönliche, unbedingte* und *unbefristete Erklärung* vor diesem, die Ehe miteinander eingehen zu wollen. Das Fehlen eines dieser Erfordernisse macht die Ehe vernichtbar, § 17 EheG. Alle übrigen Formerfordernisse sind unwesentlich. Die Vernichtbarkeit ist *heilbar*, § 17 II EheG; s. o. § 9 II 5a.

2. *Geschäftsunfähigkeit, Bewußtlosigkeit* oder eine die freie Willensentschließung aufhebende, vorübergehende *Störung* der *Geistestätigkeit*, §§ 2, 18 EheG. Es handelt sich nicht um ein Eheverbot, sondern um das Fehlen einer Voraussetzung — das *Mindestmaß* geistiger Reife oder Klarheit, das für *jedes* Geschäft verlangt wird, ist natürlich auch die Vorbedingung des Eheschlusses.

Man denke an einen Eheschluß in Hypnose, im Fieberzustand, in Agonie. — Nach § 104 Nr. 3 ist geschäftsunfähig nur der wegen Geistes*krankheit* Entmündigte, der wegen Geistes*schwäche* Entmündigte wird dadurch nicht getroffen.

Die Ehe ist nicht im üblichen Sinne nichtig, sondern *vernichtbar*. Sie ist *heilbar* durch *Bestätigung* nach Wegfall der Störung. Voraussetzung der Heilbarkeit ist, daß die Ehe nicht inzwischen für nichtig erklärt oder aufgelöst ist.

Die *Bestätigung* kann nur *persönlich* erfolgen, ist also z. B. ausgeschlossen, wenn der zeitweise Geistesgestörte nicht wieder gesund wird, sondern in Wahnsinn fällt.

Wird der Unfähige wenigstens beschränkt geschäftsfähig, wird z. B. die Entmündigung wegen Geisteskrankheit in eine solche wegen Geistesschwäche umgewandelt, so kann er mit Einwilligung seines gesetzlichen Vertreters die Ehe bestätigen.

Nach allgemeinen Grundsätzen (§ 141 I) würde die Bestätigung als erneute Vornahme zu erfolgen haben; § 18 II EheG begnügt sich mit *formloser* Bestätigung.

Es genügt die *Äußerung* des *Willens*, die Ehe *fortzusetzen*. Doch ist Kenntnis der Nichtigkeit oder Zweifel an der Gültigkeit der Ehe notwendig. Die Bestätigung kann in der Leistung der ehelichen Pflicht trotz solcher Zweifel gefunden werden. Bestätigung durch einen Geschäftsbeschränkten ohne Einwilligung des gesetzlichen Vertreters begründet Aufhebbarkeit, § 30 I EheG.

3. *Blutsverwandtschaft* und *Schwägerschaft* in *gerader Linie* und *Geschwisterverhältnis*, §§ 4 und 21 EheG. Es handelt sich um echte trennende Ehehindernisse, um Eheverbote, die in erster Linie durch *sittliche* Anschauungen und Forderungen gerechtfertigt werden; es ist wesentlich für ein gesundes und reines Familienverhältnis, die Beziehungen zwischen

nahen Verwandten und Verschwägerten frei von Geschlechtsliebe zu halten; gegen die Verwandtenehen sprechen ferner *medizinische* Erwägungen (Nachkommenschutz).

Weil diese Eheverbote dem Schutz der Ehe dienen, wie sie nach der allgemeinen sittlichen Überzeugung — noch immer — sein soll, kann nicht gesagt werden, daß sie dem Grundrecht auf Eheschließung, wie es sich aus den Art. 2 und 6 GG ergibt, widerstreiten; vgl. BVerwG 10, 240; OLG Hamm FamRZ 1963, 248; a. A. (für das Eheverbot der Schwägerschaft) *Ramm*, JZ 1963, 47ff., 81ff.

Die verbotswidrige Ehe ist *vernichtbar*, *Heilung* oder *Befreiung* sind, abgesehen von der *Verschwägertenehe* (§ 4 III EheG), *ausgeschlossen*, § 21 EheG.

a) Das Ehehindernis der *Blutsverwandtschaft* ist vom BGB im Gegensatz zum kanonischen und anderen Rechten sehr eingeschränkt worden. Während die kanonischen Eheverbote zeitweise bis zum 7. Grade kanonischer Zählung reichten und heute bis zum 3. Grad, kennt das BGB nur mehr ein Ehehindernis für Verwandte gerader Linie und voll- und halbbürtige Geschwister.

Nach kanonischem Recht dürfen auch heute noch nicht heiraten Vetter und Base, ja nicht einmal Geschwisterenkel. Doch ist Dispens zulässig, soweit es sich nicht um Aszendenten und Deszendenten und Geschwister handelt.

Der allgemeine Verwandtschaftsbegriff des § 1589 BGB ist aber erweitert. Während nach § 1589 II ein *uneheliches Kind* und dessen *Vater nicht* als verwandt gelten, besteht nach dem EheG Verwandtschaft im Sinne des Eheverbotes auch zwischen einem unehelichen Kind und dessen Erzeuger, § 4 I EheG.

b) Das Ehehindernis der *Schwägerschaft* erstreckt sich ebenfalls nur auf die Verschwägerten in *gerader Linie*, ohne Unterschied allerdings, ob die Verwandtschaft, auf der die Schwägerschaft beruht, eine eheliche oder außereheliche ist, § 4 I EheG.

Der Schwiegersohn darf also nicht die frühere Schwiegermutter heiraten, der Stiefvater nicht die Stieftochter, aber auch die Witwe nicht den unehelichen Sohn ihres Mannes, wohl aber der Mann die Schwester seiner verstorbenen Frau (anders das kanonische Recht).

Die Schwägerschaft dauert fort, auch wenn die *Ehe*, durch die sie begründet wurde, *aufgelöst* ist, § 1590 II. Durch *Nichtigerklärung* der Ehe wird diese dagegen rückwirkend *vernichtet*, kann also keine Schwägerschaft begründen; bis zur Nichtigerklärung ist sie als gültig zu behandeln, § 23 EheG.

Anders als bei der Verwandtenehe ist *Befreiung* von dem Eheverbot möglich, und zwar auch eine *nachträgliche* Befreiung (§§ 4 III, 21 II EheG), die die Ehe *rückwirkend wirksam* macht und den Mangel *heilt*.

Die Befreiung, für die das Vormundschaftsgericht zuständig ist, kann auch noch nach Auflösung der Ehe durch Scheidung, Tod oder Aufhebung erteilt werden, nicht aber nach der Nichtigkeitserklärung der Ehe. Sie soll (nur) versagt werden, wenn wichtige Gründe der Eingehung der Ehe entgegenstehen, § 4 III 2 EheG.

4. *Eine bereits bestehende gültige Ehe,* § 5 EheG: „Niemand darf eine Ehe eingehen, bevor seine frühere Ehe für nichtig erklärt oder aufgelöst worden ist.“ Das Ehehindernis der Doppelehe ist ein echtes, trennendes Ehehindernis, eine Folgerung aus dem Grundsatz der *Einehe.* Die verbotswidrig geschlossene zweite Ehe ist vernichtbar und strafbar, § 161 StGB. Guter Glaube nutzt nichts, *Heilung* — etwa durch Auflösung der ersten Ehe — ist *ausgeschlossen,* § 20 EheG. Unter Umständen kann aber die Vernichtungsklage wegen *unzulässiger Rechtsausübung* abgewiesen werden; so BGH 30, 140; 37, 51. Wenn die frühere Ehe nachträglich aufgelöst wird, kann der Eheschluß *wiederholt* werden, aber nur mit Wirkung für die Zukunft. Eine formlose „*Bestätigung*“ der bigamischen Ehe durch Fortsetzung der ehelichen Lebensgemeinschaft oder auf andere Weise gibt es *nicht*; vgl. BGH FamRZ 1964, 418; str.
Voraussetzung der *Vernichtbarkeit* der *zweiten* Ehe ist die *Gültigkeit* der *ersten* Ehe z. Z. des zweiten Eheschlusses. Ist die erste Ehe völlig nichtig, besteht überhaupt kein Ehehindernis. Ist sie vernichtbar, so ist sie zwar zunächst als gültig zu behandeln, aber es besteht die Möglichkeit, daß sie durch Nichtigkeitsurteil mit rückwirkender Kraft vernichtet wird und dadurch gleichzeitig die verbotswidrige zweite Ehe rückwirkend gültig wird. Das Bestehen einer vernichtbaren ersten Ehe wirkt insofern nur als aufschiebendes Ehehindernis.

Wenn ein Gatte nach der *Todeserklärung* des anderen eine neue Ehe eingeht und sich hinterher diese Todeserklärung als *unrichtig* erweist, so ist die neue Ehe nicht nichtig, falls *wenigstens ein* Gatte der neuen Ehe *gutgläubig* ist; anders nur, wenn beide Gatten der neuen Ehe vom Überleben des für tot Erklärten gewußt haben, § 38 I EheG. Ist das nicht der Fall, so wird die frühere Ehe mit Schließung der neuen aufgelöst und bleibt das auch dann, wenn die Todeserklärung aufgehoben wird, § 38 II EheG.
Wird nach der Scheidung einer Ehe und der Wiederverheiratung eines Gatten das *Scheidungsurteil* durch *Wiedereinsetzung* in den vorigen Stand oder in einem *Wiederaufnahmeverfahren beseitigt,* so wird die zweite Ehe dadurch zu einer bigamischen Ehe. § 38 II EheG ist nicht analog anwendbar. Die zweite Ehe bleibt bigamisch auch dann, wenn in dem erneuten Prozeß die erste Ehe wiederum aufgelöst wird; sehr str., vgl. BGH JZ 1959, 172; *Dölle,* § 9 II 6.

5. *Scheidung* der *früheren Ehe* wegen *Ehebruchs* mit dem *Gatten* der *neuen Ehe.* Der ehebrecherische Gatte darf den, mit dem er Ehebruch getrieben hat, nicht heiraten, wenn die Ehe laut Scheidungsurteil wegen dieses Ehebruchs geschieden worden ist, § 6 EheG. Es handelt sich um ein echtes trennendes Ehehindernis, das im Interesse der *Familienreinheit* aufgestellt ist.

Die Berechtigung dieses Eheverbots ist sehr umstritten, seine praktische Bedeutung gering. Es hat dazu geführt, daß in der Mehrzahl der Fälle die Ehescheidung nicht mehr auf den — wirklich begangenen — *Ehebruch*, sondern auf *schwere Eheverfehlungen gestützt* wird. Rechtspolitisch spricht darum vieles für seine Beseitigung, doch dürfte es zu weit gehen, wenn von verschiedenen Seiten behauptet wird, § 6 EheG sei verfassungswidrig; vgl. OLG Celle, StAZ 1965, 332.

Die verbotswidrige Ehe ist *vernichtbar*, doch ist *Befreiung zulässig*, die die verbotswidrige Ehe *rückwirkend gültig* macht, § 22 EheG. Die Befreiung, für die das Vormundschaftsgericht zuständig ist, darf versagt werden, wenn wichtige Gründe der Eingehung der neuen Ehe entgegenstehen, § 6 II EheG.

Die *katholische Kirche* hat die aus dem Ehebruch anfänglich fließende Unfähigkeit beider Ehebrecher, *irgendeine* neue Ehe zu schließen, später gemildert zu einem Verbot der Ehe der *Ehebrecher*, an dem vom cod. iur. can. c. 1075 nur bei *erschwertem* Ehebruch (in Verbindung mit einem Eheversprechen der Ehebrecher oder ihrem Versuch tatsächlicher Eheschließung oder der Ermordung des anderen Gatten durch einen der Ehebrecher) festgehalten wird. Dispens ist möglich und wird, abgesehen vom Fall der Ermordung, auch vielfach gewährt. Das *EheG* verlangt *keine Qualifizierung*, wohl aber, daß der Ehebruch der *Grund* für die Scheidung war und als solcher im *Urteil* (wenn auch nicht im Tenor) *festgestellt* ist; vgl. RG 99, 81. Urteilsergänzung nach §§ 319—321 ZPO ist möglich. Tod oder Wiederheirat des früheren Gatten sind unerheblich, aber bei der etwaigen Befreiung zu berücksichtigen.

6. Der Abschluß einer sog. *Namensehe* ist verboten und macht die Ehe *vernichtbar*, § 19 EheG. Eine Namensehe liegt vor, wenn die Ehe ausschließlich oder vorwiegend zu dem Zweck geschlossen wird, der Frau die Führung des Familiennamens des Mannes zu ermöglichen, ohne daß die eheliche Lebensgemeinschaft begründet werden soll. Es handelt sich um ein echtes Eheverbot, obwohl das EheG den Fall nicht unter den Eheverboten aufzählt.

Die Vernichtbarkeit ist *heilbar*, § 19 II EheG.

Eine Ehe, die vorwiegend oder ausschließlich zu dem Zweck geschlossen wird, der Frau die Staatsangehörigkeit des Mannes zu verschaffen (sog. *Staatsangehörigkeitsehe*) wurde vom EheG 1938 ebenfalls als nichtig angesehen. Heute können jedoch solche Ehen nicht mehr vernichtet werden.

II. Private trennende Ehehindernisse (im weiteren Sinn), die die *Aufhebbarkeit* der Ehe zur Folge haben, sind *ausschließlich* (§ 28 EheG):

1. Der *Mangel* der *Einwilligung* des *gesetzlichen Vertreters* eines *Geschäftsbeschränkten*, §§ 3, 30 EheG. Gleichgestellt wird der Fall, daß ein zur Zeit des Eheschlusses Geschäftsunfähiger oder Urteilsunfähiger nach Wegfall der Geschäftsunfähigkeit im Zustand der Geschäftsbeschränktheit seine vernichtbare Ehe ohne Einwilligung seines gesetzlichen Vertreters bestätigt.

Die Einwilligung ist Betätigung der Fürsorge für die Person des Kindes; das Einwilligungsrecht steht darum demjenigen zu, der zur Vertretung des Kindes in *persönlichen Angelegenheiten* befugt ist; vgl. BGH 21, 340, 345.

Es handelt sich hier um *kein Verbot*, sondern um eine *fehlende Voraussetzung* eines vollwirksamen Eheschlusses, die im Interesse des Geschäftsbeschränkten aufgestellt ist. Deshalb ist die Aufhebung ausgeschlossen, wenn der gesetzliche Vertreter die Eheschließung oder Bestätigung *genehmigt* oder der inzwischen unbeschränkt geschäftsfähig gewordene Ehegatte die Ehe *bestätigt*, § 30 II EheG; s. o. § 9 III 5aα.
Wenn der gesetzliche oder ein gesetzlicher Vertreter die Einwilligung ohne *triftige* Gründe *verweigert*, kann sie durch den Vormundschaftsrichter auf Antrag des Verlobten, der der Einwilligung bedarf, *ersetzt* werden, § 3 III EheG.

Bei der Frage, ob ein *triftiger Grund* vorliegt, sind in erster Linie die (objektiven) Interessen des Minderjährigen zu berücksichtigen; vgl. BGH 21, 340. Triftige Gründe sind z. B. der schlechte Ruf des Partners, ein großer Altersunterschied u. ähnl.; s. *Lukes*, StAZ 1962, 60.

Das Ehehindernis der fehlenden Einwilligung des gesetzlichen *Vertreters* ist scharf zu scheiden von dem Erfordernis der *Einwilligung* des *Sorgeberechtigten*, § 3 II EheG. Ihr Fehlen ist auf den Bestand der Ehe ohne Einfluß.

2. Der *Irrtum* kann nur als Ehehindernis im weiteren Sinne der mangelnden Voraussetzung (fehlerfreier Willensbildung) bezeichnet werden. Er wird in drei Spielarten als Aufhebungsgrund berücksichtigt, wobei das Gesetz bestrebt ist, die Irrtumsanfechtung zwecks Aufrechterhaltung der Ehe zu *beschränken*.

Das *kanonische* Recht ist noch zurückhaltender. Nach c. 1083 cod. iur. can. vernichtet ein Irrtum, selbst wenn er durch Täuschung hervorgerufen ist, die Ehe nur dann, wenn er die Person des anderen Gatten betrifft (error in persona) oder solche Eigenschaften, die dessen Person individuell bestimmen (error qualitatis in personam redundantis). Der eigentliche Eigenschaftsirrtum ist nur in einem Falle Nichtigkeitsgrund, nämlich wenn ein freier Kontrahent den anderen gleichfalls für frei hält, während er in Wahrheit Sklave ist. — Demgegenüber geht das EheG, entsprechend der Praxis des *evangelischen* Kirchenrechts, weiter und berücksichtigt den Eigenschaftsirrtum auch in anderen Fällen.

a) Zunächst macht das *Fehlen* des *Eheschließungswillens überhaupt* die Ehe aufhebbar — sei es, daß ein Gatte bei der Eheschließung überhaupt nicht gewußt hat, daß es sich um eine solche handelte (Fälle des fehlenden Erklärungsbewußtseins und des Inhaltsirrtums, d. i. der falschen Vorstellung von der inhaltlichen Bedeutung des Vorgangs), sei es, daß er es zwar gewußt hat, aber eine Erklärung, die Ehe zu schließen, nicht hat abgeben wollen (sog. Verlautbarungs- oder Erklärungsirrtum), § 31 I EheG.

Alle Beispiele wirken konstruiert, weil es lebenswirkliche Fälle kaum gibt. Mit dieser Maßgabe mögen als Beispiele dienen für fehlendes Erklärungsbewußtsein: jemand glaubt, es handele sich um eine theatralische Aufführung, oder meint, erst die kirchliche Trauung begründe die Ehe; für Inhaltsirrtum: jemand glaubt, es handele sich um eine Verlobung, oder ein Ausländer meint, „ja" sei der deutsche Ausdruck für „nein"; für Erklärungsirrtum: eine Schwerkranke, die vor ihrem Tode noch getraut werden soll, verspricht sich in ihrer Erregung und sagt „ja" statt „nein". Man muß hier überall schon weitere Unterstellungen machen, etwa die einer fein eingefädelten Täuschung oder einer an geistige Störung heranreichenden Erregung, um solche Beispiele ernst nehmen zu können.

Der Irrende kann die Aufhebung begehren, ohne daß es, wie in § 119, noch auf die Untersuchung ankäme, ob er die Ehe bei Kenntnis der Sachlage nicht doch abgeschlossen hätte.

b) Ferner begründet ein Aufhebungsrecht der *Irrtum über die Person* des anderen Gatten, § 31 I EheG, der sog. Identitätsirrtum.

Jacob hält Lea beim Eheschluß für Rahel. — Eine Deutsche, die sich vom Ausland aus brieflich mit einem Albert Müller in Hamburg verlobt hat, wird von einem anderen Albert Müller, der sich in den Besitz der Papiere seines Namensvetters gesetzt hat, am Schiff empfangen und zum Standesamt geführt. Bei den während des Krieges zugelassenen Ferntrauungen konnte ein solcher Irrtum leichter vorkommen.

Regelmäßig wird bei derartigem Personenirrtum *Doppeldeutigkeit* der Erklärung vorliegen, weil jeder der Vertragsgenossen durch zwei Kennzeichen sich selber und den anderen individualisiert: ich, der ich körperlich erschienen bin und X heiße, will den hier körperlich Erschienenen, der Y heißt, heiraten. Gehen diese Kennzeichen auseinander, hat sich im vorigen Beispiel der Schwindler Albert Mayer der Papiere des Albert Müller bemächtigt, so ist der wahre Wille zu berücksichtigen. Da die Braut den wirklichen Albert Müller heiraten wollte, ist eine Ehe mit dem anwesenden Mayer überhaupt nicht zustande gekommen. Die ins Familienbuch eingetragene Ehe mit Albert Müller ist nichtig, weil dieser nicht persönlich erschienen war, kann aber durch tatsächliches Miteinanderleben gültig werden; vgl. dazu *Beitzke*, Eheschließung unter falschem Namen, *Dölle-Festschrift* I, 229ff.

Sind die Verlobten dagegen in beiderseitigem *Einverständnis* unter *falschem Namen* aufgetreten, dann ist die Ehe zwischen ihnen und nicht zwischen den Namensträgern zustande gekommen. Anders bei *verhüllter Stellvertretung*, wenn zwei Personen, statt selbst zum Standesamt zu gehen, ihre Vertreter schicken und diese unter dem Namen der Vertretenen heiraten: dann wollten die Vertreter die Ehe nicht für sich, sondern für die Vertretenen schließen; die Ehe ist wegen des fehlenden Eheschließungswillens für die Vertreter nicht zustande gekommen, str. Zwischen den Vertretenen dürfte dagegen eine (wenn auch wegen Formmangels nichtige) Ehe zustande gekommen sein; a. A. *Dölle*, § 18 B II 1, der meint, es fehle am Tatbestand einer Eheschließung, weil der Standesbeamte nicht bereit gewesen sei, die nicht erschienenen Personen zu trauen.

Auch beim Irrtum über die Person brauchen subjektive und objektive Erheblichkeit des Irrtums nicht dargetan zu werden, sie werden vom Gesetz unterstellt.

Die Aufhebung ist in den Fällen zu a) und b) ausgeschlossen, wenn der Ehegatte nach Entdeckung des Irrtums zu erkennen gegeben hat, daß er die Ehe fortsetzen will, § 31 II EheG.

c) Der Irrtum über *Eigenschaften* des anderen Gatten macht die Ehe nur dann *aufhebbar*, wenn es sich um *persönliche* Eigenschaften handelt, die den Irrenden bei Kenntnis der Sachlage (subjektive Erheblichkeit) und verständiger Würdigung des Wesens der Ehe (objektive Erheblichkeit) von deren Eingehung abgehalten haben würden, § 32 I EheG.

Der Begriff der *persönlichen Eigenschaften* darf *nicht zu weit* gefaßt werden. Nicht gehören dazu alle tatsächlichen und rechtlichen Verhältnisse des Gatten, sondern nur solche, die in *ihm selbst*, in seiner *inneren Persönlichkeit* wurzeln (RG 104, 336) — im Gegensatz zu seinen Beziehungen zu anderen Menschen und äußeren Gütern. Persönliche Eigenschaften sind z. B. alle körperlichen, sittlichen, geistigen Merkmale, wie z. B. Alter, Krankheit, Beiwohnungs- oder Zeugungsunfähigkeit, Unfruchtbarkeit — Hang zur Unwahrhaftigkeit, sexuelle Hemmungslosigkeit, Verschwendungs- und Trunksucht — geistige Erkrankungen. *Keine persönlichen Eigenschaften* sind z. B.: Zugehörigkeit zu einer Rasse, zu einer Familie, einer kirchlichen Gemeinschaft.

Das Vorhandensein unehelicher Kinder will RG 104, 336 bei der *Frau* als persönliche Eigenschaft ansehen, weil die Mutterschaft eine solche sei (ähnlich OLG Hamm, FamRZ 1966, 150), während RG JW 1902 Beil. 285 die Frage beim *Mann* verneint! Dagegen zutreffend OLG Nürnberg, FamRZ 1966, 104. — *Keine persönliche Eigenschaft* begründen Bestrafung oder schlechter Ruf der nächsten Angehörigen (RG 158, 339), erst recht nicht die *Vermögensverhältnisse*. Jedoch kann eine Täuschung über die Vermögensverhältnisse auf sittliche Minderwertigkeit schließen lassen, also auf einen Charakterfehler.

Der Irrtum muß in jedem Fall *subjektiv* und *objektiv erheblich* gewesen sein. Dabei sind die Anschauungen der Gesellschaftskreise, denen die Gatten angehören, zu berücksichtigen. Was nach ihnen objektiv erheblich ist, wird im Zweifel auch als subjektiv erheblich anzunehmen sein, z. B. krankhafter Hang einer Kleinbäuerin zum Schlafen; vgl. BGH NJW 1957, 1517. Beim Manne pflegt man in sittlicher Hinsicht einen weniger strengen Maßstab anzulegen als bei der Frau und vorehelichen Geschlechtsverkehr nicht als Aufhebungsgrund anzuerkennen, während umgekehrt ein vorehelicher Geschlechtsverkehr der Frau unter dem Gesichtspunkt des Verlusts der Jungfräulichkeit ein Aufhebungsgrund sein kann. Dabei ist aber stets zu prüfen, ob die Kenntnis dieses Umstandes den Mann bei verständiger Würdigung von der Eingehung der Ehe abgehalten hätte. Das wird heute in den meisten Fällen zu verneinen sein.

Die *Aufhebung* ist *ausgeschlossen*, wenn der Ehegatte nach Entdeckung des Irrtums zu erkennen gegeben hat, daß er die Ehe *fortsetzen* will (Bestätigung der Ehe) oder wenn sein Aufhebungsverlangen mit Rücksicht auf die *bisherige Gestaltung* des *ehelichen Lebens* der Ehegatten als *sittlich nicht gerechtfertigt* erscheint (Bewährung der Ehe), § 32 II EheG.

So kann ein Irrtum über einen vorehelichen Fehltritt der Frau im Lauf einer langjährigen Ehe seine Bedeutung verlieren, wenn er in keiner Weise auf die Gestaltung der Ehe ungünstig eingewirkt hat; vgl. RG 159, 186.

3. Aufhebbarkeit begründet ferner die *arglistige Täuschung* eines Gatten über irgendwelche Umstände, die ihn bei Kenntnis der Sachlage und *verständiger Würdigung des Wesens der Ehe* von deren Eingehung abgehalten haben würden, wenn die Täuschung von dem anderen Gatten

— oder mit dessen *Wissen* von einem Dritten — verübt worden ist, § 33 I und II EheG. Auch die Täuschung ist nur ein Ehehindernis im weiteren Sinne einer fehlenden Voraussetzung.

Gegenüber dem Allgemeinen Teil (§ 123) sind zwei *Erschwerungen* erfolgt: die Täuschung muß sich auf *objektiv* erhebliche Umstände bezogen haben und bei Täuschung durch einen *Dritten* (Heiratsvermittler) genügt Kennenmüssen des anderen Gatten nicht, vielmehr ist dessen *positive Kenntnis* nötig.
Unter dem Gesichtspunkt der Täuschung kommen *Umstände aller Art* in Betracht, nicht bloß persönliche Eigenschaften wie bei der Irrtumsanfechtung — nur die Täuschung über *Vermögensverhältnisse* ist *ausgenommen* (§ 33 III EheG), weil der Eheschluß nicht zu einem vermögensrechtlichen Geschäft herabgewürdigt werden darf. Doch kann eine raffiniert angelegte Täuschung eine erhebliche sittliche Minderwertigkeit des Täuschenden offenbaren und dem Getäuschten die *Irrtumsanfechtung* ermöglichen; vgl. RG JW 1903, Beil. 70, 163.
Die Täuschungsaufhebung ist also u. U. zulässig, auch wenn eine Bestrafung des Schwiegervaters mit Zuchthaus oder das Vorhandensein unehelicher Kinder oder die Vornahme einer die Gebärfähigkeit der Frau zerstörenden Operation verschwiegen wird oder wenn die Absicht vorgespiegelt wird, die versprochene kirchliche Trauung folgen zu lassen oder die Zusage religiöser Kindererziehung zu erfüllen.
Keineswegs besteht aber eine *Pflicht* der Verlobten, sich gegenseitig über alle ihre Verhältnisse *aufzuklären.* Von arglistigem Verschweigen kann nur die Rede sein, wenn ein Verlobter *geflissentlich* eine Tatsache *unterdrückt,* mit deren *Erheblichkeit* für den anderen Teil er rechnen mußte.
§ 170 StGB bedroht die arglistige Eheerschleichung auch mit Strafe (Antragsdelikt).

Auch hier ist die *Aufhebung ausgeschlossen,* wenn der Ehegatte nach Entdeckung der Täuschung zu erkennen gegeben hat, daß er die Ehe *fortsetzen* will, § 33 II EheG.

Eine solche Bestätigung ist aber nicht ohne weiteres zu finden in der *Verzeihung* oder in dem erfolglosen, für kürzere Zeit unternommenen Versuch, über die Enttäuschung durch Fortsetzung der Ehe hinwegzukommen; vgl. RG 163, 193.
Ebenso kann der Gesichtspunkt der *unzulässigen Rechtsausübung* dem Aufhebungsrecht entgegenstehen. So wenn der Getäuschte die arglistige Täuschung nur als *Vorwand* benutzt, um sich einer anderen Frau zuwenden zu können; vgl. BGH 5, 186.

4. Die *Drohung* gibt dem dadurch zur Eingehung der Ehe bestimmten Gatten ein Aufhebungsrecht ganz entsprechend den allgemeinen Bestimmungen (§ 123), einerlei, wer die Drohung verübt hat, § 34 EheG. Auch hier handelt es sich nur um ein Ehehindernis im weiteren Sinne.

Die Hauptschwierigkeit liegt, wie bei § 123, in dem Erfordernis der *Widerrechtlichkeit.* Es ist erfüllt nicht nur, wenn die angewandten *Mittel* selbst widerrechtlich oder unsittlich sind (Einsperren der Tochter), sondern auch dann, wenn sie zu dem erstrebten *Erfolg* der Eheschließung in *keinem erträglichen Verhältnis* stehen, wie z. B. die Drohung mit Enterbung, nicht aber die Drohung des verwitweten Vaters, erneut zu heiraten, wenn ihm der Sohn die gewünschte Schwiegertochter nicht ins Haus bringe, oder die Drohung mit Schadensersatzansprüchen aus § 1298; vgl. BGH 2, 296ff.

Auch hier ist die Aufhebung *ausgeschlossen*, wenn der Ehegatte nach Aufhören der durch die Drohung begründeten Zwangslage zu erkennen gegeben hat, daß er die Ehe *fortsetzen* will, § 34 II EheG.

5. Zu dem Sonderfall der Aufhebbarkeit bei *Rückkehr* des *fälschlich* für *tot erklärten ersten Ehegatten* s. u. § 18.

III. Die aufschiebenden Ehehindernisse sind alle *echte* Ehehindernisse, d. h. Eheschließungs*verbote*, die sich sowohl an den Standesbeamten, wie auch an die Eheschließenden richten, Verbote, deren Nichtachtung aber die *Gültigkeit* der Ehe *nicht berührt*, sondern nur andere Nachteile zur Folge haben kann. So hat z. B., wer gegen § 9 EheG verstößt, zu gewärtigen, daß ihm die Verwaltung des Kindesvermögens entzogen oder er als Vormund entlassen wird, §§ 1684, 1886.

1. *Mangelnde Ehemündigkeit*, § 1 EheG.
Die körperliche und geistige Reife zur Eingehung der Ehe (Ehemündigkeit) erlangt der Mann erst mit der Vollendung des 21. Lebensjahres, nicht schon mit der Volljährigkeitserklärung, die vom 18. Lebensjahr an zulässig ist, die Frau schon mit der Vollendung des 16. Lebensjahres.

Beiden kann *Befreiung* bewilligt werden, dem Mann jedoch nur dann, wenn er das 18. Lebensjahr vollendet hat und nicht mehr unter elterlicher Gewalt oder Vormundschaft steht, d. h. er muß für volljährig erklärt sein, § 1 II EheG. Über die Befreiung entscheidet das Vormundschaftsgericht. Vor der Entscheidung ist dem Jugendamt Gelegenheit zur Stellungnahme zu geben, § 48 JWG, bei einer unter elterlicher Gewalt stehenden Frau auch den Eltern, § 1695. Bei der Frau kommt Befreiung namentlich im Fall der *Schwängerung* in Betracht. Auf den Schwängerer vermögen die Eltern und der Vormund der Verführten einen Druck zum Eheschluß auszuüben (§ 182 StGB; die Verführung ist Antragsdelikt). Vgl. dazu auch *Göppinger*, FamRZ 1961, 463ff. und *Becker*, MDR 1963, 965ff., 1008f.

Die *Ehemündigkeit* ist ein *neben* der *Geschäftsfähigkeit* aufgestelltes *besonderes* Erfordernis der Eheschließung. Ihr Fehlen hat auf den Rechtsbestand der Ehe keinen Einfluß, ist nur ein aufschiebendes Ehehindernis, während die Geschäftsunfähigkeit einen Vernichtungsgrund und der Mangel der Einwilligung des gesetzlichen Vertreters bei der Ehe des Geschäftsbeschränkten einen Aufhebungsgrund erzeugen.
Außerdem verlangt § 3 II EheG bei der Ehe des Minderjährigen noch die *Einwilligung* des für dessen Person *Sorgeberechtigten*, wenn dem gesetzlichen Vertreter die Personenfürsorge nicht zusteht oder neben ihm noch ein anderer sorgeberechtigt ist. Es muß also z. B. eine uneheliche Mutter in die Eheschließung auch dann einwilligen, wenn ihr die gesetzliche Vertretung ihres Kindes nicht zusteht.

Da das Erfordernis der Einwilligung des Sorgeberechtigten im Interesse des Geschäftsbeschränkten aufgestellt ist, kann die versagte Einwilligung, ebenso wie die Einwilligung des gesetzlichen Vertreters, durch den Vormundschaftsrichter *ersetzt* werden, wenn sie ohne triftige Gründe verweigert wird, § 3 III EheG.

2. *Unechte Schwägerschaft*, § 4 II EheG.
Eine Ehe darf nicht geschlossen werden zwischen Personen, von denen die eine mit Eltern, Voreltern oder Abkömmlingen der anderen *Geschlechtsgemeinschaft* gepflogen hat.

Der Vater darf also nicht die Mätresse seines Sohnes heiraten oder die Tochter seiner eigenen Mätresse.

§ 21 I EheG erklärt nur eine zwischen *Verwandten* oder *Verschwägerten* dem Verbot des § 4 EheG zuwider geschlossene Ehe für nichtig. Eine lediglich dem Verbot des § 4 II EheG zuwider geschlossene Ehe ist somit gültig. Außerdem kann von dem Eheverbot der Geschlechtsgemeinschaft auch *Befreiung* erteilt werden, § 4 III EheG. Wegen der unerfreulichen Begleiterscheinungen (Eindringen in die Intimsphäre, Denunziationen usw.) spricht rechtspolitisch vieles für die Beseitigung dieses Verbots. Große praktische Bedeutung kommt ihm ohnehin nicht zu.

3. Bestehen einer vernichtbaren, aber noch nicht für nichtig erklärten Ehe (*Scheindoppelehe eines Gatten*).
Da § 20 EheG die neue Ehe nur dann für nichtig erklärt, wenn einer der Ehegatten mit einem Dritten in *gültiger* Ehe lebte, aber ganz allgemein die Eingehung der neuen Ehe vor der Nichtigerklärung der alten verbietet, ergibt sich, daß dieses Verbot nur aufschiebende Bedeutung hat, wenn die alte Ehe vernichtbar ist und vernichtet wird.

Die Bestrafung wegen Bigamie wird dadurch nicht ausgeschlossen, § 171 StGB.

4. Wer nach einer *unbegründeten Todeserklärung* seines Ehegatten erneut geheiratet hat, nach der Aufdeckung der Unrichtigkeit der Todeserklärung aber die neue Ehe hat aufheben lassen, darf zu Lebzeiten seines Ehegatten aus der früheren Ehe eine neue Ehe nur mit *diesem* eingehen, § 39 II EheG.

Trotz des irreführenden Gesetzeswortlauts („kann nur"), handelt es sich nicht um ein trennendes, sondern nur um ein aufschiebendes Eheverbot (arg. aus § 16 EheG). Das Verbot entfällt, wenn die Ehe mit dem früheren Gatten rechtlich unmöglich ist; wohl auch dann, wenn der heimgekehrte Gatte sich mit dem zurückgebliebenen nicht wieder verheiraten will und dieser deshalb wieder den Partner der (aufgehobenen) zweiten Ehe heiraten will; s. u. § 18 II 4.

5. *Adoptivverwandtschaft* (Wahlverwandtschaft) hindert die Ehe zwischen dem Annehmenden und dem Wahlkind sowie dessen Abkömmlingen — aber nur solange das Adoptivverhältnis besteht, § 7 EheG.

Durch die Übertretung wird das Adoptionsverhältnis, soweit es sich auf die Eheschließenden bezieht, aufgehoben (§ 1771), damit also das Ehehindernis selbst beseitigt.

6. *Mangel des Zeitablaufs* nach Beendigung der früheren Ehe einer Frau, sog. Ehehindernis der *Wartezeit*, § 8 EheG.

Um die Ungewißheit der Vaterschaft zu verhindern, soll eine *Frau* erst 10 Monate nach Auflösung oder Nichtigerklärung ihrer früheren Ehe wieder heiraten, es sei denn, daß sie inzwischen geboren hat. Für den Mann kommt die Wartezeit also nicht in Frage.
Bei Übertretung richtet sich die Ehelichkeit des in der neuen Ehe geborenen Kindes nach § 1600. *Befreiung* ist zulässig, § 8 II EheG. Sie erteilt der Standesbeamte, § 7a PStG. Nach § 14 AVO z. PStG soll der Standesbeamte die Befreiung nur versagen, wenn ihm bekannt ist, daß die Frau von ihrem früheren Mann schwanger ist.

7. *Mangel eines Auseinandersetzungszeugnisses* für den Inhaber der elterlichen Gewalt oder den Vormund, § 9 EheG.

Wer aus einer früheren Ehe ein minderjähriges Kind hat, das unter seiner elterlichen Gewalt oder Vormundschaft steht (§§ 1683, 1845), hat die Absicht der Eheschließung dem Vormundschaftsgericht anzuzeigen, ein Verzeichnis des von ihm verwalteten Kindesvermögens vorzulegen und eine etwaige Vermögensgemeinschaft auseinanderzusetzen, worüber ihm das Vormundschaftsgericht ein Zeugnis ausstellt (sog. Auseinandersetzungszeugnis). Dessen Mangel hindert die Ehe. Die gleiche Verpflichtung hat auch eine uneheliche Mutter, der die elterliche Gewalt gem. § 1707 II übertragen worden ist.
Entsprechendes gilt bei der fortgesetzten Gütergemeinschaft für den überlebenden Gatten und das Gesamtgut, § 1493.

8. *Mangel eines Ehefähigkeitszeugnisses* für *Ausländer*, § 10 EheG.

Da dem Standesbeamten einerseits vor der Eheschließung eines Ausländers die Prüfung obliegt, ob dessen Heimatrecht die Ehe erlaubt (Art. 13 EGBGB), ihm andererseits aber die Kenntnis der fremden Rechte nicht zuzumuten ist, soll die Eheschließung fremder Staatsangehöriger oder eines Deutschen mit einem fremden Staatsangehörigen so lange unterbleiben, bis dem Standesbeamten ein Zeugnis der inneren Behörde des fremden Heimatstaates vorgelegt wird, daß nach seinen Gesetzen der Ehe kein Hindernis entgegensteht. Befreiung durch den OLG-Präsidenten, in dessen Bezirk die Ehe geschlossen werden soll, ist möglich. Sie soll aber grundsätzlich nur Staatenlosen (auch sie gelten als Ausländer) und Angehörigen solcher Staaten erteilt werden, deren innere Behörden keine Ehefähigkeitszeugnisse ausstellen, § 10 II EheG. S. auch § 5a PStG.

9. *Mangelndes Aufgebot* (vgl. § 7 I dieses Buches).

Weitere Ehehindernisse sind dem geltenden Recht nicht bekannt.

Schon das BGB hatte eine Reihe der im *kanonischen* Recht aus religiösen oder sittlichen Gründen ausgesprochenen Verbote beseitigt, so die impedimenta disparitatis cultus (Eheverbot zwischen Christen und Ungetauften), mixtae religionis (zwischen katholischen und nichtkatholischen Christen), voti solemnis (Hindernis des in einem päpstlich approbierten Orden abgelegten Keuschheitsgelübdes), ordinis (Hindernis des Empfangs einer höheren Weihe) — ferner das impedimentum impotentiae (Hindernis des körperlichen Unvermögens).
Das *nazistische* EheG hat dann die Zahl der Ehehindernisse wieder vermehrt und das Ehehindernis der Blutverschiedenheit (§ 4 EheG 1938) sowie des Mangels der

Ehetauglichkeit (§ 5 EheG 1938) aufgestellt. Sie sind durch das EheG 1946 wieder beseitigt worden, § 79 EheG. Dadurch ist auch das *Ehetauglichkeitszeugnis* weggefallen, durch das die Verlobten nach § 2 EhegesundheitsG nachweisen sollten, daß ein Ehehindernis im Sinne des § 1 EheGesG nicht bestehe. Die Verlobten brauchen nur die Ehefähigkeit durch Vorlage einer beglaubigten Abschrift aus dem Familienbuch darzutun, § 5 II PStG. Die künftige Rechtsentwicklung wird im Interesse der Volksgesundheitspflege einen neuen Versuch machen müssen, den Abschluß gesundheitsschädlicher Ehen zu verhüten, selbstverständlich ohne Rückfall in die rassischen Vorurteile des Nazismus.

§ 11

III. Titel

Allgemeine Rechtswirkungen der Ehe

I. Allgemeines

Schrifttum: H. Krüger, Der Name der Frau, AcP 156, 232; *Hübner*, Eheschließung und allgemeine Wirkungen der Ehe als dogmatisches Problem, FamRZ 1962, 1; *Ramm*, Gleichberechtigung und Ehe- und Familienname, FamRZ 1962, 281; *Graf von Bernstorff*, Der Familienname als Gegenstand des Gleichberechtigungsgrundsatzes, FamRZ 1963, 110; *Ramm* und *Graf von Bernstorff*, Familienname und Grundgesetz, FamRZ 1963, 337; *H. Maier*, Die Verwirklichung der Gleichberechtigung im Familienrecht, JJb 4 (1963/4) 87.

Die Eheschließung hat personenrechtliche und vermögensrechtliche Wirkungen. Die letzteren werden vornehmlich im ehelichen Güterrecht geregelt, von dem später zu handeln sein wird. Hier ist zunächst nur die *allgemeine* Ausgestaltung des ehelichen Gemeinschaftslebens darzustellen. Ihr Grundzug ist *personen*rechtlich, aber sie hat auch eine *vermögens*rechtliche Seite, die bei der Schlüsselgewalt und der Unterhaltspflicht in Erscheinung tritt.

Leitend für die Ordnung der ehelichen Beziehungen war im BGB der *Gemeinschaftsgedanke* und die Anerkennung der *führenden* Stellung des *Mannes* in der ehelichen Gemeinschaft. In diesen beiden Wesenszügen klingen stark abgeschwächt germanische Rechtsvorstellungen an, nämlich der genossenschaftliche Gedanke und der Gedanke einer ehemännlichen Munt.

Das Fortwirken des *Munt*gedankens zeigte sich namentlich im *ehemännlichen Entscheidungsrecht* in allen das gemeinschaftliche Leben betreffenden Angelegenheiten (§ 1354 a. F.). Der *Gemeinschafts*gedanke kam darin zum Ausdruck, daß die Frau mit der Eheschließung ihren Familiennamen verlor und den des Mannes erhielt (§ 1355 a. F.), daß sie dessen Wohnsitz teilte (§ 10 a. F.) und als Ausländerin, die einen Deutschen heiratete, die Reichsangehörigkeit erwarb (§ 6 RuStAG). Endlich war der Gemeinschaftsgedanke bei der Ausgestaltung des Güterrechts leitend (Güterstand der Verwaltungsgemeinschaft als gesetzlicher Güterstand, §§ 1363ff.

a. F.). Auch die Schlüsselgewalt der Frau (§ 1357) ist Ausfluß des Gemeinschaftsgedankens.

Die *Reformbestrebungen* zur Besserstellung der Frau, die durch Art. 3 II GG und durch das GleichberG vom 18. 6. 1957 ihre Erfüllung fanden, haben eine *weitgehende Anpassung* des geltenden Rechts an den *Grundsatz der Gleichberechtigung* gebracht. Weggefallen ist das Entscheidungsrecht des Mannes in allen das gemeinschaftliche Leben betreffenden Angelegenheiten; weggefallen ist die automatische Bindung der Ehefrau an den Wohnsitz des Mannes; aufgehoben ist die Abhängigkeit der Staatsangehörigkeit der Frau von der des Mannes; aufgehoben ist der gesetzliche Güterstand der Verwaltungsgemeinschaft (der ehemännlichen Nutzverwaltung) und am 1. 4. 1953 durch die Gütertrennung ersetzt worden (BGH 11, Anh. 73), an deren Stelle mit dem 1. 7. 1958 die sog. Zugewinngemeinschaft getreten ist.
Der Gemeinschaftsgedanke ist weitgehend durch die Anerkennung *gegenseitiger gleicher Rechte und Pflichten der Ehegatten* ersetzt worden, die ihre Begrenzung lediglich in der Verpflichtung zur ehelichen Lebensgemeinschaft finden. Nach außen findet diese Lebensgemeinschaft nur noch ihren Ausdruck darin, daß die Familie einen *gemeinsamen Namen* führt, und zwar gem. § 1355 den des Mannes, den die Frau mit der Eheschließung erwirbt; freilich mit der Berechtigung, ihren Mädchennamen dem Mannesnamen durch öffentlich beglaubigte Erklärung gegenüber dem Standesbeamten hinzuzufügen.

Ob diese Regelung mit dem *Gleichberechtigungsgrundsatz* vereinbar ist, ist zweifelhaft. Das Argument, es handele sich um eine bloße Ordnungsvorschrift (BVerwG FamRZ 1960, 113), überzeugt nicht. Ein Eingriff in ein Persönlichkeitsrecht ist mehr als eine Ordnungsvorschrift. Es ist darum zumindest de lege ferenda zu erwägen, ob nicht die geltende Ordnung durch eine Regelung ersetzt werden sollte, die die Wahl des Ehe- und Familiennamens den Ehegatten überläßt. Vgl. dazu *H. Krüger*, AcP 156, 232; *Ramm*, FamRZ 1962, 281 und 1963, 337; *H. Maier*, JJb 4 (1963/64) 87; *Gernhuber*, § 16 I; für die bestehende Regelung namentlich *Graf von Bernstorff*, FamRZ 1963, 110, 340.
Nicht berechtigt ist die Ehefrau, ihrem Namen einen früheren *Ehenamen* anzufügen. Jedoch kann eine solche Namensführung der Frau u. U. im Wege der Namensänderung gestattet werden; vgl. BVerwG FamRZ 1966, 142.

Was die *Staatsangehörigkeit* anlangt, so gibt das Gesetz vom 19. 8. 1957 Ausländerinnen, die einen Deutschen heiraten, einen Anspruch auf Erwerb der deutschen Staatsangehörigkeit.
Die durch das GleichberG an die Stelle der reinen Gütertrennung gesetzte *Zugewinngemeinschaft* ist zwar auch ein Güterstand der Trennung, berücksichtigt aber den Gemeinschaftsgedanken durch den bei Beendigung des Güterstandes vorgesehenen Ausgleich des Zugewinns und durch gewisse Verfügungsbeschränkungen; s. u. § 13.

II. Die Verpflichtung zur ehelichen Lebensgemeinschaft

Schrifttum: Gernhuber, Das eheliche Vermögensrecht und die Verpflichtung zur ehelichen Lebensgemeinschaft, FamRZ 1959, 465; *Leuze* und *Ott*, Arbeitsverhältnisse zwischen Familienangehörigen, FamRZ 1965, 15; *Müller-Freienfels*, Der Ausgleich für Mitarbeit in Beruf oder Geschäft des Ehepartners, Nipperdey-Festschrift (1965) I, 625; *Bergerfurth*, Die negative Herstellungsklage im Eheprozeß, FamRZ 1965, 585.

1. Ziel der Ehe ist die *Herstellung einer vollen Lebensgemeinschaft*. Dazu *mitzuwirken* sind die Gatten einander nicht bloß sittlich, sondern auch *rechtlich verpflichtet*, § 1353 I.

a) Was im einzelnen dazu gehört, ist mit Fug im Gesetz nicht gesagt, eine Zergliederung wäre geschmacklos. Die Anforderungen sind je nach Persönlichkeit, Beruf, wirtschaftlichen, gesundheitlichen und sozialen Verhältnissen der Gatten und den besonderen Umständen des Falles verschieden.

Für den Seeoffizier, Handlungs- oder Forschungsreisenden gilt anderes als für den Bauern oder Handwerker; für eine hysterische oder eben niedergekommene Frau anderes als für die kerngesunde usw. *Grundsätzlich* erfordert die volle Lebensgemeinschaft körperliches und geistiges Zusammenleben, Hausgemeinschaft und Geschlechtsgemeinschaft, Treue und Beistand, verständnisvolles Eingehen auf die Art des anderen sowie gemeinsame Sorge für die Kinder. Unter Umständen können sich auch Pflichten zu *vorbereitendem* Tun oder Unterlassen ergeben; jeder Ehegatte ist gehalten, die Hindernisse zu beseitigen, die der ehelichen Lebensgemeinschaft entgegenstehen; so ist z. B. die psychisch erkrankte Frau verpflichtet, sich zur Herstellung ihrer Gesundheit in eine Heilanstalt zu begeben; vgl. RG 95, 330.

b) Die eheliche Lebensgemeinschaft schließt regelmäßig die Verpflichtung zur *häuslichen* Gemeinschaft ein, also auch einen *gemeinschaftlichen Wohnsitz*. Die Ehegatten haben sich darüber zu einigen, wo er begründet werden soll; er ist grundsätzlich da zu nehmen, wo der Ehegatte, der den Familienunterhalt tatsächlich verdient, erwerbstätig ist; vgl. *Hagemeyer*, NJW 1953, 603.

Sind beide Ehegatten berufstätig und an verschiedenen Orten wohnhaft, so haben sie sich um eine Einigung über den Ort der ehelichen und häuslichen Gemeinschaft zu bemühen. Ein Ehegatte, der durch bewußte Untätigkeit eine solche Einigung verhindert, begeht eine schwere Eheverfehlung; vgl. OLG Schleswig, SchlHA 1963, 272.

Jeder Ehegatte hat ein Recht zum *Mitbesitz* an der *Ehewohnung*, auch wenn die Wohnung im Alleineigentum eines Ehegatten steht. Auch dieses Besitzrecht ergibt sich *unmittelbar* aus dem Recht auf eheliche *Lebensgemeinschaft*. Die Konstruktion eines stillschweigenden Gebrauchsüberlassungsvertrages, deren sich der BGH bedient (BGH 12, 380), ist gekünstelt und überflüssig; vgl. *Gernhuber*, FamRZ 1959, 469.

Das Besitzrecht wirkt freilich nur im Verhältnis der Ehegatten zueinander. Kündigt der Ehemann, der die eheliche Wohnung allein gemietet hat, den Mietvertrag, nachdem er seine Familie verlassen hat, so kann sich die Frau dem Vermieter gegenüber nicht auf ihr Besitzrecht berufen. Was für die Wohnung gilt, gilt auch für die *Haushaltsgegenstände.* Jeder Ehegatte kann auch die dem anderen gehörenden Gegenstände mitbenutzen; vgl. BGH 12, 398.

c) Aus der Verpflichtung zur ehelichen Lebensgemeinschaft ergibt sich ferner für beide Gatten die Pflicht, je nach den sozialen Verhältnissen, in denen sie leben, im *Beruf* oder *Geschäft* des anderen Gatten *mitzuarbeiten,* § 1356 II, dies aber unbeschadet der Pflicht der Frau, den Haushalt in eigener Verantwortung zu führen, § 1356 I. Für das *Ausmaß* der gebotenen Mitarbeit gilt der Maßstab der *„Üblichkeit"*. Üblich ist die Mitarbeit insbesondere in der Landwirtschaft und in kleineren oder mittleren Ladengeschäften.
Übersteigt die Mitarbeit den Rahmen des Üblichen, so kann der Ehegatte für seine Tätigkeit regelmäßig, d. h. wenn nichts anderes vereinbart ist, ein *Entgelt* verlangen. Je nach der Art der Tätigkeit wird ein *Gesellschafts-* oder *Arbeitsverhältnis* anzunehmen sein. Kennzeichen eines Arbeitsverhältnisses ist die Weisungsgebundenheit des Arbeitnehmers (Mitarbeit der Ehefrau als Sprechstundenhilfe, Sekretärin), Kennzeichen eines Gesellschaftsverhältnisses sind ein besonderer Gesellschaftszweck („den Betrieb in die Höhe zu bringen") und gleichgeordnete Mitarbeit; vgl. BGH FamRZ 1961, 431; 1962, 357. Im Zweifel wird eher ein Gesellschaftsverhältnis als ein Arbeitsverhältnis anzunehmen sein. Der Vergütungsanspruch des mitarbeitenden Ehegatten besteht hier in einer Beteiligung am Gewinn, die freilich gepaart ist mit einer Beteiligung an einem eventuellen Verlust, str.
Eine Mitarbeit, die sich im *Rahmen des Üblichen* hält, wurde früher und wird zum Teil auch heute noch als *unentgeltlich* angesehen; vgl. *Palandt-Lauterbach,* § 1356 Anm. 3. Dem kann *nicht mehr gefolgt* werden, schon deswegen nicht, weil von der Praxis nur die *Frau* für verpflichtet gehalten wird, im Rahmen des Üblichen unentgeltlich im Geschäft des Mannes mitzuarbeiten, wogegen eine unentgeltliche Mitarbeit des *Mannes* als unüblich angesehen wird; vgl. *H. Maier,* JJb 4, 104. Auch das BVerfG hat erklärt, eine nach den Verhältnissen der Ehegatten übliche Mitarbeit gelte, soweit sie über den Rahmen unbedeutender Hilfeleistungen hinausgehe, *nicht* mehr grundsätzlich als *unentgeltlich*; BVerfG 13, 290. *Rechtsgrundlage* des Vergütungsanspruches ist das *eheliche Gemeinschaftsverhältnis,* weil dieses auch die Pflicht zur Mitarbeit statuiert, str.; vgl. *Gernhuber,* FamRZ 1958, 243, 247 und 1959, 465, 471 ff.; zust. *Bosch,* FamRZ 1958, 289, 290. Der Vergütungsanspruch ist jedoch *kein Arbeitslohn,* sondern steht immer in Relation zum erzielten Arbeitserfolg. Arbeiten die Ehegatten mit Verlust, so kann die Ehefrau keine Vergütung ihrer Tätigkeit fordern. Nur hilfsweise kann, was die Höhe des

Anspruchs angeht, der Betrag herangezogen werden, der einer vergleichbaren Arbeitskraft hätte gezahlt werden müssen; vgl. *Staudinger-Hübner*, § 1356 Anm. 48ff.

2. Die *Verpflichtung* eines Gatten zur ehelichen Lebensgemeinschaft *fällt weg*:

a) Wenn sich das Verhalten des anderen Gatten nach Herstellung der Gemeinschaft als *Mißbrauch* darstellt, § 1353 II 1. Mißbräuchlich ist ein Verlangen, wenn es entweder der *rechten ehelichen Gesinnung* widerspricht oder wenn es objektiv ein *nicht zumutbares Verhalten* ansinnt.

Das Verlangen ist nicht schon deshalb mißbräuchlich, weil sich aus der ehelichen Lebensgemeinschaft irgendeine *Gefahr* für den anderen Teil ergibt, wie z. B. die mit Schwangerschaft und Niederkunft für die Frau verbundene Gefahr; vgl. RG JW 1901, 648. Dagegen liegt Mißbrauch vor, wenn das Verlangen von einem Mann ausgeht, der mit einer gefährlichen und ansteckenden Geschlechtskrankheit behaftet ist; vgl. RG JW 1907, 178; hier wird in der Regel das Verlangen, auch nur die *häusliche* Gemeinschaft herzustellen, mißbräuchlich sein; vgl. RG JW 1905, 722. Der Anspruch auf Herstellung der ehelichen Gemeinschaft setzt regelmäßig voraus, daß die Grundlagen für eine *häusliche* Gemeinschaft gegeben sind. Es geht aber angesichts der noch immer bestehenden Wohnungsnot zu weit, den Mangel einer angemessenen Wohnung schlechthin als Weigerungsgrund anzuerkennen.

Ein *nicht ernstlich gemeintes* Herstellungsverlangen ist in jedem Fall mißbräuchlich. Das gilt insbesondere für ein Herstellungsverlangen, das lediglich die Scheidungsklage vorbereiten soll.

b) Wenn und solange er berechtigt ist, auf *Scheidung* zu klagen, § 1353 II 2.

Es kommen aber hier nur die auf einem *Verschulden* beruhenden Scheidungsgründe der §§ 42 und 43 EheG in Betracht. Bei den nicht verschuldeten kann über die Verpflichtung zur Herstellung der Gemeinschaft nur aus der Gesamtheit der Umstände entschieden werden. Wenn das Scheidungsrecht durch Verzeihung oder Fristablauf erloschen ist, so sind die Rechte und Pflichten der Gatten so zu beurteilen, als ob der Scheidungsgrund niemals bestanden hätte, § 1353 II 3. § 1353 II 2 gilt analog auch zu Gunsten eines Ehegatten, der berechtigt ist, auf *Aufhebung* der Ehe zu klagen; denn durch die Herstellung der Gemeinschaft würde er sein Aufhebungsrecht verlieren; vgl. *Staudinger-Hübner*, § 1353 Anm. 65.

c) Wenn eine *einstweilige Anordnung* des Gerichts, die in einem Nichtigkeits-, Aufhebungs- oder Scheidungsprozeß ergangen ist, das *Getrenntleben gestattet*, § 627 ZPO.

3. Auf die *Feststellung* des Rechts zum Getrenntleben kann *geklagt* werden. Die Klage ist eine *Ehesache*, maßgebend sind also die §§ 606ff. ZPO, h. M.; a. A. OLG Schleswig, FamRZ 1965, 614. Voraussetzung einer solchen Klage ist gemäß § 256 ZPO, daß der Kläger ein *Interesse* an der gerichtlichen Feststellung seines Rechts hat. Ein solches Interesse ist namentlich dann gegeben, wenn der Kläger vom Beklagten ständig

zur Herstellung der ehelichen Gemeinschaft aufgefordert wird; vgl. KG FamRZ 1964, 507.

III. Die Rechtsstellung der Frau

1. *Sonderangelegenheiten.* Die Frau wird durch den Eheschluß in ihrer Handlungs- und Erwerbstätigkeit nicht beschränkt. Sie ist berechtigt, erwerbstätig zu sein, soweit das mit ihren Pflichten in Ehe und Familie vereinbar ist, § 1356 I 2. Der Mann darf ihr in ihre *Sonder*angelegenheiten grundsätzlich nicht hineinreden, soweit durch ihr Verhalten das gemeinschaftliche eheliche Leben nicht beeinträchtigt wird. Über ihre Lektüre, Kleidung, ihren Verkehr, ihre Teilnahme an Vereinen, künstlerische, literarische, politische Betätigung, berufliche Tätigkeit bestimmt sie frei.

2. *Gemeinschaftliche Angelegenheiten und Haushaltführungsrecht der Frau.* Über die Ausgestaltung des *Gemeinschaftslebens* haben die Gatten *gemeinschaftlich zu bestimmen,* müssen sich also verständigen. Gelingt eine Einigung nicht, so bleibt den Ehegatten nur die Anrufung der Vermittlung eines Dritten (u. U. einer Eheberatungsstelle) oder die *Klage* auf *Herstellung des ehelichen Lebens* übrig, die aber zu keinem *vollstreckbaren* Urteil führt (§ 888 II ZPO), sondern mangels Befolgung nur die Wahl zwischen Bescheidung oder Erhebung der Scheidungsklage übrigläßt.

Dem Gleichberechtigungsgedanken widerspricht es nicht, im Hinblick auf die naturgegebenen biologischen und funktionellen Unterschiede des Geschlechts die Aufgaben, die sich aus der Lebensgemeinschaft ergeben, zwischen Mann und Frau angemessen aufzuteilen. Der naturgegebenen Teilung entspricht es *regelmäßig*, daß der *Mann erwerbstätig* ist und die *Frau* den *Haushalt* führt. Deshalb spricht § 1356 der *Frau* das *Recht* zu, den Haushalt *in eigener Verantwortung* zu führen, unbeschadet ihres Rechts zur eigenen Erwerbstätigkeit, soweit das mit ihren Pflichten in Ehe und Familie vereinbar ist, und unbeschadet der aus der ehelichen Lebensgemeinschaft sich ergebenden Pflicht, sich persönlich gegenseitig behilflich zu sein, eine Pflicht, die u. U. auch den Mann zur Hilfeleistung im Haushalt verpflichtet. Die *Frau* ist zur Führung des *Haushalts* nicht nur berechtigt, sondern auch *verpflichtet.* Diese Verpflichtung trifft sie auch dann, wenn sie erwerbstätig ist. Sie hat dann durch eine zweckmäßige Gestaltung der Haushaltsführung dafür zu sorgen, daß ihre Erwerbstätigkeit sich mit ihren Pflichten in Ehe und Familie verträgt.

Die Frau führt den Haushalt *in eigener Verantwortung*, aus *eigenem Recht.* Die frühere Entscheidungsgewalt des Mannes in Fragen der

Haushaltsführung ist vom Gleichberechtigungsgesetz beseitigt worden. Aus der Verpflichtung zur ehelichen Lebensgemeinschaft ergibt sich aber für die Frau die Pflicht, die Haushaltsführung den wirtschaftlichen Verhältnissen der Ehegatten anzupassen und den Wünschen des Mannes, die sich daraus ergeben, Rechnung zu tragen. Soweit die Frau die Kosten des Haushalts nicht als eigenen Beitrag zum gemeinsamen Unterhalt zu bestreiten hat, kann sie vom Mann nach § 1360 a II Wirtschaftsgeld als Vorschuß für die Aufwendungen verlangen.

3. *Schlüsselgewalt.*

Schrifttum: Müller-Freienfels, Zur heutigen „Schlüsselgewalt", Festschrift H. Lehmann, Band I (1956), 388; *Arnold*, Zur Neuregelung der Schlüsselgewalt (§ 1357 BGB i. d. F. des Gleichberechtigungsgesetzes), FamRZ 1958, 193; *Fahr*, Die Neuregelung der Schlüsselgewalt durch das Gleichberechtigungsgesetz, 1962; *Baur*, Zivilprozessuale Fragen zum Gleichberechtigungs- und Familienrechtsänderungsgesetz 1961, FamRZ 1962, 508; *Fabricius*, Die Zweckbindung des Wirtschaftsgeldes (§ 1360 a II 2 BGB) als Grundlage einer sozialrechtlichen Deutung des § 1357 BGB, FamRZ 1963, 112; *H. Maier*, Die Verwirklichung der Gleichberechtigung im Familienrecht, JJB 4 (1963/64), 87.

Da die Frau in der Regel den Haushalt führt, ohne durch eigene Erwerbstätigkeit eigene Mittel zu verdienen, gibt § 1357 ihr unabhängig vom Güterstand in Sachen ihres *häuslichen Wirkungskreises* das *Recht, Geschäfte mit Wirkung für den Mann zu besorgen*. Aus Rechtsgeschäften, die sie *innerhalb dieses Wirkungsbereiches* vornimmt, wird der *Mann* berechtigt und verpflichtet.

a) Der *häusliche Wirkungskreis* umfaßt nicht nur die Geschäfte, die zur Führung des Haushalts im engeren Sinne nötig sind — wie z. B. Kauf der Lebensmittel und des Heizungsmaterials —, sondern auch Geschäfte, die zum Familienunterhalt gehören, wie Anschaffung der Kleider für Frau und Kinder (in engerem Rahmen auch für den Mann), die Kosten der Erziehung der Kinder, die Hinzuziehung eines Arztes für die Kinder, die Ergänzung und Neuanschaffung von Hausrat usw.

Umstritten ist, ob die Frau im Rahmen des häuslichen Wirkungskreises handelt, wenn sie sich *selbst* in *ärztliche Behandlung* begibt. Man wird die Frage wohl verneinen müssen. Die Frau handelt hier nicht für die Familie. Die Inanspruchnahme eines Arztes ist eine höchstpersönliche Angelegenheit der Frau. Trotzdem kann auch hier der Mann — jedenfalls grundsätzlich — in Anspruch genommen werden, und zwar aus dem Gesichtspunkt der *auftraglosen Geschäftsführung*, § 679; vgl. *Dölle*, § 45 II a.

Nicht in den Rahmen der Schlüsselgewalt fallen u. a. das Mieten der Wohnung, die Aufnahme von Darlehen, wohl auch Teilzahlungsgeschäfte, soweit sie nicht im Verhältnis zu den Einkommensverhältnissen des Ehemannes ganz geringfügiger Natur sind; vgl. LG München, NJW 1961, 677.

Im Verhältnis zu Dritten ist entscheidend die *äußere Gestaltung* des Ehelebens, der tatsächliche Zuschnitt des Haushalts; nicht maßgebend ist, ob die Anschaffung dem vernünftigen Bedarf, dem Einkommen oder den Wünschen des Mannes entspricht. Wenn sich eine Frau Generaldirektor in 3 Geschäften je einen teuren Pelzmantel kauft, muß der Mann alle drei bezahlen, wenn die Anschaffung auch nur eines solchen Luxusgegenstandes der äußeren Lebensführung der Eheleute entspricht, es sei denn, daß er den Mißbrauch der Vertretungsmacht und deren Erkennbarkeit für den Dritten nachweist; vgl. RG 61, 83.

b) Die Frau hat ein *Geschäftsführungsrecht*, d. h. sie ist im Innenverhältnis *nicht* an *Weisungen des Mannes gebunden*. Sie muß sich lediglich in dem Rahmen halten, der von beiden Gatten abgesteckt worden ist. Aus der ehelichen Lebensgemeinschaft folgt jedoch, daß die Frau verpflichtet ist, die Wünsche des Mannes in angemessener Weise zu berücksichtigen. Vor dem Abschluß wichtiger Geschäfte soll sie ihn unterrichten. Was sie aus der Geschäftsbesorgung *erlangt*, hat sie dem Mann *herauszugeben*, soweit es nicht dem Verbrauch zugeführt wird.

Diese Regelung, wonach der *Mann allein Eigentümer* der angeschafften Gegenstände wird, kann dann nicht gelten, wenn die *Frau* einen *Zuschuß* zu dem Kaufpreis geleistet hat, sei es aus ihrem eigenen Vermögen, sei es aus erspartem Haushaltungsgeld. In solchen Fällen entsteht *Miteigentum* im Verhältnis der geleisteten Zuschüsse. Aber auch soweit der Erwerb mit *Mitteln des Haushaltungsgeldes* erfolgt, wird der Alleinerwerb des Mannes dem Gleichberechtigungsgedanken nicht gerecht. Die Geldleistung, die der Mann zum Familienunterhalt beisteuert, darf nicht höher bewertet werden als die Sachleistung (Haushaltsführung) der Frau. So wie die Haushaltsführung beiden Ehegatten zugute kommt, muß auch das *Wirtschaftsgeld beiden Gatten* zugute kommen. Daraus folgt, daß auch an solchen Sachen, die mit den Mitteln des Haushaltungsgeldes angeschafft werden, *beide Gatten Miteigentum* erwerben; sehr str.; vgl. dazu *H. Maier*, JJB 4, 107. Diese Auffassung wird gestützt durch § 8 II HausratsVO, wonach Hausrat, der während der Ehe für den gemeinsamen Haushalt angeschafft wurde, für die Verteilung nach der Ehescheidung als gemeinsames Eigentum der Eheleute anzusehen ist.

c) Nach *außen* hat die Frau die Stellung einer *Vertreterin* des Mannes (ohne freilich im strengen Sinn seine Vertreterin zu sein). Für *sich selbst* begründet sie darum im Zweifel *keine Verpflichtung*. Die Wirkungen ihrer Geschäfte treffen den *Mann*. Eine Ausnahme gilt nach § 1357 I 2, 2. Hs. nur dann, wenn der Mann — bei Fälligkeit der Schuld — zahlungsunfähig ist. Zu den dabei auftretenden prozessualen Fragen vgl. *Baur*, FamRZ 1962, 508f.

Auch diese Regelung ist mit dem Gleichberechtigungsgedanken kaum zu vereinbaren. Zumindest in den Fällen, in denen die Frau Miteigentum an den angeschafften Gegenständen erlangt, wird man eine *gesamtschuldnerische Haftung* beider Ehegatten fordern müssen. Es wäre besser gewesen, wenn der Frau ein Vertretungsrecht nicht für den Mann, sondern für die *eheliche Gemeinschaft* zugesprochen worden wäre. Bei dieser Konstruktion hätten sich die billigen Folgen (Erwerb von Miteigentum, gesamtschuldnerische Haftung) ohne weiteres ergeben. Nach *geltendem Recht* läßt sich eine Verpflichtung der Frau nur aus den *Umständen* begründen, wenn sie ausdrücklich oder stillschweigend den Willen zum Ausdruck gebracht hat, sich allein oder neben dem Mann zu verpflichten, oder wenn sie den Rahmen der Schlüsselgewalt überschritten hat.

d) Dem *Mann* hat das Gesetz *kein Vertretungsrecht* für die Frau gegeben, auch wenn er Geschäfte des ehelichen Haushalts besorgt oder im Rahmen seiner Mitarbeitspflicht im Geschäft der Frau mitarbeitet. Das kann zu unbefriedigenden Ergebnissen führen, wenn der Mann *zahlungsunfähig* ist. Man wird hier weitgehend mit der Annahme *stillschweigender Bevollmächtigung* durch die Frau arbeiten müssen, um ein gerechtes Ergebnis zu erzielen. Die vermögende Frau würde wider Treu und Glauben handeln, wenn sie dem Mann die Erledigung der Haushaltsgeschäfte überließe und sich dann auf die fehlende Bevollmächtigung berufen würde. Verneint man diese Annahme, müßte man die Regelung des § 1357 als Verstoß gegen den Gleichberechtigungsgrundsatz bezeichnen und für die Einführung einer gesamtschuldnerischen Haftung in solchen Fällen eintreten.

e) Ob der Fall einer Vertretung kraft Schlüsselgewalt vorliegt, hängt nach § 1357 *nicht* davon ab, daß die Frau *erkennbar* im Namen des Mannes gehandelt hat. § 164 gilt hier nicht.

Ein *Dritter* muß also immer mit der Möglichkeit rechnen, daß eine Frau, auch wenn sie ihm gar nicht als Ehefrau bekannt ist, aus den von ihr abgeschlossenen Geschäften nur ihren Mann verpflichtet. Ein Geschäftsmann muß sich über den Status seiner Kunden unterrichten; ob ein Geschäft einer Frau zu deren häuslichem Wirkungskreis gehört, muß er auf eigene Gefahr prüfen; vgl. *Palandt-Lauterbach*, § 1357 Anm. 2a und b.

f) Ein häuslicher Wirkungskreis setzt in der Regel eine *häusliche Gemeinschaft* voraus. Mit ihrer *Aufhebung ruht die Schlüsselgewalt*, nicht aber mit vorübergehender Trennung bei beiderseitigem Willen zur Aufrechterhaltung.

Außerdem kann der *Mann* die Schlüsselgewalt *aufheben* oder *einschränken* (§ 1357 II), und zwar, ohne daß die Wirksamkeit dieser Maßnahme zunächst von einer Begründung abhängig wäre. Die Erklärung muß entspr. § 168 S. 3 entweder der Frau oder dem Dritten gegenüber erfolgen. *Dritten* gegenüber wirkt sie aber nur, wenn sie diesen bekannt oder ins Güterrechtsregister eingetragen war. Eine Zeitungsanzeige reicht nur aus, wenn sie der Dritte nachweislich gelesen und behalten hat. Eine grundlose Entziehung oder Beschränkung kann das Vormundschaftsgericht auf Antrag der Ehefrau wieder aufheben und dadurch die Schlüsselgewalt wieder herstellen.

Der Mann wird durchaus nicht gehindert, die Schlüsselgewalt erneut zu entziehen. Wiederholte grundlose Entziehung kann jedoch einen *Scheidungsgrund* liefern.

Auch diese Regelung ist wenig befriedigend. Richtiger wäre es gewesen, die Berechtigung der Entziehung von einer vorherigen Nachprüfung durch das Vormundschaftsgericht abhängig zu machen; vgl. *Arnold*, FamRZ 1958, 196/97 und *Bosch*, FamRZ 1958, 291/92.

IV. Unterhaltspflicht

Schrifttum: Pastor, Der Ausgleich geleisteter Prozeßkostenvorschüsse zwischen Eheleuten, FamRZ 1960, 46; *Brühl,* Unterhaltsrecht 2. Aufl. 1963; *Köhler,* Handbuch des Unterhaltsrechts, 1963.

1. Zu den *allgemeinen* Rechtswirkungen der Ehe gehört auch die *Unterhaltspflicht.*

Das BGB hatte sie für Mann und Frau verschieden geregelt. Der Mann hatte grundsätzlich die Frau zu unterhalten, selbst wenn sie vermögend oder berufstätig war, während die Frau dem Mann nur bei seiner Bedürftigkeit unterhaltspflichtig war, § 1360 a. F. Das Ehegüterrecht suchte diese ungleiche Belastung auszugleichen, indem es die Tragung des *ehelichen Aufwandes* näher regelte. Beim gesetzlichen Güterstand gab es dem Mann für die Belastung mit dem ehelichen Aufwand (§ 1389 I a. F.) als Ausgleich die Nutzverwaltung am eingebrachten Gut der Frau, bei den Güterständen der Gemeinschaft belastete es das Gesamtgut damit (§ 1458 a. F.), das der Verwaltung des Mannes unterstand, und bei der Gütertrennung legte es der Frau eine Beitragspflicht auf (§ 1427 II a. F.). Durch das GleichberG ist diese Aufspaltung in Unterhaltsverpflichtung und ehelichen Aufwand beseitigt worden.

Mit dem 1. 4. 1953 ist an die Stelle der im wesentlichen *einseitigen* Unterhaltspflicht des *Mannes* die *gemeinsame* Unterhaltspflicht der Ehegatten nach Maßgabe ihrer Lebensstellung, ihrer Erwerbsfähigkeit und ihres Vermögens getreten. Der durch das GleichberG neu gefaßte § 1360 verpflichtet die *Gatten einander,* durch ihre Arbeit und mit ihrem Vermögen die *Familie* angemessen zu unterhalten. Diese Bestimmung ersetzt auch die güterrechtlichen Bestimmungen über den „ehelichen Aufwand".

Die Unterhaltsansprüche der *Kinder* gegen die Eltern werden in den §§ 1601ff. besonders geregelt (s. u. § 34). Die Kinder können ihre Unterhaltsansprüche darum nicht unmittelbar aus den §§ 1360, 1360a herleiten. Doch nimmt § 1606 III auf § 1360 Bezug und stellt den Einklang mit dieser Vorschrift her.

2. Die Unterhaltspflichten der Ehegatten sind nach *Art* und *Maß verschieden.* Während des Bestehens der ehelichen Gemeinschaft sind sie in der durch diese gebotenen Weise durch *Arbeit* und *Geldleistungen* zu erfüllen.

Der *Mann* erfüllt regelmäßig seine Unterhaltspflicht, indem er durch *außerhäusliche Berufsarbeit* die nötigen *Geldmittel* für den Familienunterhalt beschafft, die Frau, indem sie durch die ihr obliegende *Haushaltsführung* einen gleichwertigen Beitrag liefert. Je nach den Verhältnissen der Ehegatten hat sie auch aus ihrem Einkommen Beiträge zu leisten. Zu außerhäuslicher Erwerbstätigkeit ist sie nur verpflichtet, soweit die Arbeitskraft des Mannes und die Einkünfte der Gatten zum Unterhalt der Familie nicht ausreichen und es den Verhältnissen der Ehegatten auch nicht entspricht, daß sie den Stamm ihres Vermögens verwerten, § 1360 S. 2.

Auch die *Höhe* der *Beiträge* braucht nicht gleich zu sein, sondern muß nur der Erwerbsfähigkeit und den Vermögensverhältnissen entsprechen. Falls der Mann als Kriegsversehrter erwerbsunfähig ist und die Frau außer Hause arbeitet, wird die Art der Beitragsleistung vielfach umgekehrt sein wie im Normalfall. Falls die Frau krank und zur Leistung der Hausarbeit unfähig ist, muß der Mann aus seinem Einkommen eine Hausgehilfin bezahlen, falls nicht ausreichende Vermögenseinkünfte der Frau dafür zur Verfügung stehen. Der Stamm des Vermögens braucht nur notfalls für den Unterhalt herangezogen zu werden.

3. Die *gegenseitige Unterhaltspflicht der Ehegatten* geht der Unterhaltspflicht der *Verwandten vor*, solange die Ehegatten ihren eigenen angemessenen Unterhalt nicht gefährden, § 1608. Erst in diesem Fall kann also der Mann seine Frau auf die Inanspruchnahme ihrer Eltern verweisen. Ist auch von ihnen keine Beihilfe zu erlangen, müssen die Gatten trotz der Gefährdung des angemessenen Unterhalts alles teilen.
Ebenso geht der Unterhalts*anspruch* des Ehegatten dem der Verwandten vor. Nur der Unterhaltsanspruch des minderjährigen unverheirateten Kindes besitzt den gleichen Rang, § 1609 II.

4. Der Unterhaltsanspruch umfaßt nicht bloß die Kosten des gemeinsamen Haushalts, sondern dient auch der Befriedigung der *persönlichen Bedürfnisse* der Ehegatten und der Sicherung des *Lebensbedarfs* der *gemeinsamen* unterhaltsberechtigten *Kinder*, § 1360a.

Nicht zum Familienunterhalt gehört der Unterhalt der Kinder nur *eines* Ehegatten, der sog. *Stiefkinder*, sofern eine Unterhaltsverpflichtung nicht von dem anderen Ehegatten ausdrücklich oder stillschweigend übernommen worden ist. Eine *stillschweigende Übernahme* wird meist gegeben sein, wenn die Stiefkinder in die häusliche Gemeinschaft aufgenommen worden sind; vgl. BVerwG MDR 1960, 526. In diesem Fall ist der *Stiefvater* im Zweifel jedenfalls dann verpflichtet, auch für den Lebensbedarf der Stiefkinder zu sorgen, wenn die leibliche Mutter infolge der Eheschließung ihre Erwerbstätigkeit aufgegeben hat, während die *Stiefmutter* in aller Regel verpflichtet sein wird, für die im Haus lebenden Kinder des Mannes zu sorgen, sie zu beaufsichtigen und zu erziehen; vgl. *Dölle*, § 36 A II 3d bb, str.
Nach der Vorschrift des § 1360a IV hat der Gatte, der die *Prozeßkosten* eines Prozesses über *persönliche Angelegenheiten* nicht tragen kann, einen Anspruch auf *Vorschuß* dieser Kosten gegen den anderen — unterhaltsverpflichteten — Gatten, soweit das der Billigkeit entspricht. Gleiches gilt für die Kosten der Verteidigung in einem gegen ihn gerichteten *Strafverfahren*. Der Begriff der „persönlichen Angelegenheiten“ ergibt sich aus seinem Gegensatz: den vermögensrechtlichen Angelegenheiten. Jedoch ist die Abgrenzung mitunter schwierig. Auch vermögensrechtliche Ansprüche können persönliche Angelegenheiten sein, wenn sie eine genügend enge Verbindung zur Person des betreffenden Ehegatten haben (BGH FamRZ 1964, 197), insbesondere, wenn sie ihre Wurzel in der ehelichen Lebensgemeinschaft haben. Das gilt insbesondere für *Unterhaltsklagen*. Zur Frage der *Ausgleichung* der geleisteten Vorschüsse vgl. *Pastor*, FamRZ 1960, 46ff.

5. Der Unterhalt ist in der durch die eheliche Lebensgemeinschaft gebotenen Weise zu gewähren, § 1360 a II, also regelmäßig durch Haushaltführung, Gewährung von Wohnung, Verpflegung, Wirtschaftsgeld,

das der Mann der Frau für einen angemessenen Zeitraum im voraus zur Verfügung zu stellen hat, und Taschengeld.

Bei durch Krankheit, Berufsausübung oder Wohnungsverhältnisse bedingtem getrenntem Wohnen kommen vorwiegend Geldleistungen in Betracht.

6. Für die *Vergangenheit* kann Unterhalt nur im Rahmen des § 1613 verlangt werden, § 1360a III, regelmäßig also nur dann, wenn der Verpflichtete sich in Verzug befand oder der Unterhaltsanspruch rechtshängig geworden war. Ein Verzicht für die *Zukunft* ist unzulässig, § 1614.

7. Leistet ein Ehegatte zum Familienunterhalt einen *höheren* Beitrag, als ihm obliegt, so ist im Zweifel anzunehmen, daß er nicht beabsichtigt, von dem anderen Gatten Ersatz zu verlangen (widerlegbare Auslegungsregel), § 1360b. Die Frau braucht darum erspartes Wirtschaftsgeld in der Regel nicht herauszugeben; a. A. *Staudinger-Hübner*, § 1360a Anm. 30.

8. *Einzuklagen* ist der Unterhaltsanspruch, soweit er auf eine *Geldzahlung* gerichtet ist, nicht im besonderen Eheverfahren, sondern vor dem *Amtsgericht*, § 23 Ziff. 2e GVG. Dagegen kann die Haushaltsführung der Frau oder die Leistung anderer *persönlicher Dienste* nur mit der *Herstellungsklage* begehrt werden.

V. Sonstige Rechtsfolgen der ehelichen Gemeinschaft

1. Die Gatten haben bei der Erfüllung der sich aus dem ehelichen Verhältnis ergebenden Verpflichtungen nur für die *Sorgfalt* einzustehen, die sie *in eigenen Angelegenheiten* anzuwenden pflegen, § 1359.

§ 1359 ist anwendbar, wenn ein Ehegatte Pflichten verletzt, die sich aus dem Gebot der ehelichen Lebensgemeinschaft oder aus den güterrechtlichen Beziehungen der Ehegatten ergeben. Er ist dagegen nicht anwendbar in Fällen, in denen sich die Ehegatten wie beliebige *Dritte* gegenüberstehen: so etwa, wenn die Gatten miteinander einen schuldrechtlichen Vertrag geschlossen haben oder ein Ehegatte den anderen leicht fahrlässig körperlich verletzt hat; letzteres str., vgl. *Dölle*, § 44 I 1c.

2. Die *Verjährung* aller Ansprüche zwischen Ehegatten ist während der Dauer der Ehe *gehemmt*, § 204.

3. Beide Ehegatten haben gegenseitig ein *gesetzliches Erb-* und *Pflichtteilsrecht*, §§ 1931 und 2303 II. Sie können ein *gemeinschaftliches Testament* errichten, § 2265. Für *Erbvertrag* und *Erbverzicht* zwischen Ehegatten bestehen Erleichterungen, §§ 2275 II, 2276 II, 2347, 2352.

4. Ehegatten gelten als „*Angehörige*" im Sinne des Strafrechts, § 52 StGB; sie haben ein *Zeugnis-* und *Gutachtenverweigerungsrecht,* §§ 52, 76 StPO, 383, 408 ZPO, 175 RAO.

5. Zwischen den Ehegatten besteht eine *Schutzpflicht,* deren Verletzung eine strafbare Handlung darstellen kann (sog. unechtes Unterlassungsdelikt), etwa wenn ein Ehegatte den Selbstmord des anderen nicht verhindert, obwohl er es könnte; vgl. BGHSt 7, 268.

6. *Rechtsgeschäfte unter den Gatten* unterliegen einer *erleichterten Anfechtbarkeit,* §§ 32 KO, 3 AnfG.

VI. Die gerichtliche Geltendmachung der allgemeinen Verpflichtungen, die sich aus der Ehe ergeben, erfolgt auf verschiedenem Wege.

1. *Alle persönlichen* Gemeinschaftspflichten werden durch *Klage* auf *Herstellung* des *ehelichen Lebens* geltend gemacht; vgl. § 1353.

a) Klageantrag und Urteilsausspruch haben *genau* anzugeben, welche *bestimmte* Leistung oder Unterlassung zur Herstellung voller Gemeinschaft nötig ist (vgl. RG 97, 287), z. B. Aufnahme in die Hausgemeinschaft, Teilnahme am gemeinsamen Mittagstisch, Nichtverschluß der zur Besorgung des Hauswesens nötigen Gegenstände. Doch genügt eine allgemeine Urteilsformel, wenn nur die Gründe die Spezialisierung zum Ausdruck bringen; vgl. RG 51, 186.
b) Der Prozeß ist *Ehesache* nach §§ 606ff. ZPO — es muß also der Klage ein Sühneversuch vorausgehen (§ 608 ZPO), die Vorschriften, die im Eheprozeß die Ermittlung der materiellen Wahrheit gewährleisten wollen, gelten (§ 617 ZPO) usw.
c) Das *Urteil* auf Herstellung ist *nicht vollstreckbar* (§ 888 II ZPO), weil eine zwangsweise Verwirklichung der persönlichen Gemeinschaftspflichten unserem sittlichen Empfinden widerspricht. Versagt der *moralische* Druck, der in der Feststellung einer Rechtspflicht durch das objektiv prüfende Gericht liegt, dann hat der siegreiche Kläger kein Mittel, das ihm geschuldete Verhalten herbeizuführen. Es bleibt ihm nur übrig die Bescheidung oder die Klage auf Ehescheidung.
Bei dieser Sachlage hätte man die Gatten besser vor ein Einigungsamt, eine Gütestelle verwiesen oder vor den Vormundschaftsrichter, wie das durch § 1357 ja auch geschehen ist.

Ob mit der Klage auf Herstellung des ehelichen Lebens auch die *Unterlassung von Ehebruch* und *sonstigem ehewidrigen Verhalten* verlangt werden kann, ist umstritten. Das RG hat die Frage verneint, heute wird sie überwiegend bejaht; vgl. OLG Celle, FamRZ 1964, 300 u. NJW 1965, 1918; *Staudinger-Hübner,* Vorbem. 44 vor § 1353. Ein solches Urteil kann freilich ebensowenig *vollstreckt* werden wie ein Urteil, das zu einem positiven Tun verpflichtet. Die eheliche Gemeinschaft darf nicht erzwungen werden; vgl. BGH 34, 80. Aus diesem Grund ist es den Ehegatten grundsätzlich auch verwehrt, gegeneinander die *deliktische Unterlassungsklage* zu erheben, wenn die unerlaubten Handlungen, deren

Unterlassung begehrt wird, zugleich Ehewidrigkeiten darstellen (Mißhandlungen, Beleidigungen). Eine *Ausnahme* von diesem Grundsatz gilt nur dort, wo die unerlaubte Handlung sich nicht auf den inneren Ehebereich beschränkt, sondern auf den *außerpersönlichen Lebensraum* der Ehe übergreift. Hier geht es nicht um die Herstellung der ehelichen Gemeinschaft, sondern um den Schutz der Ehegatten in dem *räumlich-gegenständlichen Bereich der Ehe.* Ein Eingriff in diesen Bereich ist die Verletzung eines sonstigen Rechts i. S. des § 823 I (vgl. *Gernhuber,* § 17 I 1; gelegentlich wird die Klage auch auf § 823 II i. V. m. Art. 6 I GG gestützt; vgl. etwa KG FamRZ 1965, 329). Klagt z. B. ein Ehegatte gegen den anderen auf Unterlassung ehrenrühriger Behauptungen, die dieser in Gegenwart Dritter aufgestellt hat, so soll mit dieser Klage nicht die Zerrüttung der ehelichen Gemeinschaft wieder beseitigt werden. Es geht dem klagenden Ehegatten vielmehr um die Wiederherstellung seiner Ehre nach *außen* hin. Ebenso hat eine Ehefrau einen durchsetzbaren Beseitigungs- und Unterlassungsanspruch, wenn der Ehemann seine *Geliebte* in die *Ehewohnung* aufnimmt. Sie braucht es nicht zu dulden, daß es ihr durch ein sittenwidriges, sie in ihrer Ehre kränkendes Verhalten ihres Ehemannes und seiner Geliebten unmöglich gemacht wird, sich in ihrem äußeren ehelichen Lebensbereich entsprechend ihrer Stellung als Ehefrau, Hausfrau und Mutter so zu bewegen und zu betätigen, daß ihre Frauenwürde, ihr Persönlichkeitsrecht und ihre Gesundheit unangetastet bleiben; so der BGH seit BGH 6, 360 i. st. Rspr.; vgl. etwa BGH FamRZ 1963, 553.

2. Die Ansprüche auf *vermögensrechtliche* Leistungen, die nicht *unmittelbar* die Verwirklichung der ehelichen *Lebensgemeinschaft* zum Ziel haben, sondern sich unabhängig vom Bestehen einer solchen Gemeinschaft verwirklichen lassen — also die Ansprüche auf *Geldleistungen* — werden durch eine *Forderungsklage* (Unterhaltsklage) nach den allgemeinen Vorschriften der ZPO geltend gemacht, so z. B. die Klage auf Zahlung von Taschengeld nach §§ 1360, 1360a, Zahlung einer Geldrente nach § 1361, aber auch Zahlung des Haushaltungsgeldes. Für diese auf *Geld* gerichteten Ansprüche gelten die Erwägungen nicht, die für die besondere Regelung der Eheprozesse und den Ausschluß der Vollstreckbarkeit sprechen, im Gegenteil, ihre Behandlung nach diesen Grundsätzen wäre geradezu unzweckmäßig. Das ist entscheidend.
Das gleiche gilt für *Schadensersatzansprüche,* deren Grund *nicht* eine Verletzung der ehelichen *Lebensgemeinschaft* ist, etwa Schadensersatzansprüche aus einem Kraftfahrzeugunfall. Hier können die Ehegatten wie einander *fremde* Personen gegeneinander klagen — soweit nicht die Geltendmachung dieser Ansprüche dem Wesen der Ehe widerstreitet.

So wird z. B. die Geltendmachung von Schmerzensgeldansprüchen bei einer nicht vorsätzlichen Körperverletzung regelmäßig daran scheitern, daß der Buß- und Sühnecharakter dieses Anspruches sich mit dem Wesen der ehelichen Lebensgemeinschaft nicht verträgt; vgl. *Staudinger-Hübner*, Vorbem. 29 vor § 1353. Wenn allerdings mit einer Schadensersatzklage das Vollstreckungsverbot des § 888 II ZPO umgangen werden soll, ist die Klage aus denselben Gründen abzuweisen, aus denen die deliktische Unterlassungsklage abgelehnt worden ist. Die Abgrenzung ist freilich oft schwierig. Ist eine *unerlaubte Handlung zugleich* eine *Ehewidrigkeit* (der Mann schlägt seine Frau!), dann muß das Vollstreckungsverbot über den Schadensersatzanspruch obsiegen. Dem verletzten Ehegatten bleibt nur die Herstellungsklage, str.; a. A. OLG Karlsruhe, FamRZ 1961, 375; *Staudinger-Hübner*, Vorbem. 54 vor § 1353; *Dölle*, § 32 III 1. Schuldhaft verursachte Gesundheitsschäden können lediglich im Einzelfall den anderen Ehegatten zu erhöhten *Unterhalts*leistungen verpflichten.

VII. Die Ehestörungsklage

Schrifttum: Padrutt, Die Ehestörungsklage, 1954; *Boehmer*, Zur Ehestörungsklage, AcP 155 (1956) 181; *Berg* und *D. Schwab*, Ehestörungsklage und Schadensersatzansprüche wegen Ehestörung, JuS 1961, 137; *E. v. Hippel*, Schadensersatz bei Ehestörung, NJW 1965, 664.

Besonders streitig ist geworden, ob ein Ehegatte auch gegen einen *dritten Störer* der ehelichen Lebensgemeinschaft auf Unterlassung oder Schadensersatz klagen kann.

Das RG hat bereits in Bd. 72, 130 das Recht auf Fortbestand der ehelichen Lebensgemeinschaft als ein durch § 823 I geschütztes *absolutes Recht* anerkannt, hat aber Klagen gegen *dritte Störer* allgemein *abgewiesen*, weil sich aus der Bereitstellung und Regelung eines besonderen Eheverfahrens ergebe, daß über die inneren Angelegenheiten der Eheleute nur in diesem besonderen Verfahren entschieden werden solle. Wenn es dem sittlichen Wesen der Ehe widerspreche, daß ein Zwang gegen den ungetreuen Gatten ausgeübt werde, so seien auch Zwangsmaßnahmen gegen den Mitschuldigen abzulehnen, weil sie sich als mittelbarer Zwang auch gegenüber dem ungetreuen Gatten auswirken würden. Der BGH hat an dieser Grundauffassung festgehalten und wiederholt Schadensersatzansprüche gegen Drittstörer abgelehnt; vgl. BGH 14, 358; 23, 215; 23, 279; 26, 217.

Dieser Auffassung kann jedoch *nicht gefolgt werden*. Der absolute Charakter der mit der Ehe begründeten Gemeinschaft verlangt nach einem *umfassenden Schutz*. Daß die Beziehungen der Ehegatten zueinander vorwiegend sittlichen Charakter haben, schließt die Anwendung staatlichen

Zwanges gegen einen Dritten, der in diese Gemeinschaft eingedrungen ist oder eindringen will, nicht aus. Nur im Verhältnis der *Ehegatten zueinander* sind *Vollstreckungsmaßnahmen*, welche die eheliche Gemeinschaft schützen oder wiederherstellen sollen, *ausgeschlossen*. Es kann somit ein betrogener Ehegatte sowohl gegen den anderen Ehegatten als auch gegen den Dritten auf Unterlassung weiterer Ehebrüche *klagen*. *Durchgesetzt* werden kann ein solches Urteil aber nur gegen den *Dritten*. In der Mehrzahl der Fälle wird mit der Ehestörungsklage *Ersatz der Kosten* eines *Ehelichkeitsanfechtungsprozesses* begehrt. Diese Kosten sind — weil sie auf die Verletzung eines absoluten Rechts (§ 823 I) zurückzuführen sind — vom Ehestörer zu ersetzen. Der BGH hat solche Klagen u. a. mit der Begründung abgewiesen, der zum Schadensersatz verurteilte Dritte könne gem. § 426 gegen den mitschuldigen Ehegatten *Ausgleichsansprüche* geltend machen. Dieses Argument ist von *Beitzke* (MDR 1957, 408) überzeugend widerlegt worden mit dem Hinweis, daß gegen den mitschuldigen Ehegatten keine Schadensersatzansprüche gegeben seien, eine gesamtschuldnerische Haftung somit ausscheidet. Es können also nicht nur Unterlassungs-, sondern auch Schadensersatzansprüche gegen den Drittstörer geltend gemacht werden. Dieses Ergebnis entspricht der in der Literatur vorherrschenden Auffassung und wird auch von einigen Instanzgerichten geteilt; vgl. namentlich *Padrutt*, Die Ehestörungsklage; *Boehmer*, AcP 155, 185ff.; *Beitzke*, a.a.O.; *D. Schwab*, JuS 1961, 142; *Staudinger-Hübner*, Vorbem. 58ff. vor § 1353; OLG Celle, FamRZ 1964, 366; LG Offenburg, FamRZ 1965, 257; a. A. *Berg*, JuS 1961, 137ff.

Noch nicht klar herausgearbeitet ist der *Bereich*, in dem Schadensersatzansprüche geltend gemacht werden können. Fest steht lediglich, daß *nicht alle* Schäden ersetzt verlangt werden können, z. B. nicht der Schaden, den der betrogene Ehegatte dadurch erleidet, daß er nach der Scheidung aus dem Geschäft seines Schwiegervaters ausscheidet. Zu ersetzen ist in keinem Fall das *positive Interesse* am Fortbestand der Ehe. Nur für *tatsächliche Vermögensminderungen* hat der Störer Ersatz zu leisten. In Betracht kommen insbesondere die Kosten einer Ehelichkeitsanfechtungsklage, der dem Ehebruchskind gewährte Unterhalt, die Kosten einer Ehescheidung, wohl auch Gesundheitsschäden; vgl. *Gernhuber*, § 17 III; *E. v. Hippel*, NJW 1965, 668ff. *Kein* Anspruch besteht auf Ersatz *immateriellen Schadens* (abgesehen von den Fällen des § 847); denn der Rechtsgrund, weswegen bei einer Ehestörung Schadensersatzansprüche geltend gemacht werden können, ist nicht die Verletzung des Persönlichkeitsrechts eines Gatten, sondern der Eingriff in das Recht auf ungestörten Fortbestand der ehelichen Lebensgemeinschaft; vgl. *Staudinger-Hübner*, Vorbem. 61 vor § 1353, str.

Bei jeder Schadensersatzklage ist § 1593 zu berücksichtigen, wonach sich niemand auf die Unehelichkeit eines Kindes berufen kann, ehe die Ehelichkeit nicht angefochten und die Unehelichkeit rechtskräftig festgestellt ist. Das bedeutet, daß der Scheinvater Unterhaltszahlungen, die er an das Kind geleistet hat, erst *dann* vom wirklichen Erzeuger ersetzt verlangen kann, wenn die *Unehelichkeit* des Kindes *rechtskräftig festgestellt* ist; vgl. BGH FamRZ 1962, 254. Im übrigen kann Erstattung geleisteter *Unterhaltszahlungen* nicht nur mit Hilfe der Ehestörungsklage geltend gemacht werden, sondern auch auf die analoge Anwendung des § 1709 II gestützt werden; vgl. BGH 24, 9; 26, 217 und unten § 30 II 4.

VIII. Eigentumsvermutungen

1. Da das Zusammenleben der Gatten vielfach zu einer tatsächlichen Vermischung der Vermögensmassen führt, hat das BGB versucht, im Interesse der Gatten und der Gläubiger die Entscheidung der *Eigentumsfrage* durch *widerlegbare Vermutungen* zu erleichtern.

Eine derartige Vermutung kannte schon das *römische* Recht (die sog. praesumptio Muciana D 24, 1, 51); danach wurde bis zum Beweis des Gegenteils angenommen, daß die im Besitze der Frau befindlichen Gegenstände aus Schenkungen des Mannes herrührten und — da solche Schenkungen unter Ehegatten nichtig waren — dem *Manne* gehörten. Dieser Satz ist gemeines Recht geworden und hat über die Partikularrechte auch ins BGB Eingang gefunden, das in § 1362 eine Vermutung zugunsten der *Gläubiger* des *Mannes* hinsichtlich der *beweglichen*, im Besitz eines der Gatten oder beider befindlichen Sachen aufstellte. Bei unbeweglichen Sachen gab das Grundbuch Auskunft. Obwohl der römischrechtliche Grundsatz von der Nichtigkeit der Schenkung unter Ehegatten dem BGB fremd war, fand die Bestimmung z. Z. des Inkrafttretens des BGB ihre Rechtfertigung noch durch die vorwiegende Tätigkeit des Mannes im Erwerbsleben und durch seine weitgehende Haftung für die Frauenschulden.

Inzwischen sind die bisherigen Rechtfertigungsgründe dieser Regelung weggefallen, die *Frau* ist in immer stärkerem Maße in das Erwerbsleben eingetreten, und die Haftung des Mannes für die Frauenschulden ist weggefallen. Die *Vermutung* muß deshalb *gleichmäßig* gegen *beide Gatten* angewandt werden; d. h. die im Besitz eines oder beider Gatten befindlichen beweglichen Sachen müssen zugunsten der Gläubiger des Mannes und der Frau als *Eigentum* des *jeweiligen Schuldners* angesehen werden. So lautet nunmehr auch der durch das Gleichberechtigungsgesetz neugefaßte § 1362.

Die Vermutung gilt aber nicht, wenn die Ehegatten *getrennt* leben und sich die Sachen im Besitz des Gatten befinden, der nicht Schuldner ist, § 1362 I 2.

Die Vermutung zeigt ihre Kraft bei der *Zwangsvollstreckung* und auch gegenüber dem *Konkursverwalter*. Der Ehegatte, der auf Grund seines Eigentums der gegen den anderen Gatten gerichteten Pfändung widersprechen will, muß die Vermutung widerlegen, also bei der Pfändung eines Schrankes etwa nachweisen, daß er ihn mit in die Ehe gebracht oder später erworben hat. Hat der Schuldner den Schrank erworben, so muß sein Gatte die Vermutung seines fortbestehenden Eigentums widerlegen, etwa durch Nachweis einer Schenkung.

2. Für die *ausschließlich* zum *persönlichen Gebrauch* eines Ehegatten bestimmten Sachen wird im Verhältnis der Gatten zueinander und zu den Gläubigern vermutet, daß sie dem Gatten gehören, für dessen Gebrauch sie bestimmt sind, § 1362 II.

Den Beweis, daß sie ausschließlich zum persönlichen Gebrauch des anderen Gatten bestimmt sind, muß natürlich dieser erbringen; auf seinen Besitz kommt es nicht an. Ein vom Mann während der Ehe erworbener, aber der Frau vorbehaltlos zum ausschließlichen Gebrauch überlassener Schmuck, gilt als in der Absicht der Eigentumsübertragung überlassen; vgl. RG 99, 152. Dagegen gelten Schmuckstücke nicht als ausschließlich zum persönlichen Gebrauch bestimmt, wenn sie als Kapitalanlage dienen sollen; vgl. BGH NJW 1959, 142.

3. Auch im *Konkurs* gelten nach § 45 KO alle von einem Ehegatten des Gemeinschuldners während der Ehe erworbenen Gegenstände als mit Mitteln des Gemeinschuldners erworben und deshalb ihm gehörig. Der andere Ehegatte muß also, um aussondern zu können, zunächst die Vermutung des § 1362 BGB widerlegen und dann noch die Vermutung des § 45 KO. Die letztere muß auch bei den ausschließlich zum persönlichen Gebrauch bestimmten Gegenständen widerlegt werden.

4. Eine Pfändung ist nach §§ 808, 809 ZPO nur bei den im *Gewahrsam* des Schuldners oder eines zur Herausgabe bereiten Dritten befindlichen Sachen zulässig. Da der an den zu pfändenden Sachen bestehende Mitgewahrsam oder Alleingewahrsam des anderen Ehegatten die Vollstreckung hindern könnte, bestimmt § 739 ZPO, daß im Rahmen der Vermutung des § 1362 für die Durchführung der Zwangsvollstreckung nur der Schuldner als Gewahrsamsinhaber und Besitzer gilt.

IX. Getrenntleben

Schrifttum: Hanisch, Ehewohnungsprobleme getrennt lebender Ehegatten, NJW 1963, 1033; *Brühl*, Primäre und sekundäre Gesichtspunkte für die Billigkeitsentscheidung nach § 1361 I BGB, FamRZ 1965, 533.

Unter *Getrenntleben* im Rechtssinne (§ 1361) ist die Aufhebung der ehelichen Gemeinschaft zu verstehen, nicht bloßes Getrenntwohnen infolge der Wohnungsnot oder der Berufsausübung. Folglich kann man auch in derselben Wohnung getrennt leben. Ein solches Getrenntleben hat besondere Rechtsfolgen.

1. Die *Unterhaltspflicht* erhält einen *besonderen Charakter*. Wenn ein Ehegatte *grundlos* gegen den Willen des anderen die Herstellung des

ehelichen Lebens *verweigert*, hat er *keinen* Anspruch auf Unterhalt; denn dieser steht ihm nur in der durch die eheliche Lebensgemeinschaft gebotenen Form zu, § 1361 III.

Wenn dagegen ein Ehegatte im *Einverständnis* mit dem anderen oder mit *Recht* getrennt lebt, so wandelt sich sein *Beitrags*anspruch zum gemeinsamen *Familien*unterhalt um in einen grundsätzlich auf *Geld* gerichteten Anspruch auf angemessenen, der *Billigkeit* entsprechenden *eigenen Unterhalt*. Höchstmaß seines Anspruchs ist die Hälfte des Geldwertes der beiderseits geschuldeten Beiträge zum Familienunterhalt. Der Unterhaltsanspruch soll also dem einen Ausgleich verschaffen, der selber *weniger* hat oder verdient. Das wird meist die Frau sein, wenn sie nicht erwerbstätig ist.

Gemeinsame unterhaltsberechtigte *Kinder* müssen ihre Unterhaltsansprüche selbst geltend machen, können dabei aber u. U. durch einen Elternteil als ihren gesetzlichen Vertreter ihre Ansprüche erheben (§§ 1629, 1672).

Bei der *Bemessung* des Unterhaltsanspruchs des getrennt lebenden Ehegatten sind die Bedürfnisse, die Vermögens- und Erwerbsverhältnisse beider Gatten zu berücksichtigen, gegebenenfalls die mögliche Entlastung der Frau von der Haushaltsführung, die Zumutbarkeit der Aufnahme oder Wiederaufnahme einer Erwerbstätigkeit.

Berücksichtigt werden sollen ferner die *Gründe*, die zur Trennung geführt haben. Wer die Trennung veranlaßt oder verschuldet hat, muß sich in erster Linie eine Kürzung seiner Mittel für den Unterhalt gefallen lassen. Hat der *Mann* die Trennung allein oder in erheblich überwiegendem Maße verschuldet, so kann die nicht erwerbstätige Frau nur dann darauf verwiesen werden, ihren Unterhalt selbst zu verdienen, wenn sie auch bei Fortbestehen der häuslichen Gemeinschaft zu einer Erwerbstätigkeit verpflichtet gewesen wäre oder wenn die Inanspruchnahme des Mannes nach den besonderen Umständen des einzelnen Falles, inbesondere mit Rücksicht auf eine frühere Erwerbstätigkeit der Frau oder die kurze Dauer der Ehe, grob unbillig ist, § 1361 II.

Es muß also bereits im Unterhaltsprozeß die Trennungsschuld festgestellt werden, obwohl die Garantien für die Wahrheitsfindung, die der Eheprozeß bietet, nicht gegeben sind. Aber die Schuldfrage hat im Unterhaltsprozeß auch nicht die zentrale Bedeutung wie im Scheidungsprozeß, sondern betrifft nur einen der für die Unterhaltspflicht bedeutsamen Gesichtspunkte.

2. Für den Unterhaltsanspruch bei Getrenntleben gelten gem. § 1361 IV 4 die *allgemeinen unterhaltsrechtlichen Bestimmungen* der §§ 1611 II (notdürftiger Unterhalt bei schweren Verfehlungen), 1613 (kein Unterhalt für die Vergangenheit bis zum Verzug), 1614 (kein Verzicht für die Zukunft, keine wirksame Vorausleistung), 1615 (Erlöschen mit dem

Tod des Berechtigten). Nach § 1360b kann eine Zuvielleistung im Zweifel nicht zurückgefordert werden.
Nach § 1361 IV 1, 2 ist der Unterhalt durch *monatliche Vorauszahlung* einer Geldrente zu gewähren.

3. *Verträge* über die Unterhaltspflicht werden häufig zur Vermeidung einer gerichtlichen Auseinandersetzung für den Fall des Getrenntlebens abgeschlossen. Sie sind zulässig und wirksam, wenn einem der Gatten ein Recht zum Getrenntleben zusteht. Andernfalls sind sie wegen Verstoßes gegen § 1360 a II nichtig, weil der Unterhalt nicht in der Weise geleistet werden soll, der durch die eheliche Lebensgemeinschaft geboten ist. Auch davon abgesehen können sie sittenwidrig und nichtig sein, wenn sie einen Grund zum Getrenntleben vortäuschen oder durch Zusage vermögensrechtlicher Vorteile schaffen; vgl. RG 109, 142.

4. Die *Verteilung* des *Hausrats* macht bei Getrenntlebenden oft Schwierigkeiten. § 1361 a bestimmt: Jeder Ehegatte kann die ihm gehörenden Gegenstände vom anderen herausverlangen. Gemeinsames Eigentum ist nach Billigkeit zu verteilen.
Reicht bei einem der Gatten der ihm danach zukommende Hausrat nicht aus, so kann er vom anderen Gatten verlangen, daß dieser ihm das Nötige zur Haushaltsführung von seinem oder dem ungeteilten Eigentum zum *Gebrauch* überlasse, falls die Überlassung der Billigkeit entspricht. Die Billigkeit erfordert für die Überlassung eine angemessene *Entschädigung* und verbietet die Überlassung, soweit der andere Gatte selber die fraglichen Gegenstände dringend benötigt. Soweit die Gatten sich nicht einigen können, hat das zuständige Gericht im Verfahren der freiwilligen Gerichtsbarkeit zu entscheiden, falls zwischen den Ehegatten ein Eheprozeß schwebt, das Prozeßgericht, §§ 11, 18a, 19 der 6. DVO z. EheG.

5. *Nicht* zum *Hausrat* gehört die *Ehewohnung*. Es wäre wünschenswert, wenn auch über die Benutzung der Ehewohnung eine gerichtliche Entscheidung getroffen werden könnte, doch gibt es dafür — abgesehen vom Fall eines schwebenden Eheprozesses (§ 19 der 6. DVO z. EheG) — keine rechtliche Grundlage. Allenfalls kommt eine analoge Anwendung von § 1361 a in Betracht; vgl. *Staudinger-Felgentraeger*, § 1363 Anm. 10.

Eine *Vereinbarung* zwischen den Ehegatten über die Benutzung der Ehewohnung während des Getrenntlebens fällt in den Bereich der *Unterhaltsregelung*. Die Vorschriften des *Mietrechts*, insbesondere § 571, sind *nicht* anwendbar (vgl. BGH FamRZ 1964, 137), es sei denn, daß zwischen den Ehegatten ein wirklicher Mietvertrag geschlossen worden ist.

IV. Titel

Die vermögensrechtlichen Wirkungen der Ehe

I. Kapitel

Allgemeines — Regelung gemäß dem Gleichberechtigungsgrundsatz — Übergangsrecht —Ehevertrag — Güterrechtsregister

I. Die gesetzgeberische Aufgabe. Geschichtliches

Gewisse vermögensrechtliche Wirkungen der Ehe sind schon bei der allgemeinen Gestaltung der eherechtlichen Beziehungen behandelt, nämlich die Schlüsselgewalt, die Unterhaltspflicht und die Eigentumsvermutungen.

Die *Haupt*frage ist jetzt noch zu beantworten, inwieweit nämlich die Eheschließung *unmittelbare Veränderungen* in der *Güterwelt* der Gatten hervorruft. Das meint man, wenn man vom *ehelichen Güterrecht* spricht. Diese Frage ist im Laufe der Geschichte außerordentlich verschieden gelöst worden. Auf keinem Gebiete bestand vor Inkrafttreten des BGB eine solche Rechtszersplitterung wie auf dem des ehelichen Güterrechts; über hundert verschiedene Systeme waren vorhanden, die aus deutschrechtlichen und römischen Grundformen und bunten Mischungen derselben hervorgegangen waren, ohne daß die Unterschiede in wirtschaftlichen Bedürfnissen oder Stammeseigentümlichkeiten ihre sachliche Rechtfertigung gefunden hätten.

Die verschiedenen Systeme lassen sich auf *zwei Grundformen* zurückführen:

1. Es tritt infolge der Eheschließung grundsätzlich *keine Veränderung* ein, es bleibt bei der *Gütertrennung.*

2. Die *Lebens*gemeinschaft führt auch zur *Gütergemeinschaft.*

Das sind selbstverständlich nur die beiden möglichen *extremsten* Lösungen. Alle übrigen Güterstände können aber als *Abwandlungen* des einen oder anderen Extrems begriffen werden.

Zu 1. Die Trennung in reiner Form ist selten. Regelmäßig leistet die Frau einen *Beitrag* zu den Kosten der Ehe, überläßt etwa dem Manne einen Teil ihrer Einkünfte — das war ihr bei der Gütertrennung des BGB zur Pflicht gemacht (§ 1427 II a. F.) — oder sie gibt ihm einen Teil ihres Vermögensstammes, sei es zur *Verwaltung*, sei es zu *Eigentum* unter Verpflichtung zur Rückgabe nach Beendigung der Ehe.

Das letztere ist die Grundlage des *römischen* Systems der Gütertrennung, wonach dem Mann von der Seite der Frau eine Vermögensgabe (*dos*) zu *Eigentum* bestellt wird, um sie bzw. ihre Einkünfte als Beitrag zu den Lasten der Ehe zu verwenden, die vom Mann allein zu tragen sind; der Mann hat die dos später bei Auflösung der Ehe an den Geber zurückzuerstatten. Von dieser Gabe hat der Güterstand den Namen *Dotalsystem*, es handelt sich aber um einen durch die dos-Bestellung gemilderten Güterstand der *Trennung* der Vermögen, um eine im Kern *individualistische* Ordnung der Güterverhältnisse.

Das rezipierte Dotalsystem hatte für etwa 3 Millionen Einwohner des Deutschen Reiches Geltung, namentlich für Teile von Westfalen, Pommern, Hannover, Mecklenburg, für Braunschweig, Waldeck und Lauenburg usw. Obwohl es das gemeinrechtliche System war, vermochte es sich also nur in einem kleinen Teile Deutschlands durchzusetzen.

Die Trennung der Gütermassen wird gemildert, wenn wenigstens ihre *Verwaltung* und *Nutzung* während der Dauer der Ehe *einheitlich* erfolgt. Das System der Verwaltungs*einheit* (schlechter: Verwaltungs*gemeinschaft*) findet seinen Ausdruck in dem Satz des Sachsenspiegels (I 31 § 1): Mann und Weib haben kein gezweiet Gut zu ihren Lebzeiten. Diese Gestaltung entspricht mehr der *germanischen* Rechtsauffassung, die den *sozialrechtlichen* Charakter, die *gesamtrechtliche* Seite des Gütersystems betont. Als Herr der Verwaltungsgemeinschaft kam nur der Mann in Betracht, das Frauengut gelangte in die Gewere des Mannes zu rechter Vormundschaft — darum auch *System* der *Mannesnutzung* und *Verwaltung* (*Nutzverwaltung*).

Dieses System, das vermutlich dem ältesten germanischen Recht angehörte, hat sich im Mittelalter namentlich im ostsächsischen (ostfälischen) Recht erhalten. Zur Zeit der Einführung des BGB galt es für etwa 14 Millionen, etwa $^1/_3$ der Bevölkerung. Es herrschte vorwiegend in Norddeutschland: im Gebiet des preußischen ALR (soweit nicht partikularrechtlich oder vertraglich etwas anderes bestimmt war), im Gebiet des sächsischen BGB und in den Ländern des gemeinen Sachsenrechts (Thüringen).

Zu 2. Seinen vollkommensten Ausdruck findet der *Gemeinschaftsgedanke* in der *allgemeinen Gütergemeinschaft*, bei der die Vermögen der Gatten auch dem *Eigentum* nach völlig verschmelzen (*Gesamtgut*) und auch bei Auflösung der Ehe nicht mehr nach ihrer Herkunft gesondert werden. Eine *Abwandlung* dieses Gedankens liegt vor, wenn bestimmte Teile der beiderseitigen Vermögen von der Gemeinschaft ausgeschlossen werden und diese entweder nur den gemeinsamen Erwerb der Ehegatten umfaßt (*Errungenschafts*gemeinschaft) oder neben der Errungenschaft auch das bewegliche Vermögen, die Fahrnis (*Fahrnis*gemeinschaft).

Geschichtlich hat die Bildung der Gütergemeinschaftsstände bei der *Errungenschafts*gemeinschaft eingesetzt, so bei den Rheinfranken und Westfalen. Die Errungenschaftsgemeinschaft galt vor 1900 für etwa 7 Millionen Einwohner, und zwar

vornehmlich in Süddeutschland, in Württemberg nach württemb. Landrecht, in Frankfurt a. M.
Die *Fahrnis*gemeinschaft galt ebenfalls für ungefähr 7 Millionen Einwohner vornehmlich nach rheinischem und badischem Recht, wo sie ihre Geltung der Einführung des Code civil verdankt.
Die *allgemeine* Gütergemeinschaft endlich galt für etwa 11 Millionen, hauptsächlich in Ost- und Westpreußen, Posen, Westfalen, Bremen, Hamburg, den landrechtlichen Teilen der Rheinprovinz, in manchen Teilen Bayerns usw.

II. Die grundsätzliche Stellungnahme des BGB und die Neuregelung gemäß dem Gleichberechtigungsgrundsatz

Die Gesetzgeber des BGB haben dem in Deutschland am meisten verbreiteten System, nämlich der *Verwaltungsgemeinschaft*, den Vorrang gegeben und sie zum *ordentlichen gesetzlichen Güterstand* erklärt, der mangels ehevertraglicher Regelung eintrat. Die Verwaltungsgemeinschaft des BGB war ein Güterstand der Trennung, der durch die *ehemännliche Verwaltung* und *Nutzung* des *Frauengutes* gemildert wurde. Für einige Ausnahmefälle war die *reine Gütertrennung* als *hilfsweise* eintretender Güterstand bestimmt.
Daneben haben sie den im germanischen Recht ausgebildeten *Ehevertrag* zugelassen, also den Gatten die Freiheit eingeräumt, ihre güterrechtlichen Verhältnisse abweichend zu regeln und ihnen drei näher normierte *Güterstände der Gemeinschaft* zur Verfügung gestellt: die *allgemeine Gütergemeinschaft*, die *Fahrnisgemeinschaft* und die *Errungenschaftsgemeinschaft*.
Der Durchbruch des *Gleichberechtigungsgedankens* mußte vor allem zu einer *Reform* des *Güterrechts* führen und der *vermögensrechtlichen Selbständigkeit der Frau* Rechnung tragen, also sie von den Beschränkungen freistellen, die der gesetzliche Güterstand der ehemännlichen Nutzverwaltung ihr auferlegte. Die Einführung der reinen Gütertrennung, die manche befürworteten, würde aber den Gemeinschaftsgedanken mißachtet haben und die ausschließlich im Haushalt arbeitende oder im Geschäft des Mannes mitarbeitende Frau von der Beteiligung an dem während der Ehe gemachten Gewinn völlig ausgeschlossen haben.
So fand immer mehr Befürwortung die Forderung nach einem Ersatz des Güterstandes der Verwaltungsgemeinschaft durch einen Güterstand der *Trennung*, bei dem die Gatten gemeinsam den ehelichen Aufwand nach Maßgabe ihrer Erwerbstätigkeit und ihres Vermögens zu bestreiten haben und *jeder* an dem *Erwerb des anderen* während der Ehe angemessen *beteiligt* wird (*Zugewinngemeinschaft*).

Vgl. die Verhandlungen des 33. (1924), 36. (1931) und des 38. (1950) Deutschen Juristentages und die Begründung des Regierungsentwurfs BTDr. Nr. 224 S. 31ff.

Das *GleichberG* vom 18. 6. 1957 hat deshalb die *Zugewinngemeinschaft* zum neuen *gesetzlichen* Güterstand erhoben, mit Wirkung vom 1. 7. 1958. Daneben wurden als *vertragliche* Güterstände nur noch die *Gütertrennung* (§ 1414) und die *Gütergemeinschaft* (§§ 1415—1518) anerkannt. In einem Fall ist die Gütertrennung noch als *gesetzlicher* Güterstand anerkannt, nämlich als Rechtsfolge eines rechtskräftigen Urteils, durch das auf vorzeitigen Ausgleich des Zugewinns erkannt ist.

Die früheren Güterstände der Fahrnisgemeinschaft und der Errungenschaftsgemeinschaft können als solche nicht mehr vereinbart werden, wohl aber können bestimmte Vermögensteile vom Gesamtgut der Gütergemeinschaft ausgeschlossen werden.

III. Übergangsrecht

1. Soweit der Güterstand nicht ehevertraglich abweichend geregelt war, trat mit dem 1. 4. 1953 gemäß Art. 3 II GG *Gütertrennung* ein; vgl. BGB 11, Anh. S. 73ff.

2. Das GleichberG brachte in Art. 8 eine Reihe von *Übergangsvorschriften:*

a) Für alle Ehen, in denen die Gütertrennung als gesetzlicher Güterstand galt, gilt seit dem 1. 7. 1958 die *Zugewinngemeinschaft* als gesetzlicher Güterstand. Soweit die Ehegatten aber *vertraglich* Gütertrennung vereinbart haben, verbleibt es dabei.

b) Jeder Ehegatte, für den danach die Zugewinngemeinschaft am 1. 7. 1958 in Kraft getreten wäre, konnte sie bis zum 30. 6. 1958 durch Erklärung gegenüber dem Amtsgericht *ablehnen* und sich für die *Gütertrennung* entscheiden.

c) Güterrechtsverträge, durch die die *allgemeine Gütergemeinschaft* vor dem 1. 4. 1953 vereinbart worden ist, werden aufrecht erhalten. Das Gesamtgut wird weiterhin vom *Mann* verwaltet.

Ist die Gütergemeinschaft zwischen dem 1. 4. 1953 und dem 30. 6. 1958 vereinbart worden, so wird sie gleichfalls aufrecht erhalten. Die Verwaltung des Gesamtguts richtet sich nach den darüber getroffenen *Vereinbarungen.*

d) Für die vor dem 1. 7. 1958 vereinbarten Güterstände der *Errungenschafts*gemeinschaft und der *Fahrnis*gemeinschaft bleiben die Vorschriften des BGB maßgebend.

IV. Ehevertrag

Schrifttum: v. Baligand, Der Ehevertrag (1906); *Knur,* Zugewinngemeinschaft, Ehevertrag und Verfügung von Todes wegen, DNotZ 1957, 451; *Herm. Lange,* Ehevertrag und Güterrechtsregister, FamRZ 1964, 546; *Beitzke*, Zur Zulässigkeit von Eheverträgen und Güterrechtsregistereintragungen, DNotZ 1964, 692; *Zöllner*, Vertragsfreiheit und Bindung an den Typus im ehelichen Güterrecht, FamRZ 1965, 113.

Der gesetzliche Güterstand, die Zugewinngemeinschaft, wird den Gatten nicht aufgezwungen, sondern gilt nur *dispositiv*, ist *nachgiebiges Recht*. Die Gatten können ihre güterrechtlichen Verhältnisse nach § 1408 durch Vertrag abweichend regeln. Der Vertrag heißt *Ehevertrag*, ist ein *Verfügungsgeschäft*, insofern er unmittelbar auf das Vermögen eines oder beider Gatten einwirkt und bedarf zu seiner Gültigkeit des Abschlusses vor Gericht oder einem Notar, § 1410.

1. *Begriff*. Nur soweit die *güterrechtlichen* Verhältnisse geregelt werden, hat ein Vertrag zwischen den Gatten den Charakter des Ehevertrags und bedarf der Form des § 1410.

Nicht in den Bereich des Ehevertrages fällt somit eine Abmachung über *persönliche* Beziehungen, z. B. über das Getrenntleben, die Kindererziehung, nicht eine solche über die *allgemeinen* vermögensrechtlichen Auswirkungen der Ehe, wie z. B. die Unterhaltspflicht, weiter nicht eine Abrede, die in das jeweilige Güterrecht nicht abändernd eingreift, sondern von den Gatten auch dann getroffen werden könnte, wenn sie sich *fremd* gegenüberständen, wie ein Darlehns-, Dienst- oder Gesellschaftsvertrag, endlich nicht eine Abmachung, durch die über einen aus dem Ehegüterrecht entstandenen und von dessen Fortbestand unabhängigen Anspruch verfügt wird. Kein Ehevertrag ist auch der Vertrag, durch den ein Gatte sein Vermögen der *Verwaltung* des anderen Gatten überläßt. Ein solcher Vertrag stellt sich vielmehr als Auftrag oder Geschäftsbesorgungsvertrag dar. Jedoch kann in einem solchen Fall nach der Sondervorschrift des § 1413 das Recht des Gatten, die Überlassung der Verwaltung jederzeit zu widerrufen, nur durch Ehevertrag ausgeschlossen oder beschränkt werden.

2. *Abschluß*. Der Vertrag muß bei *gleichzeitiger* Anwesenheit beider Teile vor Gericht oder vor einem Notar abgeschlossen werden, § 1410. *Vertretung* ist grundsätzlich zulässig. Aber der gesetzliche Vertreter kann für einen Geschäftsbeschränkten keinen Ehevertrag schließen; die minderjährige Braut muß persönlich mitwirken. Der Geschäftsbeschränkte bedarf jedoch der *Zustimmung* seines gesetzlichen Vertreters. Ist dieser ein Vormund, so ist außerdem die Genehmigung des *Vormundschaftsgerichts* erforderlich, wenn der Ausgleich des Zugewinns ausgeschlossen oder eingeschränkt oder Gütergemeinschaft vereinbart oder aufgehoben wird, § 1411 I. Da auch bei der Gütertrennung der Ausgleich des Zugewinns ausgeschlossen wird, muß also der Vormund auch hier die Genehmigung des Vormundschaftsgerichts einholen.

Für einen *geschäftsunfähigen* Ehegatten schließt der gesetzliche Vertreter den Vertrag; er darf aber keine Gütergemeinschaft vereinbaren oder aufheben. Wohl aber kann er einen Ehevertrag schließen, durch den der Ausgleich des Zugewinns ausgeschlossen oder beschränkt wird. Der Vormund oder Pfleger eines Geschäftsunfähigen bedarf stets der Genehmigung des Vormundschaftsgerichts, § 1411 II.

Der Ehevertrag kann *vor* der Ehe, aber auch *während* derselben geschlossen werden. Wirkungen äußert er jedoch erst mit Beginn der Ehe.

Manche Rechte, z. B. das französische Recht, erkennen nur einen vor der Ehe erfolgten Vertragsschluß an.

3. *Zulässiger Inhalt.* Der Vertragsinhalt kann nur innerhalb bestimmter Schranken frei bestimmt werden. Es gilt also nur eine *beschränkte Vertragsfreiheit.*

a) Selbstverständlich bestehen auch hier die allgemeinen Beschränkungen der Vertragsfreiheit (§§ 134, 138 I).

Nichtig ist ferner ein Vertrag, in dem die Ehegatten vereinbaren, daß ihr gesamter künftiger Erwerb in das Eigentum eines von ihnen fallen solle, und ebenso eine Vereinbarung, durch die ein Ehegatte sich verpflichtet — in Anlehnung an den früheren gesetzlichen Güterstand — dem anderen die Nutznießung auch an seinem künftigen Vermögen zu überlassen, § 310. Auch die in § 1437 bestimmte Haftung gegenüber den Gesamtgutsgläubigern kann nicht durch Vertrag eingeschränkt, z. B. für Deliktsschulden ausgeschlossen werden.

Besondere Beschränkungen enthalten § 1409 (Unzulässigkeit der Verweisung auf ein nicht mehr geltendes oder auf ein ausländisches Gesetz) und § 1518 (Anordnungen, die mit den §§ 1483 bis 1517 in Widerspruch stehen).

Endlich muß sich der Ehevertrag im Rahmen der vom BGB zur Verfügung gestellten *Typen* halten. Das folgt aus der vereinheitlichenden Tendenz der ganzen gesetzlichen Regelung, aus der ausdrücklichen Zurückweisung gewisser, diesem Rahmen nicht entsprechender Abmachungen (§§ 1409 und 1518) und endlich daraus, daß die vom Gesetz geregelten Typen in manchen Punkten eine Durchbrechung allgemeiner Grundsätze bedeuten, für die außerhalb dieser Typen eine gesetzliche Grundlage fehlt. Als solche Grundsätze kommen in Betracht der Grundsatz von der geschlossenen Zahl der dinglichen Rechte, die Unzulässigkeit, beliebig eine Gesamtnachfolge herbeizuführen, oder das Verbot, die Verfügungsbefugnis über ein veräußerliches Recht durch Rechtsgeschäft auszuschließen (§ 137).

b) Danach sind *Eheverträge* nur in *folgendem Rahmen* zulässig:

Die Parteien können durch allgemeinen Vertrag den *gesetzlichen Güterstand* der Zugewinngemeinschaft *beseitigen*, ebenso den etwa bestehenden *Güterstand der Gütergemeinschaft.* Dann gilt kraft gesetzlicher Auslegung des Parteiwillens *Gütertrennung.*

Die Parteien können *Gütergemeinschaft* oder *Gütertrennung* vereinbaren (bis zum 30. 6. 1958 konnten sie auch noch Errungenschaftsgemeinschaft oder Fahrnisgemeinschaft vereinbaren) und innerhalb des gewählten Güterstandes *Abweichungen* von nicht zwingenden Sätzen vereinbaren. So können durch Ehevertrag bestimmte Gegenstände (aber auch etwa das gesamte gegenwärtige Vermögen) zum Vorbehaltsgut erklärt werden (§ 1418 II Ziff. 1), die Verwaltungsbefugnis am Gesamtgut kann festgelegt werden und ebenso die Zustimmungsbedürftigkeit zu gewissen Rechtsgeschäften (§§ 1365ff., 1423ff., 1451). Bei der *Zugewinngemeinschaft* kann unter Aufrechterhaltung ihrer Verfügungsbeschränkungen der Zugewinnausgleich für den Fall der Scheidung (aber auch allgemein) ausgeschlossen oder beschränkt werden, z. B. hinsichtlich des Zugewinns aus dem Geschäftsvermögen, einer bestimmten Arbeit oder Erfindung; vgl. die Auslegungsregel des § 1414 Satz 2. Möglich ist es auch, sowohl die Verfügungsbeschränkungen als auch den Zugewinnausgleich für den Fall der Scheidung auszuschließen oder einzuschränken. In diesem Fall bleibt von dem gesetzlichen Güterstand nur der Ausgleich nach dem Tod eines Ehegatten erhalten. Und schließlich können auch die Verfügungsbeschränkungen allein durch Vertrag beseitigt werden. Im einzelnen vieles str., vgl. *Zöllner*, FamRZ 1965, 113ff.

V. Güterrechtsregister

Infolge der Ehevertragsfreiheit kann der Güterstand eines Ehepaars nicht einfach dem Gesetz entnommen werden. Da aber von dem Güterstand die Verfügungsbefugnis über das Vermögen und auch die Schuldenhaftung abhängt, muß *Dritten* die Möglichkeit verschafft werden, sich über den Güterstand und seine etwaige Änderung zu unterrichten. Diesem Zweck dient das *Güterrechtsregister*, §§ 1558–1563.

Von Bedeutung ist namentlich die Ersetzung des gesetzlichen Güterstandes der Zugewinngemeinschaft durch die allgemeine Gütergemeinschaft oder einen Güterstand ausländischen Rechts, nicht dagegen durch den Güterstand der Gütertrennung, weil dadurch die Beschränkungen, die bei der Zugewinngemeinschaft gelten (§§ 1365 bis 1369), wegfallen. Bedeutsam sind ferner die Aufhebung und die Änderung im Güterrechtsregister eingetragener Verhältnisse sowie die Entziehung oder Einschränkung der Schlüsselgewalt (§ 1357 II).

1. Das Güterrechtsregister wird bei den *Amtsgerichten* geführt. Zuständig ist das Amtsgericht des jeweiligen Wohnsitzes des Ehemannes (§ 1558 I), und, falls ein Ehegatte ein Handelsgeschäft betreibt, das Amtsgericht der gewerblichen Niederlassung dieses Gatten, Art. 3, 4 EGHGB. Bei einem Kaufmann ist für die güterrechtlichen Verhältnisse allein das Güterrechtsregister maßgebend; vgl. RG 63, 245.

Das Register ist *öffentlich*, jedermann darf es einsehen und kann Abschriften von den Eintragungen fordern, § 1563. Die erfolgten Eintragungen sind zu veröffentlichen (§ 1562), ohne daß die Wirkung der Eintragung von dieser Veröffentlichung abhängig wäre. Für die Führung ist der Rechtspfleger zuständig, mit Ausnahme der Eintragung oder Änderung von Güterständen, die nicht im BGB geregelt sind, §§ 3 I Ziff. 2c, 14 RpflG.

2. *Eintragungen* finden *nur auf Antrag* der Ehegatten statt; ein Eintragungszwang besteht nicht. Der Antrag ist in öffentlich beglaubigter Form zu stellen, § 1560.
Regelmäßig ist ein Antrag beider Gatten erforderlich; jeder ist dem anderen zur Mitwirkung verpflichtet, § 1561 I. Häufig wird aber der Antrag nur von einem Gatten gestellt, und das genügt nach § 1561 III vor allem bei Entziehung der Schlüsselgewalt durch den Mann (§ 1357 II), sodann bei Einspruch gegen den selbständigen Betrieb eines Erwerbsgeschäfts durch den anderen Gatten und bei Widerruf einer solchen Einwilligung (§§ 1431, 1456), endlich bei Vorlage des Ehevertrags oder einer gerichtlichen Entscheidung betr. Änderung der güterrechtlichen Verhältnisse und bei Wiederholung einer Eintragung im Register eines neuen Wohnsitzes, § 1561 II.

3. *Eintragungsfähig* sind:

a) *Eheverträge,* soweit deren Kenntnis zum Schutz von Dritten erforderlich ist, sowie die Änderung und Aufhebung solcher Eheverträge;
b) *einseitige* Rechtsgeschäfte, die die *güterrechtlichen Verhältnisse beeinflussen,* wie Entziehung der Schlüsselgewalt (§ 1357 II), Widerruf der Einwilligung in den Betrieb eines Erwerbsgeschäftes durch den Ehegatten sowie der Einspruch hiergegen (§§ 1431, 1456), die Bestimmung eines Dritten, daß ein Gegenstand Vorbehaltsgut sein soll (§ 1418);
c) weiter *Tatsachen,* die kraft Gesetzes oder Urteils eintreten, wie Eintritt der Gütertrennung gemäß § 1388, die Aufhebung eines Güterstandes durch Urteilsspruch (§§ 1449, 1470).

4. Die *Wirkungen* des Güterrechtsregisters und seiner Eintragungen sind *nicht dieselben* wie die des *Grundbuchs.* Der Grundbucheintrag erzeugt die Fiktion der Richtigkeit zu Gunsten eines gutgläubigen Erwerbers (§ 892); die ins Güterrechtsregister eingetragenen Tatsachen gelten nicht als richtig, wohl aber gelten die eintragbaren, aber nicht eingetragenen Tatsachen als nicht bestehend (negative Publizität ganz wie beim Vereinsregister und beim Handelsregister, vgl. §§ 1412 BGB und 15 HGB). Dem *Schweigen* des Registers darf man wohl vertrauen, *nicht* aber seinen *positiven Angaben.* Der redliche Dritte darf sich also darauf verlassen, daß ins Güterrechtsregister eintragbare, aber nicht eingetragene Ab-

weichungen vom gesetzlichen Güterstand oder Änderungen des bereits registrierten Güterstandes nicht bestehen, z. B. daß eine Entziehung oder Beschränkung der Schlüsselgewalt der Ehefrau nicht erfolgt ist (§ 1357 II), oder daß die eingetragene Gütergemeinschaft nicht aufgehoben worden ist (§ 1449 II).

a) Der Schutz wird aber Dritten nur zuteil, wenn sie mit einem der Gatten ein *Rechtsgeschäft* abgeschlossen oder gegen ihn ein *Urteil* erwirkt haben, § 1412 I; er wirkt nicht bei Ansprüchen aus unerlaubten Handlungen oder sonstigen nicht rechtsgeschäftlichen Tatbeständen, wie z. B. der gesetzlichen Unterhaltspflicht. Ebensowenig kann die Wirksamkeit einer Vollstreckungshandlung auf das Register gestützt werden; bei der Vollstreckung ist nach dem wirklichen Güterrecht zu verfahren.

b) *Entscheidender Zeitpunkt* für die *Redlichkeit* ist die Zeit der Vornahme des Rechtsgeschäfts oder des Eintritts der Rechtshängigkeit, § 1412 I.

c) Der Schutz wird nur dem *Dritten, nicht* den *Gatten* im Verhältnis zueinander zuteil.

d) Wenn sich der gutgläubige Dritte nach § 1412 auch nicht auf die Richtigkeit der erfolgten unrichtigen Eintragung berufen kann, so kann doch u. U. die Herbeiführung oder das Stehenlassen einer falschen Eintragung als *Verursachung* eines *Rechtsscheins* angesehen werden, mit dem sich der Erreger nach Treu und Glauben nicht in Widerspruch setzen darf. Doch verdient das Vertrauen des Dritten nur dann Schutz, wenn er auch bei verkehrsmäßiger Sorgfalt die Unrichtigkeit der Eintragung nicht erkennen konnte; vgl. *Dölle*, § 46 III 3b.

e) Neben der Publizitätsfunktion des Güterrechtsregisters bleiben die *allgemeinen Vorschriften* über den *Schutz gutgläubigen Erwerbs* im Vertrauen auf die Richtigkeit des Grundbuchs (§§ 891 und 892) und auf das Eigentum des besitzenden Veräußerers (§ 932) in Geltung, so daß ein nach dem Stand des Güterrechtsregisters unwirksamer Erwerb auf Grund der Publizitätsfunktion des Grundbuchs oder des Fahrnisbesitzes wirksam sein kann, so wenn der im Grundbuch als Alleineigentümer eingetragene Ehemann trotz der im Güterrechtsregister eingetragenen Gütergemeinschaft ein Grundstück veräußert oder belastet.

§ 13

II. Kapitel

Die Zugewinngemeinschaft

Schrifttum: Wahl, Die Erhöhung des Ehegatten-Erbrechts um ein Viertel als Zugewinnausgleich bei Auflösung der Ehe durch den Tod und die erbrechtliche Stellung erstehelicher Kinder, Festschrift H. Lehmann I (1956) 419; *Braga,* Das ehegüterrechtliche Erbrecht des überlebenden Ehegatten, FamRZ 1957, 334; *Lange*, Die Stellung des überlebenden Ehegatten bei der Zugewinngemeinschaft, NJW 1957, 1381; *Bärmann*, Das neue Ehegüterrecht, AcP 157 (1958/59) 145; *Knur*, Probleme der Zugewinngemeinschaft, 1959; *Haegele*, Sechs Jahre Zugewinngemeinschaft, FamRZ 1964, 594.

I. Grundgedanken

Die Zugewinngemeinschaft ist ein Güterstand der *Gütertrennung*, *gemildert* durch den *Ausgleich* der *während der Ehe gemeinsam ersparten* oder *erarbeiteten Vermögenswerte* und durch *gewisse Verwaltungsbeschränkungen*. Der Ausgleich findet aber in verschiedener Weise statt. Bei Auflösung der Ehe durch *Tod* wird der Zugewinn regelmäßig nicht errechnet, sondern einfach durch Erhöhung des gesetzlichen Erbteils des überlebenden Gatten um ein Viertel des Nachlasses ausgeglichen. Eine Errechnung findet normalerweise nur statt bei *Auflösung* der *Ehe* aus *anderen Gründen* (Nichtigerklärung, Aufhebung oder Scheidung der Ehe) oder bei *Aufhebung des Güterstandes* durch Vertrag oder Urteil auf vorzeitigen Gewinnausgleich. Hier wird zum Ausgleich des Zugewinns dem Ehegatten, der keinen oder einen geringeren Zugewinn während der Ehe gemacht hat, eine schuldrechtliche Ausgleichsforderung zuerkannt. Bei der Berechnung des Zugewinns *scheiden* solche *Vermögenswerte aus*, die *nicht gemeinsam erarbeitet* sind (ererbtes und geschenktes Gut), und werden solche Vermögenswerte *zugerechnet*, die durch *unsachgemäße* und *ehewidrige* Handlungen *verloren*gegangen sind.

Durch diese verschiedenartige Ausgleichung des Zugewinns im Todesfall und bei Auflösung der Ehe in anderen Fällen, die der Bundestag im Gegensatz zur Regierungsvorlage beschlossen hat, wird der rechtfertigende Grundgedanke des Zugewinnausgleichs für den *Normalfall* wieder *preisgegeben* und durch eine *schematische* Bevorzugung des überlebenden Gatten ersetzt, der seinen Zugewinn behält, während die Erben des Erstverstorbenen von den Ergebnissen der Lebensarbeit ihres Erblassers, die dem Vermögen des überlebenden Partners zugute gekommen sind, ausgeschlossen werden. Da der überlebende Gatte außerdem nach § 1932 das Recht auf den Voraus erhält, wird er stark begünstigt. Ob das Familienvermögen den Abkömmlingen erhalten wird, hängt weitgehend vom Zufall ab. Falls der Mann zuerst stirbt, werden freilich die *gemeinsamen* Kinder durch spätere Beerbung ihrer Mutter vielfach noch einen Ausgleich erhalten. Falls die Frau zuerst stirbt, werden aber nicht selten die Kinder durch eine neue Heirat des Vaters benachteiligt werden. Die nicht aus der Ehe mit dem überlebenden Gatten stammenden Kinder (*Stiefkinder* des Überlebenden) gehen leer aus, weil sie den Überlebenden nicht beerben.

II. Nähere Ausgestaltung der Gütertrennung

1. Die Zugewinngemeinschaft ist ein Güterstand der *Trennung.* Das Vermögen des Mannes und das Vermögen der Frau werden also nicht gemeinschaftlich, auch nicht das von einem der Gatten während der Ehe erworbene Vermögen, namentlich nicht der Arbeitsverdienst, § 1363 II. Jeder der Gatten verwaltet sein Vermögen selbständig und kann darüber — von einigen Ausnahmen (§§ 1365—1369) abgesehen — auch selbständig verfügen, § 1364.
Aus der Verpflichtung der Gatten zur *ehelichen Lebensgemeinschaft* ergibt sich aber für sie die Verpflichtung, bei Ausübung ihrer Vermögensrechte dieser Gemeinschaft Rechnung zu tragen, insbesondere zum angemessenen Unterhalt der Familie beizutragen, also ihr Vermögen so zu verwalten, daß sie ihren Unterhaltspflichten nachkommen können. Ein Verstoß gegen diese allgemeinen Pflichten macht die Verfügung zwar nicht unwirksam, kann aber u. U. nach § 170a StGB unter dem Gesichtspunkt einer Verschleuderung von Vermögenswerten bestraft und im Scheidungsprozeß als ehewidriges Verhalten (§ 43 EheG) gewertet werden. Daneben enthalten die §§ 1365—1369 einige *güterrechtliche Verfügungsbeschränkungen* für besondere Fälle, bei denen ein Verstoß die Unwirksamkeit der Verfügung zur Folge hat.

2. *Gemeinschaftliches* Vermögen kann aber auch bei der Zugewinngemeinschaft entstehen, freilich nicht kraft Gesetzes, sondern nur kraft *rechtsgeschäftlicher* Vereinbarung. In manchen Fällen kann man eine solche Vereinbarung unterstellen, etwa wenn während der Ehe aus beiderseitigen Ersparnissen Hausrat angeschafft wird, es sei denn, daß es sich um eine bloße Ersatzbeschaffung handelt; vgl. die Vermutung des § 8 II der 6. DVO z. EheG und *Beitzke,* § 13 I 2.

Bei einer bloßen *Ersatzbeschaffung* gilt *dingliche Surrogation:* die neuen Haushaltsgegenstände werden kraft Gesetzes Eigentum desjenigen Ehegatten, dem die nicht mehr vorhandenen oder wertlos gewordenen Gegenstände gehörten, § 1370.

3. Es steht nichts im Wege, daß ein Ehegatte dem anderen sein ganzes Vermögen oder Teile zur *Verwaltung* überläßt. Bei den früher vom Güterstand der Verwaltungsgemeinschaft beherrschten Ehen wird die Frau vielfach die Verwaltung nach wie vor in der Hand des Mannes belassen; ebenso wird die Frau handeln, die bisher in Gütertrennung lebte und ihr Vermögen der Verwaltung des Mannes überlassen hatte; vgl. § 1413.
Diese Verwaltung trägt aber seit dem 1. 7. 1958 den Charakter der *Auftragsverwaltung* (§§ 662ff. BGB). Der Mann kann nicht mehr, wie nach § 1430 a. F., die während der Verwaltung bezogenen Einkünfte nach freiem Ermessen verwenden, Art. 8 I Nr. 2 GleichberG. Umstritten

ist lediglich, welcher *Haftungsmaßstab* für einen solchen Vertrag gilt. Die h. M. wendet § 1359 an. Dem steht entgegen, daß die Pflichten aus dem Vermögensverwaltungsvertrag nicht Pflichten sind, die sich aus dem ehelichen Verhältnis ergeben. Ein derartiger Vertrag kann auch von Personen geschlossen werden, die nicht miteinander verheiratet sind; vgl. *Dölle*, § 51 III. Der Auftrag ist jederzeit *widerruflich*, § 671. Nach § 1413 kann die Widerruflichkeit nur durch förmlichen Ehevertrag ausgeschlossen werden und auch dann bleibt ein Widerruf aus wichtigen Gründen noch zulässig.

Die Überlassung der Verwaltung kann auch *stillschweigend* geschehen. Es reicht zwar nicht aus, daß die Ehegatten in gutem Einvernehmen stehen, doch dürfte ein längeres Dulden der Verwaltungsmaßnahmen als Überlassung zu deuten sein.

4. Trotz der *rechtlichen* Trennung der Vermögen macht die *tatsächliche* Verbindung der Vermögensgegenstände im gemeinschaftlichen Haushalt Schwierigkeiten. An dem im gemeinsamen Gebrauch stehenden Hausrat und der gemeinsamen Ehewohnung wird regelmäßig Mitbesitz oder Mitgewahrsam der beiden Ehegatten vorliegen. Nur an den zum persönlichen Gebrauch dienenden oder unter alleinigem Verschluß stehenden Sachen ist Alleinbesitz und Alleingewahrsam anzunehmen.
Die Schwierigkeiten, die hier für die Gläubiger in der Zwangsvollstreckung entstehen, räumen die Vermutungen der §§ 1362 BGB, 739 ZPO und 45 KO aus.

III. Verfügungsbeschränkungen

Schrifttum: Boehmer, Einige Fragen zu der sog. Vinkulierung des Hausrats in § 1369 BGB n. F., FamRZ 1959, 1 und 81; *Rittner*, Handelsrecht und Zugewinngemeinschaft. Die Bedeutung des § 1365 BGB im Handelsrecht, FamRZ 1961, 1; *ders.*, Die Bedeutung des § 1369 BGB im Handelsrecht, FamRZ 1961, 185; *Brox*, Die Vinkulierung des Vermögens im ganzen sowie der Haushaltsgegenstände und ihre Auswirkungen im Zivilprozeß, FamRZ 1961, 281; *Tiedau*, Zur Problematik des § 1365 BGB unter besonderer Berücksichtigung des Gesellschaftsrechts, MDR 1961, 721; *Hartung*, Verfügungsbeschränkungen bei ehelichem Hausrat, 1962; *Mülke*, Zur Verwaltungsbeschränkung des § 1365 Abs. 1 BGB, AcP 161, 129; *Dittmann*, Die Anwendung des § 1365 bei Beendigung des gesetzlichen Güterstandes, DNotZ 1963, 707.

Da die *bloße Verpflichtung* der Gatten, bei Ausübung ihrer Vermögensrechte der ehelichen Gemeinschaft Rechnung zu tragen (s. oben II 1), keinen ausreichenden Schutz der Gatten vor willkürlichen Verfügungen gibt, hat das Gesetz gewisse *Verfügungs*beschränkungen aufgestellt. Die §§ 1365 und 1369 binden Verfügungen eines Gatten über sein *Vermögen als Ganzes* oder über *ihm gehörige Haushaltsgegenstände* an die *Zustimmung* des anderen Ehegatten. Auch die *Verpflichtungen* zu solchen Verfügungen sind zustimmungsbedürftig. Insofern gehen die Vorschriften über bloße Verfügungsbeschränkungen hinaus.

1. Der Kreis der unzulässigen Verfügungsgeschäfte ist *eng* gezogen. Es muß sich um eine Verfügung über das *Vermögen im ganzen* oder über einzelne, dem Verfügenden gehörende *Gegenstände* des ehelichen *Hausrats* handeln. Da das Gesetz keine Gesamtverfügung kennt, werden auch Verfügungen über *einzelne* bezeichnete Gegenstände dann betroffen, wenn sie im konkreten Fall das ganze Vermögen ausmachen, selbst wenn einzelne Gegenstände von unbedeutendem Wert von der Verfügung ausgeschlossen werden; vgl. BGH 35, 135. *Mehrere Verfügungen* fallen unter § 1365, wenn zwischen ihnen ein so enger zeitlicher und sachlicher Zusammenhang besteht, daß die Verfügungen als ein einheitlicher Lebensvorgang erscheinen. Doch müssen dem oder den Dritten hier die Verhältnisse des Verfügenden *bekannt sein*, aus denen sich ergibt, daß die veräußerten Gegenstände im wesentlichen das ganze Vermögen ausmachen (sog. *subjektive Theorie*); andernfalls würde die Sicherheit des Rechtsverkehrs zu sehr gefährdet werden; vgl. BGH JZ 1966, 191, str. Nicht geschützt wird jedenfalls der gute Glaube an das Einverständnis des anderen Ehegatten.

Die Anwendung der Vorschrift hat zu vielen Zweifeln geführt. Besonders im *Grundbuchverkehr* ist die Frage bedeutsam geworden, inwieweit das Grundbuchamt bei einer Grundstücksübertragung berechtigt und verpflichtet ist, die Voraussetzungen des § 1365 I zu prüfen; als herrschende Auffassung darf gelten, daß das Grundbuchamt bei der Veräußerung eines Grundstücks durch einen Ehegatten nur dann berechtigt und verpflichtet ist, die Zustimmung des anderen Ehegatten oder den Nachweis weiteren Vermögens zu verlangen, wenn konkrete Anhaltspunkte dafür gegeben sind, daß es sich bei dem Grundstück um das ganze Vermögen des verfügenden Ehegatten handelt; vgl. BGH 35, 135.

Die *Belastung* des — das ganze Vermögen ausmachenden — Grundstücks (z. B. mit einer Grundschuld oder einer Hypothek) ist zwar eine Verfügung über das ganze Vermögen, fällt aber nur dann unter § 1365, wenn die Belastung den Verkehrswert des Grundstücks ganz oder im wesentlichen *ausschöpft*; vgl. BayObLG, FamRZ 1960, 31. Nur diese Auslegung wird dem Sinn der Vorschrift gerecht. Das gleiche gilt für eine Verfügung über einen Bruchteil des Vermögens, str. Ein Nießbrauch kann den Wert eines Grundstücks niemals erschöpfen. Die Nießbrauchbestellung ist darum in keinem Fall zustimmungsbedürftig; vgl. BGH FamRZ 1966, 22. Verfügung bedeutet Verfügung zu Gunsten eines *anderen*. Aus diesem Grund ist die Bestellung einer Eigentümergrundschuld nicht zustimmungsbedürftig; vgl. OLG Frankfurt, Rpfleger 1960, 289. Keine *Verfügung* ist eine Bürgschaft. Darum ist trotz der Gefahr, die sie für das Gesamtvermögen bedeuten mag, eine Zustimmung auch hier nicht erforderlich.

Die *Wichtigkeit* eines Vermögensgegenstandes allein rechtfertigt noch nicht die Anwendung der §§ 1365ff. So ist z. B. die Verfügung über die

Familienwohnung nicht zustimmungsbedürftig, wenn der Verfügende daneben noch anderes Vermögen hat — ein seltsames Ergebnis, wenn man bedenkt, daß die Verfügung über Einrichtungsgegenstände zustimmungsbedürftig ist; vgl. OLG Nürnberg, FamRZ 1962, 473.
Ob der Verfügende eine *Gegenleistung* erhält, spielt für die Anwendbarkeit des § 1365 keine Rolle. Er bedarf der Zustimmung seines Ehegatten auch dann, wenn das Geschäft ihm wirtschaftliche Vorteile bringt; vgl. BGH 35, 135.
Die Schwierigkeit, zustimmungsbedürftige Verfügungen von zustimmungsfreien Verfügungen *abzugrenzen*, hat in der Praxis dazu geführt, daß bei größeren Transaktionen meist die Zustimmung des Ehegatten gefordert wird. Das bedeutet eine Assimilierung an den Güterstand der Gütergemeinschaft, die vom Gesetzgeber zwar nicht beabsichtigt war, im Ergebnis aber durchaus billigenswert ist; vgl. zu ähnlichen Tendenzen im englischen Recht *Hanisch*, Moderne Tendenzen des englischen Ehegüterrechts (1963) 23ff.
Zum *ehelichen Hausrat* zählen nicht nur die Wohnungseinrichtung mit ihrem Zubehör (Geschirr, Wäsche, Waschmaschine), sondern auch Bücher, Rundfunk- und Fernsehgeräte, Musikinstrumente, soweit sie nicht nur von einem Ehegatten genutzt werden, desgleichen ein Kraftwagen, wenn beide Ehegatten ihn benutzen. Bei Luxusgegenständen kommt es darauf an, ob ihr Besitz dem Lebenszuschnitt der Ehegatten entspricht. *Rechte* fallen nicht unter den Begriff „Hausrat“. Inwieweit § 1369 auf Rechte analog angewendet werden kann (z. B. auf Ansprüche auf Lieferung von Hausratssachen), ist bestritten; vgl. dazu *Staudinger-Felgentraeger*, § 1369 Anm. 19ff.

Nicht anwendbar, auch nicht analog, ist § 1369 auf den Fall, daß ein Ehegatte über Gegenstände verfügt, die dem *anderen* Gatten gehören; vgl. *Rittner*, FamRZ 1961, 191 ff., str. Dagegen spielt es für die Anwendbarkeit des § 1369 keine Rolle, ob die Ehegatten in häuslicher Gemeinschaft oder getrennt leben, desgleichen nicht, ob der Geschäftspartner den veräußerten Gegenstand als Hausrat erkannt hat oder nicht; vgl. BayObLG, FamRZ 1965, 331.

2. Die *Zustimmung* des anderen Ehegatten kann nach § 182 dem verfügenden oder sich verpflichtenden Ehegatten oder dem Dritten gegenüber erklärt werden. Bis zur Vornahme des Rechtsgeschäfts ist sie nach § 183 widerruflich. Die Zustimmung zu dem Verpflichtungsgeschäft deckt auch das Verfügungsgeschäft, § 1365 I 2. Wäre es anders, so könnte der Dritte aus dem (gültigen) Verpflichtungsgeschäft klagen und dann in das Vermögen des Ehegatten vollstrecken. Wird die Zustimmung ohne ausreichenden Grund verweigert oder ist der Ehegatte durch Krankheit oder Abwesenheit an der Abgabe der Erklärung verhindert, so kann sie durch das Vormundschaftsgericht auf Antrag des veräußern-

den Gatten *ersetzt* werden. Beim *Hausrat* steht die Ersetzung im Ermessen des Gerichts, beim *ganzen Vermögen* darf die Ersetzung nur erfolgen, wenn das Geschäft den Grundsätzen einer ordnungsmäßigen Vermögensverwaltung entspricht und mit dem Aufschub Gefahr verbunden ist, §§ 1365 II und 1369 II.
Die fehlende Einwilligung des anderen Gatten macht einen *Vertrag schwebend unwirksam*, aber durch Genehmigung heilbar, § 1366 I; ein *einseitiges Rechtsgeschäft*, wie z. B. die Zustimmung zu dem Geschäft eines Dritten oder die Kündigung eines Gesellschaftsverhältnisses, ist dagegen, wenn die Einwilligung fehlt, unheilbar *nichtig*, § 1367. Zu dem Fall, daß ein Ehegatte während der Schwebezeit stirbt oder der Güterstand auf andere Weise endigt, s. *Dittmann*, DNotZ 1963, 707ff. und *Staudinger-Felgentraeger*, § 1365 Anm. 102ff., § 1369 Anm. 65ff.
Bei *Verträgen* hat der Dritte während des Schwebezustandes zwei Möglichkeiten. Er kann einmal den Vertrag *widerrufen*, freilich nur dann, wenn er nicht wußte, daß sein Vertragspartner verheiratet war, oder wenn dieser wahrheitswidrig die Einwilligung seines Ehegatten behauptet und der Dritte dieser Behauptung vertraut hat, dann aber ihre Unwahrheit erfährt, § 1366 II. Der Dritte kann aber auch den *abschließenden Ehegatten auffordern*, zur Behebung des Schwebezustandes die erforderliche Genehmigung des anderen Gatten zu *beschaffen*. Dann kann dieser sich nur dem Dritten gegenüber über die Genehmigung erklären. Eine dem abschließenden Ehegatten gegenüber bereits erklärte Ablehnung oder Genehmigung wird unwirksam. Dagegen bleibt eine vor dem Vertragsabschluß bereits erteilte Einwilligung wirksam, weil in diesem Fall kein Schwebezustand besteht. Die Genehmigung gilt als verweigert, wenn sie nicht innerhalb von 2 Wochen erklärt wird, § 1366 III.
Wird die Genehmigung durch das Vormundschaftsgericht ersetzt, so hat, wenn die Aufforderung nach § 1366 III ergangen ist, der Beschluß nur Wirksamkeit, wenn er *vom abschließenden Ehegatten* dem Dritten innerhalb der Zweiwochenfrist mitgeteilt worden ist.

3. Für die *Verfügung* gilt das gleiche wie für den schuldrechtlichen Vertrag. Die fehlende *Einwilligung* macht die Verfügung schwebend unwirksam, die Verweigerung der *Genehmigung* hat die endgültige Nichtigkeit zur Folge, wenn die Genehmigung nicht durch das Vormundschaftsgericht ersetzt wird. Die Nichtigkeit wirkt gegenüber jedermann; vgl. BGH 40, 218. Der gute Glaube eines Dritten an die Verfügungsbefugnis des Ehegatten wird nicht geschützt. § 135 II ist nicht anwendbar. Der Verfügende kann vindizieren und braucht sich den Einwand eines unzulässigen Selbstwiderspruchs nicht entgegenhalten zu lassen, weil die

Vorschriften das Interesse des *anderen* Gatten schützen wollen. Der Dritte kann auch wegen des etwa gezahlten Kaufpreises *kein Zurückbehaltungsrecht* geltend machen, str. Ja, der *andere* Gatte kann sogar *selbst* die aus der Unwirksamkeit der Verfügung sich ergebenden Rechte gegen den Dritten geltend machen (sog. *revokatorische Klage,* § 1368), also nicht bloß die Gegenstände der Verfügung herausverlangen (§§ 985, 816), sondern sich auch aller sonstigen zur Verfügung stehenden Rechtsbehelfe bedienen, wie z. B. des Widerspruchsrechts gegen eine Zwangsvollstreckung nach § 771 ZPO.

Die materiellrechtliche Lage würde an sich verlangen, daß die Klage auf Herausgabe an den verfügenden Ehegatten (wenn dieser Alleinbesitzer war) oder an beide Ehegatten gemeinsam (bei Mitbesitz) gerichtet wird. In einem solchen Fall könnte der verfügende Ehegatte jedoch durch Verweigerung der Annahme der Sache die Durchsetzung des Urteils hintertreiben. Darum hält es die h. L. für zulässig, wenn der Ehegatte des Verfügenden auf Herausgabe an sich klagt, auch wenn er vor der Verfügung nicht Besitzer war; vgl. *Staudinger-Felgentraeger,* § 1368 Anm. 29ff.

Endlich hat der andere Gatte das Recht, auf *vorzeitigen Ausgleich des Zugewinns* zu klagen und damit die Beendigung des Güterstandes herbeizuführen, wenn eine unberechtigte Verfügung über das *Vermögen als Ganzes* erfolgt ist und dadurch seine künftige Ausgleichsforderung erheblich gefährdet wird, § 1386.

IV. Der Zugewinnausgleich zu Lebzeiten beider Ehegatten

Schrifttum: Rittner, Handelsrecht und Zugewinngemeinschaft (III): Der Zugewinnausgleich, FamRZ 1961, 505; *Thierfelder,* Echter und unechter Zugewinn, FamRZ 1963, 328.

1. Ein *wirklicher Ausgleich* des während der Ehe erzielten Zugewinns erfolgt regelmäßig nur, wenn der Güterstand auf *andere Weise* als durch den *Tod* eines Gatten beendet wird, also durch Nichtigerklärung, Aufhebung oder Scheidung der Ehe, sowie durch Aufhebung des Güterstandes durch Vertrag oder durch Urteil auf vorzeitigen Zugewinnausgleich, § 1372. Wird der Güterstand durch den *Tod* eines Ehegatten beendet, so erfolgt ein solcher „güterrechtlicher Ausgleich“ nur ausnahmsweise, nämlich dann, wenn der überlebende Ehegatte weder Erbe noch Vermächtnisnehmer ist, § 1371 II.

2. In diesen Fällen wird dem Ehegatten, der keinen oder einen geringeren Zugewinn in der Ehe gemacht hat, eine *Ausgleichsforderung* gegen den Gatten, der den größeren Zugewinn gemacht hat, zugebilligt. Die Ausgleichsforderung beträgt die Hälfte des Betrages, um den der Zugewinn des einen Gatten den des anderen übersteigt, § 1378 I.

Errechnet wird der Zugewinn durch *Vergleich* des *Anfangs*vermögens, d. h. des Vermögens bei Eintritt des Güterstandes, mit dem *End*vermögen, d. h. dem Vermögen bei Beendigung des Güterstandes.

Regelmäßig tritt der Güterstand mit der Eheschließung ein. Zu beachten ist jedoch, daß der Güterstand nicht vor dem Inkrafttreten des GleichberG, d. h. nicht vor dem 1. 7. 1958, eintreten konnte. An die Stelle der Beendigung tritt meist der Zeitpunkt der Klageerhebung, so bei Nichtigerklärung (unter den Voraussetzungen von § 26 EheG), Aufhebung (§ 37 EheG) oder Scheidung der Ehe (§ 1384), ferner bei einem Urteil auf vorzeitigen Zugewinnausgleich (§ 1387).
Die Ausgleichsforderung entsteht mit der Beendigung des Güterstandes (§ 1378 III), auch wo für ihre Höhe ein früherer Zeitpunkt, der der Klageerhebung, maßgebend ist (§§ 1384, 1387).
Vor ihrer Entstehung kann weder über sie verfügt noch eine Verpflichtung zu einer solchen Verfügung übernommen werden, § 1378 III. Sie verjährt in 3 Jahren von dem Zeitpunkt ab, in dem der Berechtigte erfährt, daß der Güterstand beendet ist, spätestens aber 30 Jahre nach der Beendigung des Güterstandes, § 1378 IV.

3. *Nähere Berechnung des Zugewinns.*

a) Da der Zugewinn nur das gemeinsam ersparte und erarbeitete Vermögen umfassen soll, *scheidet aus* das Vermögen, das ein Ehegatte nach Eintritt des Güterstandes von *Todes wegen* oder mit Rücksicht auf ein künftiges Erbrecht, durch *Schenkung* oder als *Ausstattung* erwirbt, § 1374 II. Dieses Vermögen ist so zu behandeln, als sei es schon in die Ehe eingebracht worden, es ist dem Anfangsvermögen zuzurechnen. Für Lotterie- oder Totogewinne gilt das selbstverständlich nicht.
Ausgenommen ist nur der Erwerb, der nach den Umständen zu den *laufenden Einkünften* zu rechnen ist, wie *regelmäßige Zuschüsse* der Eltern und Schwiegereltern, § 1374 II. Da diese zum sofortigen Verbrauch bestimmt sind und auch regelmäßig dazu verwandt werden, also das Ersparte nicht erhöhen, wäre es verfehlt, die Zugewinnspanne um diese Beträge zu verkürzen.

b) Auf die Ausgleichsforderung sind *anzurechnen Vorausempfänge*, die einem Gatten von dem anderen durch Rechtsgeschäft unter Lebenden mit der Bestimmung der Anrechnung zugewandt worden sind. Die Bestimmung gilt im Zweifel als getroffen, soweit der Wert der Vorausempfänge den von Gelegenheitsgeschenken übersteigt, § 1380.

Der Wert der Zuwendung wird dem *Zugewinn* des Ausgleichspflichtigen *zugerechnet*, es wird also festgestellt, wie der Ausgleichspflichtige stehen würde, wenn die Zuwendungen nicht erfolgt wären. Später wird dann der Vorausempfang von der errechneten Ausgleichsforderung des Ausgleichsberechtigten wieder abgezogen. Beispiel: Zugewinn des Mannes 20000,— DM, Zuwendungen an die Frau 10000,— DM, Gesamtzugewinn des Mannes also 30000,— DM; Ausgleichsforderung der Frau, wenn diese keinen Zugewinn erzielt hat, somit 15000,— DM; abzüglich des Vorausempfanges von 10000,— DM verbleibt ihr demnach ein Anspruch auf 5000,— DM.

c) Als *Anfangs*vermögen ist das jedem Ehegatten bei *Eintritt des Güterstandes* gehörende Vermögen *nach Abzug der Schulden* anzusehen. Die Verbindlichkeiten können nur bis zur Höhe des Aktivvermögens abgezogen werden, so daß das Vermögen mindestens mit 0 anzusetzen ist, § 1374 I.

Wenn man auch die etwaige Überschuldung eines Gatten berücksichtigen würde, könnte der Zugewinnausgleich dazu führen, daß das ganze Vermögen dem anderen Gatten überlassen werden müßte. Freilich wird dadurch dem anderen Gatten der Anspruch auf einen Zugewinnausgleich insoweit versagt, als er an der Abdeckung der Schulden seines Partners mitgearbeitet hat.

Das *Hauptproblem* des Zugewinnausgleichs ergibt sich aus der Schwierigkeit, dieses Anfangsvermögen *nach längerer Ehedauer* noch *festzustellen.* Diese Schwierigkeit hat die Gesetzgeber veranlaßt, bei Auflösung der Ehe durch Tod auf die wirkliche Errechnung des Zugewinns zu verzichten und den Zugewinnausgleich durch eine schematische Erhöhung des gesetzlichen Erbteils um ein Viertel zu ersetzen. Bei den nicht durch Tod aufgelösten Ehen versucht das Gesetz die Berechnungsschwierigkeiten dadurch zu verringern, daß es die Gatten auf die *Möglichkeit* verweist, ein *gemeinsames Verzeichnis* zu errichten, in dem der Bestand und Wert des einem jeden von ihnen gehörenden Anfangsvermögens festgestellt wird und das im *Verhältnis der Gatten* zueinander (nicht zu den Gläubigern) die *Vermutung der Richtigkeit* für sich hat, § 1377. Ist kein Verzeichnis aufgenommen, so wird bis zum Beweis des Gegenteils vermutet, daß kein Anfangsvermögen da war und infolgedessen das ganze vorhandene Vermögen Zugewinn ist, § 1377 III. Darin liegt ein *starker mittelbarer Zwang* zur Errichtung eines solchen Verzeichnisses. Jeder Ehegatte kann zudem nach § 1377 II verlangen, daß der andere bei der Aufnahme des Verzeichnisses mitwirkt, und kann den Wert der Vermögensgegenstände und Verbindlichkeiten auf seine Kosten durch Sachverständige feststellen lassen. Für die Aufnahme des Verzeichnisses gelten die Vorschriften des § 1035 (Datierung und Unterzeichnung).

d) Das *End*vermögen ist das einem Gatten bei Beendigung des Güterstandes gehörende Vermögen nach Abzug der Schulden, § 1375.

Jeder Gatte ist verpflichtet, dem anderen Gatten über den Bestand seines Endvermögens *Auskunft* zu geben, § 1379. Die Gatten haben sich also ein *Bestandsverzeichnis* vorzulegen, das auch den Wert der Vermögensgegenstände und der Verbindlichkeiten angibt. Erforderlichenfalls ist dieser Wert durch Sachverständige zu ermitteln. Der Auskunftsanspruch besteht auch dann, wenn dem anderen Ehegatten das Recht zusteht, die Erfüllung der Ausgleichsforderung gem. § 1381 zu verweigern; vgl. BGH JZ 1965, 725.

e) Was die *Bewertungsmaßstäbe* angeht, so ist grundsätzlich der *Verkehrswert* maßgebend, für einen land- oder forstwirtschaftlichen Betrieb der *Ertragswert,* § 1376 IV.

Die Berechnung eines Vermögensgegenstandes nach dem Verkehrswert ist problematisch, wenn es sich dabei um die *Beteiligung* an einer *Personalgesellschaft* handelt. Besteht das Vermögen des Ausgleichspflichtigen im wesentlichen in dieser Beteiligung, so kann er den Anspruch nur befriedigen, wenn er seine Beteiligung versilbert, d. h. aus der Gesellschaft ausscheidet. Für den Fall des Ausscheidens ist aber in den meisten Gesellschaftsverträgen bestimmt, daß der Ausscheidende nicht den vollen Verkehrswert seiner Beteiligung erhält, sondern nur einen geringeren Betrag (z. B. den Buchwert oder den Steuerwert). Das kann, wenn der Abfindungsbetrag der Hälfte des Verkehrswerts entspricht, dazu führen, daß der Ausgleichspflichtige die gesamte Summe, die er als Abfindung erhält, seinem Ehegatten auszahlen muß. Ein unbefriedigendes Ergebnis! Man wird darum zumindest in den Fällen, in denen der Ausgleichspflichtige nachweist, daß er seine Verpflichtung nur durch eine Versilberung seines Anteils erfüllen kann, bei der Berechnung des Endvermögens nicht den Verkehrswert der Beteiligung, sondern nur einen geringeren Wert zugrunde legen müssen; vgl. dazu *Rittner,* FamRZ 1961, 515.

Ein und derselbe Gegenstand kann bei der Beendigung des Güterstandes einen höheren, aber auch einen geringeren Wert haben (z. B. durch Abnutzung) als zu Beginn des Güterstandes. Ein *Wertzuwachs* gilt hier als *Zugewinn.* Dies ist unbestritten in den Fällen einer *wirklichen* Wertsteigerung (Ackerland wird zu Bauland). Ob eine Ausgleichspflicht aber auch dann entsteht, wenn nur eine *scheinbare* Wertsteigerung vorliegt (Kaufkraftschwund führt bei Sachwerten zu einem höheren Geldwert), ist zweifelhaft. Die h. M. läßt eine Ausgleichspflicht entstehen, gibt dem Ausgleichsschuldner aber ein Leistungsverweigerungsrecht wegen grober Unbilligkeit (§ 1381); vgl. *Palandt-Lauterbach,* § 1381 Anm. 2; kritisch dazu *Gernhuber,* § 36 IV 6.
Verlust von anfänglich vorhandenen Vermögensgegenständen ändert das Anfangsvermögen nicht; der andere Ehegatte nimmt daran insofern teil, als der Zugewinn des verlierenden Gatten dazu dient, diesen Verlust wieder auszugleichen.

4. Die *Sicherung* des Zugewinnausgleichs versucht das Gesetz zu gewährleisten:
a) durch die eben erwähnte *Auskunftspflicht* für jeden Gatten über den Bestand des Endvermögens bei Beendigung des Güterstandes, § 1379;
b) durch *Zurechnung* gewisser, von einem Ehegatten vorgenommener unsachgemäßer Vermögensminderungen zum *Endvermögen* dieses Gatten. Hinzuzurechnen sind (§ 1375 II):
1. unentgeltliche Zuwendungen, durch die der Ehegatte nicht einer sittlichen Pflicht oder einer Anstandsrücksicht entsprochen hat,
2. verschwendetes Vermögen,

3. Vermögensminderungen in der Absicht, den anderen Gatten zu benachteiligen.

Diese Handlungen gelten für den Zugewinnausgleich aber nur dann als nicht erfolgt, wenn sie innerhalb der letzten 10 Jahre vor Beendigung des Güterstandes vorgenommen wurden. Nicht zugerechnet wird auch eine Vermögensminderung, mit der der andere Gatte einverstanden war, § 1375 III.

Diese Zurechnung hilft freilich nicht viel, wenn der ausgleichspflichtige Gatte, der sein Vermögen verschleudert hat, keine entsprechende Aktivmasse zur Befriedigung des Zugewinnanspruchs mehr hat. Das kann leicht der Fall sein, da seine Gläubiger dem Ausgleichsberechtigten vorgehen. Nach § 1378 II wird die Ausgleichsforderung stets durch den Wert des *Aktiv*vermögens begrenzt, das *nach Abzug der Verbindlichkeiten* bei Beendigung des Güterstandes noch vorhanden ist. Doch ist der *Dritte*, dem der Ausgleichspflichtige in der Absicht, seinen Gatten zu benachteiligen, *unentgeltliche* Zuwendungen gemacht hat, nach *Bereicherungsrecht* zur Herausgabe des Erlangten an den Ausgleichsberechtigten verpflichtet, § 1390 I. Hat der Dritte die Benachteiligungsabsicht nachweislich gekannt, gilt das auch für andere Rechtshandlungen, § 1390 II. Die Herausgabe hat zum Zwecke der Befriedigung wegen der ausgefallenen Ausgleichsforderung zu erfolgen. Der Ausgleichsberechtigte kann also einen etwa geschenkten und herausgegebenen Gegenstand nicht einfach behalten, sondern muß sich durch Veräußerung desselben befriedigen und den Erlös, soweit er seinen Ausgleichsanspruch übersteigt, dem Dritten zurückgeben. Deshalb gestattet § 1390 I 2 dem Dritten, die Herausgabe durch Zahlung des fehlenden Betrages abzuwenden. Der Herausgabeanspruch verjährt in drei Jahren nach Beendigung des Güterstandes, § 1390 III.

c) Der Sicherung des Zugewinnausgleichs dient ferner die *Klage* auf *vorzeitigen Ausgleich des Zugewinns*. Sie kann erhoben werden:

α) Wenn die Ehegatten seit mindestens drei Jahren getrennt leben, von dem Ehegatten, der zum Getrenntleben berechtigt ist, § 1385. Das gilt aber nicht, wenn auch der andere ein Recht zum Getrenntleben hat. Die Berechtigung zum Getrenntleben ist nach § 1353 II zu beurteilen.

β) Wenn der andere Ehegatte längere Zeit hindurch die wirtschaftlichen Verpflichtungen, die sich aus dem ehelichen Verhältnis ergeben, schuldhaft nicht erfüllt hat und anzunehmen ist, daß er sie auch in Zukunft nicht erfüllen wird, § 1386 I.

γ) Wenn der andere Ehegatte ohne Zustimmung über sein Vermögen im ganzen verfügt oder sich zu einer solchen Verfügung verpflichtet hat, §§ 1386 II Ziff. 1, 1365.

δ) Wenn der andere Ehegatte sein Vermögen durch Verschwendung, unentgeltliche Zuwendungen an Dritte oder in der Absicht der Benachteiligung des Ausgleichsberechtigten vermindert hat und eine erhebliche Gefährdung der künftigen Ausgleichsforderung zu besorgen ist, §§ 1386 II Ziff. 2, 1375.

ε) Wenn der andere Ehegatte sich beharrlich grundlos weigert, über sein Vermögen Auskunft zu geben, § 1386 III.

Die Klage will den gefährdeten Zugewinnausgleich sichern. Mit der Rechtskraft des Urteils wird der *Güterstand aufgehoben*, an die Stelle der Zugewinngemeinschaft tritt *Gütertrennung*, § 1388. Der Zugewinnausgleich ist durchzuführen. Da verhindert werden soll, daß nach der Klageerhebung der Zugewinn zum Nachteil des anderen Gatten verringert wird, ist für die Berechnung des Endvermögens und damit des Zugewinns der Zeitpunkt der Klageerhebung maßgebend.

d) Zur *Sicherung* des *Zugewinnanspruchs* kann endlich bei Erhebung der Klage auf vorzeitigen Ausgleich, aber auch bei der Klage auf Nichtigerklärung, Scheidung oder Aufhebung der Ehe, der ausgleichsberechtigte Ehegatte vom anderen *Sicherheitsleistung* (§§ 232ff.) verlangen, wenn wegen dessen Verhalten zu besorgen ist, daß seine Rechte auf den künftigen Zugewinnausgleich erheblich gefährdet werden, § 1389. Ein Anspruch auf Sicherheitsleistung steht dem Ausgleichsberechtigten auch gegen einen herausgabepflichtigen Dritten zu, § 1390 IV.

5. *Die Interessen des Ausgleichspflichtigen* werden durch die §§ 1381—1383 gewahrt:

a) Der Ausgleichsschuldner kann die Erfüllung der Ausgleichsforderung ganz oder zum Teil *einredeweise verweigern*, wenn der Ausgleich des Zugewinns nach den Umständen des Falles grob unbillig wäre, § 1381 I.

Eine solche Unbilligkeit kann insbesondere dann vorliegen, wenn der Ehegatte, der den geringeren Zugewinn erzielt hat, längere Zeit hindurch die *wirtschaftlichen* Verpflichtungen, die sich aus dem ehelichen Verhältnis ergeben, schuldhaft nicht erfüllt hat, § 1381 II; so, wenn der Mann schuldhaft seiner Arbeit nicht nachgegangen ist oder einen übermäßigen Teil seines Arbeitseinkommens für sich verbraucht hat oder wenn die Frau ihren Haushaltspflichten nicht nachgekommen ist. Eheverfehlungen nicht wirtschaftlicher Natur (Ehebruch z. B.) lassen die Ausgleichsforderung dagegen — jedenfalls in aller Regel — nicht als grob unbillig erscheinen; str.

b) Das *Vormundschaftsgericht* kann eine Ausgleichsforderung, soweit sie vom Schuldner nicht bestritten wird, auf Antrag *stunden*, wenn die sofortige Zahlung den Schuldner besonders hart treffen würde und dem Gläubiger eine Stundung zugemutet werden kann. Die Stundung kann nur gegen Verzinsung der Forderung und notfalls gegen Sicherheitsleistung erfolgen, § 1382 II u. III.

Eine solche Stundung kann insbesondere angezeigt sein, wenn die sofortige Auszahlung des ganzen Zugewinnausgleichs dem Unternehmen des Pflichtigen die notwendigen Betriebsmittel entziehen würde.
Wenn über die Ausgleichsforderung ein Rechtsstreit anhängig ist, entscheidet über einen Stundungsantrag das *Prozeßgericht* durch Urteil, § 1382 V. Bei einer späteren wesentlichen Änderung der Verhältnisse kann aber auch hier das *Vormundschaftsgericht* auf Antrag die rechtskräftige Entscheidung aufheben oder abändern, § 1382 VI; dazu kritisch *Baur*, FamRZ 1962, 509.

c) Der *Schuldner* hat kein Recht, den Gläubiger in *Sachwerten abzufinden*. Wohl aber kann der *Gläubiger*, namentlich bei einer unsicheren Vermögenslage des Schuldners, ein Interesse an einer Abfindung in Sachwerten haben, um so einer langwierigen Abwicklung zu entgehen. Deshalb kann das Vormundschaftsgericht auf Antrag des Gläubigers anordnen, daß der Schuldner diesem bestimmte Gegenstände unter Anrechnung auf die Ausgleichsforderung zu übertragen habe, wenn das zur Vermeidung einer groben Unbilligkeit für den Gläubiger dem Schuldner zugemutet werden kann. Das ist auch neben der Zuteilung von Gegenständen nach der Hausratsverordnung möglich, § 1383.

V. Der Zugewinnausgleich beim Tod eines Gatten

Schrifttum: Lange, Die Stellung des überlebenden Ehegatten bei der Zugewinngemeinschaft, NJW 1957, 1381; *Rittner*, Der Ausbildungsanspruch der „Stiefabkömmlinge“ nach dem neuen Familienrecht, DNotZ 1957, 483; *Reinicke*, Zum Ausgleich des Zugewinns beim Tod eines Ehegatten, NJW 1958, 121; *Boehmer*, Zur Auslegung des § 1371 Abs. 1 bis 3 BGB n. F., NJW 1958, 524; *Hampel*, Zur Pflichtteilsregelung bei der Beendigung der Zugewinngemeinschaft durch den Tod eines Ehegatten, FamRZ 1958, 162; *ders.*, Nochmals: Zur Pflichtteilsregelung bei Beendigung der Zugewinngemeinschaft durch den Tod eines Ehegatten, FamRZ 1960, 461; *Johannsen*, Erbrechtliche Auswirkungen des § 1371 Abs. I bis III BGB, FamRZ 1961, 17; *Boehmer*, Die „erbrechtliche Lösung“ des § 1371 BGB n. F. im Lichte des Stiefkinderproblems (§ 1371 IV), FamRZ 1961, 41; *Lange*, Der Bundesgerichtshof und die erb- und güterrechtliche Lösung des § 1371 BGB, NJW 1965, 369; *D. Schwab*, Ehegattenpflichtteil und Zugewinnausgleich, JuS 1965, 432.

1. Der Zugewinnausgleich wird hier *nicht errechnet*, sondern *ersetzt* durch eine *Erhöhung* des *gesetzlichen Erbteils* des *überlebenden* Ehegatten um ein *Viertel* der *Erbschaft*, selbst wenn der Verstorbene gar keinen Zugewinn erzielt oder der Überlebende den größeren Zugewinn erzielt hat, § 1371. Die Erhöhung kommt auch einem Gatten zugute, der den Ausgleich wegen ehewidrigen Verhaltens im Sinne des § 1381 gar nicht verdient hat.

Der Zugewinn nach § 1371 I ist *kein steuerpflichtiger* Erwerb von Todes wegen, § 6 ErbStG.

2. Die Erhöhung des *gesetzlichen Erbteils* soll den *Zugewinnausgleich* im Interesse der Rechtssicherheit *abgelten*. Als *erbrechtliche* Lösung setzt sie voraus, daß der überlebende Ehegatte überhaupt *Erbe* wird.
Wird er das *nicht*, sei es infolge Enterbung durch letztwillige Verfügung oder Ausschlagung der Erbschaft (§ 1371 II u. III) oder Erhebung einer begründeten Scheidungs- oder Aufhebungsklage durch den Erblasser aus Verschulden des anderen Teils (§ 1933), infolge Erbunwürdigkeit (§ 2339) oder Erbverzichts (§ 2346), so tritt an die Stelle der *erb*rechtlichen Lösung die *güter*rechtliche. Dann kann der überlebende Gatte eine *Ausgleichsforderung* geltend machen, wie sie ihm zustände, wenn die Ehe nicht durch Tod, sondern durch einen anderen Umstand beendet worden wäre.

Bei *Erbverzicht*, *Erbunwürdigkeit* und *berechtigter Entziehung* des *Pflichtteils* erhält er nur den Zugewinnausgleich nach der *güter*rechtlichen Lösung.
Bei Enterbung oder Ausschlagung der Erbschaft „*kann*" er nach § 1371 II, III, wenn er den Ausgleichsanspruch geltend macht, außerdem den nach dem gewöhnlichen Erbteil berechneten *Pflichtteil* verlangen. Wie diese Formulierung: „kann ... verlangen" zu verstehen ist, ist bestritten. Ein Teil der Lehre argumentiert: Der überlebende Ehegatte, der nicht Erbe wird und dem auch kein Vermächtnis zusteht, hat ein *Wahlrecht*: er kann den güterrechtlichen Ausgleich und den aus dem nicht erhöhten Erbteil berechneten Pflichtteil (sog. *kleiner Pflichtteil*) verlangen; er kann aber auch statt dessen den *großen Pflichtteil* verlangen, d. h. den Pflichtteil, der sich aus dem um ein Viertel des Nachlasses erhöhten Erbteil errechnet. Diese Lehre ist namentlich von *Heinrich Lange* entwickelt worden (NJW 1957, 1381).
Die *Gegenauffassung*, die heute als h. M. angesehen werden kann (vgl. BGH 42, 182 und die Stellungnahme dazu von *Lange*, NJW 1965, 369ff.), liest den § 1371 II folgendermaßen: Wenn der überlebende Ehegatte den Zugewinnausgleich verlangen kann, da er weder Erbe noch Vermächtnisnehmer geworden ist, so steht ihm *nur* der kleine Pflichtteil zu; vgl. *Dölle*, § 56 II 3c. Nach ihr hat der überlebende Ehegatte, der weder Erbe noch Vermächtnisnehmer geworden ist, also *kein Wahlrecht*. Für die h. M. spricht vor allem, daß der Gesetzgeber mit der Regelung des § 1371 keine *generelle* Erhöhung des Ehegattenerbrechts einführen wollte; denn sonst hätte er auch das Erbrecht derjenigen Ehegatten erhöhen müssen, die nicht im gesetzlichen Güterstand leben. Der Ehegatte soll am *Zugewinn* des anderen Ehegatten beteiligt werden. Jede Gesetzesbestimmung, die in Einzelfällen dazu führen kann, daß ein Ehegatte aus dem Nachlaß *ohne Grund* (weil kein Zugewinn erzielt worden ist) mehr erhält, als ihm nach den erbrechtlichen Regeln zustünde, muß so eng als möglich interpretiert werden.

Das zeigt ein einfaches *Beispiel*: Eine Ehefrau hinterläßt ihr gesamtes Vermögen ihrer Tochter aus erster Ehe. Der Ehemann hat den größeren Zugewinn erzielt. Nach der Auffassung der Mindermeinung könnte der Mann hier wählen, ob er ein *Achtel* (kleiner Pflichtteil; ein güterrechtlicher Ausgleichsanspruch steht ihm nicht zu, weil er den größeren Zugewinn erzielt hat) oder ein *Viertel* des Nachlaßwertes (großer Pflichtteil) von der Erbin verlangen will. Nach der h. M. steht ihm nur der kleine Pflichtteil zu.

In Einzelfällen hat freilich auch die h. M. *seltsame Konsequenzen*. Nach ihrer Auffassung steht dem überlebenden Ehegatten der Anspruch auf den großen Pflichtteil immer dann zu, wenn er Erbe oder Vermächtnisnehmer geworden ist. Das bedeutet, daß dann, wenn der als Erbe eingesetzte Ehegatte durch die Einsetzung eines Nacherben oder die Ernennung eines Testamentsvollstreckers beschränkt oder mit einem Vermächtnis oder einer Auflage beschwert ist, die Beschränkung oder Beschwerung als nicht angeordnet gilt, wenn der Erbteil geringwertiger ist als der *große* Pflichtteil, § 2306 I 1. Ist der Erbteil größer als der große Pflichtteil, so kann der überlebende Ehegatte nach § 2306 I 2 die Erbschaft ausschlagen und den Pflichtteil verlangen, hier aber soll er — weil er ausgeschlagen hat — nicht mehr den *großen* Pflichtteil, sondern nur den *kleinen* Pflichtteil verlangen können. Um dieses befremdende Ergebnis zu vermeiden, ist zu erwägen, ob nicht dem überlebenden Ehegatten wenigstens in *den* Fällen, in denen er schon *bisher* nach der Ausschlagung der Erbschaft oder eines Vermächtnisses den Pflichtteil verlangen konnte, ein Wahlrecht zugebilligt werden sollte des Inhalts, entweder gemäß § 1371 III die Erbschaft auszuschlagen und dann den güterrechtlichen Ausgleich und den kleinen Pflichtteil zu verlangen oder gemäß § 2306 I 2 den Erbteil auszuschlagen und dann den großen Pflichtteil zu verlangen; in diesem Sinn auch *Boehmer*, NJW 1958, 526; einschränkend *ders.* in seiner Einführung in das Bürgerliche Recht, 2. Auflage 1965, 178.

Im einzelnen ergibt sich danach folgende Lösung:
Als *gesetzlicher* Erbe hat der überlebende Gatte die *Wahl*, ob er es bei dem gesetzlich vorgesehenen schematischen Zugewinnausgleich der erbrechtlichen Lösung belassen oder ob er die Erbschaft ausschlagen und sich für die güterrechtliche Lösung entscheiden will. Für diesen Fall kann er neben dem Ausgleich des Zugewinns den (kleinen) Pflichtteil auch dann verlangen, wenn er ihm nach den erbrechtlichen Bestimmungen nicht zustünde — mit Ausnahme des Falls, daß er durch Vertrag mit seinem Ehegatten auf sein gesetzliches Erbrecht oder sein Pflichtteilsrecht verzichtet hat.
Ist dem überlebenden Gatten ein Erbteil oder ein Vermächtnis *letztwillig* zugewandt, so kann er sich damit begnügen. Sein *Pflichtteilsrecht* bestimmt sich aber auch in diesem Fall nach dem gemäß § 1371 I *erhöhten* Erbteil; vgl. BGH 37, 58. Bleibt darum der Wert des Zugewandten hinter der Hälfte des erhöhten gesetzlichen Erbteils zurück (also hinter einem Viertel des Nachlasses neben Abkömmlingen und drei Achteln neben Eltern oder Geschwistern), so kann er *Pflichtteilsergänzung* verlangen (§§ 2305, 2307) oder *ausschlagen* und dann den Anspruch auf den Zugewinnausgleich sowie den kleinen Pflichtteil geltend machen.

Auch wenn man nur diese Wahlmöglichkeiten als zugelassen anerkennt, bleibt die Entscheidung für den Ehegatten schwierig, weil innerhalb der kurzen Ausschlagungsfrist von 6 Wochen oft keine hinreichende Klarheit über den Bestand und den Wert des Nachlasses und die Höhe des Zugewinns des Verstorbenen zu gewinnen sein wird und infolgedessen nicht zu übersehen ist, ob der Ausgleichsanspruch zuzüglich des kleinen Pflichtteils günstiger ist als der erhöhte gesetzliche Erbteil oder als das letztwillig Zugewandte zuzüglich einer etwaigen Pflichtteilsergänzung.

Auf alle Fälle ist zu beachten, daß die Ausschlagung der Erbschaft zum Verlust des dinglichen Rechts am Nachlaß führt und statt dessen nur schuldrechtliche Geldansprüche gibt.

3. Die *Stiefkinder* des überlebenden Gatten (einseitige Kinder des Erstverstorbenen) können durch den schematischen Zugewinnausgleich geschädigt werden, namentlich, wenn vorwiegend voreheliches Vermögen den Nachlaß bildet und infolgedessen ihr Erbteil verringert wird. Diese Schäden werden durch § 1371 IV dadurch ausgeglichen, daß ihnen ein *Anspruch* auf die Gewährung der Mittel zu *angemessener Ausbildung* gegen den *überlebenden Gatten* zugesprochen wird. Der Anspruch ist aus dem dem überlebenden Ehegatten zusätzlich gewährten Viertel zu befriedigen und setzt *Bedürftigkeit* voraus.

Die Mittel zu einer angemessenen Ausbildung umfassen nicht nur die reinen Ausbildungskosten, sondern den *gesamten Lebensbedarf* während der (angemessenen) Ausbildung; *Rittner*, DNotZ 1957, 492f., str., einschränkend *Dölle*, § 55 II 2.

Das Gesetz erkennt den Ausbildungsanspruch des Stiefkindes aber nur an, wenn der überlebende Gatte den *schematisch* erhöhten Erbteil erhält, also *gesetzlicher* Erbe geworden ist. Was er als eingesetzter Erbe oder als Vermächtnisnehmer erhält, ist durch den Ausbildungsanspruch nicht belastet. Der überlebende Gatte kann durch Ausschlagung der Erbschaft den Eintritt der Verpflichtung verhindern. Da der Ausbildungsanspruch u. U. eine starke Belastung des überlebenden Gatten bedeuten kann, wird dieser sich überlegen müssen, ob es nicht vorteilhafter für ihn ist, wenn er die Erbschaft ausschlägt und dadurch den Pflichtteil ($^1/_8$) samt Zugewinnausgleich erhält, ohne an die Stiefkinder etwas zahlen zu müssen; vgl. zum Ganzen auch *Boehmer*, FamRZ 1961, 41.

§ 14

III. Kapitel

Gütertrennung

I. Das *Wesen* der Gütertrennung besteht in der *rechtlichen Sonderung* der beiderseitigen Vermögenssphären der Gatten nach Zuständigkeit, Verwaltung und Nutzung — ohne daß zwischen den Gatten, abgesehen von den *allgemeinen Wirkungen* der Ehe (§§ 1353, 1362), irgendwelche güterrechtlichen Beziehungen geknüpft würden. Die Gatten stehen sich, von diesen Wirkungen abgesehen, in vermögensrechtlicher Hinsicht einander gegenüber, wie wenn sie nicht verheiratet wären.

II. Geltungsbereich der Gütertrennung

Die Gütertrennung war vom 1. 4. 1953 bis 30. 6. 1958 gemäß Art. 3 GG als *gesetzlicher* Güterstand an die Stelle der bis dahin geltenden Verwaltungsgemeinschaft getreten; vgl. BGH 11, Anh. 73. Sie ist nach dem GleichberG sowohl *hilfsweise gesetzlicher* als auch *vertraglicher* Güterstand. Das Gesetz ordnet die Gütertrennung unter den *vertraglichen* Güterständen, § 1414. Sie gilt aber auch heute noch in zahlreichen Fällen als *gesetzlicher* Güterstand.

So tritt nach § 1388 Gütertrennung ein, wenn der Güterstand der Zugewinngemeinschaft durch rechtskräftiges Urteil auf vorzeitigen Ausgleich des Zugewinns aufgehoben wird, und nach den §§ 1449, 1470, wenn die Gütergemeinschaft infolge Aufhebungsurteil endet.

Die Gütertrennung ist ferner subsidiärer gesetzlicher Güterstand, wenn die Gatten den gesetzlichen Güterstand vertraglich ausschließen oder aufheben, ohne einen anderen Güterstand wirksam zu vereinbaren (§ 1414 Satz 1) oder wenn sie eine zwischen ihnen bestehende Gütergemeinschaft aufheben, § 1414 Satz 2.

Als *vertraglicher* Güterstand kommt sie in Betracht, wenn sie als solche vereinbart wird. Nach der Auslegungsregel des § 1414 Satz 2 gilt ferner Gütertrennung als vereinbart, wenn der Ausgleich des Zugewinns ausgeschlossen wird.

III. Die Wirkung Dritten gegenüber

Dritten gegenüber kann die Gütertrennung nur geltend gemacht werden, wenn sie ins Güterrechtsregister eingetragen worden ist, § 1412. Das gilt nicht nur für die vertraglichen Fälle, sondern auch — jedenfalls grundsätzlich — für die Fälle, in denen die Gütertrennung kraft Gesetzes eintritt; vgl. dazu *Dölle*, § 65 III.

IV. Milderung der Trennung

Aus den *allgemeinen* Wirkungen der Ehe ergeben sich auch für die in Gütertrennung lebenden Ehegatten die wechselseitige Unterhaltspflicht einschließlich der Prozeßkostenvorschußpflicht, §§ 1360, 1360a, die Schlüsselgewalt der Frau, § 1357, die Eigentumsvermutungen, § 1362, und die Haftungsmilderung, § 1359.

Gemeinsames Vermögen kann nur *rechtsgeschäftlich* als Miteigentum entstehen.
Diese *schwache* Berücksichtigung der *tatsächlichen Lebensgemeinschaft* wird den Belangen des Ehepartners wenig gerecht, der nicht berufstätig ist oder nicht unmittelbar verdient, sondern sich nur durch Führung des Haushalts oder Hilfeleistung bei der gewerblichen Tätigkeit des anderen am gemeinschaftlichen Leben beteiligt, wie das noch vielfach für die Ehefrau, zuweilen aber auch für den im Geschäft der Frau mitarbeitenden Mann zutrifft. Deshalb hat das Gesetz als primären gesetzlichen Güterstand ja die Zugewinngemeinschaft bestimmt. In solchen Fällen wird vielfach durch *freiwillige Abmachungen* oder *Zuwendungen* dem am Verdienst und den Anschaffungen aus ihm nicht unmittelbar beteiligten Ehegatten ein Ausgleich geboten, sei es durch Abschluß eines *Arbeits-* oder *Gesellschaftsvertrages* (BGH 8, 249), durch Abschluß einer *Lebensversicherung* oder eine *letztwillige Zuwendung*. Das ist besonders angezeigt, wenn der Ausgleich des Zugewinns ausgeschlossen oder die Gütergemeinschaft aufgehoben wird (§ 1414 S. 2). Man wird in aller Regel dem mitarbeitenden Ehegatten sogar einen *Rechtsanspruch* auf eine *Vergütung* zuerkennen müssen, sei es, indem man den stillschweigenden Abschluß eines Arbeits- oder Gesellschaftsvertrages unterstellt, sei es, indem man den Vergütungsanspruch unmittelbar aus dem ehelichen Gemeinschaftsverhältnis ableitet, weil dieses ja auch die Pflicht zur Mitarbeit statuiert; s. o. § 11 II 1c, sehr str.

§ 15

IV. Kapitel

Gütergemeinschaft

I. Das Wesen der Gütergemeinschaft

Das Wesen der Gütergemeinschaft besteht in der Erweiterung der Lebensgemeinschaft zur Gütergemeinschaft: ein Leib, ein Gut. Die Vermögen der Gatten (sowohl die eingebrachten wie die später erworbenen) werden grundsätzlich auch dem Eigentum nach völlig verschmolzen zu einem *Gesamtgut*, das den Ehegatten *zur gesamten Hand* zusteht, § 1416. Kein Ehegatte kann über seinen Anteil am Gesamtgut oder an den einzelnen Gegenständen, die zum Gesamtgut gehören, verfügen. Auch die Teilung kann nicht verlangt werden, § 1419. Selbst bei der Beendigung der Gütergemeinschaft findet keine Sonderung der Vermögen nach ihrer

Herkunft statt. Der nach Berichtigung der Schulden verbleibende Überschuß gehört den Ehegatten zu gleichen Teilen, § 1476.

Die Erweiterung der Lebensgemeinschaft zur Gütergemeinschaft umfaßt grundsätzlich auch die *Schulden* der Gatten. Sie werden Gesamthandschulden, § 1437.

Von dieser Verschmelzung gibt es aber *Ausnahmen*, es kommt auch Eigenvermögen der Gatten vor, und zwar kann jeder Gatte zwei Arten von Eigenvermögen haben: *Sondergut* und *Vorbehaltsgut*. Danach können im besonderen Fall fünf Gütermassen nebeneinander bestehen: 1. Gesamtgut, 2. Sondergut der Frau, 3. Sondergut des Mannes, 4. Vorbehaltsgut der Frau, 5. Vorbehaltsgut des Mannes.

Der Güterstand der Gütergemeinschaft entspricht im wesentlichen der allgemeinen Gütergemeinschaft des früheren Rechts, ist aber dem Gleichberechtigungsgrundsatz angepaßt worden, mit dem das bisherige alleinige Verwaltungsrecht des *Mannes* (§ 1443 a. F.) unvereinbar war. Jetzt wird die Bestimmung des Verwaltungsrechts dem Ehevertrag überlassen und mangels einer Bestimmung die *gemeinschaftliche* Verwaltung durch die Ehegatten angeordnet, § 1421. Da aber das GleichberG den Grundsatz der Vertragsfreiheit im Güterrecht anerkennt, hat es in Art. 8 Ziff. 6 bestimmt, daß die vor dem 1. 4. 1953 vereinbarten Gütergemeinschaften mit Verwaltung des Gesamtgutes durch den Mann weiterbestehen bleiben.

Weggefallen sind die vom BGB geregelten besonderen Abwandlungen der allgemeinen Gütergemeinschaft, bei denen bestimmte Bestandteile des beiderseitigen Vermögens von der Gemeinschaft ausgeschlossen werden konnten und diese entweder nur den gemeinsamen Erwerb der Gatten (*Errungenschaftsgemeinschaft*) oder neben der Errungenschaft auch das bewegliche Vermögen (*Fahrnisgemeinschaft*) umfaßte. Das Gesetz kennt nurmehr einen Güterstand der „Gemeinschaft" als „Gütergemeinschaft" und überläßt es den Ehegatten, durch beliebige Vereinbarungen von Vorbehaltsgut eine ähnliche Rechtslage herbeizuführen, wie sie früher durch Vereinbarung der Errungenschafts- oder Fahrnisgemeinschaft entstand.

Wenn auch die Gütergemeinschaft das vollkommenste Symbol einer idealen Ehe ist, so bringt die grundsätzliche völlige Vermögensgemeinschaft doch für beide Teile nicht unbeträchtliche *Gefahren* mit sich. Bei gemeinschaftlicher Verwaltung haftet nicht bloß das Gesamtgut für die Schulden der beiden Gatten, sondern auch jeder Gatte für die *persönlichen Schulden* des *anderen* als Gesamtschuldner, § 1459. Und wenn die Verwaltung einem Gatten anvertraut ist, so ist der andere durch das Verfügungsrecht des Verwalters (§ 1422) gefährdet. Der verwaltende Gatte ist aber ebenfalls gefährdet, weil er für die Gesamtgutsverbindlichkeiten, also auch die Schulden des anderen Gatten, z. B. dessen gesetzliche Unterhaltspflichten, auch persönlich haftet. All das hat dazu geführt, daß die Gütergemeinschaft immer seltener als Güterstand vereinbart wird.

II. Eintritt der Gütergemeinschaft

Die Gütergemeinschaft tritt niemals unmittelbar kraft Gesetzes ein, sondern *nur* auf Grund eines *Ehevertrages.*

Wegen der einschneidenden Wirkungen des Vertrages ist in Ausnahme von der Regel des § 1411 II 1, wonach für einen geschäftsunfähigen Gatten dessen gesetzlicher Vertreter den Ehevertrag schließt, der Abschluß eines Gütergemeinschaftsvertrages durch einen *gesetzlichen Vertreter unzulässig.* Der Geschäftsbeschränkte bedarf der Zustimmung seines gesetzlichen Vertreters und, wenn dieser ein Vormund ist, sogar der Genehmigung des Vormundschaftsgerichts, § 1411 I.

III. Die Gütermassen

Schrifttum: *Lutter*, Zum Umfang des Sonderguts, AcP 161, 163.

Bei der Gütergemeinschaft sind folgende Vermögensmassen zu unterscheiden:

1. *Das Gesamtgut.* Es umfaßt das *ganze* Vermögen der Gatten, sowohl das beim Eintritt der Gütergemeinschaft *vorhandene* als auch das *später errungene* — soweit es nicht ausnahmsweise Sonder- oder Vorbehaltsgut ist, § 1416.

Infolgedessen muß die Zugehörigkeit zum Sonder- oder Vorbehaltsgut von dem bewiesen werden, der sie behauptet.

Die Vergemeinschaftung erfolgt von *Rechts wegen* (ipso iure) sofort mit dem Eintritt der Gütergemeinschaft bzw. mit dem späteren Erwerb eines Vermögensstückes. Eine *rechtsgeschäftliche Übertragung* der einzelnen Gegenstände *kommt nicht in Frage.* Beim Eintritt der allgemeinen Gütergemeinschaft gehen vielmehr die beiderseitigen Vermögen durch Gesamtnachfolge (Universalsukzession) auf die Gesamthandsgemeinschaft der Gatten über; ebenso erlangt diese die während der Ehe von einem Gatten im eigenen Namen erworbenen Rechte als Rechtsnachfolgerin kraft Gesetzes in demselben Augenblick, in dem der Gatte den Erwerb gemacht hat.

Die Bedeutung des Gesagten tritt am klarsten zutage beim grundbuchmäßigen Erwerb. Wer sich mit jemand, der im Grundbuch als Hauseigentümer eingetragen ist, unter Vereinbarung der allgemeinen Gütergemeinschaft verheiratet, wird mit dem Eheschluß gemeinschaftlicher Eigentümer des Grundstücks, das Grundbuch wird also unrichtig, jeder Gatte kann vom andern Mitwirkung zur Berichtigung des Grundbuchs verlangen, § 1416 III. Der Grundbucheintrag muß das „für die

Gemeinschaft maßgebende Rechtsverhältnis bezeichnen" (§ 47 GBO), also die Gatten als in „Gütergemeinschaft" mitberechtigt angeben.
War einer der Gatten zu Unrecht als Eigentümer eingetragen, kann sich der andere *Gatte* nicht auf gutgläubigen Erwerb berufen (§ 892); denn sein Erwerb ist kein „rechtsgeschäftlicher". Dagegen kann ein gutgläubiger *Dritter* von dem zu Unrecht noch im Grundbuch als Alleineigentümer eingetragenen Gatten das gemeinschaftliche Grundstück wirksam erwerben, selbst wenn die Gütergemeinschaft schon im Güterrechtsregister eingetragen sein sollte; denn der *öffentliche Glaube des Grundbuchs geht vor.*
Wenn während der Ehe ein Gatte ein Grundstück erwirbt, so macht er den Erwerb für die Gütergemeinschaft nicht bloß, wenn er die Auflassung unmittelbar für diese entgegennimmt, sondern auch, wenn er im eigenen Namen handelt und — versehentlich — als Alleineigentümer eingetragen wird; der andere Gatte erwirbt dann sofort einen Berichtigungsanspruch. Ist dem Grundbuchamt bekannt, daß der erwerbende Ehegatte in Gütergemeinschaft lebt, so darf es ihn nicht als Alleineigentümer eintragen. Es hat vielmehr — durch Zwischenverfügung, § 18 GBO — darauf zu dringen, daß der Erwerber die Eintragung beider Ehegatten als Gesamthandsberechtigte in Gütergemeinschaft beantragt; vgl. *Dölle*, § 67 I 1 c bb.

2. *Sondergut der beiden Gatten.*

a) Sondergut eines Gatten sind die Gegenstände, die *nicht durch Rechtsgeschäft übertragen* werden können. Es gibt nur gesetzliches, kein ehevertragliches Sondergut, § 1417.

Zum Sondergut zählen zum Beispiel unpfändbare Lohn- oder Gehaltsansprüche, der Anspruch auf Schmerzensgeld, Rentenansprüche aus der Sozialversicherung, ein Nießbrauch, Gesellschaftsanteile. Nach § 399 kann jeder Gatte eine Forderung als Sondergut erwerben, indem er mit dem Schuldner ihre Unübertragbarkeit vereinbart; vgl. *Dölle*, § 67 III, str.; dagegen *Lutter*, AcP 161, 163ff.

Jeder Gatte ist Alleininhaber der zu seinem Sondergut gehörenden Gegenstände. Er verwaltet sein Sondergut selbständig, aber *für Rechnung des Gesamtgutes*, das also die Nutzungen erhält, aber auch die Lasten zu tragen hat, § 1417 III.
Da die Surrogation ausgeschlossen ist, fallen die Surrogate, z. B. ausbezahlte Gehaltsbeträge, Renten, Schmerzensgelder, in das Gesamtgut.

3. *Vorbehaltsgut der beiden Gatten.* Vorbehaltsgut kann *nur* auf Grund *Rechtsgeschäfts* oder durch *Surrogation* entstehen, § 1418.

a) Vorbehaltsgut ist:

α) Was durch *Ehevertrag* zum Vorbehaltsgut erklärt ist oder was einem der Gatten von einem *Dritten* unentgeltlich oder von Todes wegen mit der Vorbehaltsklausel zugewendet wird, § 1418 II Ziff. 1 und 2;

β) was als *Surrogat* von Vorbehaltsgut anzusehen ist, § 1418 II Ziff. 3.
Da es, abgesehen von der Surrogation, *kein gesetzliches* Vorbehaltsgut gibt, sind Kleidung und Schmuck der Gatten, ihr Arbeitsgerät und Arbeitserwerb *Gesamtgut.*

b) Mann und Frau verwalten und nutzen ihr Vorbehaltsgut völlig frei, und zwar für *eigene Rechnung*, wie wenn sie unverheiratet wären, § 1418.

III. *Dritten* gegenüber ist die Vorbehaltsguteigenschaft nur nach Maßgabe des § 1412, also nur bei Eintragung ins Güterrechtsregister oder bei Kenntnis wirksam, § 1418 IV.

IV. Der Familienunterhalt

Nach § 1360 sind die Gatten verpflichtet, durch ihre Arbeit und mit ihrem Vermögen die Familie angemessen zu unterhalten. Für die danach geschuldeten Unterhaltsbeiträge sind in erster Linie die *Einkünfte* des *Gesamtguts* heranzuziehen, in zweiter Linie die *Einkünfte* des *Vorbehaltsguts*. Reichen diese Einkünfte nicht aus, dann ist der *Stamm* des *Gesamtguts* in Anspruch zu nehmen und erst zuletzt der *Stamm* des *Vorbehaltsgutes* und des *Sondergutes*, § 1420.

V. Die Verwaltung des Gesamtgutes

1. *Die Befugnis zur Verwaltung.*

a) Die Ehegatten sollen in dem Ehevertrag, durch den sie die Gütergemeinschaft vereinbaren, bestimmen, wer das Gesamtgut zu verwalten hat, ob der *Mann* oder die *Frau*; mangels einer solchen Bestimmung haben sie es *gemeinschaftlich* zu verwalten, § 1421.

b) Bei *gemeinschaftlicher* Verwaltung sind die Ehegatten einander verpflichtet, zu Maßregeln mitzuwirken, die zur ordnungsgemäßen Verwaltung gehören, § 1451. Dabei haftet jeder für die Sorgfalt, wie er sie in eigenen Angelegenheiten anzuwenden pflegt, § 1359.

Der *Einzelverwalter* wird zur *ordnungsmäßigen* Verwaltung verpflichtet. Er hat den anderen Gatten über die Verwaltung zu unterrichten und ihm Auskunft zu geben. Er ist für verschuldete Minderungen des Gesamtguts, ebenso für die Verluste aus ohne die erforderliche Zustimmung des anderen Gatten vorgenommenen Rechtsgeschäften ersatzpflichtig, § 1435.

Er muß sich also über die Fälle, in denen er der Zustimmung bedarf, unterrichten. Unterläßt er das, so handelt er grob fahrlässig (§ 277); vgl. *Beitzke*, § 15 III 1.

Steht der alleinverwaltende Gatte unter *Vormundschaft*, so vertritt ihn sein Vormund bei der Ausübung der Verwaltung. Das gilt auch dann, wenn der andere Gatte zum Vormund bestellt ist, § 1436.

Solange ein *mit*verwaltender Ehegatte unter elterlicher Gewalt oder Vormundschaft steht, verwaltet der andere Gatte das Gesamtgut allein. Die Eltern und der Vormund haben also kein Mitverwaltungsrecht, § 1458.

2. *Die Rechte des Verwalters.*

a) Der *allein*verwaltende Ehegatte ist berechtigt, das Gesamtgut in *Besitz* zu nehmen (selbstverständlich nicht eigenmächtig), § 1422. Durch die Inbesitznahme wird der verwaltende Gatte unmittelbarer Alleinbesitzer, der mittelbare Besitz steht beiden Ehegatten zur gesamten Hand zu. In der Praxis wird freilich von diesem Recht kaum Gebrauch gemacht. Mitbesitz beider Gatten ist die Regel.
Bei *gemeinschaftlicher* Verwaltung sind die Gatten gemeinschaftlich zum Besitz berechtigt, § 1450 I 2. Jeder kann also vom anderen Einräumung des (unmittelbaren) Mitbesitzes verlangen, soweit der Verwendungszweck das nicht ausschließt.

b) Der *Allein*verwalter kann grundsätzlich über die zum Gesamtgut gehörenden Gegenstände *verfügen* und entsprechende *Verpflichtungen* eingehen, § 1422. Für Verbindlichkeiten, die der Alleinverwalter eingegangen ist, haftet grundsätzlich das Gesamtgut, § 1437.
Der Alleinverwalter bedarf der Zustimmung des anderen Gatten lediglich zu einer *Verfügung* über das *Gesamtgut im ganzen* (§ 1423) oder ein *Gesamtgutsgrundstück* (§ 1424) und zu *Schenkungen* aus dem Gesamtgut, die nicht einer sittlichen Pflicht oder einer Anstandsrücksicht entsprechen (§ 1425), sowie zu den entsprechenden *Verpflichtungsgeschäften*, so daß ein Gläubiger die Erfüllung nicht im Vollstreckungsweg erzwingen kann. Ein Schenkungsversprechen des Alleinverwalters ist auch dann zustimmungsbedürftig, wenn es sich nicht unmittelbar auf das Gesamtgut bezieht, § 1425 I 2, da nach § 1437 das Gesamtgut für alle Verbindlichkeiten des Alleinverwalters haftet.
Ein *Vertrag*, den der Alleinverwalter *ohne* die *erforderliche Einwilligung* schließt, ist *schwebend unwirksam.* Es gelten dann für die Einholung der Genehmigung nach § 1427 die Vorschriften des § 1366 I, III und IV entsprechend. *Einseitige* Rechtsgeschäfte sind ohne die erforderliche Einwilligung *schlechthin unwirksam*, §§ 1427, 1367.
Bei *gemeinschaftlicher* Verwaltung müssen die Ehegatten grundsätzlich *gemeinschaftlich verfügen*, § 1450. Die Verfügung eines Ehegatten ist wirksam, wenn sie mit Zustimmung des anderen Gatten erfolgt. Für eine *Verfügung* ohne Einwilligung des anderen Gatten gelten wiederum die Vorschriften der §§ 1366 I, III und IV und 1367 entsprechend, § 1453. *Verpflichtungsgeschäfte* eines Gatten ohne Mitwirkung des anderen sind zwar voll wirksam, verpflichten aber nur den Handelnden persönlich, nicht auch das Gesamtgut.
Der übergangene Gatte hat, wenn eine Verfügung ohne seine erforderliche Zustimmung erfolgt ist, gegen den Dritten die selbständige *revokatorische Klage*, §§ 1428 und 1455 Ziff. 8.

c) Auch hier kann, wie bei der Zugewinngemeinschaft (§§ 1365, 1369), das Vormundschaftsgericht die ohne ausreichenden Grund verweigerte Zustimmung des nicht verwaltenden oder mitverwaltenden Ehegatten *ersetzen*, §§ 1426 und 1452.
Bei *Alleinverwaltung* kann die Zustimmung des anderen Gatten auch dann ersetzt werden, wenn er durch Krankheit oder Abwesenheit an der Abgabe der Erklärung verhindert und mit dem Aufschub Gefahr verbunden ist, § 1426.

d) Stets haftet das Gesamtgut aus den ohne die erforderliche Zustimmung des anderen Gatten vorgenommenen Rechtsgeschäften nach *Bereicherungsrecht*, §§ 1434, 1457.

3. *Die Stellung des von der Verwaltung ausgeschlossenen oder nur zur Mitverwaltung berufenen Gatten.* Durch Verwaltungshandlungen, die der von der Verwaltung ausgeschlossene oder nur zur Mitverwaltung berechtigte Ehegatte ohne die Zustimmung des Alleinverwalters oder ohne die Mitwirkung des Mitverwalters vornimmt, kann grundsätzlich *keine Haftung des Gesamtguts* begründet werden. Von diesem Grundsatz gelten jedoch einige *Ausnahmen*:

a) Wenn der *Alleinverwalter* durch *Krankheit* oder *Abwesenheit* verhindert ist, ein Rechtsgeschäft vorzunehmen, das sich auf das Gesamtgut bezieht, und wenn mit dem Aufschub Gefahr verbunden ist, kann der andere Gatte das Rechtsgeschäft im eigenen oder im Namen des Verwalters vornehmen, § 1429. Entsprechendes gilt, wenn ein *mitverwaltender* Gatte verhindert ist, § 1454.

b) *Selbständig* wird der von der Verwaltung ausgeschlossene oder nur bei ihr mitwirkende Gatte, wenn der *andere* Gatte in den *Betrieb* eines *Erwerbsgeschäfts eingewilligt* hat oder gegen den ihm bekannten Betrieb keinen Einspruch erhoben hat, §§ 1431 und 1456.

Hier wird er von der Einholung der Zustimmung des anderen zu solchen Geschäften befreit, die der Geschäftsbetrieb mit sich bringt. In diesem Rahmen kann er auch über Gegenstände des Gesamtguts verfügen. Für eingegangene Verbindlichkeiten haftet den Gläubigern das Gesamtgut.
Dritten gegenüber ist ein Einspruch oder der Widerruf der Einwilligung nur nach Maßgabe des § 1412 wirksam.

c) Der nicht oder nicht allein verwaltende Gatte kann wirksam gegenüber dem Gesamtgut handeln, wenn das *Vormundschaftsgericht* die zur Besorgung einer persönlichen Angelegenheit erforderliche, aber ohne ausreichenden Grund verweigerte *Zustimmung* des anderen Gatten *ersetzt* hat, §§ 1430, 1452 II. Bei gemeinschaftlicher Verwaltung kann das Vormundschaftsgericht die Zustimmung des anderen Ehegatten auch zu

solchen Rechtsgeschäften oder Rechtsstreitigkeiten ersetzen, die zur ordnungsmäßigen Verwaltung des Gesamtguts erforderlich sind, § 1452 I.
d) Der nicht oder nicht allein verwaltende Gatte ist frei in der Ausübung gewisser *höchstpersönlicher Rechte*, wie bei Annahme oder Ausschlagung einer Erbschaft, Ablehnung eines Vertragsantrags oder einer Schenkung, Verzicht auf den Pflichtteil oder einen Zugewinnausgleich. Er kann ferner ohne Zustimmung des anderen ein Nachlaßinventar errichten, §§ 1432, 1455 Ziff. 1 bis 4.
e) Endlich kann der mitwirkende Gatte ein sich auf das *Gesamtgut* beziehendes Rechtsgeschäft *gegenüber dem anderen Gatten* vornehmen und alle zur Erhaltung des Gesamtguts notwendigen Maßnahmen bei Gefahr treffen, § 1455 Ziff. 5 u. 10.

4. *Prozesse*, die sich auf das Gesamtgut beziehen, kann grundsätzlich nur der *Alleinverwalter* führen. Bei gemeinschaftlicher Verwaltung steht das Prozeßführungsrecht den beiden Gatten *gemeinschaftlich* zu, §§ 1422, 1450. Zur *Zwangsvollstreckung* genügt ein Urteil gegen den Alleinverwalter, bei gemeinschaftlicher Verwaltung ist ein Titel gegen beide Mitverwalter erforderlich, § 740 ZPO. Zugunsten der Gläubiger gilt bei der Alleinverwaltung für die Durchführung der Vollstreckung nur der Schuldner als Gewahrsamsinhaber und Besitzer.
Der *nicht* verwaltungsberechtigte Gatte, ebenso der *nicht allein* verwaltungsberechtigte Gatte, kann Prozesse, die sich auf das Gesamtgut beziehen, nur führen bei Zustimmung des anderen Teils (so schon RG 148, 247), in Notfällen (§§ 1429, 1454), wenn sie bei Eintritt der Gütergemeinschaft bereits anhängig waren (§§ 1433, 1455 Ziff. 7), sowie bei unbefugten Verfügungen des anderen Teils (§§ 1428, 1455 Ziff. 8).
Außerdem kann der Mitverwalter ein zum Gesamtgut gehöriges Recht gegen den anderen Gatten geltend machen, § 1455 Ziff. 6, ebenso ein Widerspruchsrecht gegenüber einer Zwangsvollstreckung ins Gesamtgut, § 1455 Ziff. 9. Das in diesen Fällen ergangene Urteil wirkt auch gegenüber dem anderen Gatten. Notfalls muß eine Vollstreckungsklausel gegen ihn erteilt werden. Betreibt ein Gatte, der das Gesamtgut nicht oder nicht allein verwaltet, selbständig ein Erwerbsgeschäft, so ist zur Zwangsvollstreckung in das Gesamtgut ein gegen ihn ergangenes Urteil ausreichend, solange kein Widerspruch oder kein Widerruf der Einwilligung des anderen Gatten im Güterrechtsregister eingetragen ist, § 741 ZPO.
Davon abgesehen wirken Urteile gegen einen nicht zur Verwaltung des Gesamtgutes berechtigten oder dazu nicht allein berechtigten Gatten nur gegen ihn allein und sind nur in sein Sonder- oder Vorbehaltsgut vollstreckbar.

VI. Schuldenhaftung und Schuldenausgleich

1. *Die Schuldenhaftung nach außen.* Entsprechend den verschiedenen Gütermassen muß man auch bei der Schuldenhaftung unterscheiden zwischen der Haftung eines jeden *Gatten* und der Haftung des *Gesamtguts.*

a) Jeder *Gatte* haftet zunächst persönlich für *seine* Schulden mit seinem Vorbehalts- und Sondergut, gleichgültig, ob er es in die Ehe eingebracht oder während der Ehe erworben hat.

b) Das *Gesamtgut* haftet für jede Schuld des *Alleinverwalters,* mag sie vor oder während der Ehe entstanden sein, § 1437.

c) Das *Gesamtgut* haftet ferner für die *rechtsgeschäftlichen* Verbindlichkeiten des nicht verwaltungsberechtigten Ehegatten, die mit *Zustimmung* des *Alleinverwalters* begründet wurden oder *ohne* seine Zustimmung für das Gesamtgut *wirksam* sind, § 1438 I. Bei *gemeinschaftlicher* Verwaltung haftet das Gesamtgut für *rechtsgeschäftliche* Verbindlichkeiten nur dann, wenn das Rechtsgeschäft von beiden Ehegatten *gemeinsam* oder von einem Ehegatten mit *Zustimmung* des anderen vorgenommen wurde oder wenn das Rechtsgeschäft auch *ohne* die Zustimmung des anderen Gatten für das Gesamtgut wirksam ist, § 1460. Für *Prozeßkosten* haftet das Gesamtgut auch dann, wenn das Urteil gegenüber dem Gesamtgut nicht wirksam ist, §§ 1438 II, 1460 II.

d) Des weiteren haftet das Gesamtgut für alle *vorehelichen* und *gesetzlichen* Verbindlichkeiten eines nicht oder nicht allein verwaltungsberechtigten Gatten, ferner für die von einem solchen im Zusammenhang mit dem genehmigten Betrieb eines *Erwerbsgeschäfts* begründeten Verbindlichkeiten und endlich für die *Lasten* eines *Sonderguts,* die aus den Einkünften beglichen zu werden pflegen, weil ja diese Einkünfte ins Gesamtgut fallen, §§ 1438, 1440 Satz 2, 1460, 1462 Satz 2.

Für sonstige Schulden des nicht oder nicht allein verwaltungsberechtigten Gatten, die im Zusammenhang mit seinem Sonder- oder Vorbehaltsgut stehen, haftet das Gesamtgut nicht, §§ 1439, 1440 Satz 1, 1461, 1462 Satz 1.

e) Endlich haftet *jeder Alleinverwalter* oder *Mitverwalter* für die Gesamtgutsverbindlichkeiten *auch persönlich,* d. h. mit seinem Vorbehaltsgut und Sondergut, §§ 1437 II, 1459 II. Dadurch wird ein Druck auf ihn ausgeübt, auch die Schulden des anderen rechtzeitig aus dem Gesamtgut zu tilgen. Wenn die Schulden im Innenverhältnis aber dem anderen Gatten zur Last fallen, endet diese Haftung mit der Beendigung des Güterstandes.

2. *Innenverhältnis.* Da die Gläubiger die Wahl zwischen verschiedenen Gütermassen haben, muß bestimmt werden, auf welcher Masse im Innenverhältnis der Gatten die Schuld *endgültig lastet.*

Regelmäßig bleiben *Gesamtgutsschulden* auch auf dem *Gesamtgut* lasten. Der Gatte, aus dessen Eigenvermögen die Schuld berichtigt wird, hat dann einen Ausgleichsanspruch gegen die Gesamthand.
Ausnahmsweise fallen gewisse Gesamtgutsschulden im Innenverhältnis dem Gatten endgültig zur Last, den sie besonders angehen, sind seine *Sonderlasten.* So insbesondere die Deliktsschulden aus einer während des Bestehens der Gemeinschaft begangenen unerlaubten Handlung, gewisse Vorbehaltsgutslasten und Sondergutslasten, Kosten eines Rechtsstreits über die vorgenannten Verbindlichkeiten, endlich die Kosten einer das gewöhnliche Maß übersteigenden Ausstattung eines Kindes oder die Kosten der Ausstattung eines nicht gemeinschaftlichen Kindes, §§ 1441 bis 1444, 1463 bis 1466.

3. Zum *Ausgleich* für die Berichtigung einer Schuld aus einer Masse, die zwar für sie haftet, aber der sie nicht zur Last fällt, entstehen *Ausgleichspflichten,* §§ 1445, 1467.
Die Ansprüche der Ehegatten sollen im allgemeinen bis zur Beendigung der Gütergemeinschaft ruhen. Das gilt für die Ansprüche und Schulden des *Gesamtgutsverwalters,* der den Ausgleich an das Gesamtgut erst dann zu leisten braucht und die Ansprüche gegen das Gesamtgut erst dann geltend machen kann, § 1446 I. Der *andere* Gatte hat Schulden gegenüber dem Gesamtgut und dem Vorbehalts- oder Sondergut des Verwalters aber schon vorher zu berichtigen, soweit sein Vorbehalts- und sein Sondergut dazu ausreichen, § 1446 II. Dafür werden auch seine Ansprüche gegenüber dem Gesamtgut sofort fällig. Gleiches gilt bei gemeinschaftlicher Verwaltung für den mitverwaltenden Ehegatten, § 1468.

4. *Im Konkurs des Alleinverwalters* gehört das Gesamtgut in *seine Konkursmasse,* eine Auseinandersetzung wegen des Gesamtgutes findet zwischen den Ehegatten nicht statt. Durch das Konkursverfahren über das Vermögen des anderen Ehegatten wird das Gesamtgut nicht berührt, § 2 I KO.
Bei *gemeinschaftlicher* Verwaltung wird das Gesamtgut durch ein Konkursverfahren über das Vermögen eines Ehegatten nicht berührt; über das Gesamtgut ist ein selbständiger Konkurs (Sonderkonkurs) zulässig, § 2 II KO.

VII. Ende der Gütergemeinschaft und Auseinandersetzung

1. Die Gütergemeinschaft endet mit *Auflösung* der Ehe, *wenn nicht fortgesetzte Gütergemeinschaft vereinbart* ist, § 1483. Außerdem endet sie

durch *Ehevertrag* (§ 1414) und durch *Aufhebungsurteil*, §§ 1447—1449, 1469, 1470.

Auf *Aufhebung* der Gütergemeinschaft kann, wie bei allen Dauerverhältnissen, aus wichtigen Gründen *geklagt* werden, welche die §§ 1447, 1448, 1469 erschöpfend aufzählen. Der *nicht verwaltende* Gatte kann auf Aufhebung klagen, wenn der andere Gatte zur Verwaltung unfähig ist oder sein Verwaltungsrecht mißbraucht; der zur *Mitverwaltung* berechtigte Gatte kann klagen, wenn der andere Ehegatte allein Verwaltungshandlungen vornimmt, die nur gemeinschaftlich vorgenommen werden dürfen, oder wenn er sich beharrlich weigert, zur ordnungsmäßigen Verwaltung mitzuwirken; *beiden* steht ein Klagerecht zu, wenn der allein oder mitverwaltende Ehegatte entmündigt wird oder den Familienunterhalt gefährdet. Für *jeden* Gatten ist Klagegrund die Überschuldung des Gesamtguts durch Verbindlichkeiten des anderen, die den künftigen Erwerb des klagenden Gatten gefährden.

2. Nach Beendigung der Gütergemeinschaft erfolgt die *Auseinandersetzung*, § 1471.

a) Bis zur Auseinandersetzung, also im Liquidationsstadium, besteht die Gesamthandsgemeinschaft bezüglich des früheren Gesamtgutes noch fort. Die Ehegatten verwalten aber jetzt das Gesamtgut *gemeinschaftlich*, auch wenn früher ein Gatte die Alleinverwaltung hatte, § 1472. An die Stelle eines verstorbenen Ehegatten treten seine Erben.

Die Anteile eines jeden Gatten sind aber jetzt *pfändbar*, § 860 II ZPO. Zur *Zwangsvollstreckung* in das Gesamtgut ist ein Urteil gegen beide Gatten erforderlich, entweder gegen beide auf Leistung oder gegen den persönlich haftenden auf Leistung und den anderen auf Duldung der Zwangsvollstreckung, § 743 ZPO.

Die Gatten können während des Liquidationsstadiums *nur gemeinsam verfügen*. Neuerwerb der Gatten wird aber nicht mehr Gesamtgut, sondern Eigenvermögen, mit Ausnahme der Surrogation und eines Erwerbs, der sich auf das Gesamtgut bezieht, also mit diesem objektiv und subjektiv zusammenhängt, § 1473 I; vgl. RG 87, 100. Auf Leistung in das Gesamtgut kann jeder Gatte — analog § 2039 — allein klagen. Für neu eingegangene Verbindlichkeiten haften die Ehegatten nur noch persönlich.

b) Die Auseinandersetzung erfolgt, wenn möglich, *einverständlich*. Auf Antrag vermittelt der *Richter*, § 99 FGG und § 13 Ziff. 8 RpflG, soweit das Landesrecht diese Aufgabe nicht anderen Stellen (Notaren) zuweist, § 193 FGG. Wenn die Ehegatten nichts anderes vereinbaren, erfolgt die Auseinandersetzung in folgender Weise:

Zunächst sind die *Gesamtgutsverbindlichkeiten* zu *berichtigen*, wozu das Gesamtgut, soweit nötig, zu versilbern ist, § 1475. Das gilt natürlich nur für die Verbindlichkeiten, die auch im Innenverhältnis dem Gesamtgut zur Last fallen, § 1475 II. Dann ist der *Überschuß* zu gleichen Teilen zu *verteilen,* § 1476 I. Die Teilung erfolgt nach den Vorschriften über die Gemeinschaft, §§ 752ff. Doch steht jedem Gatten ein *Übernahmerecht* hinsichtlich persönlicher und eingebrachter Gegenstände gegen Wertersatz zu, § 1477.

Um eine unbillige Halbteilung zum Nachteil des Gatten, der aus alleinigem oder überwiegendem Verschulden des anderen Teils oder schuldlos auf dessen Klage geschieden wurde, zu vermeiden, gibt das Gesetz dem *schuldlosen* Gatten das Recht, zu verlangen, daß jedem Gatten das *eingebrachte Gut zurückerstattet* und nur der Fehlbetrag geteilt werde, § 1478. Der Anspruch geht nur auf Wertersatz. Damit wird der Spekulation des ärmeren Gatten vorgebeugt, durch eine von ihm provozierte Scheidung die Hälfte des Vermögens des reicheren zu erlangen.

Wird das Gesamtgut unter die Ehegatten verteilt, *ehe* alle Gesamtgutsverbindlichkeiten berichtigt sind, so haftet dem Gläubiger außer dem persönlichen Schuldner auch der andere Gatte als Gesamtschuldner, aber unter Beschränkung auf die ihm zugeteilten Gegenstände. Die Vorschriften der §§ 1990, 1991 über die Haftung des Erben bei dürftigem Nachlaß gelten entsprechend, § 1480.

Das Gesetz gibt ferner dem Ehegatten, der nach der Teilung des Gesamtguts wegen einer Gesamtgutsverbindlichkeit in Anspruch genommen wird, obwohl ihm im Innenverhältnis die Gesamtgutsverbindlichkeit nicht zur Last fällt, einen *Befreiungsanspruch* gegen den anderen Gatten. Ist dieser Alleinverwalter gewesen, so muß er dem anderen dafür einstehen, daß dieser weder über die Hälfte der Verbindlichkeit noch über das aus dem Gesamtgut Erlangte hinaus in Anspruch genommen wird. Bei gemeinschaftlicher Verwaltung hat jeder dem anderen dafür einzustehen, daß er nicht über die Hälfte der Verbindlichkeit hinaus in Anspruch genommen wird. Und endlich muß jeder Gatte, dem im Innenverhältnis eine Verbindlichkeit zur Last fällt, dem anderen dafür einstehen, daß er nicht vom Gläubiger in Anspruch genommen wird, § 1481.

§ 16

V. Kapitel

Die fortgesetzte Gütergemeinschaft

I. Eintritt

Wird die Ehe durch den Tod eines Gatten aufgelöst und sind gemeinschaftliche Abkömmlinge vorhanden, so wird die Gütergemeinschaft zwischen dem überlebenden Gatten und den Abkömmlingen *fortgesetzt*, wenn die Ehegatten in einem Ehevertrag eine entsprechende Vereinbarung getroffen haben, §§ 1483ff. Durch die Fortsetzung soll die „Schichtung" der Kinder vermieden und das Hausvermögen möglichst lange ungeteilt erhalten werden. Der überlebende Gatte bleibt bis zu seinem Tode im Genuß des Gesamtguts als dessen Alleinverwalter. Die Abkömmlinge können bis dahin *hinsichtlich* des *Gesamtgutes* keine erbrechtlichen Ansprüche geltend machen; sie haben die Stellung eines von der Verwaltung ausgeschlossenen Ehegatten, § 1487. Sondergut und Vorbehaltsgut des Verstorbenen werden dagegen nach Erbrecht vererbt. Die Vorschriften über die fortgesetzte Gütergemeinschaft sind *zwingenden* Rechts, § 1518 S. 1.

II. Ausschluß

Die Fortsetzung der Gütergemeinschaft kann *ausgeschlossen* werden:
1. durch einen sie wieder aufhebenden *Ehevertrag*, § 1518 S. 2; dafür gelten die Vorschriften der §§ 1410 und 1411. Ausschluß ist auch möglich durch *gemeinschaftliches Testament* (RG 94, 317) oder *Erbvertrag* (RG Recht 1930, 1263);

2. durch *letztwillige Verfügung* des erstversterbenden Gatten, wenn er berechtigt ist, dem anderen Gatten den Pflichtteil zu entziehen oder auf Aufhebung der Gütergemeinschaft zu klagen, § 1509, oder dadurch, daß alle Abkömmlinge mit Zustimmung des anderen Gatten von der Gütergemeinschaft ausgeschlossen werden, §§ 1511, 1516;
3. durch *Ablehnung* der fortgesetzten Gütergemeinschaft durch den überlebenden Ehegatten nach den Regeln über die Erbausschlagung, § 1484.

III. Anteilsberechtigt sind an der fortgesetzten Gütergemeinschaft mit dem überlebenden Gatten nur die *erbberechtigten* gemeinschaftlichen Abkömmlinge.

Anteilsberechtigt ist also nicht, wer erbunwürdig ist, § 1506, wer auf seinen Anteil zu Lebzeiten der Ehegatten vertraglich verzichtet hat, § 1517, oder wer durch letztwillige Verfügung (mit Zustimmung des anderen Gatten, § 1516) von der fortgesetzten Gütergemeinschaft ausgeschlossen worden ist, § 1511. Der grundlos Ausgeschlossene hat eine dem Pflichtteilsanspruch nachgebildete Forderung gegen die Gesamthand, § 1511 II.

Nicht anteilsberechtigt ist auch, wer nach der Auflösung der Ehe auf seinen Anteil am Gesamtgut *verzichtet* hat. Sein Anteil wächst den anderen an, § 1491.

Stirbt ein anteilsberechtigter Abkömmling, so gehört sein Anteil nicht zu seinem Nachlaß. An seiner Stelle treten seine *Abkömmlinge*, die anteilsberechtigt sein würden, wenn er den verstorbenen Ehegatten nicht überlebt hätte, in die Gütergemeinschaft ein. Hat er keine Abkömmlinge, so wächst sein Anteil den übrigen anteilsberechtigten Abkömmlingen, und wenn solche fehlen, dem überlebenden Gatten als freies Vermögen an, § 1490.
Sind neben den gemeinschaftlichen Abkömmlingen *nichtgemeinschaftliche Abkömmlinge* vorhanden, so beerben sie den erstverstorbenen Gatten, wie wenn keine fortgesetzte Gütergemeinschaft eingetreten wäre, § 1483 II.

IV. Die Gütermassen

1. In Betracht kommen außer dem *Gesamtgut Vorbehaltsgut* und *Sondergut* des *überlebenden Gatten*, § 1486. Das *Eigenvermögen* der *Abkömmlinge* wird nicht in Vorbehalts- und Sondergut geschieden, es ist *freies*, ihrer Verwaltung und Nutzung unterstehendes Eigenvermögen, zu dem ihr Nachlaßanteil am Vorbehalts- und Sondergut des Verstorbenen, ihr früheres Vermögen und ihr Neuerwerb gehören, § 1485 II. Am Gesamtgut sind sie nur mit dem Anteil des Verstorbenen an diesem beteiligt. Das *Gesamtgut* besteht aus dem bisherigen ehelichen Gesamtgut (vermindert um den etwaigen Erbteil eines nicht anteilsberechtigten Abkömmlings, § 1483 II), dem Anteil des überlebenden Gatten am Nachlaß (Sonder- und Vorbehaltsgut) des Verstorbenen, sowie aus seinem Neuerwerb, § 1485 I.

2. Der Eintritt der fortgesetzten Gütergemeinschaft ist nicht nach erbrechtlichen Gesichtspunkten als Rechtsnachfolge anzusehen, der Anteil des verstorbenen Gatten am Gesamtgut gehört nicht zum Nachlaß, § 1483 I 3. Es liegt nur ein *Wechsel* in der *Person* der *Gesamthänder* bei *Identität* der *Gesamthand* vor. Aber weil die fortgesetzte Gütergemeinschaft an die Stelle der Erbfolge tritt, hat das Gesetz gewisse erbrechtliche Grundsätze für maßgebend erklärt.
Nach § 1507 hat das Nachlaßgericht dem überlebenden Gatten auf Antrag ein erbscheinähnliches *Zeugnis* auszustellen, damit er seine Verfügungsberechtigung nachweisen und die Grundbuchberichtigung herbeiführen kann.

3. Das Gesamtgut steht den Teilhabern zur gesamten Hand zu; sie haben also kein Verfügungsrecht über ihre Anteile, §§ 1487, 1419. Der überlebende Gatte hat die Stellung des Alleinverwalters. Die anteils-

berechtigten Abkömmlinge haben die Stellung eines von der Verwaltung ausgeschlossenen Ehegatten, aber kein Verfügungsrecht in Notfällen. § 1429 ist in § 1487 nicht angeführt.

4. Das *Gesamtgut haftet* für die bisherigen ehelichen Gesamtgutsverbindlichkeiten und die Schulden des überlebenden Gatten, § 1488. Außerdem haftet der überlebende *Gatte* für die Gesamtgutsverbindlichkeiten persönlich, § 1489 I. *Nicht* aber haften die *Abkömmlinge* (§ 1489 III), soweit sich ihre Haftung nicht aus anderen Gründen ergibt, wie z. B. einer Verbürgung oder Beerbung des Verstorbenen. Die Abkömmlinge haften nur für ihre Schulden mit ihrem freien Vermögen.
Da das Gesamtgut bei der Gütergemeinschaft für jede Schuld des Alleinverwalters haftet (§ 1437), so kann der Eintritt der fortgesetzten Gütergemeinschaft für den überlebenden Gatten zu einer Haftungssteigerung führen. Soweit die persönliche Haftung nur infolge des Eintritts der fortgesetzten Gütergemeinschaft für ihn eintritt, kann er deshalb die *Haftung* nach *erbrechtlichen Vorschriften beschränken*, und zwar auf das Gesamtgut in dem Bestande, den es bei Beginn der fortgesetzten Gütergemeinschaft hat, § 1489 II.
Im *Innen*verhältnis sind die Gesamtgutsverbindlichkeiten auch Gesamtgutslasten. Ausnahmen enthalten die §§ 1499 und 1500.

V. Ende der fortgesetzten Gütergemeinschaft

Endigungsgründe sind:

1. Kraft *Gesetzes*: Wegfall aller anteilsberechtigten Abkömmlinge, §§ 1490, 1491, Wiederverheiratung des überlebenden Gatten, § 1493, ferner dessen Tod oder Todeserklärung, § 1494;

2. *rechtsgeschäftliche Aufhebung* durch den überlebenden Gatten. Die Aufhebung kann erfolgen entweder durch einseitige Erklärung gegenüber dem Nachlaßgericht in öffentlich beglaubigter Form, § 1492 I, oder durch einen gerichtlich oder notariell beurkundeten Vertrag der Beteiligten, § 1492 II;

3. ein *Gestaltungsurteil* auf Grund der Klage eines anteilberechtigten Abkömmlings, § 1495. Der überlebende Gatte braucht nicht zu klagen, er kann kündigen (s. oben 2.).

Die Aufhebungsgründe entsprechen im wesentlichen den Klagegründen des von der Verwaltung der Gütergemeinschaft ausgeschlossenen Gatten bei der Gütergemeinschaft (§ 1447).

VI. Für die *Auseinandersetzung* gilt entsprechendes wie bei der Auseinandersetzung der Gütergemeinschaft selbst, §§ 1497, 1498.
1. Die eine Hälfte fällt dem überlebenden Gatten zu oder bildet dessen Nachlaß, die andere Hälfte fällt den Abkömmlingen zu im Verhältnis ihrer Erbteile nach dem erstverstorbenen Gatten.

Wird die fortgesetzte Gütergemeinschaft durch den Tod des überlebenden Gatten aufgelöst, so entsteht eine *Auseinandersetzungsgemeinschaft* zur gesamten Hand, bei der u. U. zwei Gesamthandsgemeinschaften zu unterscheiden sind:
a) Die Erbengemeinschaft der Erben des überlebenden Gatten für dessen Anteil und
b) die Abkömmlingsgemeinschaft der am Gesamtgut der fortgesetzten Gütergemeinschaft beteiligten Abkömmlinge mit ihrem Anteil.

Der Anteil eines *Abkömmlings* kann durch *letztwillige Verfügung vermindert* werden. Jeder Ehegatte kann nämlich für den Fall, daß mit seinem Tod die fortgesetzte Gütergemeinschaft eintritt, den Anteil, der einem Abkömmling nach der Beendigung der fortgesetzten Gütergemeinschaft gebühren würde, bis auf die Hälfte herabsetzen, § 1512, und, wenn er ihm den Pflichtteil entziehen könnte, den Anteil sogar ganz entziehen, § 1513. Der einem Abkömmling entzogene Anteil kann einem Dritten zugewendet werden, § 1514. Alle diese Verfügungen sind jedoch nur wirksam, wenn der andere Ehegatte ihnen zugestimmt hat, § 1516.

2. Das Gesetz gibt bei der Verteilung der Aktiven dem überlebenden Gatten ein *Recht zur Übernahme* gegen Wertersatz, § 1502. Wenn die fortgesetzte Gütergemeinschaft auf Klage eines Abkömmlings durch Gestaltungsurteil aufgehoben worden ist, haben die Abkömmlinge statt des überlebenden Gatten ein solches Übernahmerecht, § 1502 II.
Außerdem kann jeder Gatte für den Fall, daß mit seinem Tode die fortgesetzte Gütergemeinschaft eintritt, mit Zustimmung des anderen (§ 1516) durch letztwillige Verfügung einem Abkömmling gewisse Übernahmerechte, z. B. das Recht zur Übernahme eines Landgutes, einräumen, § 1515.

3. Was die *Verteilung der Schulden* anlangt, so geht das Gesetz davon aus, daß die Gesamtgutsverbindlichkeiten auch im Innenverhältnis das Gesamtgut belasten, so daß der überlebende Gatte bei Berichtigung einer Schuld aus seinem Vorbehalts- oder Sondergut Ersatz aus dem Gesamtgut verlangen kann. Den Abkömmlingen aber fällt die an einen ausscheidenden Abkömmling zu zahlende Abfindung zur Last, § 1501. Außerdem müssen sie sich gewisse Verbindlichkeiten des verstorbenen Gatten, die ihm im Verhältnis zu dem Überlebenden zur Last fielen, auf ihren Anteil soweit anrechnen lassen, als der Überlebende nicht von den Erben des verstorbenen Gatten hat Deckung erlangen können, § 1500.

VI. Kapitel

Errungenschaftsgemeinschaft und Fahrnisgemeinschaft

I. Die Errungenschaftsgemeinschaft

Die Errungenschaftsgemeinschaft ist eine *Beschränkung* der allgemeinen Gütergemeinschaft auf den *während der Ehe* gemachten *Erwerb*; das Stammvermögen der Gatten bleibt von der Gemeinschaft ausgeschlossen. Das BGB hatte diesen Güterstand nicht eigenartig ausgestaltet, sondern sein Recht durch Verbindung der Rechtssätze über den gesetzlichen Güterstand der Nutzverwaltung und die allgemeine Gütergemeinschaft gewonnen: für die Errungenschaft galten im wesentlichen die Regeln der allgemeinen Gütergemeinschaft, für das übrige Vermögen die des gesetzlichen Güterstandes.
Die Vorschriften des BGB gelten *nurmehr* für die *vor dem* 1. 7. 1958 *durch Ehevertrag* begründeten Errungenschaftsgemeinschaften. Neue Verträge zur Begründung einer Errungenschaftsgemeinschaft können seit Inkrafttreten des GleichberG nicht mehr geschlossen werden, Art. 8 Ziff. 7 GleichberG. In *Zukunft* kann eine Errungenschaftsgemeinschaft nur noch so vereinbart werden, daß im Rahmen einer *Gütergemeinschaft* alles *voreheliche Vermögen* zum *Vorbehaltsgut* erklärt wird. Für die Darstellung der Errungenschaftsgemeinschaft im einzelnen wird auf die frühere Auflage verwiesen.

II. Die Fahrnisgemeinschaft

Der Name „Fahrnisgemeinschaft" ist irreführend. Denn die Gemeinschaft umfaßt *nicht bloß* die *Fahrnis*, sondern *auch* die *Errungenschaft*, insbesondere auch die *errungenen Liegenschaften*. Auch die Fahrnisgemeinschaft ist eine Beschränkung der allgemeinen Gütergemeinschaft: ausgeschlossen von der Gemeinschaft ist das angestammte und das während der Ehe angefallene (d. i. unentgeltlich erworbene) Immobiliarvermögen.
Die Fahrnisgemeinschaft wird durch Art. 8 Ziff. 7 GleichberG *nurmehr* anerkannt, wenn sie durch einen *vor dem* 1. 7. 1958 *abgeschlossenen Ehevertrag* vereinbart worden ist. Insoweit bleiben die Vorschriften des BGB über sie maßgebend. Wegen der Darstellung im einzelnen wird auf die frühere Auflage verwiesen.

V. Titel

Die Auflösung der Ehe

Vorbemerkung. Der natürliche Endigungsgrund der Ehe ist der *Tod.* Hier wird die Schöpfung des Rechts durch die Macht der Tatsachen zerstört. In anderen Fällen zerschneidet die Rechtsordnung selber das Rechtsband der Ehe. Der wichtigste Fall ist die *Scheidung* der Ehe wegen einer schweren Störung der Gemeinschaft der Ehegatten. Daneben hat das Ehegesetz die *Aufhebung* der Ehe wegen gewisser Mängel gesetzt, die dem Willen eines der Eheschließenden anhaften (vgl. oben § 9 III). Außerdem kennt das Ehegesetz einen Sonderfall der Eheaufhebung bei *Wiederheirat eines Gatten nach erfolgter irriger Todeserklärung* des anderen. Endlich kannte das BGB noch eine *Aufhebung* der *ehelichen Gemeinschaft,* die die Ehe dem *Bande* nach bestehen ließ. Das Ehegesetz 1938 hat diese Einrichtung beseitigt.

§ 18

I. Kapitel

Wiederverheiratung nach irrtümlicher Todeserklärung

I. Grundsätzliches

Die *Todeserklärung* begründet nach § 9 VerschG die *Vermutung,* daß der Verschollene in dem im Ausschlußurteil festgesetzten Zeitpunkt verstorben sei, sie hat grundsätzlich *nur beweisrechtliche* Bedeutung. Aber gerade, weil der Beschluß den Beweis des Todes ersetzt und damit auch eine Vermutung für die Auflösung seiner Ehe begründet, kann der andere Ehegatte eine neue Ehe schließen. Entspricht die Todeserklärung der Wahrheit, ist die neue Ehe selbstverständlich gültig geschlossen. Ist die Todeserklärung dagegen irrtümlich, so müßte bei *folgerichtiger* Behandlung die *neue Ehe* als *ungültig* angesehen werden, wenn sich später herausstellt, daß der für tot Erklärte zur Zeit des zweiten Eheschlusses *noch gelebt* hat. Das ist heute zweifellos rechtens, wenn die neue Ehe nach *falscher Todesbeurkundung* im Sterbebuch (statt nach falscher *Todeserklärung*) geschlossen wird. Das kanonische Recht hält auch für den Fall der Todeserklärung an dieser folgerichtigen Auffassung fest und hat dabei die Gefolgschaft des gemeinen deutschen Rechts gefunden. Das PrALR II 1 § 666 hat sich umgekehrt für die Gültigkeit der zweiten Ehe entschieden und läßt die alte Ehe schlechthin der Auflösung verfallen.

Das BGB und das EheG haben versucht, zwischen diesen Auffassungen zu vermitteln, indem sie die alte Ehe durch den Abschluß der neuen für aufgelöst erklären, wenn nicht *beide* Gatten der neuen Ehe bei Abschluß derselben *gewußt* haben, daß der für tot Erklärte die *Todeserklärung überlebt* hat, § 1348 BGB a. F., § 38 EheG. Maßgebend für die Bevorzugung der *zweiten* Ehe waren nach den Motiven zum BGB folgende Erwägungen: man müsse dem zurückgebliebenen Gatten trotz der Ungewißheit über Leben und Tod des Verschollenen die Möglichkeit geben, eine *gültige* neue Ehe einzugehen, andernfalls würden Ruhe und Sicherheit der neuen Ehe untergraben; für den Ausnahmefall der Rückkehr sei es mißlich, die zweite Ehe, die vielleicht die Grundlage neuen Glücks und Fortkommens geworden sei, zugunsten einer Ehe als nichtig zu behandeln, die tatsächlich seit Jahren ohnehin nicht mehr bestanden habe; den *lebenden* Verschollenen treffe bei den neuzeitlichen Verkehrsverhältnissen regelmäßig ein *grobes Verschulden,* wenn er keine Nachrichten gegeben habe.

Führt das grundsätzlich zur Aufrechterhaltung der *zweiten* Ehe, so muß doch berücksichtigt werden, daß sich daraus sittliche und religiöse Konflikte für die Gatten der neuen Ehe ergeben können, wenn der Totgeglaubte zurückkehrt. Ihnen trug das BGB dadurch Rechnung, daß es jedem *gutgläubigen* Gatten der *neuen* Ehe ein *Anfechtungsrecht* gab. Das Ehegesetz gibt statt dessen *nurmehr* dem *früheren* Ehegatten des Zurückgekehrten ein Recht, die *Aufhebung* der neuen Ehe zu verlangen, wenn er beim Eheschluß gutgläubig war. Da die Aufhebung nur für die Zukunft wirkt, lebt die alte Ehe durch sie nicht auf, die Gatten der früheren Ehe müssen gegebenenfalls neu heiraten.

Daraus ergibt sich eine ziemlich gekünstelte Lösung, die aber den Vorzug vor der des BGB verdient, weil sie dem *Zurückgekehrten* die Freiheit gibt; nach der Regelung des BGB konnte über seinen Kopf hinweg die neue Ehe durch Anfechtung beseitigt und die alte wieder hergestellt werden.

II. Die Regelung des EheG im einzelnen

1. Das *Hindernis* der *Doppelehe* (§§ 5, 20 EheG) fällt weg, wenn einer der Gatten *für tot erklärt worden ist.* Der andere Gatte kann eine neue Ehe eingehen, weil der Beschluß den Beweis des Todes ersetzt.

2. Geht der zurückgebliebene Gatte eine *neue* Ehe ein, so ist diese *gültig,* wenn *auch nur einer der neuen Gatten redlich* ist, d. h. *nicht weiß,* daß der Verschollene die Todeserklärung überlebt hat. Wissen beide das, ist die neue Ehe *nichtig,* aber nur, wenn der Verschollene im Augenblick des Eheschlusses *noch lebt.* Ihre Unredlichkeit schadet ihnen also nicht, wenn der Verschollene zwar nach der Todeserklärung, aber vor dem Eheschluß gestorben ist.

Bei einer Heirat nach *falscher Todesbeurkundung* ist dagegen die *neue* Ehe wegen des bestehenden Ehebandes *nichtig.* Das gleiche gilt für eine vor Rechtskraft der

Todeserklärung geschlossene Ehe; s. aber Art. 3 § 2 VerschÄndG. Der Eintritt der Rechtskraft bewirkt keine Heilung; a. A. LSozG Essen, FamRZ 1962, 376. Geht ein Ehegatte nach einer bloßen *Feststellung des Todes* nach § 39 VerschG eine neue Ehe ein, so gelten, wenn der für tot gehaltene Ehegatte noch lebt, nach Art. 3 § 1 VerschÄndG die Bestimmungen über die Wiederverheiratung im Falle der Todeserklärung entsprechend.

3. Mit der Schließung der neuen wird die *alte Ehe aufgelöst*, § 38 II EheG. Das aber nur, wenn die neue Ehe gültig ist. Ist diese wegen Formmangels völlig nichtig oder mittels Nichtigkeitsklage vernichtet worden, so bleibt die alte Ehe bestehen oder tritt wieder ins Leben. Denn der Grund für ihre Auflösung ist nicht eingetreten oder wieder beseitigt. Solange die vernichtbare Ehe dagegen nicht mit der Klage angegriffen ist, muß die neue Ehe als gültig und die alte als aufgelöst angesehen werden.

4. Um die Gewissensfreiheit zu wahren, gibt das Gesetz dem *gutgläubigen Gatten des Zurückgekehrten* das Recht, die *Aufhebung* der neuen Ehe zu verlangen, wenn er erfährt, daß der Totgeglaubte die Todeserklärung überlebt hat; das aber nur dann, wenn dieser auch z. Z. der Aufhebung noch lebt, § 38 EheG. Der für tot Erklärte hat kein Aufhebungsrecht.

Die Aufhebung kann nur *binnen eines Jahres* begehrt werden, seitdem der aufhebungsberechtigte Gatte davon Kenntnis erlangt hat, daß der für tot erklärte Gatte noch lebt, § 19 der 1. DVO z. EheG.

Da die Aufhebung — anders als früher die Anfechtung — nicht zurückwirkt, lebt die frühere Ehe durch die Aufhebung nicht wieder auf. Die Gatten der früheren Ehe müssen also, wenn sie die eheliche Gemeinschaft wieder begründen wollen, erneut heiraten. Ein Zwang dazu besteht nicht. Der frühere Ehegatte, der die Aufhebung durchgesetzt hat, kann aber zu Lebzeiten des zurückgekehrten früheren Gatten *nur diesen heiraten*, § 39 II EheG; denn das Aufhebungsrecht ist ihm nur verliehen, um die alte Ehe wiederherzustellen, nicht um die Scheidungsvorschriften zu umgehen. Davon wird man eine *Ausnahme* machen dürfen, wenn die Ehe mit dem früheren Gatten *rechtlich unmöglich* ist, etwa weil dieser wieder geheiratet hat oder der Ehe ein Nichtigkeitsgrund entgegensteht, ferner wohl dann, wenn der *heimgekehrte Gatte* sich mit dem zurückgebliebenen Gatten nicht wieder verheiraten *will* und dieser deshalb die Ehe wieder mit dem Ehegatten der aufgehobenen neuen Ehe eingehen will; vgl. BayObLG FamRZ 1961, 376. Eine unter Mißachtung des § 39 II eingegangene Ehe mit einem Dritten ist aber gültig; das Verbot des § 39 II begründet nur ein *aufschiebendes* Ehehindernis.

Ob ein Ehegatte auch *dann* die Aufhebung begehren kann, wenn von vornherein feststeht, daß er seinen früheren Ehegatten nicht wieder heiraten *kann*, ist bestritten. Dem Sinn des Aufhebungsrechts würde eine verneinende Antwort entsprechen. Da das Gesetz jedoch keine derartige Einschränkung vorsieht und die Klage im übrigen auch dazu dienen mag, den Kläger von Gewissensskrupeln zu befreien (man denke daran, daß nach kanonischem Recht die zweite Ehe ungültig ist), wird man die Klage nur abweisen können, wenn sie sich als *Rechtsmißbrauch* darstellt; vgl. *Dölle*, § 30 II 1.

5. Bei Aufhebung der neuen Ehe regelt sich das Verhältnis der Ehegatten der aufgehobenen Ehe zueinander und zu den Kindern aus dieser Ehe nach *Scheidungsrecht*, § 37 EheG.

III. Die Folgen der Auflösung der ersten Ehe

Das Gesetz enthält, abgesehen von der Bestimmung des § 1681 II, keine Vorschrift darüber, welche Folgen eintreten, wenn eine Ehe durch Wiederverheiratung gem. § 38 II EheG aufgelöst wird. Die h. M. schließt daraus, daß die Ehe *ohne jede Nachwirkung* aufgelöst wird; sie versagt dem zu Unrecht für tot erklärten Gatten sowohl erbrechtliche als auch unterhaltsrechtliche Ansprüche gegen seinen früheren Gatten; vgl. LSozG Essen, FamRZ 1962, 376. Hier sollte mit einer Analogie zu § 61 II EheG geholfen werden; so zutr. *Bosch*, FamRZ 1962, 378 mit weiteren Nachweisen.

Vom Gesetz besonders geregelt ist lediglich der Fall, daß ein irrig für tot Erklärter zurückkehrt und nunmehr wieder die *elterliche Gewalt* über seine Kinder beansprucht. Nach § 1681 II 2 würde er die elterliche Gewalt, die ihm zunächst infolge der Todeserklärung verloren gegangen war (§ 1677), dadurch wieder erlangen, daß er gegenüber dem Vormundschaftsgericht erklärt, sie wieder ausüben zu wollen. Wenn sich nun der zurückgebliebene Ehegatte wieder verheiratet hat und die erste Ehe dadurch aufgelöst worden ist, entstünde die Konsequenz, daß die elterliche Gewalt von zwei nicht miteinander verheirateten Personen gemeinschaftlich ausgeübt werden müßte. Um dies zu vermeiden, ordnet § 1681 II 3 an, daß in einem solchen Fall die Regeln anwendbar sein sollen, die im Fall einer *Scheidung ohne Schuldausspruch* gelten (§ 1671).

§ 19

II. Kapitel

Die Ehescheidung

Schrifttum: Dölle, Grundsätzliches zum Ehescheidungsrecht, 1946; *Frantz*, Die Ehezerrüttung als Grundlage der Scheidung, FamRZ 1954, 190; *Wolf-Lüke-Hax*, Scheidung und Scheidungsrecht, 1959; *Brusiin*, Zum Ehescheidungsproblem, 1959; *Mikat*, Rechtsgeschichtliche und rechtspolitische Erwägungen zum Zerrüttungsprinzip, FamRZ 1962, 81, 273, 497 und 1963, 65; *Müller-Freienfels*, Ehe und Recht, 1962, 120.

V. Titel. Die Auflösung der Ehe

I. Geschichtliche Entwicklung. — Fremde Rechte. — Statistisches.

1. Das *römische* und ältere *deutsche* Recht kannten die Scheidung durch privaten, nicht an gerichtliche oder priesterliche Mitwirkung geknüpften Vertrag oder einseitige Erklärung.

2. Im 10. Jahrhundert erlangte die *Kirche* die Gerichtsbarkeit in Ehescheidungssachen. Damit wurde das kirchliche Recht und damit der Grundsatz von der *Unauflöslichkeit* der Ehe maßgebend.

Die *absolute Unlösbarkeit* der Ehe eignet nach kanonischem Recht aber nur der durch copula carnalis *vollzogenen christlichen* Ehe (matrimonium ratum et consummatum). Die Ehe zweier Ungetaufter wird dem Bande nach geschieden, wenn einer der Gatten zum Christentum übertritt und durch Interpellation des anderen festgestellt wird, daß dieser die Ehe mit ihm nicht oder doch nicht ohne Gefährdung seines Glaubens (sine contumelia Creatoris) fortsetzen will — sog. privilegium Paulinum, cod. iur. can. c. 1121. Die noch nicht vollzogene sakramentale Ehe (matrimonium ratum, nondum consummatum) kann auch zwischen Getauften dem *Bande* nach getrennt werden durch Ablegung des Keuschheitsgelübdes in einem päpstlich approbierten Orden (sollemnis professio religiosa) oder durch päpstliche Dispensation.

Neben der Lösung der Ehe dem Bande nach kennt das kanonische Recht in mehreren Fällen die *Aufhebung der ehelichen Gemeinschaft*, d. h. des ehelichen Verkehrs und Zusammenlebens (separatio quoad torum et mensam). Sie ist als ständige (separatio perpetua) und als zeitweise (sep. temporanea) vorgesehen, schließt aber die Wiederverheiratung stets aus; die *ständige* ist nur bei *Ehebruch* zulässig.

3. Die *Reformatoren*, die die sakramentale Natur der Ehe leugneten, ließen die *Scheidung* dem *Bande nach* wegen *Ehebruchs* zu. Damit war die erste Bresche geschlagen, andere Gründe folgten: die bösliche Verlassung (desertio), die quasi desertio usw. Während die Scheidung zuerst durch einseitige private Erklärung erfolgte, verlangte die protestantische Lehre später die nachfolgende obrigkeitliche Feststellung, daß die Ehe geschieden sei — noch später wurde die trennende Kraft in den *obrigkeitlichen Ausspruch* selbst verlegt.

4. Die *Aufklärungszeit* des 18. Jahrhunderts sieht die Ehe als bloßes bürgerlichrechtliches Vertragsverhältnis an (contractus civilis) und ebnet dadurch einem neuen staatlichen überkonfessionellen Scheidungsrecht die Bahn.

Am scheidungsfreundlichsten war unter den partikularrechtlichen Regelungen die des PrALR, das für die kinderlose Ehe die gegenseitige Einwilligung und für alle Ehen einseitige unüberwindliche Abneigung als Scheidungsgründe anerkannte. Der code civil ließ für alle Ehen die Scheidung durch consentement mutuel zu (heute weggefallen).

5. Das PStG vom 6. 2. 1875 hat die *kirchliche Gerichtsbarkeit* in Ehesachen zwar *beseitigt*, das materielle zersplitterte Scheidungsrecht aber mit einer Ausnahme nicht geändert; es bestimmte nur, daß an Stelle der vom bisherigen Recht etwa vorgesehenen Trennung von Tisch und Bett stets die Auflösung der Ehe dem Bande nach auszusprechen sei.

6. Das BGB brachte endlich die *einheitliche Ordnung* des *materiellen* Scheidungsrechts. Es erkannte als Scheidungsgründe vier Fälle *schuldhafter* Verletzung der ehelichen Pflichten an, nämlich: 1. *Ehebruch*, 2. *Lebensnachstellung*, 3. *bösliches Verlassen* und 4. *schuldhafte Zerrüttung* der Ehe durch schwere Pflichtverletzung oder ehrloses oder unsittliches Verhalten. Als *einzige Ausnahme* vom *Verschuldensprinzip* wurde die *unheilbare Geisteskrankheit* als Scheidungsgrund zugelassen.

7. Von den *ausländischen Rechten lehnen* noch heute eine *Ehetrennung dem Bande nach ab*: das italienische, das spanische und das irische Recht. Das andere Extrem bilden die Rechtsordnungen, die die *Scheidung in das Belieben* der Ehegatten oder

eines Ehegatten stellen, ohne die Scheidung vom Vorliegen besonderer Scheidungsgründe abhängig zu machen. Eine *einverständliche* Scheidung gibt es z. B. in Mexiko, Japan und der Volksrepublik China. Eine Scheidung durch *Verstoßung der Frau* durch den Mann (talak) ist die übliche Form der Eheauflösung in den Staaten, deren Eherecht vom muselmanischen Recht beherrscht wird. In den meisten Staaten wird, ebenso wie in Deutschland, die Scheidung vom Vorliegen *bestimmter Scheidungsgründe* abhängig gemacht. Generalklauseln sind selten (sie finden sich namentlich in den Rechten der sog. Volksdemokratien), die enumerative Aufzählung der Scheidungsgründe ist die Regel. Die meisten Staaten halten an dem *Verschuldensprinzip* fest, in anderen (namentlich den skandinavischen Staaten) ist das Verschuldensprinzip weitgehend durch das *Zerrüttungsprinzip* verdrängt worden.

8. *Statistisches*: Pro 1000 Einwohner werden in Deutschland jährlich neun bis zehn Ehen geschlossen (insgesamt über 500000). Die Zahl der Ehescheidungen belief sich im Jahre 1960 auf 48878, im Jahre 1962 auf 49521. D. h., auf je 100000 Einwohner entfallen heute 87 bis 88 Scheidungen im Jahr. Die entsprechenden Verhältniszahlen (Scheidungen pro 100000 Einwohner) lauten für 1900: 16 Scheidungen, 1910: 23 Scheidungen, 1920: 59 Scheidungen, 1930: 63 Scheidungen, 1939: 89 Scheidungen, 1946: 112 Scheidungen, 1948: 187 Scheidungen, 1950: 157 Scheidungen, 1952: 105 Scheidungen, seit 1954: 80 bis 90 Scheidungen.
Die meisten Ehescheidungen erfolgen nach einer Ehedauer von zwei bis sechs Jahren. Ehescheidungsgrund ist in der ganz überwiegenden Anzahl der Fälle (etwa 90%) § 43 EheG. Meist wird die Ehe aus einem Grund geschieden, der in der Person des Mannes liegt (1962: in 27954 Fällen; die Frau trug in 7709 Fällen die Schuld, in 11253 Fällen wurde die Ehe aus beiderseitigem Verschulden geschieden und in 2605 Fällen erfolgte die Scheidung nach § 48 (Aufhebung der häuslichen Gemeinschaft) ohne Schuldspruch.

II. Die Grundgedanken des geltenden Scheidungsrechts

Auf keinem Rechtsgebiet drängt alles so sehr zu einer Kompromißlösung wie auf dem des Ehescheidungsrechts, weil hier die verschiedenen Weltanschauungen am schärfsten aufeinanderprallen, weil hier die Sonderinteressen der unmittelbar Beteiligten und überindividualistische Forderungen der Sittlichkeit und Staatswohlfahrt am unversöhnlichsten einander gegenüberstehen. Es ist nicht bloß die christliche Kirche, die den Grundsatz von der Unauflöslichkeit der Ehe aus religiösen Gründen verteidigt, auch das *staatliche* Interesse verlangt möglichste Aufrechterhaltung der Ehe als einer über dem Willen der Gatten stehenden, höheren sittlichen Zwecken dienenden Lebensgemeinschaft. Deshalb kann auch der moderne Gesetzgeber, der sich nicht vom Offenbarungsglauben und religiösen Erwägungen leiten läßt, den Forderungen eines liberalen Individualismus nach weitgehender Berücksichtigung der Empfindungen und des Willens der Gatten selbst nur *ausnahmsweise* aus *schwerwiegenden Gründen* Rechnung tragen, will er sich nicht seine eigenen Fundamente untergraben. Er darf die Lösung der Ehe nur soweit zugestehen, als sie ihre Aufgabe als Keimzelle aller gesellschaftlichen und staatlichen Ordnung überhaupt nicht mehr zu erfüllen vermag. In diesen Fällen kann es nicht Aufgabe des staatlichen Gesetzgebers sein, den Grundsatz der Unlöslichkeit um seiner selbst willen festzuhalten.

Ihren Wert als *Familiengrundlage* hat die Ehe aber grundsätzlich verloren, wenn *jede Lebensgemeinschaft* zwischen den Gatten *unheilbar zerstört* ist. Dann stellt sie eine kranke Zelle im sozialen Organismus dar, die für die Volksgemeinschaft belastend oder doch wertlos geworden ist.

Diese Überlegungen scheinen dazu zu führen, die Tatsache der *objektiven Zerrüttung* schlechthin als Scheidungsgrund anzuerkennen, gleichgültig, auf welche Gründe sie zurückzuführen ist und welche Folgen sie hat. Eine solche Lösung würde aber der *sittlichen* Idee der durch die Ehe begründeten Lebensgemeinschaft keine Rechnung tragen; sie würde die Selbstaufgabe und Aufsichnahme von Verantwortung mißachten, die mit dieser Idee untrennbar verbunden sind.

Die Lösbarkeit der unheilbar zerrütteten Ehe darf nicht auf Kosten des Sittlichkeits- und Gerechtigkeitsempfindens, aus rein bevölkerungspolitischen Rücksichten gestattet werden. Deshalb muß auch das *bisherige Verhalten* der Gatten gewürdigt werden, insbesondere ob der die *Scheidung begehrende Gatte* die Zerrüttung vorwiegend *verschuldet* hat. Wenn seinem Begehren trotzdem schlechthin stattgegeben würde, müßte das Gerechtigkeitsempfinden eine schwere Einbuße erleiden, der mißbräuchlichen Herbeiführung der Zerrüttung würde Tür und Tor geöffnet und die allgemeine Volksmoral schwer geschädigt. Des weiteren müssen auch die *Folgen einer Scheidung* ins Auge gefaßt werden, namentlich ob nicht das Wohl erziehungsbedürftiger, aus der Ehe entsprungener Kinder ihre Lösung verbietet.

Von derartigen grundsätzlichen Erwägungen hat sich auch der deutsche Gesetzgeber im Ehegesetz von 1938 leiten lassen und einen *Ausgleich* versucht zwischen dem festgehaltenen Grundsatz von der Unlöslichkeit der Ehe und den Anschauungen des modernen ethischen Liberalismus, der die Lösbarkeit des Ehebandes fordert, wenn dieses auch nur für einen der Gatten zu einem die Persönlichkeit zerbrechenden oder für sie unerträglichen Zwang geworden und dadurch die wirkliche Gemeinschaft zerstört ist.

Das Ehegesetz von 1938 hat freilich die ausnahmsweise Lösbarkeit der Ehe in weiterem Umfang anerkannt als das BGB. Es brachte eine erhebliche *Vermehrung der Scheidungsgründe.* Es ging zwar, wie das BGB, von den Fällen der *schuldhaft* durch schwere Verfehlungen zerrütteten Ehe als den normalen Scheidungsgründen aus, ließ aber daneben (zusätzlich zu der Scheidung wegen Geisteskrankheit) auch eine Scheidung der ohne Verschulden *„aus anderen Gründen" zerrütteten* Ehe zu, freilich *nur unter ganz bestimmten Voraussetzungen.* Abgelehnt wurde die von vielen erhobene Forderung, die *objektive Zerrüttung schlechthin* als Scheidungsgrund zuzulassen, weil das eine mißbräuchliche Herbeiführung dieses Scheidungsgrundes zu sehr begünstigt haben würde. § 55 des Ehegesetzes machte deshalb zur Voraussetzung der Scheidungsklage wegen objektiver Zerrüttung, daß diese in einer mindestens drei Jahre dauernden Aufhebung der häuslichen Gemeinschaft ihren Ausdruck gefunden haben müsse und gab dem auf Scheidung verklagten Gatten, wenn der *Kläger* die Zerrüttung *ganz oder überwiegend verschuldet* hatte, ein *Recht* zum *Widerspruch*, der nur dann nicht zu beachten war, wenn die Aufrechterhaltung der Ehe bei richtiger Würdigung ihres Wesens und des gesamten Verhaltens beider Gatten sittlich nicht gerechtfertigt war. Für die Beurteilung der Zerrüttung der Ehe stellte das EheG von 1938 freilich, anders als das BGB, nicht mehr entscheidend darauf ab, ob die Fortsetzung der Ehe dem klagenden Gatten zuzumuten sei, sondern ersetzte diesen subjektiven Maßstab durch einen objektiven. Maßgebend sollte sein, ob die Wiederherstellung der ehelichen Gemeinschaft noch zu erwarten war und ob das Scheidungsbegehren bei richtiger Würdigung des Wesens der Ehe *sittlich zu rechtfertigen* war. Damit war der Gesichtspunkt der Zumutbarkeit aber keineswegs bedeutungslos geworden, sondern wurde nur seiner subjektiven Färbung entkleidet. Die Idee einer wahren sittlichen Lebensgemeinschaft enthält auch den Opfergedanken, verlangt einen gewissen Verzicht auf das ungehemmte Sichausleben, namentlich auch Rücksicht auf das Wohl etwaiger *Kinder*.

Die Objektivierung führte freilich unter dem Einfluß der nazistischen Lehre von der *bevölkerungspolitischen* Aufgabe der Ehe zu einer ziemlich scheidungsfreudigen Rechtsprechung. Diese stellte den Gesichtspunkt in den Vordergrund, welche Verbindung *bevölkerungspolitisch* die wertvollere sei, die alte angeblich zerrüttete Ehe oder die danebenstehende oder angebahnte neue Geschlechtsverbindung. Die Antwort erfolgte weitgehend zu Gunsten der letzteren. Dementsprechend stellte das viel besprochene Reichsgerichtsurteil vom 17. 4. 1939 (RG 160, 144) fest, die sittliche Wertung einer Ehe dürfe nicht mehr von den Belangen der beteiligten Gatten ausgehen, sondern habe in den Vordergrund den Wert der Ehe für die *völkischen Belange* zu stellen. Deshalb sei auch bei der Beurteilung des Widerspruchs des beklagten Gatten gegen die Scheidung in erster Reihe nach den völkischen Belangen zu fragen. Die Nichtbeachtung des Widerspruchs bedeute daher keine Ausnahme von einer im § 55 II EheG zu suchenden Regel, sondern die Rückkehr zur Regel des 1. Absatzes. Das führte zur *grundsätzlichen Nichtberücksichtigung* des Widerspruchs und zu seiner nur ausnahmsweisen Beachtung.

Das *neue* EheG von 1946 hat zwar die meisten Vorschriften des alten Ehegesetzes übernommen, aber doch seine *Grundeinstellung insoweit*

wesentlich geändert, als es die aus der *völkischen Aufgabe* der Ehe abgeleiteten *Scheidungsgründe* des alten Ehegesetzes, nämlich Verweigerung der Fortpflanzung (§ 48) und Unfruchtbarkeit (§ 53), *gestrichen hat*. Es hat ferner die Scheidung wegen *objektiver Zerrüttung erschwert*, indem es nicht bloß darauf abstellt, ob die Wiederherstellung der ehelichen Gemeinschaft zu erwarten und ob die Aufrechterhaltung bzw. Lösung der Ehe sittlich gerechtfertigt ist, sondern noch besonders darauf, ob die Aufrechterhaltung der Ehe mit Rücksicht auf das Wohl der ihr entsprungenen minderjährigen Kinder geboten ist.
Infolge dieser Änderungen tritt die Bedeutung des Opfergedankens, der durch den Eheschluß übernommenen Verantwortung, wieder mehr in den Vordergrund. Auf die *sittlichen Pflichten*, die aus der Ehe erwachsen, ist der Nachdruck zu legen, nicht auf die Aufgabe der Ehe, der Vermehrung und Erhaltung der Art und Rasse zu dienen. Das muß auch für die Beachtung des Widerspruchs bei einer Klage aus § 48 EheG beachtet werden. Der *Widerspruch ist grundsätzlich zu beachten* und nur ausnahmsweise nicht. Dafür hatten sich bereits nach 1945 entgegen der zitierten Entscheidung des Reichsgerichts (RG 160, 144) zahlreiche Oberlandesgerichte und der BGH ausgesprochen, und der Gesetzgeber hat durch die Neufassung des § 48 EheG durch das FamilienrechtsÄndG diese Rechtsprechung sanktioniert.

III. Die einzelnen Scheidungsgründe

Aus dem Gesetz ergeben sich zwei Gruppen von Scheidungsgründen: solche, die ein *Verschulden* voraussetzen (§§ 42 und 43 EheG), und solche, die *kein Verschulden* voraussetzen (§§ 44 bis 48 EheG).
1. *Die verschuldeten Scheidungsgründe*. Bei den verschuldeten Scheidungsgründen wird das Scheidungsrecht dadurch ausgeschlossen, daß der verletzte Gatte die Verfehlung dem anderen *verziehen* oder sie *als ehezerstörend nicht empfunden* hat, § 49 EheG. Dadurch wird vermieden, daß die Ehe wegen Erfüllung eines rein formalen Tatbestandes geschieden werden muß, ganz ohne Rücksicht darauf, wie die Verfehlung subjektiv auf den anderen Gatten gewirkt hat. Bei dem Mangel des Empfindens der Ehezerstörung handelt es sich um die innere Einstellung des objektiv gekränkten Gatten, der die Empfindung der Ehezerstörung überhaupt nicht gehabt hat. Die Verzeihung setzt dagegen voraus, daß der gekränkte Gatte die Handlung des anderen anfangs als ehezerrüttend empfunden hat, sie aber später nicht mehr als solche ansehen und die Ehe fortsetzen, also auf sein entstandenes Scheidungsrecht verzichten will. Beide Male liegt kein Rechtsgeschäft vor, sondern ein *innerer*, *irgendwie*

zum Ausdruck gekommener Vorgang, der keine Geschäftsfähigkeit voraussetzt; vgl. RG 165, 112; 163, 347.

Verzeihung ist auch unter einer Bedingung möglich; eine bedingte Verzeihung wird aber oft nur als Ausdruck der Bereitschaft zukünftiger Verzeihung zu deuten sein; vgl. RG 154, 255.

a) *Ehebruch* (§ 42 EheG).

Der Tatbestand ist aus § 172 StGB zu entnehmen, setzt also *objektiv Beischlaf* mit einer dritten Person anderen Geschlechts voraus und *subjektiv* wenigstens bedingten *Vorsatz*; vgl. RG 150, 384. Eine *künstliche Insemination* ist *kein* Ehebruch, kann aber — bei heterologer Insemination gegen den Willen oder ohne Wissen des Ehemannes — eine schwere Eheverfehlung darstellen. Der Täter muß das Bewußtsein gehabt haben, daß er verheiratet ist oder möglicherweise noch ist. Grobe Fahrlässigkeit genügt nicht; vgl. RG 120, 35. Die Schuldausschließungsgründe des § 51 StGB, wie z. B. Unzurechnungsfähigkeit, schließen den Ehebruch i. S. des Gesetzes aus. *Strafbar* ist der Ehebruch nur dann, wenn die Ehe seinetwegen geschieden ist; die Verfolgung tritt nur auf Antrag ein.

Der Ehebruch als solcher führt noch nicht zur Ehescheidung. Hinzukommen muß eine durch den Ehebruch verursachte *Ehezerrüttung,* die allerdings vermutet wird; vgl. BGH 18, 190, str. Kann der Beklagte diese Vermutung durch den Nachweis widerlegen, daß der Kläger den Ehebruch nicht als ehezerstörend empfunden hat, so ist die Scheidungsklage abzuweisen, § 49 EheG. Hat der Kläger selbst ebenfalls Ehebruch begangen, so schließt das sein Scheidungsrecht grundsätzlich noch nicht aus, offenbart aber eine laxe Eheauffassung und erleichtert dem Beklagten den Nachweis, daß der Kläger den Ehebruch des Beklagten nicht als ehezerstörend empfunden hat.

Ausgeschlossen ist das *Scheidungsrecht*:

α) wenn der Kläger dem Ehebruch *zugestimmt* hat (dem Zustimmenden gegenüber liegt kein Treuebruch vor; vgl. RG 85, 204);

β) wenn er den Ehebruch *absichtlich ermöglicht* oder *erleichtert* hat, § 42 II EheG.

Die Zustimmung ist ebenso wie die Verzeihung kein Rechtsgeschäft. Sie schließt das Scheidungsrecht nur aus, wenn sie bei dem Ehebruch bereits vorlag. Ob der Ehebrecher sie gekannt hat, spielt keine Rolle. Eine nachträgliche Zustimmung zum Ehebruch gibt es nicht. An ihre Stelle tritt die Verzeihung; vgl. *Gernhuber,* § 26 II 3; a. A. *Dölle,* § 39 II 1 c aa.

Bei jeder Scheidungsklage wegen Ehebruchs ist § 1593 zu berücksichtigen, wonach sich niemand auf die *Unehelichkeit eines Kindes* berufen darf, ehe nicht die Ehelichkeit des Kindes angefochten und seine Unehelichkeit rechtskräftig festgestellt ist. Eine Beweiserhebung, mit der die Unehelichkeit eines in der Ehe geborenen Kindes und damit der Ehebruch bewiesen werden soll, ist darum nicht zulässig; vgl. OLG Karlsruhe, FamRZ 1963, 254, sehr str.

b) *Sonstige schwere Eheverfehlungen* (§ 43 EheG).

α) Eine *schwere* Eheverfehlung i. S. des § 43 liegt

αα) zunächst in jedem *groben Verstoß* gegen eine Anforderung, die sich aus der Ehe als einer auf gegenseitige Liebe, Achtung und Treue aufgebauten Lebensgemeinschaft ergibt. Das Vorliegen eines solchen Verstoßes kann nur für den Einzelfall unter Berücksichtigung aller Umstände bejaht werden.

In der Rechtsprechung (vgl. die umfassende Zusammenstellung im BGB-RGRK zu § 43 EheG) sind beispielsweise als solche Verstöße anerkannt worden: Untreue jeder Art, auch wenn sie keinen Ehebruch darstellt, Mißhandlungen, Drohungen, schwere Beleidigungen, Lieblosigkeiten, auch gegenüber den Kindern oder gegenüber den Stiefkindern, unbegründete, u. U. sogar begründete Anzeigen, Ausplaudern von Intimitäten aus dem Eheleben, grundlose und dauernde Verweigerung des ehelichen Verkehrs, Rücksichtslosigkeiten im geschlechtlichen Verkehr, Verletzung der Unterhaltspflicht, Vernachlässigung der Kindererziehung oder des Haushalts, bösliches Verlassen, d. i. Aufhebung der ehelichen Gemeinschaft, ohne daß ein Recht zum Getrenntleben besteht. Auch die Verweigerung der Fortpflanzung, die als absoluter Scheidungsgrund gestrichen ist, kann unter den Voraussetzungen des § 43 als Scheidungsgrund in Betracht kommen.
Lebhaft umstritten ist die Frage, ob und, wenn ja, in welchen Fällen ein *Glaubenswechsel* eine schwere Eheverfehlung darstellt. Die Rechtsprechung hat diese Frage dahin beantwortet, daß ein Glaubenswechsel als solcher schon wegen Art. 4 GG nicht als Eheverfehlung angesehen werden kann, daß eine Eheverfehlung jedoch in der Art und Weise liegen kann, in welcher der Kirchenwechsel durchgeführt wird; vgl. BGH 33, 145. Außerdem trifft den Ehegatten, der die bisher bestehende Glaubenseinheit der Ehe aufgibt, in besonderem Maße die Pflicht, auf die religiöse Überzeugung des anderen Rücksicht zu nehmen, insbesondere, sich dauernder Bekehrungsversuche zu enthalten; er hat alles in seinen Kräften Stehende zu tun, damit Haushalt und Häuslichkeit nicht beeinträchtigt werden und die geistige Verbindung und das Vertrauensverhältnis zwischen den Ehegatten erhalten bleiben; vgl. BGH 38, 317; BGH FamRZ 1965, 126; *Müller-Freienfels*, JZ 1964, 305ff., 344ff.

ββ) Sodann liegt eine schwere Eheverfehlung in einem *ehrlosen oder unsittlichen Verhalten*, ohne Rücksicht darauf, ob es sich gegen den anderen Gatten richtet.

Z. B. Trunksucht, unsittlicher Lebenswandel, strafbare Handlungen.

β) Die Eheverfehlung muß *schuldhaft* sein.

Unzurechnungsfähigkeit und krankhafte Störung der Geistestätigkeit schließen ein Verschulden aus, begründen aber u. U. den Scheidungsgrund des § 44 EheG.

γ) Die Eheverfehlung muß zu einer *so tiefen Zerrüttung* der Ehe geführt haben, daß die *Wiederherstellung* einer dem Wesen der Ehe entsprechenden Lebensgemeinschaft *nicht mehr erwartet werden kann.*
Es kommt also *nicht* mehr, wie nach § 1568 BGB, darauf an, ob es den Ehegatten *zugemutet* werden kann, die Ehe fortzusetzen. An die Stelle dieses subjektiven Moments ist vielmehr ein *objektiver Maßstab* getreten.

Zerrüttet ist die Ehe dann, wenn mindestens einer der Ehegatten die rechte eheliche Gesinnung nicht mehr aufzubringen vermag und sich darum außerstande sieht, die eheliche Gemeinschaft aufrechtzuerhalten. Einer Überempfindlichkeit des verletzten Ehegatten kann bei der Feststellung des Grades der Zerrüttung Rechnung getragen werden. Ehegatten dürfen nicht leichtfertig die Flinte ins Korn werfen.
Bei der Prüfung, ob die Ehe durch die Eheverfehlungen des Beklagten zerrüttet worden ist, kann das *Verhalten des Klägers* nicht unberücksichtigt bleiben. Hat auch er sich Eheverfehlungen zuschulden kommen lassen, so wird dadurch zwar sein Scheidungsrecht an sich nicht ausgeschlossen, doch wird es ihm versagt, wenn nach Art seiner Verfehlungen, insbesondere wegen des Zusammenhangs einer etwaigen Verfehlung des anderen Gatten mit seinem eigenen Verschulden sein Scheidungsbegehren bei richtiger Würdigung des Wesens der Ehe sittlich nicht gerechtfertigt ist, § 43 S. 2 EheG.

Eine Verschuldensaufrechnung wird dadurch nicht anerkannt; ebensowenig gibt die Verfehlung des einen Gatten dem anderen einen Freibrief für ehewidriges Verhalten.
Hat der Kläger der Eheverfehlung *zugestimmt* oder sie absichtlich *ermöglicht* oder *erleichtert*, so ist sein Scheidungsrecht ebenfalls ausgeschlossen. § 42 II EheG ist hier analog anwendbar; vgl. *Dölle*, § 39 II 2c.

2. *Scheidung ohne Verschulden aus anderen Gründen.*
a) Scheidung wegen *Geisteskrankheit*, auf *geistiger Störung beruhendem Verhalten* oder *schwerer ansteckender* oder *ekelerregender Krankheit*, §§ 44, 45, 46 EheG.
In allen diesen Fällen ist nach der Generalklausel des § 47 EheG zur Vermeidung von Härten eine Scheidung, selbst wenn die sonstigen Voraussetzungen vorliegen, stets ausgeschlossen, wenn das Scheidungsbegehren *sittlich nicht gerechtfertigt* ist.
Die *Treuepflicht* verbietet den Ehegatten, den Partner in Not und Unglück zu verlassen. Diese Verpflichtung des gesunden Gatten, beim kranken auszuhalten — selbst wenn die Ehe ihren Sinn als Lebensgemeinschaft verloren hat —, erkennt das Gesetz aber regelmäßig nur dann an, wenn die Auflösung der Ehe den anderen Gatten *außergewöhnlich hart treffen würde*, § 47 S. 2 EheG. Ob das der Fall ist, soll nach den gesamten Umständen, namentlich auch nach der Dauer der Ehe, dem Lebensalter der Ehegatten und dem Anlaß der Erkrankung beurteilt werden, § 47 S. 3 EheG.

Aus § 47 S. 2 EheG darf nicht der Umkehrschluß gezogen werden, daß immer dann, wenn die Ehescheidung den Kranken *nicht* außergewöhnlich hart treffen würde, das Scheidungsbegehren sittlich gerechtfertigt ist. Der Kläger muß vielmehr darüber hinaus noch nachweisen, daß er alles ihm Zumutbare getan hat, um seiner

Verantwortung gegenüber dem Beklagten gerecht zu werden; vgl. BGH FamRZ 1964, 76.

α) Scheidung wegen *Geisteskrankheit*, § 45 EheG.

Der Begriff der Geisteskrankheit i. S. des § 45 EheG ist mit dem *medizinischen Begriff* der Geisteskrankheit *nicht identisch*. Entscheidend ist, ob die jeweils vorliegende geistige oder seelische Störung — auf welcher organischen oder nichtorganischen Regelwidrigkeit sie auch beruht — die Wirkung hat, daß sie eine *geistige Gemeinschaft* zwischen den Ehegatten *dauernd unmöglich* macht; vgl. BGH FamRZ 1965, 499.

Die völlige Aussichtslosigkeit der Wiederherstellung braucht anders als nach § 1569 BGB nicht mehr festgestellt zu werden. Auch das frühere Mindesterfordernis einer 3jährigen Dauer der Krankheit ist weggefallen.

β) Scheidung wegen eines auf *geistiger Störung beruhenden Verhaltens*, § 44 EheG.

Nach § 44 EheG ist die Scheidung zulässig, wenn die objektive Zerrüttung *unheilbar* ist infolge eines *Verhaltens* eines Gatten, das unter normalen Umständen als eine *Eheverfehlung* im Sinne der §§ 42 u. 43 EheG anzusehen wäre, aber als Ausfluß einer geistigen Störung (Beispiele: Hysterie, krankhafte Eifersucht) ihm nicht zugerechnet werden darf. Es ist also nicht die geistige Störung als solche, sondern die darauf zurückzuführende Zerrüttung der Ehe der Scheidungsgrund.

Dieser durch das EheG 1938 neu eingeführte Scheidungsgrund will die Lösbarkeit einer Ehe auch in den Fällen ermöglichen, wo von einer Geisteskrankheit im Sinne des § 45 EheG nicht gesprochen werden kann, die Ehe aber infolge eines auf krankhafter Veranlagung beruhenden Verhaltens, das man wegen seiner pathologischen Grundlage nicht als Eheverfehlung i. S. des § 43 EheG betrachten kann, unheilbar zerrüttet ist; vgl. RG 161, 108. Die geistige Störung kann zur Zeit der Scheidung schon weggefallen sein, die Zerrüttung muß aber anhalten. Eigene *Eheverfehlungen des Klägers* schließen sein Scheidungsrecht in der Regel nicht aus; § 43 S. 2 EheG ist nicht anwendbar. In solchen Fällen ist aber zu prüfen, ob die Zerrüttung der Ehe wirklich auf der geistigen Störung und nicht vielmehr auf den Eheverfehlungen des Klägers beruht. Außerdem ist das Verhalten des Klägers bei der Prüfung der Frage zu berücksichtigen, ob die Scheidung den Beklagten unbillig hart treffen würde; vgl. BGH 1, 132; BGH FamRZ 1964, 28; *Mikat*, FamRZ 1964, 7ff.

γ) Scheidung wegen *schwerer ansteckender oder ekelerregender Krankheit*, § 46 EheG.

Z. B. offene Lungentuberkulose, Syphilis, Lupus vulgaris (RG DR 41, 1078). Ob die Krankheit ekelerregend ist, muß nach einem *objektiven* Maßstab beurteilt werden, nicht im Hinblick auf die besondere Empfindlichkeit des anderen Ehegatten.

Die Krankheit muß wegen ihrer Schwere einer wahren Lebensgemeinschaft im Wege stehen, und die Heilung oder die Beseitigung der Ansteckungsgefahr darf nicht in absehbarer Zeit erwartet werden können. Daß die Heilung völlig ausgeschlossen ist, wird nicht verlangt.

Da die Erfüllung der Ehe und damit ihr Glück auch die Aufsichnahme des Lebensleides in sich schließt, diesem einen tieferen Sinn gibt (*Keyserling*, Ehebuch 22), wird gerade bei diesem Scheidungsgrund die Prüfung bedeutsam, ob das Scheidungsbegehren nach den gesamten Umständen als sittlich gerechtfertigt bezeichnet werden kann.

Wenn der Kläger den kranken Gatten angesteckt hat, ist das sicher zu verneinen. Auch sonst ist der Grund der Erkrankung bedeutsam.

b) Scheidung wegen *objektiver Ehezerrüttung.*

Ganz allgemein erkennt § 48 EheG als Scheidungsgrund eine *tiefgreifende, unheilbare Zerrüttung* des *ehelichen Verhältnisses* an, die in einer *mindestens 3 Jahre dauernden Aufhebung* der *häuslichen Gemeinschaft* zum Ausdruck gelangt ist.

Im Gegensatz zu § 43 EheG braucht die Zerrüttung nicht verschuldet zu sein, auch auf ihre Gründe kommt es nicht an. Die *objektive* Tatsache der *unheilbaren Zerrüttung genügt,* doch kann ein *Verschulden* des die Scheidung Begehrenden dem anderen Teil ein *Widerspruchsrecht* geben, § 48 II EheG.

Die *näheren Voraussetzungen* des Scheidungsrechts sind:

α) die *häusliche Gemeinschaft* der Gatten muß *seit mindestens 3 Jahren aufgehoben* sein. *Häusliche* Gemeinschaft ist nicht dasselbe wie die *eheliche* Gemeinschaft. Sie ist aufgehoben, wenn durch *tatsächliche Trennung* der *Lebensführung* die persönliche Berührung der Gatten so weitgehend ausgeschlossen ist, daß von einer *gemeinsamen Häuslichkeit* nicht mehr gesprochen werden kann. Dem steht Wohnen in ein und derselben Wohnung nicht schlechthin entgegen; vgl. RG 159, 119; ebensowenig die Leistung von Arbeiten im Geschäftsbetrieb des Mannes; vgl. RG 167, 305.

Die Aufhebung der häuslichen Gemeinschaft setzt einen dahin gerichteten *Willen* eines oder beider Ehegatten voraus; vgl. BGH 4, 279. *Keine Heimtrennung* liegt vor, wenn rein *äußere Verhältnisse* zu der Trennung geführt haben. Zu denken ist hier etwa an eine berufs- oder gesundheitsbedingte Abwesenheit. Aber auch die Strafhaft eines Ehegatten hebt die häusliche Gemeinschaft nicht auf, gleichgültig, ob sie verschuldet ist oder nicht, es sei denn, daß der eine Teil dem anderen deutlich zu erkennen gibt, daß er nach der Beendigung der Haft die häusliche Gemeinschaft nicht wieder aufnehmen will; vgl. BGH 38, 266.

Hat zwischen den Ehegatten von Anfang an keine häusliche Gemeinschaft bestanden, so läuft die 3-Jahresfrist von dem Zeitpunkt an, zu dem ein Ehegatte den Willen bekundet, auch in Zukunft keine häusliche Gemeinschaft herstellen zu wollen; vgl. BGH 38, 266.

β) Es muß eine so *tiefgreifende unheilbare Zerrüttung* des ehelichen Verhältnisses eingetreten sein, daß die *Wiederherstellung* einer dem Wesen der Ehe entsprechenden Lebensgemeinschaft *nicht mehr zu erwarten ist.* Diese Voraussetzung muß neben der Aufhebung der häuslichen Gemeinschaft gegeben sein. Dazu genügt aber, daß nur ein Ehegatte (auch der schuldige) sich von dem anderen *endgültig* abgewandt hat; vgl. RG 160, 95. Die einseitige Bereitwilligkeit des Beklagten, die Ehe fortzusetzen, beseitigt die eingetretene Zerrüttung nicht; vgl. RG 159, 307.

Die Aussichtslosigkeit der Wiederherstellung kann selbst bei freundschaftlichem Briefwechsel und gelegentlichem Geschlechtsverkehr gegeben sein; vgl. RG 160, 284.

γ) Um eine mißbräuchliche Ausnutzung des Scheidungsrechts zu verhindern, gibt § 48 II EheG dem beklagten Ehegatten ein *Widerspruchsrecht*, wenn der *Kläger* die Zerrüttung *ganz oder überwiegend verschuldet* hat.
Der Widerspruch ist unzulässig, wenn der *Beklagte* überwiegend schuldig ist oder *beide* die Zerrüttung, so wie sie sich im Zeitpunkt der letzten mündlichen Verhandlung darstellt, *annähernd gleichmäßig* verschuldet haben oder die Zerrüttung überwiegend auf einem von *keinem* verschuldeten Umstand, z. B. auf den politischen Verhältnissen, beruht; vgl. BGH FamRZ 1963, 282. Dabei sind auch verziehene oder verjährte Verfehlungen zu berücksichtigen. Wird kein Widerspruch erhoben oder ist dieser unzulässig, ist die Scheidung ohne weiteres auszusprechen.
Entscheidend ist, *worauf die Zerrüttung beruht*, nicht, ob einer der Ehegatten irgendeine schwere Eheverfehlung begangen hat. Hat sich z. B. ein Ehegatte vom anderen wegen naturgegebener Schwierigkeiten beim ehelichen Verkehr abgewandt und ein Verhältnis mit einer anderen Person angeknüpft, so ist bei der Prüfung der Zulässigkeit des Widerspruchs zu fragen, worauf die unheilbare Ehezerrüttung in erster Linie zurückzuführen ist: auf die Schwierigkeiten beim ehelichen Verkehr (Widerspruch unzulässig) oder auf die später angeknüpften ehewidrigen Beziehungen (Widerspruch zulässig); vgl. BGH FamRZ 1963, 516. Dabei ist aber zu beachten, daß es sehr wohl sein kann, daß eine von *keinem* Gatten verschuldete *Zerrüttung* erst durch die späteren Eheverfehlungen des Klägers zu einer *unheilbaren Zerrüttung* geworden ist. Hier kann der Beklagte widersprechen; vgl. BGH NJW 1965, 863.
Widerspricht der unschuldige oder minder schuldige Gatte der Ehescheidung, so ist die *Scheidungsklage grundsätzlich abzuweisen.* Von diesem Grundsatz gibt es nur eine *Ausnahme*: die *rechtsmißbräuchliche Ausübung des Widerspruchsrechts.* Fehlen dem widersprechenden Ehegatten die *Bindung an die Ehe* und die *zumutbare Bereitschaft,* die Ehe *fortzusetzen,* dann ist sein Widerspruch unbeachtlich, § 48 II EheG.

Diese Fassung hat § 48 II EheG durch das FamRÄndG erhalten. Nach seiner früheren Fassung war ein Widerspruch dann nicht zu beachten, wenn die Aufrechterhaltung der Ehe bei richtiger Würdigung ihres Wesens und des gesamten Verhaltens der beiden Ehegatten sittlich nicht gerechtfertigt erschien. Das Reichsgericht wertete diese Formulierung als Rückkehr zu dem Grundsatz des Abs. I, daß eine zerrüttete Ehe zu scheiden sei. Das führte dazu, daß der *Widerspruch*

grundsätzlich für *unbeachtlich* erklärt und die bevölkerungspolitische Aufgabe der Ehe auf Kosten des Sittlichkeits- und Gerechtigkeitsempfindens in den Vordergrund gestellt wurde; vgl. RG 160, 144.
Nach dem Zusammenbruch der nationalsozialistischen Herrschaft wandte sich die Rechtsprechung von diesen Grundsätzen ab. Die *Beachtlichkeit* des *Widerspruchs* wurde wieder die *Regel*, seine Unbeachtlichkeit die Ausnahme. Unbeachtlich sollte der Widerspruch nur noch in den Fällen sein, in denen die Aufrechterhaltung der Ehe sittlich nicht mehr vertretbar erschien. Schließlich formulierte der Bundesgerichtshof: ein Widerspruch ist nur dann unbeachtlich, wenn dem widersprechenden Gatten die Bindung an die Ehe und die Bereitschaft fehlen, die Ehe fortzusetzen; vgl. BGH NJW 1961, 661. Diese Formulierung hat sich nunmehr der Gesetzgeber zu eigen gemacht.

Nach dem *Wortlaut* des § 48 II EheG ist der Widerspruch nur dann unbeachtlich, wenn dem widersprechenden Ehegatten die Bindung an die Ehe *und* die zumutbare Bereitschaft, die Ehe fortzusetzen, fehlen. Die Rechtsprechung hat an die Stelle dieses „*und*" ein „*oder*" gesetzt, so daß der Nachweis der *einen* Voraussetzung den Nachweis der *anderen* erübrigt; vgl. BGH FamRZ 1962, 362, 364; a. A. *Dölle*, § 39 IV 3 b cc. Der h. M. ist zuzugeben, daß eine Fortsetzungsbereitschaft ohne jede Bindung an die Ehe kaum vorstellbar ist. Andererseits sind sehr wohl Fälle denkbar, in denen ein Ehegatte noch eine Bindung an die Ehe hat, ohne aber die volle Lebensgemeinschaft wiederherstellen zu wollen, etwa, wenn der Kläger sich derart skandalös verhalten hat, daß dem Beklagten die Wiederherstellung kaum zugemutet werden kann. Trotzdem wird man in Fällen dieser Art auf die Fortsetzungsbereitschaft nicht gänzlich verzichten dürfen. Freilich kann *keine unbedingte Fortsetzungsbereitschaft* verlangt werden. Nur für den Fall, daß die eheliche Gemeinschaft in einer Weise wiederhergestellt werden kann, die seiner Stellung als Ehegatte entspricht, muß der widersprechende Ehegatte zur Fortsetzung bereit sein; vgl. BGH FamRZ 1965, 602. Das ist der Grund, weswegen das Gesetz von einer „*zumutbaren*" Bereitschaft spricht.
„Bindung an die Ehe" meint Bindung an die *konkrete Ehe*. Es müssen wenigstens noch Ansätze einer positiven Einstellung zu dem anderen Ehegatten erkennbar sein; welche Gründe den Ehegatten bewegen, an der Ehe festzuhalten, spielt daneben keine Rolle; vgl. BGH NJW 1965, 584. Eine Bindung an die Ehe fehlt dagegen, wenn der Gedanke an die Ehe in dem beklagten Ehegatten nur noch negative Regungen, Haß oder Abneigung erweckt; vgl. BGH FamRZ 1964, 193.

So ist z. B. einer Ehefrau, die nach langjähriger Ehe vorwiegend aus *Versorgungsgründen* an der Ehe festhält, die Bindung an die Ehe nicht abzusprechen; vgl. BGH 37, 386. Auch der Gedanke an das *Kindeswohl* kommt als Grundlage einer beachtlichen Bindung in Betracht; vgl. BGH FamRZ 1962, 364. Desgleichen kann die *religiöse Auffassung* von der Ehe die Grundlage einer echten Bindung sein, wenn der Ehegatte sich in seinem Gewissen verpflichtet fühlt, das Gefühl der Verantwortung füreinander in sich und dem anderen Ehegatten wach zu halten; vgl. BGH

JZ 1966, 236. Auf der anderen Seite kann aus eigenen schweren Eheverfehlungen des Beklagten, insbesondere aus einem Ehebruch, der Schluß gezogen werden, daß seine Bindung an die Ehe nicht sehr stark ist; vgl. BGH FamRZ 1962, 249.

δ) Dem Scheidungsbegehren ist endlich nach § 48 III EheG nicht stattzugeben, wenn das wohlverstandene *Interesse* eines oder mehrerer *minderjähriger Kinder*, die aus der Ehe hervorgegangen sind, die Aufrechterhaltung der Ehe *erfordert.*

Das Interesse der Kinder ist ein von *Amts wegen* zu berücksichtigender, von der *Erhebung* des *Widerspruchs unabhängiger Klageabweisungsgrund*; vgl. OLG Celle, FamRZ 1963, 523. Das Interesse der Kinder muß die Abweisung *erfordern;* es genügt nicht, daß die Aufrechterhaltung der Ehe den Kindern vorteilhafter ist.

IV. Das Recht auf Scheidung und der Scheidungsprozeß

Schrifttum: Nolte, Der Schuldausspruch bei der Heimtrennungsklage, Festschrift Lehmann I (1956), 437; *Habscheid,* Rechtskraft und Präklusion im Eheauflösungsverfahren, FamRZ 1964, 174.

1. Das *Scheidungsrecht* ist kein privatrechtliches Anspruchsrecht, sondern ein *Gestaltungsrecht*, ein *Kannrecht*. Das Gesetz spricht zwar davon, daß ein Ehegatte Scheidung *„begehren"* kann, aber damit ist der *öffentlich*-rechtliche Anspruch auf Erlaß des *Scheidungsurteils* gemeint, der bei Vorliegen eines Scheidungsgrundes gegeben ist. Es hieße das Wesen des Scheidungsrechts verkennen, wenn man es diesem publizistischen Anspruch gleichsetzen würde. Der Schwerpunkt liegt in der *Willenserklärung* des *Scheidungsberechtigten*, sich von der Ehe zu lösen, in seiner *Ehekündigung.*

Wegen der sozialen Bedeutung der Ehe ist es den Ehegatten aber nicht gestattet, sich durch eine bloße Willenserklärung zu scheiden; die Ehekündigung muß vielmehr *durch Klage* erfolgen und setzt zu ihrer Wirksamkeit einen *Richterspruch* voraus, der das Vorliegen eines Scheidungsgrundes bejaht und das Band der Ehe zerschneidet.

Bei der Ehescheidung liegt nach *Kohlers* treffendem Ausdruck ein *gestreckter* Tatbestand vor, der sich aus zwei Elementen zusammensetzt: der formalisierten Ehekündigung (einer im Kern *privaten* Willenserklärung) und dem Scheidungsurteil (einem *obrigkeitlichen* Akt). Mit den Worten des § 41 EheG: „Die Ehe wird durch gerichtliches Urteil geschieden" ist nicht mehr gesagt, als daß das Urteil das zweite, abschließende Stück dieses Tatbestandes ist und daß mit seiner Rechtskraft *ohne weiteres* die Scheidungsfolgen eintreten.

2. Dem Charakter der Ehe entspricht die *höchstpersönliche* Natur des Scheidungsrechts. Seine Ausübung steht deshalb dem Geschäfts*beschränkten* zu ohne Mitwirkung des Gewalthabers; nach § 612 ZPO ist er für

den Scheidungsprozeß prozeßfähig. Nur für den Geschäfts*unfähigen* nimmt der gesetzliche Vertreter die Ehekündigung vor, bedarf aber zur Klageerhebung der Genehmigung des Vormundschaftsgerichts.

3. Für die *Erhebung* und *Durchführung* der *Scheidungsklage*, die zu den „*Ehesachen*" gehört, gelten eine Reihe *Besonderheiten* (§§ 606ff. ZPO), die *verhüten* wollen, daß eine Ehe *ohne zureichenden Grund* geschieden wird.

a) Ausschließlich zuständig ist das *Landgericht*, in dessen Bezirk die Ehegatten ihren gemeinsamen gewöhnlichen Aufenthalt haben oder zuletzt gehabt haben, § 606 ZPO.
b) Der Klage hat grundsätzlich ein *Sühneversuch* vor dem zuständigen Gericht vorherzugehen (§ 608 ZPO), bei dem die Parteien *persönlich* erscheinen müssen und Beistände zurückgewiesen werden können, § 610 ZPO. Der Sühneversuch findet vor dem Vorsitzenden oder einem von ihm beauftragten Mitglied des Gerichts statt. Wenn die Erfolglosigkeit des Sühneversuches mit Bestimmtheit vorauszusehen ist, kann der Vorsitzende von ihm absehen, § 609 ZPO.
c) Um die *materielle Wahrheit* zu ermitteln, ist die *Verhandlungsmaxime* (d. i. die Stoffherrschaft der Parteien) *ausgeschaltet* für alle sog. *ehefeindlichen* Tatsachen. Also kein Anerkenntnis- und Versäumnisurteil gegen den *Beklagten*! Das *Geständnis* eines Scheidungsgrundes, z. B. einer Mißhandlung, darf nicht beachtet werden, § 617 ZPO. — Die Vorschriften über die Parteivernehmung (§§ 445ff. ZPO) sind auch in Ehesachen anwendbar.
d) Das Gericht hat deshalb ein *Ermittlungsrecht*, d. h. es kann von den Parteien *nicht* vorgebrachte Tatsachen zur *Aufrechterhaltung* der Ehe berücksichtigen und eine *Beweisaufnahme* von *Amts wegen* anordnen, § 622 ZPO. Es kann das *persönliche Erscheinen* der Parteien anordnen und durch Geldstrafen oder Vorführung erzwingen, § 619 ZPO.
e) Der *Staatsanwalt* ist als defensor matrimonii zur Mitwirkung befugt, kann aber gegen den Widerspruch des die Scheidung begehrenden Gatten keine Tatsachen zur Unterstützung des Scheidungsantrags vorbringen, § 607 ZPO; dem berechtigten Ehegatten bleibt vorbehalten, ob er sich auf einen Scheidungsgrund berufen will.
f) Das Gericht soll das Verfahren von Amts wegen *aussetzen* bis zur Dauer eines Jahres, wenn es zur *gütlichen Beilegung* des Rechtsstreites zweckmäßig ist. Auf Antrag des Klägers muß es das tun, § 620 ZPO.
g) *Stirbt* einer der Ehegatten vor Rechtskraft des Urteils, so ist der Rechtsstreit in der Hauptsache erledigt. Das Urteil wird nicht mehr rechtskräftig, § 628 ZPO.
h) Besonders geregelt ist in den §§ 627ff. ZPO der Erlaß *einstweiliger Anordnungen* in Ehesachen.
Das Gericht kann auf Antrag eines der Gatten für die Dauer des Rechtsstreites das *Getrenntleben* der Ehegatten gestatten, den gegenseitigen *Unterhalt* der Ehegatten regeln, ferner die *Benutzung* der *Ehewohnung* und des *Hausrats* (§ 19 HausratsVO), die *Personensorge* für die *Kinder* einschließlich des Besuchsrechts und der Herausgabe der Kinder (letzteres streitig; vgl. *Reich*, NJW 1965, 2301).
Die nach § 627 ZPO getroffenen Anordnungen über das *Sorgerecht* für die *Kinder* bleiben während der Dauer des Rechtsstreits und im Falle der Auflösung der Ehe durch Scheidung oder Aufhebung solange *in Kraft*, bis das Vormundschaftsgericht eine neue Anordnung getroffen hat, § 627a ZPO. Die *anderen* Anordnungen *erlöschen* mit der Rechtskraft des Urteils. Das Gericht kann auf Antrag in Verbindung mit dem Scheidungsurteil die *gegenseitige* Unterhaltspflicht (nicht auch den Beitrag zum Unterhalt der *Kinder*, str.; a. A. OLG Braunschweig, FamRZ 1963, 186) durch

Beschluß einstweilen regeln. Es hat dann aber auf Antrag des Unterhaltsverpflichteten dem Berechtigten eine Frist zu setzen, innerhalb deren er eine Klage auf Unterhalt zu erheben hat. Bei fruchtlosem Ablauf der Frist ist auf Antrag der Beschluß aufzuheben, § 627b ZPO.

4. Weil der Eheprozeß das eheliche Verhältnis als Ganzes ergreifen und eine *Vervielfältigung* der Scheidungsprozesse *verhindert* werden soll, ermöglicht § 615 ZPO dem Scheidungskläger, die Scheidungsklage, die Herstellungsklage und die Aufhebungsklage miteinander zu *verbinden.* § 614 ZPO macht weiter eine Ausnahme vom *Verbot* der *Klageänderung* und *gestattet* dem Scheidungskläger, bis zum Schluß der Verhandlung *neue* Scheidungsgründe vorzubringen, also z. B. die Klage wegen Ehebruchs nachträglich auch noch auf ehrloses Verhalten zu stützen. Und § 616 ZPO dehnt den *Umfang* der *Rechtskraft* des *abweisenden* Urteils auch auf solche Tatsachen aus, die der Kläger im früheren Prozeß geltend machen *konnte*, sowie auf Tatsachen, auf die der *Beklagte* eine *Widerklage* hätte gründen können — *nötigt* also beide Parteien, von der Gastattung des § 614 ZPO auch Gebrauch zu machen zwecks Vermeidung des Ausschlusses mit der Geltendmachung (Präklusion oder Konsumtion).

Die Ehefrau, die wegen Ehebruchs klagt, *muß* also das ihr bekannt gewordene ehrlose Verhalten im *selben* Prozeß geltend machen, und der verklagte Ehemann *muß* in demselben Rechtsstreit einen etwaigen Ehebruch seiner Frau vorbringen, sonst sind beide mit diesem Vorbringen ausgeschlossen.

Um das eheliche Verhältnis — wenn einmal geklagt worden ist — auch *vollständig* zum Gegenstand des Rechtsstreites zu machen, bestimmt § 51 I EheG ferner, daß Scheidungsgründe, mit deren Geltendmachung jemand *wegen Fristablaufs ausgeschlossen* ist, immer noch im Laufe eines aus einem anderen Grunde begonnenen Rechtsstreites geltend gemacht werden können, falls die Frist wenigstens zur Zeit der Erhebung dieser Klage noch nicht verstrichen war.

5. Da die Scheidung durch Urteil erfolgt, ist der Beklagte, *wenn er auch seinerseits die Scheidung erstrebt*, genötigt, *Widerklage* zu erheben. Sonst würde bei Abweisung der Klage die Ehe bestehen bleiben; ein Anerkenntnis der Klage ist ausgeschlossen (siehe oben 3c). Eine Widerklage empfiehlt sich regelmäßig auch wegen der Folgen der Scheidung, namentlich wegen der Bedeutung des *Schuldausspruchs*, den das Urteil bei Scheidung wegen verschuldeter Eheverfehlung treffen muß, § 52 I EheG. Der Beklagte begnügt sich deshalb regelmäßig nicht mit dem Antrag auf Klageabweisung, sondern begehrt widerklagend Scheidung aus den von ihm vorgetragenen Gründen. Sie muß er auch vorbringen, wenn er sie wegen Konsumtionswirkung des § 616 ZPO nicht verlieren will.

6. Nach § 52 EheG muß das Gericht, wenn die Ehe wegen *Verschuldens* des Beklagten geschieden wird, dies im *Urteil aussprechen*, und zwar sollte dies in der Urteilsformel geschehen (z. B.: „Der Beklagte ist schuld an der Scheidung."); doch genügt es auch, wenn sich die Schuld aus den Gründen ergibt. Wird die Klage abgewiesen und erfolgt die Scheidung nur auf die Widerklage, so ist auszusprechen: „Der Kläger trägt die Schuld an der Scheidung". Wenn auch die Klage berechtigt ist, muß es heißen: „Beide Parteien tragen die Schuld an der Scheidung". Hat der Kläger sich auf einen *nicht verschuldeten* Grund gestützt, die Beklagte aber Widerklage wegen *verschuldeter Eheverfehlung* erhoben, so muß der *Kläger* für *schuldig* erklärt werden, wenn beide Klagen begründet sind, § 53 I EheG. Da die gleichmäßige Schuldigerklärung häufig der Sachlage nicht gerecht würde, ist auch der *Grad der Schuld* festzustellen und, wenn das Verschulden eines Gatten erheblich schwerer ist, zugleich auszusprechen, daß seine Schuld überwiegt, § 52 II EheG. Die Parteien können allerdings auf die Feststellung der überwiegenden Schuld eines Ehegatten verzichten; vgl. BGH FamRZ 1961, 210.

Der Beklagte soll aber *nicht gezwungen* werden, *Widerklage* zu erheben, nur um die Nachteile einer Alleinschuldigerklärung von sich abzuwenden. Er kann sich auch auf den *Antrag beschränken*, daß für den Fall der Scheidung die Mitschuld oder überwiegende Schuld des Klägers ausgesprochen werde, § 52 III EheG. *Voraussetzung* ist, daß der Beklagte z. Z. der Klageerhebung oder später selbst wegen Verschuldens auf Scheidung hätte klagen können, § 52 III 1 EheG. Ja sogar, wenn er z. Z. der Klageerhebung das Recht, selbst wegen Verschuldens des Klägers auf Scheidung zu klagen, bereits verloren hatte (etwa wegen Fristablauf oder Verzeihung), ist seinem Antrag stattzugeben, wenn dies der Billigkeit entspricht, § 52 III 2 EheG.

Einen Schuldantrag kann der Beklagte auch dann stellen, wenn der Kläger die Scheidung nicht wegen *Verschuldens*, sondern aus *anderen Gründen* begehrt, z. B. wegen objektiver Ehezerrüttung, § 53 II EheG. Der Schuldantrag kann in diesem Fall allerdings zu einem unbilligen Ergebnis führen, dann nämlich, wenn auch den *Beklagten* eine Schuld an der Zerrüttung trifft. Den Schuldantrag des Beklagten nunmehr mit einem *Gegenschuldantrag* beantworten kann der Kläger deswegen nicht, weil es dafür an einer gesetzlichen Grundlage fehlt; a. A. *Nolte*, Lehmann-Festschrift I, 437; *Dölle*, § 40 II 3; *Gernhuber*, § 28 III 4. Der Kläger kann aber gegen den Schuldantrag des Beklagten die *Einrede der unzulässigen Rechtsausübung* erheben. Der Schuldantrag ist abzuweisen, wenn sich aus einer Würdigung des gesamten ehelichen Verhaltens der Ehegatten ergibt, daß eine einseitige Schuldfeststellung gegen den Kläger sittlich nicht gerechtfertigt ist und der Billigkeit grob widerspricht; vgl.

BGH FamRZ 1965, 555. Auf das Recht, einen Schuldausspruch nach § 53 II EheG zu beantragen, kann rechtswirksam verzichtet werden; vgl. BGH FamRZ 1964, 192.

7. Kein Ehegatte hat das Recht, zu verlangen, daß alle Scheidungsgründe, die er geltend macht, nachgeprüft werden, wenn sie in ihren Nebenwirkungen gleichwertig oder als gleichwertig vorgebracht sind; vgl. RG 151, 47 (Ehebruch nach § 42 und andere Eheverfehlungen nach § 43 EheG). Steht auch nur einer fest *und ist die Schuldfrage geklärt*, so ist das Endurteil zu erlassen. *Unzulässig* ist dagegen nach der ständigen Rechtsprechung des Reichsgerichts (vgl. RG 58, 307; 104, 294) der Erlaß eines *Teil*urteils nur über die Klage oder Widerklage oder eines Teilurteils auf Scheidung unter Offenhaltung der Schuldfrage.

Wenn die Scheidungsgründe *nicht gleichwertig*, sondern in *bestimmter Reihenfolge* vorgebracht werden, muß das Gericht sich an diese Reihenfolge halten. Stützt der Kläger die Klage in erster Linie auf Ehebruch (§ 42 EheG), in zweiter Linie auf andere Eheverfehlungen (§ 43 EheG), so ist er beschwert, wenn die Ehe nur aus § 43 geschieden wird; vgl. RG 115, 1; 156, 113.

8. *Das Scheidungsrecht erlischt*

a) bei *allen* Scheidungsgründen:

α) durch Auflösung oder Vernichtung der Ehe vor der Scheidung,

β) durch prozessuale Konsumtion nach § 616 ZPO (vgl. oben 4);

b) bei den *Verschuldens*gründen:

α) durch *Verzeihung*, § 49 EheG.

Ihr Charakter ist außerordentlich streitig. Sie ist *keine reine Gefühlsäußerung* (ein Gatte kann den Ehebruch verzeihen, ohne sich innerlich mit dieser Kränkung abfinden zu können, und er kann nicht verzeihen, obwohl ihn der Ehebruch ganz gleichgültig gelassen hat). Sie ist aber auch *keine Willenserklärung*, denn sie ist nicht der Ausdruck einer rechtsgeschäftlichen Erfolgsabsicht. Sie ist vielmehr eine Rechtshandlung, durch die der Wille geäußert wird, die erlittene Kränkung als nicht geschehen zu behandeln und die Ehe fortzusetzen; vgl. RG 134, 139. Darin liegt immer die Bekundung einer gewissen Versöhnlichkeit, nicht aber stets die einer *inneren* versöhnlichen Gesinnung.

Deshalb finden die Vorschriften des Allgemeinen Teils über die Willenserklärung auf die Verzeihung nicht unmittelbar Anwendung, sondern nur, soweit sie auf deren Eigenart passen. Ein Geschäftsunfähiger oder vorübergehend Geistesgestörter kann danach nicht wirksam verzeihen, wohl aber ein Geschäftsbeschränkter, der im natürlichen Sinne willensfähig ist. Ein geheimer Vorbehalt verdient keine Berücksichtigung. Ein Irrtum kann ohne förmliche Anfechtung geltend gemacht werden: fehlt die Kenntnis der Verfehlung, liegt eine Verzeihung überhaupt nicht vor, fehlt die Kenntnis von der Schwere der Verfehlung, liegt keine volle Verzeihung dieses Grundes vor. Doch kann der Wille dahin gehen, für jeden Fall zu verzeihen, wie es sich auch mit der fraglichen Verfehlung verhalten möge, oder selbst wenn noch andere nicht bekanntgewordene Verfehlungen vorgekommen seien; vgl. RG 143, 306; 154, 253. — Häufig (nicht schlechthin) wird in einem freiwilligen geschlechtlichen Verkehr trotz Kenntnis des Scheidungsgrundes eine Verzeihung zu erblicken sein; vgl. RG 163, 250. Von der Verzeihung ist der Fall scharf zu scheiden, daß der gekränkte Gatte die Verfehlung des anderen nicht als ehezerstörend empfunden hat; hier kommt das Scheidungsrecht überhaupt nicht zur Entstehung, § 49 EheG; vgl. RG 164, 187; 163, 343.

β) Das Scheidungsrecht erlischt ferner durch *Verzicht*, d. i. die *rechtsgeschäftliche Erklärung*, das Scheidungs*recht* aufzugeben oder nicht geltend zu machen — ohne daß auch der Wille vorhanden sein muß, die geschehene Kränkung als nicht erfolgt anzusehen, str.

Die Ehefrau erklärt z. B., sie verzichte auf die gerichtliche Geltendmachung des Ehebruchs, könne ihn aber jetzt noch nicht verzeihen und werde das Haus des Mannes bis zur Beruhigung ihrer Gefühle verlassen. Warum man dem Hemmnisse in den Weg legen soll, solange der Mann damit einverstanden ist, ist nicht einzusehen. — Der Verzicht kann selbstverständlich durch die Begleitumstände einen Verstoß gegen die guten Sitten bedeuten und ist dann nichtig, so z. B. wenn das Scheidungsrecht *abgekauft* wird.
Eine im *voraus* erklärte *allgemeine* Verzichterklärung auf das Scheidungsrecht würde einen Freibrief für Ehevergehen geben und ist stets nichtig.
Auch ein im *voraus* erklärter Verzicht für einen bestimmten Fall oder eine bestimmte Art eheverletzenden Verhaltens verstößt gegen die guten Sitten und ist deshalb unwirksam — soweit ihm nicht als „*Zustimmung*" zu dem Eheverstoß durch § 42 II EheG die Bedeutung eines Ausschlußgrundes des Scheidungsrechts verliehen ist. Der rechtfertigende Gesichtspunkt ist hier nicht in einer Befreiung von den ehelichen Pflichten durch Verzicht zu finden, sondern in der Milderung, die die Schwere des Eheverstoßes durch die *tatsächliche* Zustimmung oder Teilnahme des anderen Gatten erfährt; zudem kann die Zustimmung jederzeit widerrufen werden.
Der Verzicht kann auch durch Klagezurücknahme oder Rechtsmittelverzicht zum Ausdruck kommen. Auch eine Vereinbarung der Klagezurücknahme ist zulässig; sie kann freilich die Zurücknahme selbst nicht ersetzen, gibt aber dem Beklagten den Einwand der Arglist; vgl. RG 159, 189/90. Die Klagezurücknahme ist sogar noch nach dem nicht rechtskräftig gewordenen Scheidungsurteil wirksam (§ 271 III ZPO) und macht das Urteil wirkungslos.

γ) Das Scheidungsrecht *erlischt* endlich durch *Fristversäumnis*, § 50 EheG.

Das Scheidungsrecht muß binnen einer *Ausschlußfrist* von sechs Monaten seit Erlangung der Kenntnis vom Scheidungsgrund ausgeübt werden und ist schlechthin ausgeschlossen, wenn seit der Eheverfehlung zehn Jahre verstrichen sind, § 50 EheG.

Zur Fristwahrung genügt der *Antrag* auf *Anberaumung* eines *Sühnetermins*, sofern die Ladung demnächst erfolgt. Der Antrag verliert aber seine Wirkung, wenn der Antragsteller im Sühnetermin nicht erscheint oder die Klage nicht binnen drei Monaten seit dem Abschluß des Sühneverfahrens erhebt, § 50 III EheG.

Die Sechsmonatsfrist *läuft nicht*, ist also *gehemmt*, solange die *häusliche Gemeinschaft* aufgehoben ist, § 50 I 3 EheG; vgl. BGH 4, 279. Dazu ist der schuldlose Gatte nach § 1353 II berechtigt. Durch die Trennung vermag er sich also dem Druck auf alsbaldige Erhebung der Scheidungsklage zu entziehen, um sich das Scheidungsrecht auf unbestimmte Zeit zu erhalten. Demgegenüber kann der schuldige Gatte, um

nicht zu lange hingehalten zu werden, dem Klageberechtigten eine Frist zur Herstellung der häuslichen Gemeinschaft oder zur Klageerhebung setzen; vom Empfang der Aufforderung an läuft die Sechsmonatsfrist weiter, § 50 I 4 EheG.
Über weitere Hemmungsgründe der Sechs- und Dreimonatsfrist vgl. § 50 IV EheG.

Die *Fristversäumnis* schließt es aus, eine Scheidungsklage auf die nicht rechtzeitig geltend gemachten Eheverfehlungen zu gründen. Diese Eheverfehlungen können aber durchaus zur *Unterstützung* einer auf eine neue Eheverfehlung gegründeten Scheidungsklage, Scheidungswiderklage oder eines Mitschuldantrags verwandt werden, § 51 II EheG. Das wird man auch auf die Fälle des Verlustes des Scheidungsrechts durch Verzeihung oder prozessualen Ausschluß (§ 616 ZPO) anwenden dürfen; vgl. RG 159, 182. Es genügt also, wenn die neuen Tatsachen einen Scheidungsgrund abgeben, falls man sie im Zusammenhang mit den ausgeschlossenen betrachtet. Die Versöhnlichkeit oder Nachsicht des schuldlosen Gatten würde schlecht gelohnt, wenn weitere Verfehlungen des schuldigen als *erstmalige* behandelt werden müßten.

V. Die Scheidungswirkungen

A. Allgemeine Rechtsfolgen der Scheidung

Die Wirkungen der Scheidung treten erst mit der Rechtskraft des Urteils ein, aber auch sofort mit dessen Rechtskraft, § 41 S. 2 EheG. Der Randvermerk über die Scheidung im Familienbuch (§ 14 Ziff. 2 PStG) hat nur bekundende Bedeutung. Das Urteil ist ein Gestaltungsurteil. Es bewirkt die Auflösung der Ehe für die Zukunft und hat keine rückwirkende Kraft.

Das Ehegesetz und die 6. DVO zum Ehegesetz bestimmen nur einen *Teil* der Scheidungswirkungen. Aus der Auflösung der Ehe ergeben sich weitere *allgemeine Rechtsfolgen.*

Die *eheliche Gemeinschaft wird aufgehoben*, die *Schlüsselgewalt fällt weg*, ebenso die *Eigentumsvermutungen* des § 1362. Die ehemaligen Gatten sind *keine Angehörigen* i. S. des § 52 StGB mehr. Sie können *wieder heiraten*, auch einander.

Die wichtigste vermögensrechtliche Wirkung ist die *Beendigung* des *Güterstandes* mit der Verpflichtung zur *Auseinandersetzung*, §§ 1372, 1384, 1471. Schwierigkeiten können die Fälle machen, wo ein Gatte im Beruf oder Geschäft des anderen geholfen hat, ohne eine besondere Vergütung zu erhalten; s. oben § 11 II 1.

Erbrecht und *Pflichtteilsrecht* der Gatten gegeneinander fallen nach den §§ 1933 und 2077 schon mit der begründeten Erhebung einer Scheidungsklage aus Verschulden fort.

B. Nachwirkungen der Ehe zwischen den geschiedenen Gatten

1. *Persönliche Nachwirkungen.*

a) Die geschiedene Ehefrau behält, sofern sie vor dem 1. 4. 1953 mit der Eheschließung die deutsche Staatsangehörigkeit erworben hatte, die *Staatsangehörigkeit* des Mannes, § 17 RuStAG.

b) Die geschiedene Frau behält den *Familiennamen* ihres *Mannes*, § 54 EheG. Sie darf aber auch *ihren* Familiennamen wieder annehmen (mit dem Zusatz „Frau") oder auch den Namen einer früheren Ehe, der ihr bei Eingehung der jetzt geschiedenen zustand; dies aber nur unter der weiteren Voraussetzung, daß aus der früheren Ehe noch Nachkommen vorhanden sind und *diese* Ehe nicht aus alleinigem oder überwiegendem Verschulden der Frau geschieden ist, § 55 EheG. Voraussetzung der Wiederannahme des früheren Ehenamens ist ferner, daß die Frau nach der Scheidung der früheren Ehe auch den früheren Ehenamen wirklich geführt und nicht inzwischen ihren Mädchennamen wieder angenommen hatte.

Die h. M. stellt die Frage, ob die geschiedene Frau ihren früheren Ehenamen wieder annehmen kann, nicht darauf ab, ob *diese* Ehe, sondern darauf, ob die *letzte* Ehe der Frau aus ihrem alleinigen oder überwiegenden Verschulden geschieden worden ist; vgl. OLG Frankfurt, FamRZ 1962, 378. Dieser Auffassung steht entgegen, daß § 55 II 2 eine Schutzvorschrift zugunsten des *früheren* Ehemannes darstellt. Dem früheren Ehemann kann es aber gleichgültig sein, aus welchen Gründen eine *spätere* Ehe seiner Frau geschieden worden ist.

Der *allein* oder für *überwiegend* schuldig erklärten Frau kann der *Mann* die Weiterführung seines Namens *verbieten*, und zwar durch öffentlich beglaubigte Erklärung gegenüber dem Standesbeamten, der der Frau diese Erklärung mitteilen soll. Mit dem Verlust des Mannesnamens erhält die Frau ihren Familiennamen wieder, § 56 EheG.

Vom *Vormundschaftsgericht* kann der Frau auf *Antrag ihres Mannes* die Weiterführung seines Namens *untersagt* werden, wenn sie sich nach der Scheidung einer schweren Verfehlung gegen den Mann schuldig macht oder gegen seinen Willen einen ehrlosen oder unsittlichen Lebenswandel führt, § 57 EheG.

Ob die Fortgeltung des Namensuntersagungsrechtes mit dem *Gleichberechtigungsgrundsatz* vereinbar ist, ist streitig geworden. Die Frage dürfte jedoch zu bejahen sein, weil die Frau sich in einer anderen Rechtslage als der Mann befindet. Dieser behält seinen Namen, während die geschiedene Frau in der Lage ist, zu ihrem früheren Namen zurückzukehren und den Mannesnamen nicht mehr zu führen, wenn der Mann ihm Unehre bereitet hat; vgl. BGH 21, 301.

Anträge des Mannes nach § 57 EheG gründen sich meist darauf, daß seine frühere Frau ehrenrührige Behauptungen über ihn verbreite oder allzu freizügig im Umgang mit anderen Männern sei. Bei dem letzteren Tatbestandsmerkmal ist jedoch zu beachten, daß der Sinn des § 57 EheG nicht darin liegt, die geschiedene Ehefrau zu einem sittlichen Verhalten anzuhalten, sondern darin, den *unbescholtenen Namen des Mannes zu schützen.* Geschlechtsbeziehungen der Frau zu einem anderen Mann rechtfertigen darum für sich allein die Untersagung der Namensführung noch nicht. Es muß hinzukommen, daß ihr Verhalten in der Öffentlichkeit bekanntgeworden ist und allgemein als anstößig empfunden wird; denn nur dann hat der Mann um seinen Ruf zu fürchten; vgl. OLG Frankfurt, FamRZ 1964, 304.

c) Als weitere persönliche Nachwirkung bleibt die Berechtigung des geschiedenen Ehegatten zur *Zeugnisverweigerung* im Prozeß, § 52 StPO und § 383 ZPO.

d) Endlich bleiben die durch die Ehe begründeten *Schwägerschaften* bestehen, § 1590 II.

2. *Vermögensrechtliche Nachwirkungen*

a) Die wichtigste vermögensrechtliche Nachwirkung ist die *Fortdauer* der *Unterhaltspflicht*, deren Regelung aber zum Teil von der allgemeinen familienrechtlichen Unterhaltspflicht *abweicht.*

Ob der Unterhaltsanspruch *nach* der Scheidung mit dem Unterhaltsanspruch *vor* der Scheidung *identisch* ist, ist bestritten. Nach der Auffassung des Bundesgerichtshofs (BGH 20, 127) handelt es sich bei dem Unterhaltsanspruch nach der Scheidung lediglich um den abgewandelten Anspruch aus den §§ 1360, 1361. Das bedeutet, daß ein Unterhaltsurteil aus der Zeit vor der Scheidung durch eine bloße *Abänderungsklage* (§ 323 ZPO) den neuen Verhältnissen angepaßt werden kann. Dagegen mit guten Gründen *Staudinger-Hübner,* § 1361 Anm. 40; *Dölle,* § 41 III 1.

Die Unterhaltspflicht der geschiedenen Ehegatten wird durch die §§ 58ff. EheG *verschieden* für Mann und Frau geregelt. Das widerspricht zwar dem *Gleichberechtigungsgrundsatz,* kann aber die Fortgeltung des § 58 nicht ausschließen, da das Ehegesetz als Kontrollratsgesetz weitergilt; s. oben § 1 III 1. Dem Gleichberechtigungsgedanken läßt sich aber — bis zu der dringend gebotenen Neuordnung des Gesetzes durch den Gesetzgeber — durch *Angleichung* der Unterhaltspflicht der Frau an die des Mannes insoweit Rechnung tragen, als der nicht durch Kinder behinderten gesunden Frau selbst bei Alleinschuld des Mannes die Aufnahme einer Erwerbstätigkeit zugemutet wird; vgl. BayObLG, FamRZ 1962, 120.

Die Unterhaltspflicht trifft *grundsätzlich* nur den für *schuldig* erklärten Teil, § 58 EheG.

Im einzelnen gilt folgendes:

α) Bei Scheidung unter *Schuldausspruch* hat der *allein* oder *überwiegend* für *schuldig* erklärte *Mann* grundsätzlich der Frau einen den Lebensverhältnissen der Gatten entsprechenden Unterhalt zu gewähren, wenn sie bedürftig ist, soweit sie also einen dementsprechenden Unterhalt nicht aus den *Einkünften* ihres *Vermögens* und den Erträgen einer *Erwerbstätigkeit* zu bestreiten vermag, §§ 58 I, 61 I EheG. Obwohl das

EheG dazu schweigt, wird es darauf ankommen, ob ihr nach den Umständen des Einzelfalles die Übernahme einer Erwerbstätigkeit billigerweise zugemutet werden kann.

Den *Stamm* ihres Vermögens braucht die Frau grundsätzlich nicht anzugreifen, § 58 I EheG.

Die *allein* oder *überwiegend schuldige Frau* hat den Mann nur soweit angemessen zu unterhalten, als er außerstande ist, sich selbst zu unterhalten, sei es durch eigene Arbeit oder aus dem Stamm seines Vermögens, §§ 58 II, 61 I EheG.
Die Unterhaltspflicht wird *eingeschränkt*, wenn die Unterhaltsgewährung in diesem Rahmen den *eigenen angemessenen* Unterhalt des *Verpflichteten* sowie *seiner minderjährigen unverheirateten Kinder* (auch der unehelichen; vgl. RG 106, 372) und eines *etwaigen neuen Ehegatten* gefährden würde; dabei sind seine sonstigen Verbindlichkeiten zu berücksichtigen, § 59 I EheG. Die Unterhaltspflicht *ermäßigt* sich auf das, was mit Rücksicht auf die Bedürfnisse der geschiedenen Gatten der *Billigkeit* entspricht. In einem derartigen Falle ist der Mann von der Unterhaltspflicht sogar ganz befreit, wenn die Frau ihren Unterhalt aus dem *Stamm* ihres Vermögens bestreiten kann (§ 59 II EheG) oder einen subsidiären *Versorgungsanspruch*, z. B. einen Anspruch auf Witwengeld, hat. Insbesondere haften hier die unterhaltspflichtigen *Verwandten vor* dem *geschiedenen Gatten*, § 63 I 2 EheG.
Bei *beiderseitigem Verschulden* fällt die Unterhaltspflicht grundsätzlich fort, wenn keiner für überwiegend schuldig erklärt ist. Doch kann dem Ehegatten, der sich nicht selbst unterhalten kann, ein *Unterhaltsbeitrag* zu Lasten des anderen zugebilligt werden, soweit das unter Berücksichtigung von dessen Bedürfnissen, Vermögens- und Erwerbsverhältnissen der *Billigkeit* entspricht; auch hier geht die Unterhaltspflicht der Verwandten des Bedürftigen vor, § 60 EheG.
β) Bei *Scheidung ohne Schuldausspruch* hat der Gatte, der die Scheidung *verlangt* hat, dem anderen Unterhalt zu gewähren, aber nur soweit, als das mit Rücksicht auf die gesamten Verhältnisse der Billigkeit entspricht, § 61 II EheG. Die Unterhaltspflicht des Gatten geht hier der der Verwandten vor, doch kann seine Unterhaltsleistung aus Billigkeitsgründen mit Rücksicht auf die Leistungsfähigkeit der Verwandten des Berechtigten auch verneint oder beschränkt werden.

Mit der Überbürdung der Unterhaltspflicht auf den Kläger wollte der Gesetzgeber offensichtlich einen *Abschreckungseffekt* erzielen. Die Konsequenzen sind *unbefriedigend.* Der auf Unterhalt angewiesene Ehegatte kann praktisch keine Scheidungsklage erheben. — Erfolgt die Scheidung auf Klage und Widerklage, so trifft, wenn das Urteil keinen Schuldausspruch enthält, *beide* Ehegatten eine Unterhaltspflicht.

γ) Der Unterhaltsanspruch *erlischt* durch *Verwirkung*, wenn der Berechtigte sich nach der Scheidung einer schweren Verfehlung gegen den Verpflichteten schuldig macht oder gegen dessen Willen einen ehrlosen oder unsittlichen Lebenswandel führt, § 66 EheG; ferner durch *Wiederverheiratung* (§ 67 EheG) und *Tod* des *Berechtigten* (§ 69 EheG), endlich bei zeitlicher Beschränkung (§ 60 EheG) durch *Zeitablauf*. Dagegen erlischt er *nicht* durch die *Wiederverheiratung* des *Verpflichteten*, § 68 EheG; doch können die dadurch begründeten neuen Pflichten gegenüber dem neuen Ehegatten und den minderjährigen Kindern nach §§ 59 I 2, 60 S. 2, 61 II 2 EheG zu einer Minderung der Unterhaltspflicht führen. Ebensowenig erlischt die Unterhaltspflicht durch den *Tod* des *Verpflichteten*. Sie geht vielmehr auf die *Erben* als *Nachlaßverbindlichkeit* über, die freilich die Haftung auf den Nachlaß beschränken können, § 70 EheG. Auf eigene Bedürftigkeit kann sich der Erbe, anders als der Erblasser, nicht berufen. Doch muß sich der Berechtigte eine Herabsetzung der Rente gefallen lassen, wenn dies mit Rücksicht auf die Verhältnisse des Erben und die Ertragsfähigkeit des Nachlasses billig erscheint, § 70 II EheG; so z. B., weil das für die Festsetzung der Rente maßgebliche Arbeitseinkommen des Erblassers weggefallen ist oder die Belange seiner minderjährigen Kinder das verlangen. Die bei Schuldigerklärung *beider* Gatten einem Gatten nach § 60 EheG aus Billigkeitsgründen auferlegte *Beitragspflicht* erlischt mit dem *Tode* des *Pflichtigen*, § 70 III EheG. Die Unterhaltspflicht *mindert* sich auf die Leistung nur des *notdürftigen* Unterhalts, wenn der Berechtigte infolge *sittlichen Verschuldens* bedürftig geworden ist, § 65 I EheG. Dieser Fall ist von dem der Verwirkung wegen eines (dauernden) unsittlichen Lebenswandels (§ 66 EheG) zu scheiden; zu denken ist an die durch ein einmaliges schuldhaftes Verhalten (z. B. Straftat und Entlassung wegen derselben) herbeigeführte Bedürftigkeit. Ein durch *grobes Verschulden* herbeigeführter *Mehrbedarf* begründet keinen Anspruch auf erhöhten Unterhalt, § 65 II EheG.

Der Begriff des *unsittlichen Lebenswandels* ist der gleiche wie in § 57 EheG (s. oben 1 b). Hier wie dort genügt eine eheähnliche Geschlechtsverbindung noch nicht zur Annahme eines unsittlichen Lebenswandels, wenn sie nicht einer breiten Öffentlichkeit bekanntgeworden ist und allgemein als anstößig empfunden wird; vgl. BGH 31, 210. Doch darf dies nicht dazu führen, daß der Unterhaltspflichtige das *Konkubinat* des anderen finanzieren muß; vgl. *Beitzke*, § 21 III 6 c, und *Habscheid*, FamRZ 1962, 264.

δ) Die *Unterhaltsregelung* muß in einem *besonderen Prozeß* erfolgen. Doch hat das Scheidungsgericht auf Antrag zugleich mit dem Scheidungsurteil auch die Unterhaltsgewährung *einstweilen* durch *Beschluß* zu regeln, § 627 b ZPO. Der Beschluß wird mit der Rechtskraft des Scheidungsurteils vollstreckbar.

Nach der Rechtskraft hat das Scheidungsgericht auf Antrag des Unterhaltspflichtigen eine *Frist* zu bestimmen, innerhalb deren der Unterhaltsberechtigte wegen seiner Unterhaltsansprüche Klage zu erheben hat (beim *Amtsgericht* ohne Rücksicht auf die Höhe, § 23 GVG); nach ungenutztem Ablauf der Frist ist der Beschluß aufzuheben, § 627 b IV ZPO.

Das im Unterhaltsprozeß ergangene Urteil unterliegt bei wesentlicher Veränderung der für die Regelung maßgebenden Umstände der *Änderungsklage* des § 323 ZPO.

ε) Die Gatten können die Unterhaltspflicht auch durch *Vereinbarung* regeln, und zwar schon *vor* der Scheidung. Solche Verträge erkennt § 72 EheG grundsätzlich als gültig an (siehe unten VI). Auch hier kann wegen *wesentlicher veränderter Umstände*, die die Geschäftsgrundlage zu erschüttern und den Endzweck der Parteien zu vereiteln geeignet sind, eine Herabsetzung oder Erhöhung der vertraglich zugesicherten Rente verlangt werden; vgl. RG 145, 120.

ζ) Ob neben einem Unterhaltsanspruch noch *Schadensersatzansprüche* wegen des durch die oder im Zusammenhang mit der Ehescheidung entstandenen Schadens geltend gemacht werden können, ist bestritten. Die Frage ist gelegentlich bejaht worden mit der Begründung, die eheliche Gemeinschaft könne nicht wieder hergestellt werden, deswegen entfalle der Gesichtspunkt der Spezialität der Wiederherstellungsklage gegenüber deliktischen Klagen. Auch verschiedene ausländische Rechte lassen solche Schadensersatzklagen zu, so etwa das französische und das schweizerische Recht und die Rechte der skandinavischen Länder. Für das deutsche Recht wird man jedoch davon ausgehen müssen, daß die Folgen eines ehewidrigen Verhaltens — selbst wenn dieses Verhalten zugleich den Tatbestand einer unerlaubten Handlung erfüllt — im Gesetz auch für den Zeitraum nach der Scheidung *abschließend geregelt* sind; vgl. BGH 23, 215; 26, 217.

b) *Schenkungen*, die die Gatten einander während des Brautstandes oder während der Ehe gemacht haben, bleiben grundsätzlich bestehen. Jedoch kann, wenn ein Gatte für allein schuldig erklärt ist, der andere die von ihm gemachten Schenkungen, mit Ausnahme von solchen von unerheblichem Geld- und Gefühlswert, widerrufen. § 531 BGB ist anwendbar, § 73 I EheG. Der Widerruf ist ausgeschlossen, wenn seit der Rechtskraft des Scheidungsurteils ein Jahr verstrichen ist oder wenn der Schenker oder der Beschenkte verstorben ist, § 73 II EheG.

C. Wirkungen der Scheidung im Verhältnis zu den Kindern

Das Eltern- und Kindesverhältnis bleibt trotz der Scheidung *bestehen*, namentlich auch die *Unterhaltspflicht*, die auf der Verwandtschaft und nicht auf der Ehe beruht. Da durch die Scheidung die Gemeinschaft der Eltern wegfällt und die den beiden Eltern anvertraute elterliche Gewalt

(§§ 1626/27) nicht mehr gemeinschaftlich ausgeübt werden kann, hat das Vormundschaftsgericht zu bestimmen, welchem Elternteil die elterliche Gewalt über ein gemeinschaftliches Kind zustehen soll, s. u. § 27 I. Was die *Unterhaltspflicht* angeht, so ist § 71 EheG, der sie regelte, durch Art. 8 II Ziff. 1 GleichberG aufgehoben und durch den neugefaßten § 1606 III ersetzt worden. Danach bestimmt sich die Haftung der Eltern nach ihren Erwerbs- und Vermögensverhältnissen; § 1360 ist sinngemäß anzuwenden, s. u. § 34 II 3c.

D. Behandlung der Ehewohnung und des Hausrats nach der Scheidung

Schrifttum: *Hoffmann-Stephan*, HausratsVO, 2. Aufl. 1965.

Wegen der Wohnraumknappheit und dem häufig recht hohen Wert des Hausrats ist bei Scheidung der Ehe die Auseinandersetzung der Gatten hinsichtlich der *gemeinschaftlichen Wohnung* und des *Hausrats* ein wichtiges Problem. Die Anwendung der Vorschriften des BGB über die Auflösung einer Gemeinschaft (§§ 749ff.) führen zu keinem befriedigenden Ergebnis, wenn die bisherige Besitz- und Mietrechts- oder doch Wohnungsgemeinschaft wegen Wegfall ihres Zweckes zur Aufhebung gelangt. Die Naturalteilung nach § 752 scheidet nach der Art der Gemeinschaft und des gemeinschaftlichen Gegenstandes regelmäßig aus; erst recht paßt § 753 nicht, der den Verkauf des gemeinschaftlichen Gegenstandes vorsieht, wenn die Teilung in Natur ausgeschlossen ist. Mangels einer sachentsprechenden Regelung muß die Auseinandersetzung nach *Billigkeit* unter Berücksichtigung aller Umstände des einzelnen Falles erfolgen; *Treu und Glauben* (§ 242) müssen die *Rechtsgrundlage* bilden.

Zu dieser Stellungnahme hatten sich Schrifttum und Rechtsprechung überwiegend durchgerungen und es namentlich als nicht entscheidend bezeichnet, wer von den Ehegatten die Wohnung gemietet habe, der Mann oder die Frau oder beide gemeinschaftlich. Die Tatsache, wie die eheliche Gemeinschaft sich bisher in der Wohnung gestaltet habe, sei wichtiger als die Rechtsform des Mietvertrages. Die bisherigen Beziehungen der Ehegatten zum Vermieter müßten sich den Bedürfnissen der Familie unterordnen, soweit das dem Vermieter zumutbar sei; vgl. RG JW 1944, 69.

Die 6. DVO zum EheG vom 21. 10. 1944 hat diese Rechtsprechung legalisiert. Danach gilt:

1. Wenn die Gatten sich nach der Scheidung nicht darüber *einigen* können, wer von ihnen die Ehewohnung künftig bewohnen und wer die Wohnungseinrichtung und den sonstigen Hausrat erhalten soll, so regelt *auf Antrag* der *Richter* die Rechtsverhältnisse an der Wohnung und dem Hausrat, § 1. Zuständig ist das *Amtsgericht*, in dessen Bezirk die letzte gemeinschaftliche Wohnung bestanden hat, § 11. Der Antrag muß innerhalb eines Jahres seit Rechtskraft des Scheidungsurteils gestellt werden. Später ist zur Antragstellung Einverständnis des Vermieters erforder-

lich, § 12. Die Regelung erfolgt im Verfahren der *freiwilligen Gerichtsbarkeit*, § 13; gegen die Entscheidung ist sofortige Beschwerde gegeben, wegen des Hausrats aber nur, wenn der Wert des Beschwerdegegenstandes 300,— DM übersteigt oder die Beschwerde vom Amtsgericht zugelassen worden ist. Die Entscheidung des Beschwerdegerichts kann mit der weiteren Beschwerde angefochten werden, § 14.

2. Das Gericht entscheidet nach *billigem Ermessen* unter Berücksichtigung aller Umstände des Einzelfalles, insbesondere des Wohles der Kinder und der Erfordernisse des Gemeinschaftslebens sowie der Ursachen der Eheauflösung, § 2. Ist ein Ehegatte *Eigentümer* des Hauses, in dem sich die Ehewohnung befindet, so soll die Wohnung dem anderen Gatten nur zugewiesen werden, wenn dies notwendig ist, um unbillige Härten zu vermeiden, § 3. *Dienst-* und *Werkwohnungen*, die von den Eheleuten auf Grund eines Dienst- oder Arbeitsverhältnisses zwischen einem Gatten und einem Dritten bewohnt werden, soll der Richter dem anderen Gatten nur zuweisen, wenn der Dritte einverstanden ist, § 4. Bei einer *Mietwohnung* kann der Richter bestimmen, daß ein von beiden Gatten eingegangenes Mietverhältnis von einem allein fortgesetzt wird oder daß ein Ehegatte an Stelle des anderen in ein von diesem eingegangenes Mietverhältnis eintritt. Der Richter kann den Ehegatten gegenüber Anordnungen treffen, die geeignet sind, die aus dem Mietverhältnis herrührenden Ansprüche des Vermieters zu sichern, § 5.

3. Den beiden Gatten *gemeinsam gehörenden Hausrat* verteilt der Richter gerecht und zweckmäßig. Hausrat, der während der Ehe angeschafft wurde, gilt als gemeinsames Eigentum, es sei denn, daß das Alleineigentum eines Gatten feststeht. Die Gegenstände gehen in das Alleineigentum des Gatten über, dem der Richter sie zuteilt. Je nach der Sachlage ist diesem die Zahlung eines Kaufpreises oder einer Ausgleichssumme aufzuerlegen, § 8. Der Richter kann auch einen im *Alleineigentum* eines Gatten stehenden Gegenstand dem anderen zuweisen, wenn dieser auf seine Weiterbenutzung angewiesen ist und dem anderen Gatten die Überlassung zuzumuten ist. In diesem Fall kann der Richter einen *Zwangsmietvertrag* diktieren oder bei Notwendigkeit einer endgültigen Auseinandersetzung sogar das *Eigentum* gegen angemessenes Entgelt *übertragen*, § 9. Soweit ein Gatte oder beide für Schulden haften, die mit dem Hausrat zusammenhängen, kann der Richter im Innenverhältnis einen der Gatten mit der Schuld belasten, § 10.

VI. Verträge zur Regelung der Scheidungsfolgen

Schrifttum: Hampel, Unterhaltsverzicht unter Ehegatten bei bestehender oder später eintretender Hilfsbedürftigkeit der Frau, FamRZ 1960, 421.

1. *Grundsätzliches.* Die Trennung des Ehebandes hebt nicht bloß die eheliche Gemeinschaft auf, sondern hat auch eine Reihe schwerwiegender wirtschaftlicher Folgen. Das Gesetz hat diese zwar allgemein geregelt, die Auswirkung seiner Regelung wird aber im einzelnen Fall oft zweifelhaft und streitig sein, so daß sich mangels gütlicher Einigung an den Scheidungsprozeß ein zweiter Prozeß anschließen müßte. In jedem Fall muß die Unterhaltsregelung in einem besonderen Streitverfahren erfolgen, falls die Gatten sich über Maß und Umfang nicht verständigen; des weiteren ergeben sich oft schwierige Fragen bei der finanziellen Auseinandersetzung, wenn die Gatten z. B. ein Haus gebaut oder gekauft haben oder ein Geschäft zusammen betrieben und Mittel in es hineingesteckt haben.

Da die Durchführung des Scheidungsprozesses regelmäßig eine starke persönliche Erbitterung erzeugt und diese eine gütliche Auseinandersetzung *nach* der Rechtskraft des Scheidungsurteils sehr erschwert, liegt es nahe, *vorher* eine Verständigung über diese Fragen herbeizuführen. Der Anerkennung einer solchen widerspricht nicht schlechthin, daß sie die Scheidung erleichtert oder ermöglicht. Eine gewisse Erleichterung bedeutet schon der Abschluß eines solchen Abkommens an sich, ganz abgesehen von seinem besonderen Inhalt, denn die Folgen der Scheidung werden übersehbar und weiteren Prozessen wird vorgebeugt. Auf alle Fälle wird der Gang des Verfahrens beschleunigt. An der Vermeidung unnötiger Prozesse hat der Staat selbst ein Interesse.

Die Zulässigkeit eines Abkommens, das *nach* der Rechtskraft des Scheidungsurteils unbedenklich getroffen werden könnte, muß deshalb auch für die Zeit *vorher grundsätzlich* bejaht werden.

Nun besteht freilich die Möglichkeit, daß die Partner sich in einem *vorherigen* Abkommen auch über die *Scheidungsgründe* selbst verständigen, z. B. über die Geltendmachung eines *erdichteten* Scheidungsgrundes oder über die *Herbeiführung* eines Scheidungsgrundes, z. B. eines Ehebruchs, oder über das *Verschweigen* eines *Scheidungsausschließungsgrundes*, wie der Verzeihung oder des Mangels der Empfindung der Ehezerstörung, oder endlich über das *Verschweigen* eines *besonderen Schuldausschließungsgrundes*, wie der Zustimmung zum Ehebruch. Verstärkte Bedenken erwecken derartige Abmachungen, wenn für ein dementsprechendes Verhalten besondere wirtschaftliche Vorteile versprochen werden. In der darin gelegenen Förderung der Scheidung liegt ein grober Verstoß nicht nur gegen die guten Sitten, sondern auch gegen den Grundsatz möglichsten Eheschutzes, wie er in den §§ 617 und 622 ZPO zum Ausdruck kommt.

Die Rechtsprechung hat wegen dieser Möglichkeiten gegenüber allen vor der Scheidung getroffenen Abkommen lange Zeit große Zurückhaltung beobachtet und den Grundsatz aufgestellt, daß ein eine *wesentliche* Erleichterung der Scheidung bezweckendes Abkommen unter Eheleuten als eine Verletzung des Grundsatzes des Eheschutzes nicht bloß unsittlich, sondern auch gesetzwidrig sei; vgl. RG JW 1930, 983. Diese allgemeine Formel führte vielfach auch zur Beanstandung unbedenklicher Abkommen, weil man die Fälle nicht hinreichend unterschied, wo ein *wirklich gegebener und noch wirksamer* Scheidungsgrund vorlag und wo das *nicht* der Fall war, wo vielmehr die Verständigung bezweckte, den Grund erst zu schaffen oder zu erdichten oder einen vorhandenen Grund zu verschleiern. Richtiger Ansicht nach ist nur in den Fällen der *zweiten* Gruppe *grundsätzlich* ein *Sittenverstoß* anzunehmen, in den Fällen der *ersten* Gruppe dagegen nur auf Grund einer *Prüfung* der *konkreten Sachlage*; vgl. RG 168, 169. Und ebenso kann nur in den Fällen der zweiten Gruppe ein Verstoß gegen das *Gebot des Eheschutzes* vorliegen.

2. *Unterhaltsverträge.* Die wachsende verständnisvollere Beurteilung der Fälle der ersten Gruppe hat den Gesetzgeber dazu geführt, die Zulässigkeit *vor* der Scheidung getroffener *Unterhaltsvereinbarungen* nunmehr *grundsätzlich anzuerkennen.* Eine solche Vereinbarung soll nicht deshalb schon als nichtig angesehen werden, weil sie die Scheidung erleichtert oder ermöglicht hat, § 72 Satz 1 und 2 EheG. Nichtig ist sie aber, wenn die Gatten im Zusammenhang mit der Vereinbarung im anschließenden Ehescheidungsprozeß einen nicht oder nicht mehr bestehenden Scheidungsgrund *geltend machen* oder wenn sich aus dem *Inhalt* der Vereinbarung oder aus *sonstigen Umständen* des Falles ergibt, daß sie den guten Sitten widerspricht, § 72 S. 3 EheG.

Kein Sittenverstoß liegt grundsätzlich in der Übernahme der Verpflichtung, dem Scheidungsbegehren des anderen Teils nicht zu *widersprechen* (§ 48 II EheG), weil dieses Widerspruchsrecht der freien Verfügung untersteht. Kein Sittenverstoß auch in dem Versprechen, die Scheidungsklage zurückzunehmen oder auf *Rechtsmittel* zu *verzichten* (RG 159, 186) oder von mehreren wirklich gegebenen und noch wirksamen Scheidungsgründen *einen bestimmten Grund nicht geltend zu machen* — und zwar in allen diesen Fällen auch, wenn das Versprechen durch die Unterhaltszusage herbeigeführt oder ermöglicht worden ist. Endlich liegt auch dann kein Sittenverstoß vor, wenn der Entschluß zur Scheidung bei Vorliegen eines Scheidungsgrundes erst durch die Unterhaltsvereinbarung herbeigeführt worden ist, es sei denn, daß besondere Umstände vorliegen, wie z. B. ein grobes Mißverhältnis zwischen der Höhe der Zuwendung und den Einkommens- und Vermögensverhältnissen des Versprechenden; vgl. RG 159, 157. Wohl aber ist ein Sittenverstoß zu bejahen, wenn die Ehegatten in der Unterhaltsvereinbarung verabreden, es solle die Scheidung durch das Vorbringen eines nicht oder nicht mehr bestehenden Scheidungsgrundes erwirkt werden; vgl. BGH, FamRZ 1964, 245.
Die *Nichtigkeit* der Unterhaltsvereinbarung muß nicht notwendig aus ihrem Inhalt ersichtlich sein, sie kann sich auch aus den Umständen ergeben, z. B. daraus, daß ein Gatte seine Zustimmung zur Scheidung durch ungewöhnlich hohe, durch nichts

mehr gerechtfertigte Vorteile erkaufen läßt (RG 159, 165) oder daß ein *Dritter* (z. B. der Ehebruchspartner) hinzugezogen wird, um die Scheidung zu finanzieren; vgl. BGH NJW 1951, 268.
Neuestens wird die Frage viel erörtert, inwieweit *Unterhaltsverzichte* zum *Nachteil* des *Fürsorgeverbandes* sittenwidrig sind; vgl. dazu *Hampel*, FamRZ 1960, 421 ff.

3. Über die Wirksamkeit *sonstiger Abmachungen* schweigt das Ehegesetz. Man wird die in § 72 für die Unterhaltsverträge anerkannten Grundsätze auch auf sie entsprechend anwenden dürfen, und zwar sowohl auf Abmachungen *vermögensrechtlicher* Natur (BGH FamRZ 1964, 245) als auch auf Verträge, die die *Verteilung der Kinder* zum Gegenstand haben. Auch sie sind nichtig, wenn im Zusammenhang damit ein nicht oder nicht mehr bestehender Scheidungsgrund geltend gemacht werden soll.

Ausdrücklich anerkannt wird in § 1 der 6. DVO zum EheG eine Einigung der Gatten darüber, wer die Ehewohnung künftig bewohnen und wer die Wohnungseinrichtung und den sonstigen Hausrat erhalten soll.

II. Abschnitt

Kindschafts- und Verwandtschaftsrecht

§ 20. Die Familie als Entwicklungs- und Erziehungsstätte des Staatsbürgers. — Beteiligung des Staates an der Jugendfürsorge. — Die Jugendwohlfahrtsgesetzgebung

I. Die Familie als zunächst zur Erziehung berufener Sozialverband

Im Eltern- und Kindesrecht stoßen die gegensätzlichen Mächte, die eine gerechte Ordnung des Familienrechts erschweren, erneut zusammen (vgl. § 2 dieses Buches).

Der Staat hat ein besonderes Interesse an der richtigen Erziehung der Kinder zu leiblicher, seelischer und gesellschaftlicher Tüchtigkeit (so schon Art. 120 WRV), denn in ihnen wachsen seine künftigen Staatsbürger heran.

Der Staat erkennt aber den durch Blutsverwandtschaft zusammengehaltenen *Familienverband* als *zunächst* zur Erfüllung dieser Aufgabe berufen an. Er behält sich nur die *Oberaufsicht* und ein *Recht* zum *Eingriff* vor, wo elterliche Fürsorge und Erziehung versagen. Dementsprechend bestimmt Art. 6 II GG: „Pflege und Erziehung der Kinder sind das natürliche Recht der Eltern und die zuvörderst ihnen obliegende Pflicht. Über ihre Betätigung wacht die staatliche Gemeinschaft."

Damit die Familie ihrer Aufgabe gerecht werden kann, muß die Stellung der *Eltern* entsprechend *gestärkt* und *gefestigt* werden. Als Mittel dazu dient die Einrichtung der *elterlichen Gewalt*, die den Eltern das Recht gibt, auf die Person und das Vermögen der Kinder einzuwirken. Diese Gewalt darf aber *nicht* als ein *vorwiegend eigennütziges Herrschaftsrecht* ausgestaltet werden, wie es die patria potestas des römischen Rechts war. Sonst müßte sie der *freien Entfaltung* des Kindes zu einer lebenstüchtigen Persönlichkeit hinderlich werden. Vielmehr hat die Ausgestaltung der Gewalt dem Zwecke Rechnung zu tragen, zu dem sie vorwiegend anerkannt wird. Da sie den Eltern in erster Linie *um des Kindes willen* zugesprochen wird, steht die *Pflichtseite* im *Vordergrund*; die elterliche Gewalt ist als ein *Pflichtrecht* auszubauen, dessen Ausübung die Entwicklung des Kindes zur Persönlichkeit fördert und nicht hemmt. Der *deutsch*rechtlichen *Munt* ist dieser Gedanke der *Fürsorge*, eines Rechts- *und Pflicht*verhältnisses, immer eigen gewesen.

Das BGB hat versucht, einen *Ausgleich* zu schaffen zwischen der *patriarchalischen* Auffassung des römischen Rechts und den *individualistischen* Forderungen unserer Zeit nach freier Entfaltung der Persönlichkeit des Kindes, wie sie in dem Schlagwort vom „*Jahrhundert des Kindes*" zum Ausdruck kommen.

Das Gesetz hat zwar die dem älteren deutschen Recht eigentümliche frühe Selbständigkeit der Jugendlichen nicht übernommen; Heirat macht z. B. nicht mündig. Aber es hat die elterliche Gewalt gemildert, die Arbeitspflicht des Kindes beschränkt und die Verwendung seiner Einkünfte der Willkür der Eltern entzogen. Vor allem aber sieht es die *staatliche Überwachung* der Handhabung der elterlichen Gewalt vor, ähnlich wie beim Vormund, nur in begrenzterem Rahmen.

II. Die Teilnahme des Staates und öffentlichrechtlicher Verbände an der Jugendfürsorge. — Die Jugendwohlfahrtsgesetzgebung

Schrifttum: Potrykus, Jugendwohlfahrtsgesetz, 1953; *Jans-Happe*, Jugendwohlfahrtsgesetz, 1963; *Riedel*, Jugendwohlfahrtsgesetz, 4. Aufl. 1965; *Krug*, Jugendwohlfahrtsgesetz, Loseblattausgabe; *Göppinger*, Das Jugendwohlfahrtsgesetz vom 11. 8. 1961, FamRZ 1963, 21.

1. Unzulänglichkeit der Familienerziehung. Mit fortschreitender wirtschaftlicher Entwicklung und Zivilisation sowie Zusammenballung der Menschen in großen Städten mehren sich die Verfallerscheinungen. Die Kraft der elterlichen Liebe und Hingabe wird geringer, die außerhäusliche, wirtschaftliche Betätigung der Frau hindert sie an der gewissenhaften Erfüllung ihrer Mutterpflichten, zahllose ungesunde Einflüsse dringen auf die Jugend ein; daher versagt oft die Familienaufsicht über den Einzelnen.

Das BGB, das ein zu großes Vertrauen auf die sittlichen Kräfte der Familie zeigt, ist dieser Entwicklung nicht hinreichend gerecht geworden. Seine Voraussetzungen und Sicherungen für ein rechtzeitiges und wirksames Eingreifen der Vormundschaftsbehörden erwiesen sich als unzulänglich, auch fehlten hinreichende Möglichkeiten, ein Kind bei Versagen der natürlichen Familie anderweit unterzubringen. Die Erkenntnis dieser Mängel vertiefte sich in dem Maße, als es der Aufklärungsarbeit nach der Jahrhundertwende gelang, das *Recht* des *Kindes* auf *Entwicklung seiner Persönlichkeit* zur Anerkennung zu bringen.

Noch stärker als bei den unter elterlicher Gewalt stehenden Kindern trat das Versagen der staatlichen Aufsicht und Fürsorge für die Jugend bei den

unter Vormundschaft stehenden Kindern, namentlich den *unehelichen* Kindern, hervor. Das BGB ging von der Auffassung aus, es werde sich stets eine geeignete Persönlichkeit zur grundsätzlich ehrenamtlichen Führung der Vormundschaft finden lassen; es kennt deshalb grundsätzlich nur die *Einzelvormundschaft*, § 1773. Diese Gestaltung der Dinge rechnet aber nicht mit den Verhältnissen der *modernen Großstadt*, die das Gefühl der Familienzusammengehörigkeit lockert; die Großstadt läßt ihrem mit seinen eigenen Angelegenheiten schon überbeschäftigten Bürger kaum Zeit und Lust zur Übernahme derartig verantwortungsvoller Ehrenämter.
Zur Ausfüllung dieser Lücken des Gesetzes schritten die Länder zum Teil zur Einrichtung von Anstalts- und Berufsvormundschaften, die auf Grund des Art. 136 EGBGB unter gewissen Voraussetzungen zugelassen waren. Daneben setzte die freie Liebestätigkeit in Vereinen ein. Die Kommunalverwaltungen nahmen sich der Jugendfürsorge und Wohlfahrtspflege an. Dieser kaum zu überbietenden *Zersplitterung* konnte nur eine *einheitliche, öffentlichrechtliche Regelung* der *Jugendfürsorge* als eines Sondergebietes der sozialen Fürsorge abhelfen.

2. Das Jugendwohlfahrtsgesetz. Zu dem Zwecke wurde am 9. 7. 1922 das *Reichsjugendwohlfahrtsgesetz* erlassen. Es sprach in § 1 jedem deutschen Kinde „*ein Recht auf Erziehung zur leiblichen, seelischen und gesellschaftlichen Tüchtigkeit*" zu. Das Recht und die Pflicht der Eltern zur Erziehung sollten durch das Gesetz nicht berührt werden, d. h. gegen den Willen des Erziehungsberechtigten sollte ein Eingreifen nur zulässig sein, wenn ein *Gesetz* es erlaubte. „Insoweit der Anspruch des Kindes auf Erziehung von der Familie nicht erfüllt wird, tritt, unbeschadet der Mitarbeit freiwilliger Tätigkeit, öffentliche Jugendhilfe ein."
Die Ausführung dieses Programms machte grundsätzlich *keinen Unterschied* zwischen den unter *elterlicher Gewalt* und den unter *Vormundschaft* stehenden Kindern. Ganz mit Recht, da das *Kind als solches* ein *Objekt* der *sozialen Fürsorge* der *Gesellschaft* ist. In der öffentlichrechtlichen Jugendpflege können die Eltern keine Vorzugsstellung vor dem Vormund verlangen, das *Wohl des Kindes* ist das *einzige Leitziel.*
Seit Erlaß des Gesetzes, insbesondere aber nach dem Ende des zweiten Weltkrieges, sind sowohl die Anforderungen, die von der Gesellschaft an jeden einzelnen aus der jungen Generation gestellt werden, als auch die Erziehungsnotstände erheblich gewachsen. Diese Gründe machten eine *Gesetzesreform* notwendig. Das „Gesetz zur Änderung und Ergänzung des RJWG" vom 11. 8. 1961 brachte grundlegende Änderungen. Das RJWG wurde neu gefaßt und trat in dieser Neufassung unter der Bezeichnung „*Gesetz für Jugendwohlfahrt*" am 1. 7. 1962 in Kraft.

Im *einzelnen* enthält das JWG in seiner neuen Fassung:
a) Eine *planmäßige Organisation* der *Jugendwohlfahrtsbehörden* in *Jugendämter* (§§ 4 bis 18), *Landes*jugendämter (§§ 19 bis 21) und *ObersteLandesbehörden* (§ 22).

Die Jugendämter sind als Einrichtungen von *Gemeinden* oder *Gemeindeverbänden* zu errichten, § 12; die Landesjugendämter als Einrichtungen der Länder, § 19. Als *Aufgaben des Jugendamts* zählt § 4 auf: 1. Den Pflegekinderschutz (§§ 27 bis 36); 2. die Mitwirkung im Vormundschaftswesen, insbesondere die Tätigkeit als Gemeindewaisenrat (§§ 37 bis 54); 3. die Mitwirkung bei der Erziehungsbeistandschaft, der Freiwilligen Erziehungshilfe und der Fürsorgeerziehung (§§ 55 bis 77); 4. die Jugendgerichtshilfe nach den Vorschriften des Jugendgerichtsgesetzes; 5. bis 7. die Mitwirkung bei der Beaufsichtigung der Kinder- und Jugendlichenarbeit, bei der Fürsorge für Kriegerwaisen und Kinder von Kriegsbeschädigten und in der Jugendhilfe bei den Polizeibehörden.
Aufgabe des Jugendamtes ist ferner nach § 5, Einrichtungen und Veranstaltungen anzuregen, zu fördern und gegebenenfalls zu schaffen für: 1. Beratung in Fragen der Erziehung, 2. Hilfen für Mutter und Kind vor und nach der Geburt, 3. Pflege und Erziehung von Säuglingen, Kleinkindern und von Kindern im schulpflichtigen Alter außerhalb der Schule, 4. erzieherische Betreuung von Säuglingen, Kleinkindern, Kindern und Jugendlichen im Rahmen der Gesundheitshilfe, 5. allgemeine Kinder- und Jugenderholung sowie erzieherische Betreuung von Kindern und Jugendlichen im Rahmen der Familienerholung, 6. Freizeithilfen, politische Bildung und internationale Begegnung, 7. Erziehungshilfen während der Berufsvorbereitung, Berufsausbildung und Berufstätigkeit einschließlich der Unterbringung außerhalb des Elternhauses, 8. erzieherische Maßnahmen des Jugendschutzes und für gefährdete Minderjährige.

b) Eine Regelung des *Pflegekinderwesens* durch Bestimmungen über die Erlaubnis zur Annahme von Pflegekindern und über die Aufsicht über die Pflegekinder.

Pflegekinder sind Minderjährige unter 16 Jahren, die sich dauernd oder für einen Teil des Tages, jedoch regelmäßig, außerhalb des Elternhauses in Familienpflege befinden, § 27 I. Ihre Aufnahme bedarf der Erlaubnis durch das Jugendamt, die jederzeit widerrufen werden kann, wenn das Wohl des Kindes es erfordert, §§ 28, 29. Die Pflegekinder unterstehen der Aufsicht des Jugendamts. Die Aufsicht erstreckt sich darauf, daß das leibliche, geistige und seelische Wohl des Kindes gewährleistet ist, § 31 I. Bei Gefahr im Verzug kann das Jugendamt das Pflegekind sofort anderweit unterbringen, § 33. Soweit nach der Persönlichkeit der Pflegeperson eine laufende Überwachung überflüssig erscheint, kann von ihr widerruflich befreit werden. Wer ein der Aufsicht unterstehendes Kind in Pflege hat, ist verpflichtet, dessen Aufnahme, Abgabe, Wohnungswechsel und Tod dem Jugendamt unverzüglich anzuzeigen, § 32.
Ausgenommen von der Notwendigkeit der Erlaubnis und von der Aufsicht ist die Aufnahme ehelicher Kinder bei Verwandten und Verschwägerten bis zum dritten Grad, wenn diese nicht Kinder entgeltlich in Pflege nehmen, § 27 II Ziff. 2. Ebensowenig finden die Bestimmungen Anwendung auf Kinder, die zwecks auswärtigen Schulbesuchs für einen Teil des Tages in Familien in Pflege genommen werden, sowie auf solche Kinder, die zum Zwecke des Schulbesuchs in auswärtigen Schulorten in Familien untergebracht sind, die von der Leitung der Schule für geeignet erklärt und überwacht sind, § 27 II Ziff. 3.

c) Die Anerkennung und Regelung der *Amtsvormundschaft* für gewisse Minderjährige, namentlich die *unehelichen Kinder*, §§ 37 bis 46, ferner der *Vereinsvormundschaft*, § 53; vgl. § 35 II dieses Buches.

d) Die Normierung der Stellung und Mitwirkung des *Jugendamtes* im *Vormundschaftswesen*.

Das Jugendamt wird zum *Amtsvormund* (§§ 37, 40, 46) und *Gemeindewaisenrat* (§ 47) bestimmt; vgl. §§ 35 II und 39 dieses Buches.

e) Die *Voraussetzungen* für das *Einschreiten* des *Vormundschaftsgerichts*, das hier ganz allgemein (auch den Eltern gegenüber) schon bei *objektiver Gefährdung* der *Minderjährigen* eingreifen kann und *muß*.

Nach h. M. gestattet § 1666 BGB ein Einschreiten gegenüber den *Eltern* nur bei *schuldhafter* Gefährdung, während nach dem JWG die dort vorgesehenen Maßnahmen (Bestellung eines Erziehungsbeistandes, Gewährung Freiwilliger Erziehungshilfe und Anordnung der Fürsorgeerziehung) nur voraussetzen, daß die leibliche, geistige oder seelische Entwicklung des Minderjährigen *gefährdet* oder *geschädigt* ist (§§ 55, 62, 64; vgl. § 26 dieses Buches).

f) Die Regelung der *Erziehungsbeistandschaft*, durch die den Eltern und dem Kind eine erzieherische Hilfe gewährt werden soll, §§ 55 bis 61; vgl. § 38 dieses Buches.

g) Die Regelung der *Freiwilligen Erziehungshilfe* und der *Fürsorgeerziehung*, die unter Aufsicht des Landesjugendamts in der Regel in einer geeigneten Familie oder in einem Heim geschieht, §§ 62 bis 77; vgl. § 38 dieses Buches.

3. Um dem wertvollsten Gut der Familie und des Volkes, der heranwachsenden Jugend, den in Art. 6 GG verheißenen Schutz zuteil werden zu lassen, erging ferner am 4. 12. 1951 (neu gefaßt am 27. 7. 1957) das Gesetz zum Schutze der Jugend in der Öffentlichkeit, das sog. *Jugendschutzgesetz*. Es will Jugendliche im Alter bis zu 16 oder 18 Jahren vor den *Gefahren* der *Öffentlichkeit* schützen. Es wendet sich nicht wie die früher zum Jugendschutz erlassenen Polizeiverordnungen mit Strafdrohungen gegen die Jugendlichen selbst, sondern an die Veranstalter, die Gewerbetreibenden, Erziehungsberechtigten und die Stellen, denen der Staat den Schutz der Jugend anvertraut hat, und an die Polizei. Es betrifft den Gaststättenbesuch (§ 2), den Genuß alkoholischer Getränke (§ 3), den Besuch öffentlicher Tanzveranstaltungen, Schaustellungen und öffentlicher Filmveranstaltungen (§§ 4 bis 6), Teilnahme an Glücksspielen (§ 7), Tabakgenuß in der Öffentlichkeit (§ 9) u. dgl. Der Jugendliche wird nicht bestraft, sondern nur vom Jugendamt und gegebenenfalls vom Vormundschaftsgericht zur Verantwortung gezogen.

Bestraft wird, wer vorsätzlich als Veranstalter oder Gewerbetreibender den §§ 2 bis 9 zuwiderhandelt und dadurch wenigstens leichtfertig ein Kind oder einen Jugendlichen in seiner körperlichen, geistigen oder sittlichen Entwicklung schwer gefährdet oder Zuwiderhandlungen gegen die §§ 2 bis 9 beharrlich wiederholt (§ 13). Andere Zuwiderhandlungen werden nach § 14 als *bloße Ordnungswidrigkeiten* geahndet. Eine solche begeht auch jede Person über 21 Jahre, die ein i. S. der §§ 1 bis 9 jugendschutzwidriges Verhalten herbeiführt oder fördert.

Weiter ist zum Schutz der Jugend das Gesetz über die *Verbreitung jugendgefährdender Schriften* vom 9. 6. 1953 erlassen worden.
Hingewiesen sei endlich auf das am 4. 8. 1953 erlassene *Jugendgerichtsgesetz.*

III. Die Verdrängung der Familie durch den Staat

In der Weimarer Republik war das *Vorrecht* der *Familie* zur Erziehung ihrer minderjährigen Angehörigen ausdrücklich anerkannt, Art. 120 WRV und § 1 RJWG.
Gleichwohl konnte man eine fortschreitende *Verdrängung* der *Familie* durch den *Staat* feststellen. Daß der Staat die Bildungsaufgabe übernommen und die allgemeine Schulpflicht eingeführt hatte, wurde schon lange nicht mehr als familienfeindlich empfunden. Jetzt nahm der Staat auch die Gesundheitspflege in die Hand. Die Wohnungsnot, die Beteiligung der Frau und Mutter am außerhäuslichen Erwerb, der wirtschaftliche Niedergang und die sittliche Verwilderung infolge des Zusammenbruchs nach dem ersten Weltkrieg wirkten zusammen in der gleichen Richtung, die Familie zur Erfüllung ihrer vornehmsten Aufgaben immer weniger tauglich zu machen und dem Staat als Erzieher die Wege zu bereiten.
Die nazistische Herrschaft trieb diesen Verdrängungsprozeß auf die Spitze, indem sie die gesamte deutsche Jugend in der Hitlerjugend zusammenfaßte und im Gesetz über die Hitlerjugend vom 1. 12. 1936 vorschrieb, daß diese Jugend außer im Elternhause und in der Schule in der Hitlerjugend körperlich, geistig und sittlich im Geiste des Nationalsozialismus zum Dienst am Volk und zur Volksgemeinschaft zu erziehen sei. Damit wurde den Eltern das Erziehungsrecht völlig aus der Hand genommen und die heranwachsende Generation zur Auflehnung gegen die den nazistischen Ideen fremd oder ablehnend gegenüberstehende ältere Generation angereizt. In dem Abhalten vom Eintritt in die Hitlerjugend, im Unterlassen jeglicher nationalsozialistischer Erziehung wurde eine Gefährdung der Kinder i. S. des § 1666 BGB erblickt, die dem Vormundschaftsgericht das Recht zur Beschränkung und Entziehung der Personenfürsorge gab; vgl. DJ 1941, 775.
Durch das Gesetz Nr. 1 der Militärregierung Deutschlands ist das Gesetz über die Hitlerjugend samt seinen Durchführungsverordnungen aufgehoben und der nationalsozialistische Erziehungsgedanke ausgetilgt wor-

den. Die neueren Verfassungen haben das *natürliche Recht* und die Pflicht der *Eltern*, ihre Kinder zu leiblicher, geistiger und seelischer Tüchtigkeit zu erziehen, wieder anerkannt und den *Staat* und die *Gemeinden* auf die Aufgabe *beschränkt*, die Eltern darin zu *unterstützen*. In persönlichen Erziehungsfragen soll der Wille der Eltern den Ausschlag geben.

Die Hauptaufgabe der künftigen Entwicklung wird es sein, die unentbehrlich gewordene unterstützende Tätigkeit des Staates und der Gemeinden so auszubauen, daß sie die Eigenkräfte der Familie nicht hemmt oder ausschaltet, sondern neu belebt. Eine gut arbeitende Jugendfürsorge darf sich nicht als ein die Familienenergie schwächender Faktor auswirken, sondern muß versuchen, sie wirksamer zu machen.

Als Mittel zur Belebung der Eigenkräfte der Familie kommen in Betracht: *geistige Vertiefung* der Fürsorgetätigkeit, *wirtschaftliche* Maßnahmen, namentlich auf dem Gebiet der Wohnungsbeschaffung, eine den Belangen der kinderreichen Familie gerecht werdende *Lohn-* und *Sozialpolitik*, *Gesundheitsfürsorge* und endlich eine *Erziehungsfürsorge*, die die sittlichen Grundbedingungen der Familiengemeinschaft zu vertiefen sucht.

Der *Gesetzgeber* insbesondere kann das Ziel auf zwei Wegen anstreben: einmal durch *Stärkung* der *Rechtsstellung* der *Frau* und *Mutter*, damit ihr hausfraulicher und erzieherischer Einfluß den Kindern möglichst zugute kommt, und sodann durch *größere Berücksichtigung* der Interessen der *kinderreichen Familie*. Ob und wie in dieser zweiten Hinsicht am besten zu helfen ist: durch Versicherung, Ausgleichskassen usw. ist noch streitig; über die Richtung der Rechtsentwicklung an sich aber sollte keine Meinungsverschiedenheit aufkommen.

Die *beste Jugendfürsorge* ist eine *erfolgreiche Familienfürsorge*.

I. Titel

§ 21 **Das Recht des ehelichen Kindes**

I. Kapitel

Eheliche Abstammung

Schrifttum: Dölle, Die künstliche Samenübertragung, Rabel-Festschrift I (1954), 187; *Boehmer*, Fragen der Ehelichkeitsanfechtung, FamRZ 1960, 213; *Schwarzhaupt*, Das Familienrechtsänderungsgesetz von 1961, FamRZ 1961, 329; *Beitzke*, Neuregelung der Ehelichkeitsanfechtung, JR 1962, 85; *Brühl*, Die Anfechtung der Ehelichkeit ab 1. 1. 1962, FamRZ 1962, 8; Heinrich *Lange*, Kritisches zur Anfechtung der Ehelichkeit, NJW 1962, 1697; G. *Schmidt*, Neue Richtlinien für die Erstattung von Blutgruppengutachten, NJW 1964, 2200.

I. Grundsätzliches

Die eheliche Abstammung ist für verschiedene Rechtsverhältnisse wichtig. Darum sind *Kriterien* erforderlich, aus denen sich ergibt, welche Kinder als ehelich anzusehen sind und welche nicht. Das Gesetz ist nicht kleinlich. Es begnügt sich mit der *Geburt* in der Ehe und verlangt nicht auch noch die *Erzeugung* in ihr. Andererseits läßt es die Erzeugung in der Ehe genügen, wenn das Kind erst nach der Auflösung der Ehe geboren wird.

Damit der Familienfriede nicht grundlos durch Anzweiflung der Ehelichkeit gestört werde, beschränkt das Gesetz den Kreis der Personen, die *berechtigt* sind, die *Unehelichkeit* eines Kindes *geltend zu machen,* und läßt es nicht zu, daß sich jemand auf die Unehelichkeit eines Kindes beruft, solange nicht dessen Ehelichkeit angefochten und die Unehelichkeit rechtskräftig festgestellt ist, § 1593. Die Ehelichkeit anfechten kann grundsätzlich nur der *Mann*; denn ihm kann es nicht zugemutet werden, ein Vaterschaftsverhältnis zu einem Kind bestehen zu lassen, das nicht von ihm abstammt. Die Mutter des Kindes hat kein Anfechtungsrecht.

Das verstößt nicht gegen das Gebot der *Gleichberechtigung*; denn das Anfechtungsrecht des Mannes ist ihm nicht als dem „Familienoberhaupt" gegeben, sondern deswegen, weil sein Interesse, das Rechtsband zwischen *sich* und dem *Kind* zu lösen, schwerer wiegt als das Interesse der Mutter, das durch ihre Schuld geknüpfte Rechtsband zwischen *anderen Personen,* dem Ehemann und dem Kind, zu trennen; vgl. *Beitzke,* JR 1962, 85, 88; zweifelnd Heinrich *Lange,* NJW 1962, 1697, 1699; ablehnend *Gernhuber,* § 45 II 2.

Dem Anfechtungsrecht des Ehemannes entspricht das Anfechtungsrecht des *Kindes,* das ebenfalls ein Interesse daran haben kann, das zu Unrecht bestehende Rechtsband zu lösen. Dieses Interesse rechtfertigt jedoch nach der Vorstellung und dem Willen des Gesetzgebers nur in *Ausnahmefällen* eine Anfechtung. Das Kind kann seine Ehelichkeit darum nicht unbedingt, sondern nur unter bestimmten Voraussetzungen anfechten, § 1596. Das Anfechtungsrecht des Mannes geht nach seinem Tod auf seine *Eltern* über, wenn es nicht bereits erloschen war, § 1595a.

Sowohl das Anfechtungsrecht des Kindes als auch das Anfechtungsrecht der Eltern des Mannes wurden durch das FamRÄndG neu eingeführt. Das früher bestehende Anfechtungsrecht des *Staatsanwalts* wurde durch das FamRÄndG beseitigt.

II. Die eheliche Abstammung setzt zweierlei voraus, § 1591:

1. *Geburt während* der *Ehe* oder *innerhalb von 302 Tagen nach Auflösung oder Nichtigerklärung* der Ehe,

2. *Empfängnis vor oder während der Ehe von dem Ehemann.*

Die spätere *Nichtigerklärung* einer Ehe ist auf die Ehelichkeit der Kinder ohne Einfluß. Nur Kinder aus *Nichtehen* sind unehelich.

Die Tatsache der Geburt ist als sinnfälliger Vorgang leicht, die Empfängnis vom Ehemann sehr schwer festzustellen. Ein naturwissenschaftlicher Beweis ließe sich nur führen einmal durch den Nachweis der geschlechtlichen Beiwohnung des Ehemannes und dann durch den Nachweis, daß das Kind aus dieser Beiwohnung stammt; und dieses letztere ließe sich mit Sicherheit nur dartun durch den Nachweis, daß die Beiwohnung in der für die Empfängnis in Betracht kommenden Zeit mit keinem anderen Mann vollzogen worden ist. Von einer derartigen schwierigen Beweisführung kann man aber die Ehelichkeit im Interesse weder des Kindes noch der Würde des ehelichen Verhältnisses abhängig machen. Das Gesetz hilft sich deshalb mit einer *Ehelichkeitsvermutung*, die genau gesehen in zwei Untervermutungen zerfällt: a) in eine *Beiwohnungsvermutung* und b) in eine *Vaterschaftsvermutung*.

a) Die *Beiwohnungs*vermutung geht davon aus, daß der Mann seiner Frau *innerhalb der sog. Empfängniszeit beigewohnt* habe, § 1591 II 1.

α) Die *Empfängniszeit* ist der Zeitraum, der für die Erzeugung eines Kindes nach den Erfahrungen der ärztlichen Wissenschaft in Betracht kommt; als Empfängniszeit gilt die Zeit vom 181. bis zum 302. Tage vor der Geburt unter Einschluß dieser Tage, § 1592 I. Doch wird der Nachweis freigegeben, daß das Kind tatsächlich innerhalb eines Zeitraumes empfangen ist, der weiter als 302 Tage vor der Geburt liegt; dann gilt zugunsten der Ehelichkeit dieser frühere Zeitraum als Empfängniszeit, § 1592 II.
Daß der Mann seiner Frau beigewohnt hat, wird allerdings nur vermutet, wenn und soweit die *Empfängniszeit in die Ehe* fällt. Der Gesetzgeber kann keine Vermutung aufstellen, daß unverheiratete Personen geschlechtlich miteinander verkehren. Liegt die Empfängniszeit *vor* der Eheschließung oder wird die Beiwohnungsvermutung für den in die Ehe fallenden Teil der Empfängniszeit *widerlegt*, so hat das *Kind* die voreheliche Beiwohnung zu *beweisen*. Nur in einem Fall erstreckt sich die Beiwohnungsvermutung auch auf eine vor der Ehe liegende Empfängniszeit, dann nämlich, wenn der Mann gestorben ist, ohne die Ehelichkeit des Kindes angefochten zu haben, § 1591 II 2; in diesem Fall gilt sie selbst dann, wenn der Mann vor der Geburt des Kindes gestorben ist; vgl. RG LZ 1915, 977[30].

Das Fehlen der Vermutung bedeutet selbstverständlich nicht, daß ein Kind, das innerhalb von fünf Monaten nach dem Eheschluß geboren wird, als unehelich gilt. Es braucht lediglich, wenn seine Ehelichkeit angefochten wird, keine Vermutung widerlegt zu werden. Die Frage der Beiwohnung unterliegt freier Beweiswürdigung.

β) Gegen die Beiwohnungsvermutung ist der *einfache Gegenbeweis* zulässig, daß der Mann der Frau innerhalb der Empfängniszeit *nicht* beigewohnt *hat*; keineswegs muß bewiesen werden, daß er ihr nicht beiwohnen *konnte*. Freilich läßt sich daraus der Schluß auf das Unterbleiben der Beiwohnung am leichtesten ziehen. Eine Widerlegung der Vermutung ist aber auch in den Fällen nötig, wo die Beiwohnung tatsächlich unwahrscheinlich ist, so, wenn den Eheleuten das Getrenntleben gerichtlich gestattet war.

Im Prozeß gilt der *Untersuchungsgrundsatz*, §§ 617, 640 ZPO. Die Vernehmung der Mutter als Zeugin ist zulässig, sie kann aber ihr Zeugnis über den Geschlechtsverkehr mit dem Manne während der Empfängniszeit nach § 384 Nr. 2 ZPO verweigern, weil ihr die Verneinung des Verkehrs zur Unehre gereichen würde usw.

b) Die *Vaterschafts*vermutung geht von der *Ursächlichkeit dieser Beiwohnung* für die Erzeugung des Kindes aus, sie begründet die Annahme, daß das Kind auch wirklich aus der Beiwohnung des Ehemannes hervorgegangen ist.

Auch hier ist der Gegenbeweis zugelassen, aber es müssen Umstände dargetan werden, wonach die Empfängnis vom Ehemann *offenbar unmöglich* ist, § 1591 I 2. Die Praxis begnügt sich mit einem *hohen Grade* der *Unwahrscheinlichkeit*, verlangt aber keine denkgesetzliche oder mathematische oder naturwissenschaftliche Sicherheit; vgl. BGH 7, 116.

Nicht genügt der Nachweis, daß die Frau während der Empfängniszeit mit anderen Männern geschlechtlich verkehrt hat (exceptio plurium concumbentium, vgl. § 1717), wohl aber z. B. derNachweis, daß die Frau zur Zeit der ersten ehemännlichen Beiwohnung schon schwanger war, daß der Mann während der ganzen Empfängniszeit zeugungsunfähig oder abwesend war, daß das nachgeborene Kind nach seinem Reifegrad nicht mehr von dem verstorbenen Ehemann erzeugt sein kann, wie z. B. ein Siebenmonatskind, das 9 Monate nach dem Tod des Vaters geboren wird. Wenn der Reifegrad des bald nach dem Eheschluß geborenen Kindes ergibt, daß es vorher erzeugt sein muß, greift schon die Beiwohnungsvermutung nicht Platz; doch kann auch hier nur der Ehemann das Kind verleugnen.

Für den Nachweis der Unmöglichkeit kommt der *Blutuntersuchung* große Bedeutung zu. Nach § 372a ZPO haben alle Beteiligten die Pflicht, die Entnahme von Blutproben in familienrechtlichen Streitigkeiten zu dulden, und zwar ohne Rücksicht auf ein etwaiges Zeugnisverweigerungsrecht. In Betracht kommen nach der Blutgruppenforschung im wesentlichen die vier Hauptgruppen: A, B, AB, O, die Untergruppen: A1 und A2, die Rhesusuntergruppe Cc und die Blutfaktoren M, N, MN und S. Auch die Haptoglobintypen werden neuerdings für den Vaterschaftsausschluß herangezogen. Über weitere Blutgruppenmerkmale vgl. *Schmidt*, NJW 1964, 2200. Wenn sich bei dem Kind eine Blutgruppe oder Blutfaktoren feststellen lassen, die bei der Mutter und deren Ehemann fehlen, kann dieser nicht der Erzeuger sein; vgl. RG 163, 68. U. U. kann auch durch ein *erbbiologisches Gutachten* die Unmöglichkeit der Vaterschaft dargetan werden; vgl. BGH NJW 1954, 83; FamRZ 1961, 306.

Zu a) und b).

Die Vermutungen der *Beiwohnung* und *Vaterschaft* greifen nicht bloß ein, wenn das Kind *während* der Ehe geboren wird, sondern auch, wenn es *innerhalb von 302 Tagen nach der Auflösung der Ehe geboren wird*, § 1591 i. Verb. mit §§ 1592/93.

Durch die *Todeserklärung* des Ehemannes wird die Ehe zwar noch nicht aufgelöst; die Auflösung wird lediglich vermutet. Diese Vermutung genügt aber, die Kinder, die später als 302 Tage nach dem im Todeserklärungsbeschluß bestimmten Zeitpunkt geboren werden, als unehelich erscheinen zu lassen; vgl. *Staudinger-Lauterbach*, § 1591 Anm. 10ff.

Heiratet die Frau nach der Auflösung ihrer ersten Ehe (entgegen dem Verbot des § 8 EheG oder unter Befreiung von ihm) sehr bald wieder, kann es vorkommen, daß die *Empfängniszeit* des von ihr geborenen Kindes sowohl in die *frühere* als auch in die *neue Ehe* fällt. Da hier die obigen Vermutungen für die Vaterschaft zweier Väter sprechen würden, löst § 1600 den Widerstreit, indem er das Kind als solches des *zweiten Mannes* gelten läßt. § 1600 ist auch dann anwendbar, wenn die Frau eine zweite, bigamische Ehe schließt. Ist der zweite Mann nicht der Vater des Kindes, so kann er die Ehelichkeit des Kindes anfechten. Mit der Rechtskraft des stattgebenden Urteils gilt das Kind als eheliches Kind des *ersten* Mannes. Ist auch dieser nicht der Vater, so beginnt die in § 1594 vorgesehene Anfechtungsfrist frühestens mit der Rechtskraft des vorerwähnten Urteils, § 1600 III.

c) Auch das auf Grund einer *künstlichen Samenübertragung* (*Insemination*) zur Welt gekommene Kind ist ehelich, wenn es nach der Eheschließung oder innerhalb von 302 Tagen nach der Auflösung der Ehe geboren wird. Widerlegt der Ehemann der Mutter in einem Anfechtungsprozeß die Beiwohnungsvermutung, so hat das Kind zu beweisen, daß innerhalb der Empfängniszeit ehemännliches Sperma übertragen worden ist; vgl. dazu *Dölle*, Rabel-Festschrift I, 187ff. Gelingt ihm dieser Nachweis, so obliegt dem Mann der Beweis, daß das Kind offenbar unmöglich aus dieser Samenübertragung stammen kann.

III. Geltendmachung der Unehelichkeit

1. Zu unterscheiden sind die *Anfechtung* der Ehelichkeit des Kindes durch den *Mann*, seine *Eltern* oder das *Kind* selbst und die *Geltendmachung* der *Unehelichkeit* durch einen *anderen*. Die *Anfechtung* durch den Mann (oder seine Eltern) ist Äußerung des Willens, das Kind nicht als eheliches anerkennen und behandeln zu wollen; die Anfechtung durch das Kind, daß es den Ehemann seiner Mutter nicht als Vater anerkennt. Die *Geltendmachung* der *Unehelichkeit* durch einen *anderen* ist *Berufung* auf die sich *aus der Unehelichkeit* ergebenden *Folgen* für Unterhaltspflicht, Erbrecht usw.

Die Unehelichkeit eines Kindes, das während der Ehe oder innerhalb von 302 Tagen nach Auflösung oder Nichtigerklärung der Ehe geboren ist, kann *nur* geltend gemacht werden, wenn die *Ehelichkeit angefochten* und die *Unehelichkeit rechtskräftig festgestellt* ist, § 1593.

Umstritten ist, ob der Ehemann in einem *Scheidungsrechtsstreit* zum *Beweis* des *Ehebruchs* seiner Frau auf das Vorhandensein eines Kindes hinweisen kann, das nicht von ihm abstammt, ohne zuvor dessen Ehelichkeit angefochten zu haben. Teilweise argumentiert man, es würden hier aus der Unehelichkeit *keine Rechtsfolgen* abgeleitet und nur dies sei durch § 1593 untersagt. Dagegen spricht jedoch, daß das Gesetz offensichtlich für die Feststellung der Unehelichkeit eines Kindes *nur einen Weg* eröffnen wollte, den der Anfechtungsklage. Vgl. zum Streitstand *Gernhuber*, § 45 I a. E.

2. Die *Anfechtung* der Ehelichkeit steht grundsätzlich *allein* dem *Ehemann* zu, § 1594 I. Stirbt er, ohne von der Geburt des Kindes Kenntnis erlangt zu haben, so können seine *Eltern* die Ehelichkeit anfechten, § 1595 a I 1. Das gleiche gilt, wenn der Mann innerhalb von zwei Jahren seit der Geburt des Kindes stirbt, ohne die Ehelichkeit angefochten zu haben. In diesem Fall ist das Anfechtungsrecht der Eltern aber ausgeschlossen, wenn feststeht, daß der Mann die Ehelichkeit des Kindes nicht anfechten wollte, § 1595a II.
Das *Kind* kann seine Ehelichkeit anfechten, wenn 1. der Mann gestorben oder für tot erklärt ist, ohne sein Anfechtungsrecht verloren zu haben, 2. die Ehe geschieden, aufgehoben oder für nichtig erklärt ist oder wenn die Ehegatten seit drei Jahren getrennt leben und nicht zu erwarten ist, daß sie die eheliche Lebensgemeinschaft wieder herstellen, 3. die Mutter den Erzeuger des Kindes geheiratet hat, 4. die Anfechtung wegen ehrlosen oder unsittlichen Lebenswandels oder wegen einer schweren Verfehlung des Mannes gegen das Kind sittlich gerechtfertigt ist oder 5. die Anfechtung wegen einer schweren Erbkrankheit des Mannes sittlich gerechtfertigt ist, § 1596 I.

3. Die *Anfechtung* durch den *Mann* oder seine *Eltern* erfolgt bei *Lebzeiten* des Kindes durch *Anfechtungsklage gegen das Kind*, dem ein Pfleger zu bestellen ist. Die Eltern können nur gemeinschaftlich klagen; sie sind notwendige Streitgenossen i. S. des § 62 I ZPO. Das *Kind* ficht die Ehelichkeit durch *Klage gegen den Mann* an, § 1599 I.
Nach dem *Tode des Kindes* erfolgt die Anfechtung durch *Antrag* auf *Feststellung der Unehelichkeit*. Über den Antrag entscheidet das Vormundschaftsgericht. Das gleiche gilt, wenn das *Kind* nach dem *Tode des Mannes* seine Ehelichkeit anficht, § 1599 II.

Wird die Klage oder der Antrag zurückgenommen, so ist die Anfechtung als nicht erfolgt anzusehen, § 1599 III.

4. Die *Ausübung* des *Anfechtungsrechts* ist regelmäßig an eine *Ausschlußfrist* gebunden. Der *Mann* muß die Ehelichkeit binnen *zwei Jahren* anfechten, § 1594 I, seine *Eltern* binnen *sechs Monaten*, § 1595 a I 3. Für das Anfechtungsrecht des *Kindes* gilt in den Fällen des § 1596 I Ziff. 1 bis 3 ebenfalls eine Ausschlußfrist von zwei Jahren, in den übrigen Fällen ist das Anfechtungsrecht nicht fristgebunden, § 1596 II 1.
Die *Frist beginnt* für den *Mann* mit dem Zeitpunkt, in dem er *Kenntnis* von den Umständen erlangt, die für die Unehelichkeit des Kindes sprechen, frühestens aber mit der Geburt des Kindes, § 1594 II.

Ein *begründeter Verdacht* der Unehelichkeit genügt; vgl. RG 163, 68 und BGH 9, 336. Der Mann muß aber die Umstände kennen, nach denen das Kind als sein eheliches Kind gilt. Dazu genügt nicht bloß die Kenntnis der Tatsache der Geburt, sondern er muß auch ihren Zeitpunkt kennen, wenn sie nach Auflösung der Ehe erfolgt; vgl. RG 157, 358. Ob er daraus den Schluß zieht, daß das Kind als ehelich gilt, ist gleichgültig. Rechtsunkenntnis hindert den Fristablauf nicht; vgl. RG 160, 92. Ein *Anerkenntnis* der Ehelichkeit steht der Anfechtung nicht im Wege; ebensowenig ein *Verzicht* auf das Anfechtungsrecht; vgl. *Gernhuber*, § 45 III 2, str.

Für die *Eltern* des Mannes beginnt die Anfechtungsfrist mit dem Zeitpunkt, in dem *ein Elternteil* Kenntnis vom *Tod des Mannes und der Geburt des Kindes* erlangt. Für das *Kind* ist für den Fristbeginn der Zeitpunkt maßgebend, in dem es von den Umständen, die für seine Unehelichkeit sprechen, und von dem Sachverhalt Kenntnis erlangt, der es nach § 1596 zur Anfechtung berechtigt, § 1596 II 2.

Der *Ablauf* der *Frist* ist *gehemmt*, wenn die rechtzeitige Anfechtung innerhalb der letzten sechs Monate der Frist durch höhere Gewalt verhindert war. Als Fall einer solchen ist die unrichtige Beurkundung des Personenstandes anzusehen (das Kind ist als uneheliches im Personenstandsregister eingetragen), wenn dadurch die irrige Annahme hervorgerufen wird, es müsse nichts weiter unternommen werden; vgl. RG 160, 95 und 166, 402. Ebenso ist die Frist gehemmt, wenn der Anfechtungsberechtigte geschäftsunfähig und ohne Vertreter ist; dann läuft die Frist erst sechs Monate nach dem Zeitpunkt ab, in dem der Mangel der Vertretung aufgehört hat, §§ 1594 III, 1595 a I 5 und 1596 II 3 i. Verb. mit §§ 203, 206.
Sind seit der Geburt des Kindes *zehn Jahre* verstrichen, so ist eine Anfechtung durch seinen Scheinvater oder dessen Eltern *gänzlich ausgeschlossen*, § 1594 IV.

Als *familienrechtlicher*, *höchstpersönlicher Akt* läßt die Anfechtung weder *Bedingung* noch *gewillkürte Vertretung* zu. Ein Mann bedarf, wenn er in der Geschäftsfähigkeit *beschränkt* ist, nicht der Zustimmung seines gesetzlichen Vertreters, § 1595 I. Für einen *geschäftsunfähigen* Mann kann sein gesetzlicher Vertreter mit Genehmigung des Vormundschaftsgerichts anfechten, § 1595 II 1. Falls der gesetzliche Vertreter die Anfechtungsfrist versäumt hat, kann der Mann die Anfechtung noch vornehmen, wenn er wenigstens beschränkt geschäftsfähig geworden ist, § 1595 II 2. Das gleiche gilt für das *Kind*, wenn es *volljährig* geworden ist, § 1597 IV. Es bedarf also selbst dann nicht der Zustimmung seines gesetzlichen

Vertreters, wenn es in der Geschäftsfähigkeit *beschränkt* ist. Für ein *minderjähriges Kind* kann dagegen *nur* der *gesetzliche Vertreter* die Ehelichkeit anfechten. Er bedarf dazu der Genehmigung des Vormundschaftsgerichts, § 1597 I, das vor der Erteilung der Genehmigung zu prüfen hat, ob die Anfechtung im Interesse des Kindes liegt. Vor der Entscheidung ist auch das Jugendamt zu hören, § 48 I 2 JWG. Hat das Kind das 18. Lebensjahr vollendet, so soll die Genehmigung nur erteilt werden, wenn das Kind selbst einwilligt, § 1597 II.

Gesetzlicher Vertreter wird in den Fällen des § 1596 I Ziff. 1 bis 3 meist die *Mutter* sein. Ist der Scheinvater Alleininhaber oder Mitinhaber der elterlichen Gewalt, so muß ein *Pfleger* bestellt werden, §§ 1629, 1795 I Ziff. 3, 1909. Will ein Vormund oder ein Pfleger die Ehelichkeit anfechten, so soll das Vormundschaftsgericht die Genehmigung nur erteilen, wenn die *Mutter* des Kindes *einwilligt*, es sei denn, daß sie geschäftsunfähig ist oder die elterliche Gewalt verwirkt hat oder ihr Aufenthalt dauernd unbekannt ist oder das Unterbleiben der Anfechtung dem Kind zu unverhältnismäßigem Nachteil gereichen würde, § 1596 III.

Hat der *gesetzliche Vertreter* in den Fällen des § 1596 I Ziff. 1 bis 3 die Ehelichkeit *nicht rechtzeitig* angefochten, so kann das *Kind*, sobald es volljährig geworden ist, seine Ehelichkeit innerhalb von zwei Jahren *selbst* anfechten, § 1598.

5. Das auf Grund der Anfechtungsklage ergehende *Sachurteil* wirkt *für und gegen alle*, sofern es bei *Lebzeiten* der *Parteien rechtskräftig* wird, § 643 ZPO. Wird die *Unehelichkeit* des Kindes rechtswirksam festgestellt, so kann sie nunmehr *jeder geltend machen*, auch wenn er am Prozeß nicht beteiligt war. Die Feststellung wirkt auf den Zeitpunkt der Geburt zurück.

Ein Urteil, das das *Bestehen* des Eltern- und Kindesverhältnisses oder der elterlichen Gewalt feststellt, wirkt jedoch gegenüber einem Dritten, der das elterliche Verhältnis oder die elterliche Gewalt für sich in Anspruch nimmt, nur dann, wenn er an dem Rechtsstreit teilgenommen hat, § 643 S. 2 ZPO.
Für eine *negative Feststellungsklage* ist kein Raum, da die Unehelichkeit nur durch Anfechtungsklage geltend gemacht werden kann.

Wird die Anfechtungsklage des *Mannes* rechtskräftig abgewiesen, so wirkt dieses Urteil an sich auch für das *Kind*, § 643 ZPO. Trotzdem wird eine erneute Anfechtungsklage des Kindes für zulässig gehalten, wenn die Klage des Mannes (oder — nach früherem Recht — des Staatsanwalts) mangels Beweises abgewiesen wurde; vgl. BGH ZZP 79 (1966), 126 und die Anm. dazu von *Bruns*. Ebenso kann das Kind erneut klagen, wenn die Klage des Mannes nicht aus sachlichen Gründen, sondern wegen Fristversäumung abgewiesen wurde; vgl. *Gernhuber*, § 45 VI 5.
Auch die *Entscheidung* des *Vormundschaftsgerichts*, die nach dem Tode des Kindes oder des Mannes im Verfahren der freiwilligen Gerichtsbarkeit ergeht, ist der *materiellen Rechtskraft fähig*. Wenn auch der Begriff der

materiellen Rechtskraft für die Regel dem FGG fremd ist (vgl. RG 124, 324 und § 18 FGG), so sind doch Ausnahmen anerkannt; und hier ergibt sich eine solche aus der Absicht des Gesetzgebers, der sich nicht mehr mit der Anfechtung allein begnügen will, sondern *rechtskräftige Feststellung* der *Unehelichkeit* fordert, § 1593. Die Abstammung eines ehelich geborenen Kindes kann nur in einem *Verfahren zur Feststellung* der *Unehelichkeit* festgestellt werden. Dieses muß dann aber auch zu einer *rechtskräftigen* Feststellung führen können. Für eine Klage des Kindes, daß es nicht vom Ehemann der Mutter, sondern von einem anderen Erzeuger abstamme, ist *daneben* kein Raum mehr; vgl. das vom RG bestätigte Urteil des OLG Danzig in DR 1942, 1335.
Erledigt sich das prozessuale Anfechtungsverfahren *ohne Sachurteil*, weil eine der Parteien vor der Rechtskraft des Urteils *stirbt* (§§ 628, 640 ZPO), so kann immer noch der Antrag auf Feststellung der Unehelichkeit beim Vormundschaftsgericht gestellt werden. Hat der Scheinvater die Klage erhoben und leben bei seinem Tode noch seine Eltern, so ist § 628 ZPO nicht anwendbar, vielmehr können hier die *Eltern* — innerhalb von sechs Monaten — das *Verfahren aufnehmen*, § 641a ZPO.

6. Für das Verfahren im Anfechtungsprozeß gelten die besonderen Vorschriften der sog. *Status*prozesse, §§ 641ff. ZPO.

Es gilt die Offizialmaxime, das Gericht muß von Amts wegen die Beweise erheben, § 622 ZPO, ein Anerkenntnis hat nicht die in § 307 ZPO bestimmte Wirkung usw. Zuständig ist das Landgericht, in dessen Bezirk die Eltern ihren Wohnsitz haben.

7. *Nach rechtskräftiger Feststellung der Unehelichkeit* ist das uneheliche Kind an der Klage auf *Feststellung der blutmäßigen Abstammung* von einem anderen Erzeuger nicht mehr gehindert; ebensowenig an der Geltendmachung des Unterhaltsanspruchs nach § 1708 gegen den, der als unehelicher Vater i. S. des § 1717 gilt; s. u. § 30.

§ 22

II. Kapitel

Das Verhältnis zwischen Eltern und Kindern im allgemeinen

I. Grundsätzliches

Die *elterliche Gewalt* soll als in sich geschlossene Einrichtung im nächsten Paragraphen gesondert dargestellt werden. Von ihr sind die *Rechtsbeziehungen* zu unterscheiden, die das Verhältnis zwischen Eltern und Kindern ganz *unabhängig von der Schutzbedürftigkeit des minderjährigen*

Kindes zeitigt. Sie ergeben sich zum Teil aus der *Erzeugung* und *Abstammung*, zum Teil sind sie eine Folge der *Hausgemeinschaft*; zum Teil beeinflussen sie die *Persönlichkeitssphäre*, zum Teil haben sie *vermögensrechtliche* Bedeutung.

Es ist klar, daß das Verhältnis zwischen Eltern und Kindern in erster Linie durch Natur- und Sittengesetze normiert wird. Das Recht begnügt sich hier mit dem ethischen Minimum. Fürsorge, Liebe, Achtung, Ehrerbietung, Dankbarkeit sind seelische Kräfte, von deren freiwilligem Wirken das Beste erwartet werden muß.

II. Die Persönlichkeitssphäre des Kindes wird durch das Verhältnis zu den Eltern ganz allgemein in folgenden Punkten beeinflußt:

1. Das eheliche Kind erhält nach § 4 RuStAG die *Staatsangehörigkeit* des *Vaters*. Ist der Vater Ausländer oder staatenlos, so erwirbt das Kind einer Deutschen die Staatsangehörigkeit der *Mutter*, wenn es sonst *staatenlos* sein würde, § 4 I 2 RuStAG i. d. F. des Ges. v. 19. 12. 1963.

Diese Regelung widerspricht trotz ihrer Neufassung noch immer dem *Gleichberechtigungsgrundsatz*. Andererseits ist es schwierig, eine der Verfassung entsprechende Lösung zu finden, die gleichzeitig die Nachteile einer doppelten Staatsangehörigkeit vermeidet. Zu denken wäre etwa an eine Regelung, die dem Kind bei verschiedener Staatsangehörigkeit seiner Eltern die deutsche Staatsangehörigkeit nur zuerkennt, wenn die Eltern entweder ihren Wohnsitz in Deutschland haben oder das Kind anderenfalls staatenlos würde.

2. Das Kind erhält den *Familiennamen des Vaters*, § 1616.

Ob diese Regelung mit dem Gleichberechtigungsgrundsatz vereinbar ist, ist bestritten. Es gelten hier die gleichen Erwägungen, wie sie zum Ehenamen der Frau angestellt worden sind; s. o. § 11 I.

3. Während nach § 11 a. F. BGB ein eheliches Kind den *Wohnsitz* des *Vaters* teilte, hat das GleichberG den § 11 neu gefaßt und bestimmt, daß das eheliche Kind den Wohnsitz der *Eltern* teilt, ohne Rücksicht darauf, wem Sorge- und Vertretungsrecht zustehen. Haben die Eltern nicht oder nicht mehr den gleichen Wohnsitz, so soll das Kind den Wohnsitz des Elternteils teilen, der es in persönlichen Angelegenheiten vertritt, § 11 I 2. Hs. Das Kind soll also *keinen doppelten Wohnsitz* haben, weil das zu Unzuträglichkeiten führen müßte.

Wo das Kind seinen Wohnsitz hat, wenn die *Eltern getrennt* leben und *beide vertretungsberechtigt* sind, ist bestritten. Man wird hier unterscheiden müssen: Trennen sich die Eltern *nach* der Geburt des Kindes, so teilt das Kind den Wohnsitz desjenigen Elternteils, bei dem es mit Billigung des anderen Teils verbleibt. Das gilt auch dann, wenn ein Elternteil ohne eine solche Billigung den bisherigen Familienwohnsitz verläßt und sein Kind zurückläßt; vgl. BayObLG, FamRZ 1962, 265; a. A. OLG Karlsruhe, FamRZ 1966, 243 (doppelter Wohnsitz); OLG Hamm, Fam-

RZ 1966, 315 (ein Wohnsitzwechsel des verlassenen Ehegatten läßt den Wohnsitz des Kindes unberührt). Nimmt ein Elternteil das Kind gegen den Willen des anderen Elternteils mit sich, so behält das Kind den bisherigen Wohnsitz ebenfalls bei; denn in der *Entführung* des Kindes liegt keine rechtsgültige Aufhebung des Wohnsitzes; vgl. OLG Hamm, FamRZ 1963, 652. Wenn in diesem Fall allerdings der zurückgebliebene Ehegatte seinen Wohnsitz ebenfalls aufgibt, dann wird das Kind damit wohnsitzlos; denn diesem Wohnsitzwechsel hat wiederum der andere Gatte nicht zugestimmt und es ist nicht anzunehmen, daß der Wille der beiden Ehegatten dahingeht, das Kind solle seinen Wohnsitz an dem Ort behalten, an dem kein Elternteil mehr wohnt; vgl. BayObLG, FamRZ 1964, 514. Begründet *jeder Ehegatte* einen *neuen Wohnsitz* und lebt das Kind bei keinem von beiden, so teilt es den Wohnsitz beider Eltern, erwirbt also einen doppelten Wohnsitz, wenn nicht der Ort, an dem es sich aufhält, nach dem Willen der Eltern auch sein Wohnsitz sein soll. In diesem Fall behält es den gewählten Wohnsitz so lange bei, bis sich die Eltern über einen neuen Wohnsitz einig werden; vgl. BayObLG, FamRZ 1962, 266. Trennen sich die Eltern bereits *vor* der Geburt des Kindes, so erwirbt das Kind mit der Geburt einen *doppelten Wohnsitz* und behält diesen so lange bei, bis sich die Eltern ausdrücklich oder stillschweigend darüber einig werden, welchen Wohnsitz das Kind erhalten soll; vgl. OLG Karlsruhe, JZ 1964, 64; a. A. BayObLGZ 1962, 115 und OLG Saarbrücken, JBl Saar 1964, 181 (kein Wohnsitz).

Die Eltern können den abgeleiteten Wohnsitz des Kindes aufheben und einen neuen Wohnsitz begründen, § 7 III. Während der Geschäftsunfähigkeit und Geschäftsbeschränktheit des Kindes geschieht die Wohnsitzänderung durch den personensorgeberechtigten gesetzlichen Vertreter oder mit dessen Einverständnis; vgl. BGH 7, 108.

Das *uneheliche* Kind teilt den Wohnsitz der *Mutter* (s. unten § 29 I), ein für *ehelich erklärtes* den des Vaters (s. unten § 32 IV 1), ein an *Kindes Statt angenommenes* den des Annehmenden (s. unten § 33 IV 1 d).

4. Zur *Eheschließung* bedarf das Kind, solange es minderjährig oder aus anderen Gründen geschäftsbeschränkt ist, der *Einwilligung* seines *gesetzlichen Vertreters*, d. h. seiner Eltern oder seines Vormundes, § 3 EheG. Steht dem gesetzlichen Vertreter nicht gleichzeitig die Sorge für die Person des Minderjährigen zu, oder ist neben ihm noch ein anderer sorgeberechtigt, etwa die uneheliche Mutter, so ist auch die *Einwilligung des Sorgeberechtigten* erforderlich, § 3 II EheG.
Die fehlende Einwilligung des Sorgeberechtigten ist auf die Gültigkeit der abgeschlossenen Ehe allerdings ohne Einfluß.

5. Eine *Ehelichkeitserklärung* (§ 1726) oder *Annahme an Kindes Statt* (§ 1747) eines noch nicht 21jährigen setzt die Einwilligung der Mutter bzw. der Eltern voraus.

6. Bei der *Entmündigung* sind die Eltern als Vormund berufen, § 1899.

III. Folgen der Hausgemeinschaft ohne Rücksicht auf die elterliche Gewalt sind:

1. Die *Arbeitspflicht* des *hausangehörigen Kindes,* § 1617.
a) Nähere *Voraussetzungen* sind:
α) *Zugehörigkeit zum elterlichen Hausstand,* d. h., das Kind muß in diesem den Mittelpunkt seiner Lebensbeziehungen haben.

Nicht nötig ist, daß das Kind seine Schlafstätte im elterlichen Hause hat oder dort sämtliche Mahlzeiten einnimmt; bloßes Wohnen genügt ebenfalls nicht.

β) Entweder *Erziehung* (was nur für *Minderjährige* in Betracht kommt, über die wenigstens einem Elternteil das Erziehungsrecht zusteht) *oder Unterhalt* durch die Eltern (was für *Volljährige* bedeutsam ist).
b) Solange diese Voraussetzungen zutreffen, hat das Kind in einer seinen Kräften und seiner Lebensstellung entsprechenden Weise den Eltern in ihrem Hauswesen und Geschäfte *Dienste* zu *leisten.* Die Dienste können nur so gefordert werden, daß die Ausbildung des Kindes nicht darunter leidet; vgl. BGH FamRZ 1960, 359.

Der Unterhalt, den die Eltern dem Dienste leistenden Kinde gewähren, darf nicht als „Entgelt" für die Dienste aufgefaßt werden: Dienste und Unterhalt stehen nicht im Verhältnis von Leistung und Gegenleistung; vgl. BGH FamRZ 1960, 101. Es ist aber denkbar, daß ein besonderer *Dienst-* oder *Arbeitsvertrag* zwischen Vater oder Mutter und Kind geschlossen wird oder dem Kind in anderer Weise ein Entgelt versprochen wird. Das braucht nicht ausdrücklich, sondern kann auch stillschweigend geschehen. Die Rspr. nimmt ein echtes Arbeitsverhältnis insbesondere dann an, wenn das Kind nicht nur gelegentlich im elterlichen Betrieb mitarbeitet, sondern diesem wie ein Arbeitnehmer eingegliedert ist und ein Entgelt erhält, das dem ortsüblichen oder tariflichen Lohn entspricht; vgl. BSozG AP Nr. 2 zu § 611 BGB; BSozG NJW 1962, 2077; siehe auch *Staudinger-Gotthardt,* § 1617 Anm. 69ff. Auch Dienste höherer Art (Betriebsleiter) können unter die familienrechtliche Arbeitspflicht fallen. Meist wird hier aber ein echter Dienstvertrag anzunehmen sein. Mißbrauch der Arbeitskraft berechtigt das Vormundschaftsgericht zum Einschreiten nach § 1666. Bei der Mitarbeit im elterlichen Betrieb sind ferner die Vorschriften des Jugendarbeitsschutzgesetzes zu beachten; vgl. *Herschel,* Jugendarbeitsschutz und Familie, FamRZ 1960, 381ff.
Sind die Dienstleistungen einverständlich im Hinblick auf einen bestimmten Erfolg erbracht worden, so stehen dem Kind, wenn dieser Erfolg nicht eintritt, gegenüber seinen Eltern *Bereicherungsansprüche* (§ 812 I 2, 2. Alt.) zu; vgl. BGH FamRZ 1966, 25.

2. *Aufwendungen* eines volljährigen, hausangehörigen Kindes für den elterlichen Haushalt sind im Zweifel als *ohne Ersatzabsicht* gemacht anzusehen, § 1618.

Durch die Auslegungsregel des § 1618 wird ein Erstattungsanspruch aus dem Gesichtspunkt der Geschäftsführung ohne Auftrag ausgeschlossen. Gleichgültig ist, ob das Kind selbst die Kosten bestreitet (z. B. Lebensmitteleinkauf) oder ob es den Eltern Vermögensgegenstände zu diesem Zweck überläßt.

Zu beachten ist, daß sich auch aus der Art und Weise der Leistung (z. B. Bezahlung einer Rechnung in Abwesenheit der Eltern) ihr Charakter als *Vorschußleistung* ergeben kann, die zurückgezahlt werden muß.

3. Bei *Vermögensteilen*, die ein volljähriges hausangehöriges Kind freiwillig einem Elternteil *zur Verwaltung* überläßt, hatte dieser, falls das Kind nichts anderes bestimmte, früher ein Recht zur freien Verwendung der Einkünfte. § 1619 a. F., der dieses Verwendungsrecht anerkannte, ist durch Art. 1 Ziff. 21 GleichberG ersatzlos gestrichen worden. Das Rechtsverhältnis zwischen Eltern und Kindern richtet sich nun nach den allgemeinen Vorschriften: *Auftrag*, *Verwahrung*, *Darlehen*, *Vollmacht* usw.

IV. Vermögensrechtliche Hilfspflichten und Hilfsleistungen

1. *Unterhaltsgewährung.* Eltern und Kinder sind als Verwandte gerader Linie verpflichtet, *einander Unterhalt* zu gewähren. Die allgemeine Regelung der Unterhaltspflicht der Verwandten ist unten in § 34 dargestellt. Hier sind nur die Sondersätze für die Unterhaltsansprüche der *Kinder* zu behandeln.

Der Unterhaltsanspruch des *minderjährigen unverheirateten Kindes* ist insofern *bevorzugt* geschützt, als es den *Stamm* seines Vermögens nicht anzugreifen braucht, § 1602 II. Hat das Kind kein eigenes Vermögen und sind weitere unterhaltspflichtige Verwandte nicht vorhanden, so müssen die Eltern auch bei Gefährdung ihres eigenen Unterhalts alles mit den Kindern teilen, § 1603 II.

Der Unterhalt der Abkömmlinge geht dem der anderen Verwandten vor. Der Ehegatte steht den minderjährigen unverheirateten Kindern gleich, § 1609.

Gegenüber *unverheirateten* Kindern können die Eltern die Art der Unterhaltsgewährung und die Zeit, für die der Unterhalt im voraus geleistet werden soll, frei bestimmen, § 1612.

2. *Aussteuer.* §§ 1620—1623 a. F. gaben den Töchtern gegen ihre Eltern im Falle der Verheiratung einen Anspruch auf *Aussteuer*, d. h. auf Zuwendung der zur *angemessenen Einrichtung des Haushaltes* gehörigen Gegenstände. Diese Vorschriften sind durch das GleichberG *ersatzlos gestrichen* worden.

3. *Ausstattung* ist eine *freiwillige elterliche Zuwendung*, die einem Kind mit Rücksicht auf seine *Verheiratung* oder auf die *Erlangung* einer *selbständigen Lebensstellung* gemacht wird und über den gewöhnlichen Unterhalt hinausgeht, § 1624.

a) Sie ist im Verhältnis zur *Aussteuer* ein *weiterer* Begriff. Die Aussteuer ist eine besondere Art der Ausstattung, auf die die Tochter nach § 1620

a. F. ein Recht hatte. Nachdem der Aussteueranspruch der Tochter beseitigt worden ist, weil heute die Töchter geradeso wie die Söhne eine Berufsausbildung erhalten und weil viele Eltern ihre eigene Altersversorgung aus etwaigen Ersparnissen sichern müssen und mithin durch die Aussteuerpflicht zu sehr belastet würden, bleibt es heute ihrem Verantwortungsgefühl und der Einschätzung ihrer Vermögenslage überlassen, ob und inwieweit sie einer Tochter eine Aussteuer als Ausstattung geben wollen, ebenso wie es ihnen überlassen bleibt, ob sie dem Sohn oder der Tochter, die ihr Examen bestanden haben, die Mittel zur Einrichtung einer Anwaltskanzlei oder einer ärztlichen Praxis geben wollen.
b) Ein *Anspruch* auf eine derartige Zuwendung besteht also nicht — abgesehen vom Fall besonderer vertraglicher Zusage.
Aber eine derartige elterliche Hilfsleistung entspricht, wenn auch nicht immer einer sittlichen Pflicht, so doch der sittlichen Idee der Familiengemeinschaft und gilt deshalb *nur*, *soweit* sie das den *Vermögensverhältnissen* der *Eltern* und den sonstigen Umständen *entsprechende Maß übersteigt*, als *Schenkung*, § 1624 I.
Soweit die Ausstattung nicht als Schenkung gilt, ist die Anwendung der Schenkungsregeln ausgeschlossen.

Also keine Formvorschrift (§ 518) für das Ausstattungsversprechen, kein Widerruf wegen Undanks (§ 530), keine Rückforderung wegen Verarmung (§ 528); wohl aber Anfechtbarkeit wegen Gläubigerbenachteiligung (§ 3 Nr. 3 AnfG, § 32 Nr. 1 KO), weil auch die angemessene Ausstattung eine unentgeltliche Verfügung i. S. des Anfechtungsrechts bleibt; sehr str.; a. A. *Staudinger-Gotthardt*, § 1624 Anm. 25. — Die Gewährleistungspflicht des Ausstattenden bestimmt sich dagegen für die ganze Gabe nach Schenkungsrecht, § 1624 II.

c) Als Ausstattung kommt nicht nur eine Kapitalleistung in Betracht, sondern *alles*, was einem Kinde mit *Rücksicht* auf die *Verheiratung* oder auf die *Erlangung einer selbständigen Lebensstellung*, zur Begründung oder zur Erhaltung der Wirtschaft oder der Lebensstellung von einem Elternteil zugewandt wird.

Also z. B. Zahlung der Schulden des künftigen Ehemannes, wiederkehrende Zuschüsse, die als Einkünfte verwendet werden sollen, Übereignung eines Kraftwagens, Gewährung freier Wohnung; vgl. *Staudinger-Gotthardt*, § 1624 Anm. 8ff. — Die in § 2050 hinsichtlich der Ausgleichungspflicht gemachte Unterscheidung zwischen Ausstattung und Zuschüssen ist für § 1624 bedeutungslos.

d) Die Ausstattung darf, wenn das Kind *eigenes Vermögen* hat, diesem entnommen werden. Hat der ausstattende Elternteil Kindesvermögen unter seiner gesetzlichen Verwaltung, so ist im Zweifel anzunehmen, daß die Ausstattung aus diesem Vermögen gewährt wird, § 1625.

4. *Mitgift*. Von der Ausstattung ist zu unterscheiden der Begriff der *Mitgift*, den nur das *Leben*, aber *nicht* das *Gesetz* verwendet. Mitgift ist

eine Vermögensgabe, die einer Frau mit Rücksicht auf ihre Verheiratung zugewandt wird.

Vgl. *Neubecker*, Wesen des Mitgiftversprechens, 1909.

Sie kann von den *Eltern* der Frau gegeben werden und fällt dann unter den Begriff der *Ausstattung*. Sie kann auch von einem *Dritten* (Großvater, Onkel oder Paten usw.) gegeben werden und ist dann meist *Schenkung*. Wird das Versprechen gegenüber dem Mann anläßlich der bevorstehenden Verehelichung abgegeben, so wird es im Zweifel zugunsten der Frau abgegeben.

III. Kapitel

Die elterliche Gewalt

§ 23. A. Die elterliche Gewalt im allgemeinen

I. Wesen

Schrifttum: Ziegler, Das natürliche Entscheidungsrecht des Mannes in Ehe und Familie, 1958; *Mikat*, Zur Problematik des natürlichen Entscheidungsrechtes des Mannes in Ehe und Familie, FamRZ 1960, 301; *Herm. Lange*, Die Lücke im Kindschaftsrecht, NJW 1961, 1889; *Gernhuber*, Elterliche Gewalt heute — Eine grundsätzliche Betrachtung, FamRZ 1962, 89.

Vater und Mutter haben das Recht und die Pflicht, für die Person und das Vermögen ihres Kindes zu sorgen und das Kind zu vertreten. Dieses Pflichtrecht der Eltern nennt das Gesetz „*elterliche Gewalt*“, § 1626.

Im *Namen* klingt die elterliche Gewalt des BGB an die väterliche Gewalt der *Römer*, die patria potestas, an. Im *Wesen* ist sie von dieser verschieden. Die patria potestas gab dem Hausvater ein Herrschaftsrecht über das Kind mit Gewalt über Leben und Tod. Im Laufe der Entwicklung wurde dieses Recht zwar eingeschränkt; bis zuletzt blieb es aber ein in seinem Kern *eigennütziges* Recht des Vaters.

Im *deutschen* Recht ist die väterliche Gewalt verknüpft mit der *Vormundschaft*, der *Munt*, deren Zweck Fürsorge für das Vermögen des Mündels ist, die nicht nur Schutz*recht* sondern auch Schutz*pflicht* bedeutet.

Das BGB hat die väterliche Gewalt durch die *elterliche* Gewalt ersetzt; dem deutschen Recht folgend betrachtet es diese aber in erster Linie als eine im *Interesse des Kindes* geschaffene Einrichtung. Der dem römischen Recht entstammende Gedanke des Herrschaftsrechts, den manche Regelungen noch widerspiegeln, wird immer mehr in den Hintergrund gedrängt.

Die elterliche Gewalt, so, wie sie vom BGB verstanden wurde, gab den Eltern keine gleichen Rechte. Der eigentliche „Gewalthaber“ war immer noch der Vater. Die Mutter hatte lediglich eine „Nebengewalt“. Bei Meinungsverschiedenheiten ging die Meinung des Vaters vor. Dem Vater stand allein auch das Vertretungsrecht zu.

Eine Änderung dieses Rechtszustandes trat erst ein mit dem Inkrafttreten des *Gleichberechtigungsgrundsatzes.* Die Gerichte erkannten nun überwiegend die elterliche Gewalt *beiden Eltern* zu gleichem Recht zu. Bei Meinungsverschiedenheiten sollte das Vormundschaftsgericht entscheiden; vgl. BGH 20, 313f.

Das *Gleichberechtigungsgesetz* brachte noch einmal einen Rückschritt. Es verpflichtete zwar beide Eltern, sich um eine Einigung zu bemühen. Im Falle des Nichtzustandekommens einer Einigung sollte jedoch der *Vater* entscheiden, § 1628 I. Auch das Vertretungsrecht sollte grundsätzlich allein dem Vater zustehen, § 1629 I. Diese dem Gleichberechtigungsgebot offensichtlich widersprechende Vorschrift wurde bereits ein Jahr nach dem Inkrafttreten des Gesetzes vom BVerfG für *verfassungswidrig* und darum nichtig erklärt; vgl. BVerfG 10, 59. Durch diesen Rechtsspruch, der Gesetzeskraft hat, ist der frühere Rechtszustand, wie er vor Inkrafttreten des GleichberG, d. h. vom 1. 4. 1953 bis 30. 6. 1958 bestand, wiederhergestellt worden, wonach die elterliche Gewalt einschließlich des Vertretungsrechts *beiden Eltern gemeinsam* zusteht.

II. Elterliche Gewalt und Elternrecht.

Nach Art. 6 II GG sind Pflege und Erziehung der Kinder das natürliche Recht der Eltern. Dieses Elternrecht ist ein *echtes Grundrecht,* das gemäß Art. 1 III GG Gesetzgebung, vollziehende Gewalt und Rechtsprechung als unmittelbar geltendes Recht bindet; vgl. BVerfG 4, 52, 57; 7, 320; 10, 59. Der Staat hat die Ausübung der Elternrechte und Elternpflichten zwar zu überwachen, er darf diese Rechte aber nicht in ihrem Wesensgehalt antasten, Art. 19 II GG. Der schwerste Eingriff in das Elternrecht, die Trennung der Kinder von der Familie, ist nur unter den Voraussetzungen des Art. 6 II 2 und III GG zulässig. Kinder dürfen von der Familie nur getrennt werden, wenn die Erziehungsberechtigten versagen oder die Kinder aus anderen Gründen zu verwahrlosen drohen.
Das Elternrecht als solches oder seine wesentlichen Bestandteile (insbesondere das Recht der Personensorge) können durch die staatliche Gewalt den Eltern niemals der *Substanz nach entzogen* werden. Nur ihre *Ausübung* kann unter bestimmten Voraussetzungen einem Elternteil untersagt werden, h. M.; vgl. *Staudinger-Göppinger,* Vorbem. 36 vor § 1666. Soweit das Gesetz von einer Entziehung spricht (§§ 1666, 1669), ist darunter die Untersagung der Rechtsausübung zu verstehen; vgl. OLG Stuttgart, FamRZ 1964, 51, 52.

III. Die eigenverantwortliche Ausübung der elterlichen Gewalt durch die Eltern

1. Die Eltern haben die elterliche Gewalt in *eigener Verantwortung* auszuüben, § 1627. Das heißt: Die Verantwortung für alle Maßnahmen und

Entscheidungen, die in den Rahmen der elterlichen Gewalt fallen, tragen allein die Eltern, und zwar *beide Eltern gemeinsam.* Kein Elternteil kann auf die elterliche Gewalt *verzichten*; auch nicht auf Einzelbestandteile der elterlichen Gewalt. Auch eine *Übertragung* der elterlichen Gewalt, sei es auf Dritte, sei es auf den anderen Elternteil, ist *nicht zulässig.* Die Eltern können lediglich die *Ausübung* der elterlichen Gewalt (in jederzeit widerruflicher Weise) auf einen Dritten oder einen Elternteil übertragen. Eine solche Übertragung enthebt die Eltern freilich nicht der Verpflichtung, darüber zu wachen, daß derjenige, der nunmehr die elterliche Gewalt ausübt, dies auch in der rechten Weise tut.

2. Die Eltern haben die elterliche Gewalt in *gegenseitigem Einvernehmen* auszuüben, § 1627. Das bedeutet nicht, daß jede *Einzelmaßnahme* von den Eltern *gemeinsam* beschlossen und gemeinsam ausgeführt werden muß. Das wäre in der Praxis auch gar nicht möglich. Es genügt, wenn sich die Eltern über die *Grundsätze* einig sind, nach denen sie die elterliche Gewalt ausüben wollen. Häufig wird sich zwischen den Eltern eine *natürliche Aufgabenteilung* einspielen. Handelt dann ein Elternteil allein, so wird er sich auf das *mutmaßliche Einverständnis* des anderen Teils oder (Dritten gegenüber) auf eine *stillschweigende Bevollmächtigung* berufen können. Nur *wichtige* Entscheidungen (Schul- und Berufswahl, Konfession) müssen die Eltern grundsätzlich (Eilfälle, z. B. eine dringend notwendige Operation, ausgenommen) gemeinsam treffen. Können sich die Eltern über eine Frage der elterlichen Gewalt nicht einigen, so bleibt als Ausweg nur die Anrufung des *Vormundschaftsgerichts* — das freilich nur entscheiden wird, wenn eine Entscheidung im Interesse des Kindes *geboten* ist, vgl. *Herm. Lange,* NJW 1961, 1891. Der Primat des elterlichen Bestimmungsrechts ist aber auch vom Vormundschaftsrichter zu beachten. Der Vormundschaftsrichter ist darum nur zur Entscheidung darüber befugt, der Meinung welchen Elternteils mit Rücksicht auf das Wohl des Kindes und der Familie der Vorzug zu geben sei oder ob eine Entscheidung, weil mißbräuchlich, unbeachtlich sei. Damit werden die Gleichberechtigung gewahrt und die Eigenkräfte der Familie geschont; vgl. BGH 20, 313; *Gernhuber,* § 50 II 4; s. aber auch *H. Maier,* Juristen-Jb. 4 (1963/64), 92.

3. Für einen *Schaden,* den die Eltern bei der Ausübung der elterlichen Gewalt dem Kind zufügen, *haften* sie nach § 1664. Nach dieser Vorschrift haben die Eltern für die Sorgfalt einzustehen, die sie in eigenen Angelegenheiten anzuwenden pflegen. Für grobe Fahrlässigkeit haften die Eltern jedoch in jedem Falle, § 277.

Haben sich die Eltern zur Erfüllung ihrer Pflichten *anderer Personen* bedient (Arzt, Rechtsanwalt, Hauspersonal) und entsteht dem Kind durch ein Verschulden dieser Personen ein Schaden, so ist zu unterscheiden: Für die *Auswahl* und die *Überwachung* der Hilfsperson haften die Eltern nach § 1664. Haben die Eltern die Hilfsperson sorgfältig ausgesucht, so haften sie für ein Verschulden dieser Person nur dann (§§ 1664, 278), wenn die Zuziehung der Hilfsperson *nicht unbedingt notwendig* war, m. a. W., wenn die Eltern auch *selbst* hätten tätig werden können. Die Eltern haften darum z. B. dem Kind für eine grob fahrlässige Verletzung durch eine Hausangestellte, nicht jedoch für eine grobe Fahrlässigkeit des das Kind behandelnden Arztes; vgl. *Staudinger-Donau*, § 1664 Anm. 19ff.

Sind für einen Schaden *beide* Eltern verantwortlich, so haften sie als *Gesamtschuldner*, § 1664 II.

IV. Umfang und Schranken der elterlichen Gewalt und Vertretungsmacht

Im Rahmen ihrer Zwecke ist die elterliche Gewalt grundsätzlich unumschränkt. *Schranken* ergeben sich in folgenden Einzelfällen:

1. Die elterliche Gewalt und die Vertretungsmacht erstrecken sich nicht auf die Angelegenheiten des Kindes, für die ein *Pfleger* bestellt ist, § 1630 I. Das sind die Fälle der *Verhinderung* der Eltern aus einem *tatsächlichen* oder *rechtlichen Grunde*, § 1909.

Steht die *Personensorge* den *Eltern* und die *Vermögenssorge* einem *Pfleger* zu oder umgekehrt und können sich die Eltern und der Pfleger über eine Angelegenheit nicht einigen, die sowohl die Personensorge als auch die Vermögenssorge betrifft, so entscheidet das Vormundschaftsgericht, § 1630 II.

2. Die *Heirat* der *Tochter* schränkt die elterliche Gewalt im Bereich der *Personensorge* ein. Die *tatsächliche* Personensorge erlischt. Die Eltern behalten lediglich ihr *Vertretungsrecht*, § 1633 Satz 1. Diese Einschränkung bleibt erhalten selbst bei Wiederauflösung der Ehe, sofern die Tochter bereits das 18. Lebensjahr vollendet hat. Nur wenn das noch nicht der Fall ist, erlangen die Eltern die Gewalt in vollem Umfang wieder, § 1633 Satz 2.

3. Die Eltern sind wegen *Interessenwiderstreits* von der *Vertretung ausgeschlossen* in denselben Fällen, in denen nach § 1795 der *Vormund* von der Vertretung des Mündels ausgeschlossen ist, § 1629 II 1; s. dazu unten § 37 V.

D. h., sie dürfen keine In-Sich-Geschäfte abschließen, es sei denn, daß es sich um bloße Erfüllungsgeschäfte handelt. Außerdem darf kein Elternteil in Vertretung des Kindes gegenüber dem anderen Elternteil oder gegenüber einer mit ihm in gerader Linie verwandten Person ein Rechtsgeschäft vornehmen; auch hier wiederum sind bloße Erfüllungsgeschäfte ausgenommen. Ferner kann kein Elternteil das Kind in einem Rechtsstreit mit dem anderen Elternteil (Ausnahme: Unterhaltsklage, wenn die Eltern getrennt leben, § 1629 II, s. u. § 27 II) oder einer mit ihm in gerader Linie verwandten Person vertreten. Und schließlich können die Eltern das Kind nicht vertreten bei einem Rechtsgeschäft, das die Übertragung oder Belastung einer gesicherten Forderung des Kindes gegen einen Elternteil oder die Aufhebung oder Minderung dieser Sicherheit zum Gegenstand hat oder die Verpflichtung des Kindes zu einer solchen Übertragung, Belastung, Aufhebung oder Minderung begründet.

4. Die Eltern sind ferner von der Vertretung ausgeschlossen, soweit ihnen die *Vertretungsmacht* durch das *Vormundschaftsgericht* für einzelne Angelegenheiten oder einen Kreis von solchen gemäß § 1796 *entzogen* worden ist, § 1629 II 2; s. u. § 37 V.

Sind die Eltern gemäß §§ 1629 II, 1795, 1796 von der Vertretung ausgeschlossen, so ist ein Pfleger zu bestellen. Das gilt auch dann, wenn nur in der Person *eines* Elternteils ein Ausschlußgrund gemäß §§ 1795, 1796 vorliegt; zur Alleingewalt erstarkt die elterliche Gewalt eines Elternteils nur bei einer *tatsächlichen* Verhinderung des anderen Elternteils oder wenn dessen elterliche Gewalt ruht, § 1678; s. u. § 25 I. Bei einer bloßen *rechtlichen* Verhinderung bleibt es beim Grundsatz der Gesamtvertretung; vgl. *Dölle*, § 92 I 4 b; a. A. *Gernhuber*, § 50 I 4.

5. Die Vertretungsmacht ist ebenso in den Fällen *erweiterter Geschäftsfähigkeit* (§§ 112, 113) auf Grund der erteilten Ermächtigung zum Betrieb eines Erwerbsgeschäftes oder zum Eintritt in ein Dienst- oder Arbeitsverhältnis ausgeschlossen, soweit dadurch der Minderjährige die unbeschränkte Geschäftsfähigkeit erhält.

Der Grundgedanke des § 113 verträgt eine Erweiterung für die Fälle, wo der Minderjährige mit Zustimmung der gesetzlichen Vertreter einem besonders geregelten Arbeits- und Pflichtenkreis angehört, wie der Universität, Schule, Strafanstalt. Hier wird er die aus dieser Zugehörigkeit erwachsenden Rechte im allgemeinen auch ohne besondere Zustimmung der Eltern ausüben dürfen.

6. Die Vertretungsmacht des Gewalthabers ist schlechthin beschränkt durch das *Verbot von Schenkungen* aus dem Vermögen des Kindes mit Ausnahme derer, die einer sittlichen Pflicht oder Anstandsrücksicht entsprechen, § 1641.

Der Vater kann auch einer vom Minderjährigen selbst vollzogenen Schenkung nicht zustimmen. Ein Minderjähriger kann, abgesehen von Anstandsschenkungen, nichts verschenken. Schenkungen, die gegen § 1641 verstoßen, sind nichtig.

7. Die *Vertretungsmacht* des Gewalthabers ist endlich *beschränkt*:
a) dadurch, daß in gewissen *wichtigen persönlichen Angelegenheiten* die Rechtshandlung *nur vom Kinde* vorgenommen werden kann, entweder mit oder in einzelnen Fällen auch ohne Zustimmung des Gewalthabers, z. B. bei dem Eheschluß, der Eheaufhebung, einem güterrechtlichen

Ehevertrag (§ 1411), einer Ehelichkeitserklärung (§§ 1726, 1728, 1731), einer Adoption (§ 1751 II), einem Testament (§ 2229), Erbvertrag (§§ 2275 II, 2282, 2290, 2296) oder Erbverzicht (§§ 2347 II, 2351);
b) dadurch, daß der Gewalthaber in einer Reihe von *meist vermögensrechtlichen* Geschäften die *Genehmigung des Vormundschaftsgerichts* einzuholen hat, § 1643.

V. Beistandschaft

Jedem Elternteil, dem die elterliche Gewalt oder die Sorge für die Person oder das Vermögen des Kindes *allein* zusteht, kann auf seinen Antrag durch das Vormundschaftsgericht ein *Beistand* bestellt werden, § 1685 I. Der Beistand kann für alle Angelegenheiten oder für gewisse Arten von Angelegenheiten oder für einzelne Angelegenheiten bestellt werden, § 1685 II.
Innerhalb seines Wirkungskreises hat der Beistand den Vater oder die Mutter bei der Ausübung der elterlichen Gewalt zu unterstützen und dem Vormundschaftsgericht jeden Fall, in dem es zum Einschreiten berufen ist, unverzüglich anzuzeigen, § 1686. In der Praxis wird die Bestellung eines Beistandes nur sehr selten beantragt. Zur Regelung im einzelnen vgl. die §§ 1685—1692.

§ 24. B. Näherer Inhalt der elterlichen Gewalt

I. Personenfürsorge

Schrifttum: Hampel, Rechtliche Probleme der Heim- und Anstaltsunterbringung Minderjähriger in der freiwilligen Gerichtsbarkeit, FamRZ 1963, 537; *Glässing*, Kann der Vormundschaftsrichter die Erstbestimmung der Religion des Kindes vornehmen?, FamRZ 1962, 350; *Hofmann*, Die religiöse Kindererziehung in verfassungsrechtlicher Sicht, FamRZ 1965, 61.

1. Als *Hauptinhalt* der Personenfürsorge hebt § 1631 I hervor das Recht und die Pflicht, das Kind zu *erziehen*, zu *beaufsichtigen* und seinen *Aufenthalt zu bestimmen*.

Selbstverständlich ist das keine erschöpfende Formel; auch die Körperpflege gehört zur Personenfürsorge, nicht minder die Bestimmung des Berufs, die Beilegung des Vornamens.

Die Erziehung ist *Persönlichkeitsbildung*, das Kind soll erzogen werden „zur leiblichen, seelischen und gesellschaftlichen Tüchtigkeit" (§ 1 JWG) — entsprechend seinen Anlagen und Fähigkeiten sowie den sozialen Verhältnissen.

§ 1 JWG billigt dem Kind ein *Recht auf Erziehung* zu, das sich in erster Linie gegen die Familie richtet; insoweit der Anspruch des Kindes auf Erziehung von der Familie nicht erfüllt wird, tritt, unbeschadet der Mitarbeit freiwilliger Tätigkeit, *öffentliche* Jugendhilfe ein.
Die Sorge für die Person umfaßt auch die *Vertretung* des Kindes in persönlichen Angelegenheiten, d. h. die Vornahme von *Rechtsgeschäften*, die die persönliche Stellung des Kindes berühren, wie z. B. den Abschluß von Lehrverträgen oder den Antrag auf Verleihung der Staatsangehörigkeit, sowie die *Geltendmachung von Rechten* des Kindes, die persönliche Angelegenheiten betreffen, z. B. Unterhaltsansprüchen.

2. Aus dem Fürsorgerecht ergeben sich folgende wichtige *Einzelbefugnisse und Pflichten*:
a) das Recht, dem Kinde den *Vornamen* beizulegen und ihn zu ändern.
b) das Recht und die Pflicht, über die *Ausbildung* des Kindes (Schulbesuch, Lehre) zu bestimmen und sie zu überwachen. Vernachlässigen die Eltern diese Pflicht, so kann das Vormundschaftsgericht einschreiten, § 1666 I.
c) das Recht der *Einwilligung* in eine *Volljährigkeitserklärung* (§ 4 II) oder eine *Eheschließung* (§ 3 EheG).
d) das Recht und die Pflicht, über die *Gesundheit* des Kindes zu wachen, insbesondere für eine ärztliche Behandlung zu sorgen und über die Vornahme einer *Operation* zu bestimmen.

Der Minderjährige kann allerdings in die Operation auch *selbst* einwilligen, wenn er nach seiner geistigen und sittlichen Reife die Bedeutung des Eingriffs und seiner Gestattung zu ermessen vermag; vgl. BGH 29, 33; a. A. *Staudinger-Donau*, § 1626, Anm. 76ff.

e) das Recht und die Pflicht, angemessene *Zuchtmittel* anzuwenden, die den Umständen und der Individualität des Kindes anzupassen sind (Züchtigungen, Einsperrungen, Einschränkungen). Gegen Überschreitungen wird das Kind geschützt durch § 1666: das Vormundschaftsgericht ist zum Einschreiten verpflichtet. U. U. kann sogar die elterliche Gewalt verwirkt werden, § 1676; außerdem kann sich der Gewalthaber strafbar machen, § 223b StGB.
Auf Antrag der Eltern hat sie das *Vormundschaftsgericht* durch geeignete Maßregeln zu *unterstützen*, § 1631 II. In Betracht kommen insbesondere gerichtliche Verwarnungen, die zwangsweise Zurückführung mit polizeilicher Hilfe und die Unterbringung in einer Erziehungsanstalt. Das Vormundschaftsgericht hat jedoch in jedem Fall zu prüfen, ob die von den Eltern beabsichtigte Maßnahme dem Wohl des Kindes dient; vgl. KG NJW 1965, 870.

Viel erörtert ist die Frage, ob auch ein *Dritter* zur Abwehr von Angriffen und sofortiger Sühne ein *Züchtigungsrecht* hat, ob z. B. ein Passant einem frechen Jungen, der mit Steinen wirft, eine angemessene Strafe auf der Stelle erteilen darf. M. E. kann das aus dem Gesichtspunkt der Geschäftsführung ohne Auftrag bejaht werden; wobei freilich in immer selteneren Fällen damit gerechnet werden kann, daß die Züchtigung dem mutmaßlichen Willen der Eltern entspricht; sehr str.

f) das Recht und die Pflicht, das Kind zu *beaufsichtigen*, um sowohl *seine* Schädigung wie die *dritter Personen* zu verhüten. Auch der briefliche und persönliche Verkehr des Kindes unterliegt der Aufsichtspflicht der Eltern.

Die schuldhafte Nichterfüllung macht die Eltern stets dem Kinde gegenüber verantwortlich, § 1664, sie kann die Eltern aber auch unter dem Gesichtspunkt der Verletzung einer Aufsichtspflicht (§ 832) Dritten gegenüber verantwortlich machen, wenn das Kind eine unerlaubte Handlung begeht. Unter dem Gesichtspunkt der Vernachlässigung des Kindes kommen auch Maßnahmen nach § 1666 in Betracht.

Von ihrem Aufsichtsrecht sollten die Eltern bei älteren Kindern nur mit einer gewissen *Zurückhaltung* Gebrauch machen. Auch das Kind hat das Recht auf eine *Eigensphäre*, in welche die Eltern nicht ohne Not eingreifen sollten. Haben die Eltern Anlaß zu der Sorge, daß ihr Kind durch den Umgang mit einem anderen Menschen gefährdet werde (Liebhaber der Tochter!), so können sie gegen diesen kraft ihres absoluten Elternrechts in analoger Anwendung der §§ 823 I und 1004 I auf Unterlassung des Umgangs klagen; vgl. OLG Köln, FamRZ 1963, 447. Dagegen dürfen sie ihren — älteren — Kindern den Umgang mit anderen Menschen nicht willkürlich verbieten.

g) das Recht, den *Aufenthalt* des Kindes zu bestimmen. Auf Grund ihres absoluten Rechts können die Eltern die *Herausgabe des Kindes* von jedem verlangen, der es ihnen widerrechtlich vorenthält, § 1632 I. Die Herausgabe muß von *beiden* Eltern verlangt werden, man wird aber, wenn die Eltern sich einig sind, jeden Elternteil auch als *allein* zur Erhebung einer solchen Klage legitimiert betrachten dürfen — ebenso wie jeder Elternteil auch selbständig Strafantrag wegen Entführung stellen kann; vgl. BayObLG, FamRZ 1961, 178; a. A. *Dölle*, § 92 I 3a (Eltern sind notwendige Streitgenossen). Das Recht zur Aufenthaltsbestimmung kann selbstverständlich öffentlich-rechtlichen Aufenthaltspflichten gegenüber nicht durchgesetzt werden; vgl. RG Warn 16, 53.

Vorenthaltung ist nicht bloß physische Zurückhaltung, sie kann auch im *Verschweigen des Aufenthaltes* oder der *Hinderung* der Eltern *am Zutritt* liegen. Das Herausgabeverlangen richtet sich gegen jeden, der sich an dieser Hinderung beteiligt. Der Inhalt der Herausgabepflicht hängt von den Umständen des Einzelfalles ab. Zuständig für die Klage ist das *ordentliche Gericht*. Die Vollstreckung nach dem Vorbild einer Herausgabe einer beweglichen *Sache*, indem der Gerichtsvollzieher das Kind gewaltsam wegnimmt (§ 883 ZPO), widerspricht unserem Rechtsgefühl. Bei Verschleppung geht die Klage auf *Rückführung* (Vollstreckung nach § 888 ZPO). Sonst ist auf *Duldung der Abholung* zu verurteilen. In diesem Fall wird nach § 892 ZPO vollstreckt; der Gewalthaber holt das Kind ab, notfalls unter Zuziehung eines

Gerichtsvollziehers. Wenn die Verurteilung dahin geht, die Abholung durch Angabe des verheimlichten Aufenthaltsortes zu ermöglichen, wird wiederum nach § 888 ZPO vollstreckt; vgl. auch *Gernhuber*, § 49 IV 3; sowie *Sigloch*, AcP 154, 243 und *Spindler*, AcP 155, 519.

Wenn *ein Elternteil* vom *anderen* die Herausgabe verlangt, so ist dieser Herausgabestreit unter den Eltern im *vormundschaftsgerichtlichen Verfahren* auszutragen, § 1632 II. Das kann vorkommen, wenn ein Elternteil das Sorgerecht nach den §§ 1666 und 1675 nicht mehr ausüben darf oder nach § 1676 die elterliche Gewalt verwirkt hat oder ihm nach der Bestimmung des Vormundschaftsgerichts das Sorgerecht nicht zustehen soll (so in den Fällen der Scheidung und des Getrenntlebens); vgl. BGH 19, 185.

Auf dem Aufenthaltsbestimmungsrecht beruht auch das Recht der Eltern, ein Kind in einem *Heim* oder einer *Anstalt* unterzubringen. In diesem Zusammenhang ist streitig geworden, ob die Unterbringung dann, wenn sie mit einer *Freiheitsentziehung* verbunden ist (Unterbringung in einer Irrenanstalt oder einer geschlossenen Erziehungsanstalt), die *Genehmigung des Vormundschaftsgerichts* voraussetzt. Mit Rücksicht auf Art. 104 II GG hat das BVerfG in seinem grundlegenden Beschluß vom 10. 2. 1960 (10, 302) eine richterliche Entscheidung für erforderlich gehalten, wenn der *Vormund* sein *Mündel* in einer geschlossenen Anstalt unterbringen möchte. Für die *Eltern* kann indes ein solches Genehmigungserfordernis nicht gelten. Die Unterbringung durch sie hat einen anderen Rechtsgrund als die Unterbringung durch den Vormund. Die Unterbringung durch den Vormund geschieht aus dem Gesichtspunkt der öffentlichen Fürsorge, der Vormund handelt als Träger eines öffentlichen Amtes, die Eltern handeln kraft ihres grundgesetzlich geschützten Elternrechts. Gegen einen Mißbrauch dieses Rechts schützt § 1666; h. M., vgl. BayObLG FamRZ 1963, 577, *Hampel*, FamRZ 1963, 537 ff.

h) das Recht, über die *religiöse Erziehung* des Kindes zu bestimmen.

Früher war das Recht der religiösen Kindererziehung dem Landesrecht überlassen, Art. 134 EGBGB. Die Vereinheitlichung brachte das Reichsgesetz über die religiöse Kindererziehung vom 15. 7. 1921.

α) Als religiöse Erziehung gilt *schon* die *Zuweisung* zu einem *bestimmten Bekenntnis* durch die Taufe, sehr str. Zutage tritt eine Meinungsverschiedenheit zwischen den Eltern meist bei der Anmeldung zum Religionsunterricht einer bestimmten Konfession.

β) Entscheidend ist in erster Linie die *freie Einigung* der *Eltern*, soweit ihnen Recht und Pflicht zusteht, für die Person des Kindes zu sorgen. Die Einigung ist jederzeit widerruflich und wird durch den Tod eines Gatten gelöst, § 1 RKEG. *Verträge* über die religiöse Erziehung sind gemäß § 4 RKEG *ohne bürgerliche Wirkung*.

γ) Besteht eine solche Einigung nicht oder nicht mehr, so gelten nach § 2 I RKEG die Vorschriften des BGB über das Recht der Personensorge. Vor dem Inkrafttreten des GleichberG bedeutete dies, daß der *Vater* die letzte Entscheidung traf. Heute bleibt den Eltern, wenn sie sich nicht einigen, nur der Weg zum *Vormundschaftsgericht*.

Ob die Bestimmung des religiösen Bekenntnisses freilich überhaupt justitiabel ist, ist sehr bestritten. Der Richter darf in keinem Fall eine Religion gegen die andere abwägen. Nur *pädagogische Gesichtspunkte* dürfen, wie in § 2 III 2 RKEG ausdrücklich betont wird, für seine Entscheidung ausschlaggebend sein, z. B. die Erwägung, daß bei mehreren Kindern eine einheitliche religiöse Erziehung wünschenswert ist; vgl. *Glässing*, FamRZ 1962, 350. In der Praxis wird die Entscheidung des Richters dadurch erleichtert, daß der Streit der Eltern meist erst bei der *Schuleinschreibung* vor die Gerichte getragen wird. Zu diesem Zeitpunkt hat aber die religiöse Erziehung des Kindes in aller Regel bereits eingesetzt. Der Richter kann sich dann auf pädagogische Prinzipien berufen, etwa darauf, daß ein *Wechsel* in der religiösen Erziehung nach Möglichkeit *vermieden* werden sollte, oder darauf, daß *der* Ehegatte, der sich bisher *tatsächlich* um die religiöse Erziehung des Kindes gekümmert hat, die *bessere* Gewähr für eine religiöse Erziehung bietet als der andere. Klare Verhältnisse könnten am ehesten durch die Zulassung von (bindenden) Verträgen über die religiöse Kindererziehung geschaffen werden. Dafür hat sich auch der 38. DJT 1950 ausgesprochen.

δ) Von dem Grundsatz, daß das Mitbestimmungsrecht in Fragen der religiösen Erziehung nur dem *personensorgeberechtigten* Elternteil zusteht, macht § 2 II RKEG eine *Ausnahme*: auch der Elternteil, dem das Personensorgerecht allein zusteht, kann nicht während des Bestehens der Ehe ohne ausdrückliche Zustimmung des anderen die *Erziehung in einem anderen* als dem zur Zeit der Eheschließung gemeinsamen Bekenntnis bestimmen oder einen Bekenntniswechsel oder die Abmeldung vom Religionsunterricht anordnen. Verweigert ein Elternteil seine gemäß § 2 II RKEG erforderliche Zustimmung oder kann seine Zustimmung nicht eingeholt werden, so kann die Vermittlung oder Entscheidung des Vormundschaftsgerichts beantragt werden. Vor der Entscheidung sind, soweit tunlich, beide Ehegatten und erforderlichenfalls Verwandte, Verschwägerte und die Lehrer des Kindes zu hören. Dieses selbst ist zu hören, wenn es das 10. Lebensjahr vollendet hat, § 2 III RKEG. Darüber hinaus ist ein Einschreiten des Vormundschaftsgerichts auch von Amts wegen möglich, freilich nur dann, wenn die Voraussetzungen des § 1666 vorliegen, § 7 S. 2 RKEG.

ε) Das Kind unterliegt der religiösen Erziehung bis zum vollendeten 14. Lebensjahr. Von da ab steht ihm die Entscheidung darüber frei, zu welchem religiösen Bekenntnis es sich halten will, § 5 S. 1 RKEG. Nach Vollendung des 12. Lebensjahres kann ein Konfessionswechsel nicht mehr gegen seinen Willen bestimmt werden, § 5 S. 2 RKEG.

Das Recht der Erziehungsberechtigten, über die *Teilnahme* des Kindes am *Religionsunterricht* zu bestimmen (Art. 7 II GG) wird durch die Religionsmündigkeit des Kindes nicht beseitigt. Es wird aber insofern eingeschränkt, als die Eltern das Kind nicht mehr zwingen können, am Religionsunterricht eines Bekenntnisses teilzunehmen, zu dem das Kind sich nicht bekennt. Sie können nur noch darüber entscheiden, ob das Kind den Religionsunterricht *seiner* Konfession zu besuchen hat oder nicht; vgl. *Hofmann*, FamRZ 1965, 61, 65.

II. Vermögensfürsorge

1. Das Recht und die Pflicht, für das Vermögen des Kindes zu sorgen, die sogenannte *Vermögensverwaltung*, umfaßt grundsätzlich alle tatsächlichen und rechtlichen Fürsorgemaßnahmen für die Erhaltung, Verwertung und Vermehrung des Kindesvermögens; in *rechtlicher* Beziehung umfaßt sie Verfügungs-, Verpflichtungs- und Erwerbsgeschäfte sowie die Prozeßführung.

Zwecks Führung der Verwaltung haben die Eltern auch das Recht und die Pflicht zur *Vertretung* des Kindes, § 1626 II. Dem Grundsatz nach sind die Eltern nur *gemeinschaftlich* zur Vertretung des Kindes berechtigt. Die Schwierigkeiten, die sich daraus ergeben, dürfen nicht überschätzt werden. Nicht selten wird man, soweit keine besonderen Formen vorgeschrieben sind, mit der Annahme einer *Ermächtigung* des einen Gatten durch den anderen arbeiten können. Außerdem kann in vielen Fällen die *nachträgliche Genehmigung* helfen.

2. *Gegenständlich* umfaßt die elterliche Vermögensverwaltung grundsätzlich das ganze Kindesvermögen. Ausgenommen sind:

a) der Erwerb von Todes wegen und durch unentgeltliche Zuwendung unter Lebenden, soweit Erblasser oder Zuwender das Verwaltungsrecht ausgeschlossen haben, einschließlich der Ersatzstücke, § 1638.

Ist das Verwaltungsrecht nur *eines* Elternteils ausgeschlossen, so steht die Verwaltung dem anderen Elternteil allein zu, § 1638 III. Es bedarf hier also nicht der Bestellung eines Pflegers.

b) der Erwerb durch Arbeit oder aus gestattetem selbständigen Betrieb eines Erwerbsgeschäftes im Rahmen der nach den §§ 112 und 113 begründeten teilweisen Geschäftsfähigkeit; vgl. KGJ 37 A 39;

c) das der Verwaltung eines Pflegers unterstellte Vermögen, § 1630;

d) das Vermögen der minderjährigen verheirateten Tochter, das der Verwaltung des Ehemannes unterworfen ist.

3. *Inhaltlich* umfaßt die elterliche Vermögensverwaltung *alle erforderlichen* Verwaltungshandlungen.

a) Zunächst haben die Eltern das Recht der *Inbesitznahme*, die notfalls kraft des Erziehungsrechts mit Gewalt erfolgen kann.

b) Besonders umfaßt die elterliche Vermögensverwaltung auch das Recht der *Verfügung*, sowohl im Namen des Kindes wie im eigenen Namen, einschließlich der gerichtlichen Geltendmachung, mit folgenden Ausnahmen:

α) Sie dürfen keine *Schenkungen* aus dem Vermögen des Kindes machen, soweit sie nicht einer sittlichen Pflicht oder einer Anstandsrücksicht entsprechen, § 1641.

β) Sie dürfen keine *Geschäfte mit dem Kinde* durch *Selbstkontrahieren* abschließen, außer Erfüllungsgeschäften, § 181. Schenkungen an Minderjährige sind rein vorteilhaft, folglich kann sie das minderjährige Kind selbst wirksam annehmen. Für ein Kleinkind muß zur Geschenkannahme ein Pfleger bestellt werden, wenn man nicht im Einzelfall von der Erfüllung einer Erziehungs- oder Unterhaltspflicht sprechen kann; vgl. *Beitzke*, § 28 I 3d; kritisch *Gernhuber*, § 51 III 7.

γ) Sie können das Kind nicht *vertreten*, soweit nach § 1795 ein Vormund wegen der Gefahr einer *Interessenkollision* von der Vertretung ausgeschlossen ist, desgleichen nicht, wenn ihnen vom Vormundschaftsgericht die *Vertretungsmacht* gemäß § 1796 *entzogen* worden ist; s. o. § 23 IV 3 u. 4.

c) Für eine Reihe *wichtiger Vermögensgeschäfte* bedürfen die Eltern der *Genehmigung* des *Vormundschaftsgerichts*. Der Kreis ist aber kleiner als bei der Vormundschaft; § 1643 I zählt nur einen Teil der dort (§§ 1821, 1822) genannten Geschäfte auf. Soweit *Verfügungs*geschäfte in Frage kommen, ist auch die Übernahme der *Verpflichtung* zur Verfügung genehmigungsbedürftig, § 1821 I Nr. 4. Der Genehmigung bedürfen im einzelnen:

α) gewisse Geschäfte über *Grundstücke* und eingetragene Schiffe, nämlich Verfügungen über ein Grundstück, ein Recht an einem solchen (mit Ausnahme von Hypotheken, Grund- und Rentenschulden, § 1821 II) oder über ein eingetragenes Schiff oder Schiffsbauwerk sowie über eine auf Übertragung des Eigentums an diesen gerichtete Forderung oder über eine Forderung auf Begründung eines Rechts an einem Grundstück oder auf Befreiung eines Grundstücks von einem solchen Recht, § 1821 I Nr. 1 bis 3.

Die *Entgegennahme* der *Auflassung* ist zwar eine Verfügung über die Forderung auf Auflassung, aber sie ist ausnahmsweise nicht genehmigungsbedürftig, da der Gewalthaber (anders als der Vormund nach § 1821 Nr. 5) zum Erwerb des Grundstücks keiner Genehmigung bedarf. Die *Bewilligung* der *Restkaufpreishypothek* beim Grundstückserwerb ist ebenfalls Verfügung, doch wird man den wirtschaftlichen Gesichtspunkt, daß es sich hier um eine Erwerbsmodalität handelt, durchschlagen lassen; eine Genehmigung ist also auch hier nicht erforderlich (h. M.).

β) Gewisse Geschäfte, die sich auf das *Gesamtvermögen* oder eine *Erbschaft* beziehen, nämlich die Verpflichtung des Kindes zu einer Verfügung über sein Vermögen im ganzen, über eine ihm angefallene Erbschaft oder seinen künftigen gesetzlichen Erbteil oder künftigen Pflichtteil, ferner die Verfügung über den Anteil des Kindes an einer Erbschaft, die Ausschlagung einer Erbschaft oder eines Vermächtnisses und der Verzicht auf den Pflichtteil, § 1822 Nr. 1 in Verb. mit § 1643 II. Ohne Genehmigung kann eine Erbschaft lediglich dann ausgeschlagen werden, wenn der Anfall an das Kind erst infolge der Ausschlagung eines vertretungsberechtigten Elternteils erfolgt, es sei denn, daß vertretungsberechtigter Elternteil und Kind von Anfang an nebeneinander berufen waren, § 1643 II 2.

γ) Verträge über ein *Erwerbsgeschäft*, nämlich solche, die auf den entgeltlichen Erwerb oder die Veräußerung gerichtet sind, sowie ein zum Betrieb des Geschäfts eingegangener Gesellschaftsvertrag, § 1822 Nr. 3. Dazu rechnen auch der Eintritt in eine bestehende Personalgesellschaft und das Ausscheiden aus ihr, desgleichen die Gründung einer GmbH, nicht aber der Erwerb einer bloßen Beteiligung an einer Kapitalgesellschaft.

δ) Gewisse *Kreditgeschäfte*, nämlich die Aufnahme von Geld auf Kredit des Kindes (z. B. Darlehensaufnahme, Eingehung eines Kontokorrentverhältnisses) und die Übernahme einer fremden Verbindlichkeit (namentlich Verbürgung), § 1822 Nr. 8 und 10.

Nicht betroffen wird die Übernahme einer Hypothek beim Erwerb eines Grundstücks, wenn das Kind die Leistung als eigene bewirken soll; vgl. RG 110, 175; 133, 13.

ε) Gewisse *andere vermögensrechtlich bedenkliche Geschäfte*, nämlich die Ausstellung eines Inhaberpapiers, die Eingehung einer Verbindlichkeit aus einem Wechsel oder Orderpapier und die Erteilung einer Prokura, § 1822 Nr. 9 und 11.

ζ) Verträge, wodurch das Kind zu *wiederkehrenden Leistungen über das vollendete 21. Lebensjahr hinaus* verpflichtet wird, wie z. B. Miet- oder Pachtverträge oder Abzahlungsgeschäfte, wenn das Vertragsverhältnis länger als ein Jahr über diesen Zeitpunkt hinaus fortdauern soll, § 1822 Nr. 5.

d) Gegenstände, zu deren Veräußerung die Genehmigung des Vormundschaftsgerichts erforderlich ist, können die Eltern dem Kinde ohne diese Genehmigung auch nicht zur Erfüllung eines vom Kinde geschlossenen Vertrags oder *zur freien Verfügung* überlassen, § 1644, weil sonst der ganze Genehmigungszwang über § 110 *umgangen* werden könnte.

e) Die Eltern *sollen* endlich ohne Genehmigung des Vormundschaftsgerichts auch kein *neues Erwerbsgeschäft* im Namen des Kindes beginnen, § 1645.

Die Verletzung dieser Vorschrift macht die im Geschäftsbetrieb vorgenommenen Rechtshandlungen nicht unwirksam, begründet aber eine Ersatzpflicht der Eltern nach § 1664 und rechtfertigt das Einschreiten des Vormundschaftsgerichts nach den §§ 1667ff.

Zum *Selbstbetrieb* können die Eltern das Kind nur *mit Zustimmung* des *Vormundschaftsgerichts* ermächtigen, § 112.

f) Auf die vormundschaftsgerichtliche Genehmigung finden im übrigen die entsprechenden Vorschriften der *Vormundschaft* Anwendung, § 1643 III.

Die *Genehmigung* des Vormundschaftsgerichts ist keine Unterart der Zustimmung im Sinne der §§ 182ff., sie ist überhaupt keine privatrechtliche, sondern eine *Staatswillenserklärung,* die auch, wenn sie *vorher* erteilt wird, „Genehmigung" heißt und nicht Einwilligung; sie ergänzt die Vertretungsmacht der Gewalthaber und kann nur diesen gegenüber erklärt werden, § 1828.
Grundsätzlich wird die Frage der Genehmigung für jeden einzelnen Fall nach freiem Ermessen geprüft und entschieden. Doch kann für die Fälle zu δ) und ε) (mit Ausnahme der Prokuraerteilung) eine allgemeine Ermächtigung erteilt werden; das soll aber nur geschehen, wenn es zum Zweck der Vermögensverwaltung und besonders zum Betrieb eines Erwerbsgeschäfts erforderlich ist, § 1825.
Wenn die Genehmigung vorher erteilt wird, kann das Geschäft so, wie es genehmigt ist, vorgenommen werden. Vornahme *ohne vorherige* Genehmigung macht ein *einseitiges* Rechtsgeschäft ohne weiteres *nichtig*; der Adressat darf die Erklärung sogar als unwirksam zurückweisen, wenn die Genehmigung nicht in schriftlicher Form vorgelegt wird, § 1831. Bei *Verträgen* ist *nachträgliche* Genehmigung *möglich,* die aber dem Vertragsgegner gegenüber erst mit der Mitteilung der Genehmigung durch die Eltern wirksam wird, § 1829 I. Zur Lösung des Schwebezustandes gibt das Gesetz dem Vertragsgegner — ähnlich wie bei den Verträgen der Geschäftsbeschränkten — zwei Wege: Aufforderung der Eltern zur Mitteilung über die Genehmigung des Gerichts, § 1829 II, oder Widerruf des Vertrages, der aber nur zulässig ist, wenn die Eltern beim Vertragsschluß wahrheitswidrig die Genehmigung behauptet haben, es sei denn, daß der Vertragsgegner beim Vertragsschluß das Fehlen der Genehmigung gekannt hat, § 1830.

g) Erwerben die Eltern mit Mitteln des Kindes bewegliche Sachen oder Rechte, die durch bloßen Abtretungsvertrag übertragen werden können, so findet *dingliche Surrogation* statt. Das Erworbene wird *unmittelbar* Eigentum oder Recht des Kindes, gleichgültig, wie die Eltern aufgetreten sind. Das gilt nur dann nicht, wenn nachgewiesen wird, daß die Eltern in eigenem Namen und für eigene Rechnung und nicht für Rechnung des Kindes erworben haben, § 1646. In diesem Fall erwächst dem Kind ein obligatorischer Anspruch auf Abtretung oder Ersatz, der als privilegierte Konkursforderung anerkannt ist, § 61 Nr. 5 KO.

4. Bei der *Vermögensverwaltung* stehen die Eltern, was die *Kontrolle* der Verwaltung betrifft, *freier* als ein Vormund.
a) Es wird ihnen die Aufstellung eines *Vermögensverzeichnisses* erlassen, solange beide Eltern leben, weil auf die Kontrolle des einen Gatten durch den anderen vertraut wird. Eine Pflicht zur Errichtung besteht nur beim Tod eines Elternteils, § 1682, bei Wiederverheiratung des nach Auflösung der Ehe sorgeberechtigten Elternteils, § 1683, und bei Gefährdung des Kindesvermögens auf Verlangen des Vormundschaftsgerichts, § 1667; endlich bei der Adoption, § 1760. Die Eltern sind auch *nicht* zur *periodischen Rechnungslegung* verpflichtet, wohl aber müssen sie *Rechenschaft* ablegen bei Beendigung der Vermögensverwaltung in Verbindung mit der Herausgabepflicht, § 1698. Zur *Sicherheitsleistung* sind sie *nur* verpflichtet auf Anordnung des Vormundschaftsgerichts bei Gefährdung des Kindesvermögens, § 1668.

b) Eine sichere *Verwahrung* der Vermögenswerte wird ihrem pflichtmäßigen Ermessen überlassen. Nur im Gefährdungsfalle (§ 1667) kann das Vormundschaftsgericht ihnen die Pflicht zur Hinterlegung von Wertpapieren und Kostbarkeiten oder zur Sperrung von Buchforderungen auferlegen, § 1667 II 4 i. Verb. mit §§ 1814, 1816, 1818.

c) Bei der *Anlage* des Vermögens sind die Eltern nach h. M. nur insoweit gebunden, als sie *Bar*vermögen des Kindes in *Geldforderungen* oder *Wertpapieren* anlegen wollen. In diesem Fall sind die §§ 1807 und 1808 über die Anlegung von Mündelgeld entsprechend anwendbar. D. h., soweit das Geld nicht zur Bestreitung von Ausgaben bereit zu halten ist, ist es *mündelsicher* anzulegen, es sei denn, daß den Eltern eine andere Art der Kapitalanlage (z. B. bei einer Bank) vom Vormundschaftsgericht gestattet worden ist, § 1642.
Diese Erlaubnis soll nur verweigert werden, wenn die beabsichtigte Art der Anlegung nach Lage des Falles den Grundsätzen einer wirtschaftlichen Vermögensverwaltung zuwiderlaufen würde, § 1642 II.
Die Anlage des Geldes in *anderen Werten* (Grundstücken z. B.) wird nach der h. M. von § 1642 nicht betroffen, steht den Eltern also *frei*. Ob sich diese Auffassung allerdings mit dem Wortlaut der §§ 1806ff. vereinbaren läßt, ist zweifelhaft; vgl. *Dölle*, § 126 II 3a; aber auch ders., § 94 VI 3.

d) Endlich haben die Eltern die Anordnungen für die Verwaltung zu befolgen, die bei einer unentgeltlichen Zuwendung an das Kind vom Erblasser oder Zuwender getroffen worden sind, § 1639.

e) Auch bei der Vermögensverwaltung *haften* die Eltern nur für die *Sorgfalt*, die sie *in eigenen Angelegenheiten* anzuwenden pflegen, § 1664. Machen die Eltern *Aufwendungen* zu Gunsten des Kindes, die sie den Umständen nach für erforderlich halten dürfen, so können sie von dem Kinde Ersatz verlangen, sofern ihnen die Aufwendungen nicht selbst zur Last fallen, § 1648.

Während der Dauer der Verwaltung können sie sich hinsichtlich ihrer Ersatz- und Befreiungsansprüche selbst befriedigen, § 181.

5. *Die Zwangsvollstreckung.* Die Zwangsvollstreckung in das der elterlichen Verwaltung unterliegende Kindesvermögen bedarf bei den im Besitz der Eltern befindlichen Vermögensteilen keiner vorherigen Pfändung der Herausgabeansprüche des Kindes gegen die Eltern, die ja auch während der Dauer der elterlichen Vermögensverwaltung dem Kinde überhaupt nicht zustehen. Der Gewahrsam des *gesetzlichen Vertreters* ist *prozeßrechtlich* als Gewahrsam des *Schuldners* anzusehen; vgl. *Stein-Jonas-Pohle*, ZPO, § 808 Anm. II 5, str.

III. Vermögensnutzung

Schrifttum: Zöllner, Die Verwendung der Einkünfte aus dem Kindesvermögen, FamRZ 1959, 393.

1. Das BGB hatte in den §§ 1649 bis 1663 mit der elterlichen Gewalt das *Nutzungsrecht* am Kindesvermögen verbunden und grundsätzlich dem *Vater*, in *Ausnahmefällen* der *Mutter*, zugesprochen. Seit dem 1. 4. 1953 stand es nach h. A. *beiden* Eltern gesamthänderisch zu. Da dieses Nutzungsrecht eine freie Verwendung der Überschüsse ohne Rechenschaftspflicht ermöglichte, hat das GleichberG es zur Verhütung eigennütziger Verwendung der nicht benötigten Einkünfte durch die Eltern beseitigt, weil diese Einkünfte dem *Kinde* und nicht den Gläubigern der Eltern zuständen. Die §§ 1649—1663 sind deshalb gestrichen worden.

2. Nach § 1602 II sind die *Einkünfte des Vermögens* des Kindes und der *Ertrag seiner Arbeit* für den *Unterhalt* des Kindes zu verwenden. In Ergänzung dessen bestimmt § 1649 I n. F. die *Reihenfolge* der *Verwendung* der Einkünfte. Zunächst sind die *Ausgaben für das Kind* zu bestreiten, und zwar sind die Einkünfte des Kindesvermögens *zunächst* für die *Kosten* der *Verwaltung* des Vermögens und zur Deckung seiner *Lasten* zu verwenden (Steuern), in *zweiter Linie* für den *Unterhalt* des Kindes. Erst soweit die *Vermögens*einkünfte zum Unterhalt nicht ausreichen, können die Einkünfte des Kindes aus seiner *Arbeit* oder aus dem gestatteten selbständigen Betrieb eines Erwerbsgeschäftes zu seiner Unterhaltsdeckung verwendet werden. Dadurch wird verhindert, daß die Eltern die *Arbeits*einkünfte des Kindes zuerst zur Unterhaltsdeckung heranziehen und die *Vermögens*einkünfte *für sich* oder die *Geschwister* verwenden. Erst die bei Beachtung dieser Reihenfolge *verbleibenden Vermögenseinkünfte* können die Eltern für ihren eigenen Unterhalt und den der minderjährigen unverheirateten Geschwister des Kindes verwenden, soweit das der Billigkeit entspricht. Dies wird gestattet, damit die Familieneinheit und das Zusammenleben nicht durch zu starke Unterschiede in der Lebensführung der Familienmitglieder gefährdet wird. Deshalb endet diese Verwendungsbefugnis mit der Eheschließung des Kindes, § 1649 II.

3. *Rechenschaft* über die *Verwendung* der Nutzungen brauchen die Eltern nur *beschränkt* abzulegen, nämlich insoweit, als Grund zu der Annahme besteht, daß sie die Nutzungen entgegen der Vorschrift des § 1649 verwendet haben, § 1698 II.

Diese Einschränkung ist geschehen, um unerfreulichen Streitigkeiten zwischen den Eltern und dem Kind oder seinem gesetzlichen Vertreter vorzubeugen. Der Grund muß näher dargelegt und im Rechtsstreit bewiesen werden und ist vornehmlich darin zu finden, daß die Eltern von der Verwendungsreihenfolge des § 1649 abgewichen sind oder in unbilliger Weise Kindeseinkünfte zum eigenen Unterhalt oder dem der Geschwister verwandt haben. Das wird sich nach langen Jahren nur bei offenbarem Mißbrauch nachweisen lassen.

§ 25. C. Ausübungshinderung und Ende der elterlichen Gewalt

I. Ausübungshinderung

Schrifttum: Wangemann, Die elterliche Gewalt bei Verhinderung eines Elternteils, NJW 1961, 193.

1. Ist ein Elternteil *tatsächlich* an der Ausübung der elterlichen Gewalt *verhindert,* z. B. durch schwere Krankheit, so übt der *andere* Teil die elterliche Gewalt *allein* aus; er hat dann allein Entscheidungs- und allein Vertretungsmacht, § 1678 I 1. Hs.
Davon sind die Fälle ausgenommen, in denen die elterliche Gewalt nach § 1671 und § 1672 einem Elternteil durch gerichtliche Entscheidung *allein* übertragen war und die Verhinderung gerade *diesen* Elternteil betrifft, § 1678 I 2. Hs. Hier ist ein *Pfleger* zu bestellen. Dem anderen Elternteil kann nur unter den Voraussetzungen des § 1678 II die Ausübung der elterlichen Gewalt übertragen werden.

2. Ist die Verhinderung nicht bloß vorübergehend, sondern von längerer Dauer, so kann das Vormundschaftsgericht sie als „*Ruhen*" der elterlichen Gewalt feststellen, § 1674 I. Solange die elterliche Gewalt „ruht", braucht die tatsächliche Verhinderung nicht mehr festgestellt zu werden. Die Feststellung des Vormundschaftsgerichts dient darum der Rechtssicherheit.
Das Vormundschaftsgericht kann nach der Feststellung, daß der Grund des Ruhens nicht mehr besteht, die elterliche Gewalt wieder aufleben lassen, § 1674 II.

3. *Besondere Fälle* des *Ruhens* bilden die *Geschäftsunfähigkeit* oder *Geschäftsbeschränktheit* eines Elternteils, sowie der Fall, daß ein Elternteil für seine Person und sein Vermögen einen *Gebrechlichkeitspfleger* nach § 1910 erhalten hat. In den beiden letztgenannten Fällen behält jedoch der Elternteil trotz Ruhens seiner Gewalt neben dem gesetzlichen Vertreter des Kindes die Sorge für dessen *Person,* freilich *ohne* das *Vertretungsrecht*; bei Meinungsverschiedenheiten geht allerdings die Meinung des gesetzlichen Vertreters vor. Nur wenn die elterliche Gewalt der Mutter wegen ihrer Minderjährigkeit ruht, geht ihre Meinung der des Vormundes oder Pflegers vor, § 1673.

4. Sind *beide* Eltern an der Ausübung der elterlichen Gewalt verhindert, so trifft das Vormundschaftsgericht, wenn es die Verhinderung festgestellt hat, die im Interesse des Kindes erforderlichen Maßregeln, § 1693, wie z. B. Pflegerbestellung, Unterbringung des Kindes und bei Ruhen der elterlichen Gewalt Vormundsbestellung.

II. Ende der elterlichen Gewalt

1. Die elterliche Gewalt *endet* mit dem *Tode* des *Kindes*, mit seiner *Volljährigkeit* (§ 1626) und mit seiner *Adoption* (§ 1765) — aber *nicht* mit der *Heirat* der minderjährigen Tochter, § 1633. Heirat macht nicht mündig.

2. Die elterliche Gewalt *jeden Elternteils* endet mit *seinem Tod* oder seiner *Todeserklärung*; sie steht dann dem *anderen* Teil allein zu. Bei Todeserklärung ist der Zeitpunkt maßgebend, der nach dem Verschollenheitsgesetz als Todeszeitpunkt festgesetzt wird, §§ 1677, 1681.

Bei *unrichtiger Todeserklärung* muß die Ausübung der in Wirklichkeit nicht verlorenen Gewalt durch Erklärung gegenüber dem Vormundschaftsgericht wieder hergestellt werden, damit das Vormundschaftsgericht den etwa bestellten Vormund entlassen kann, § 1681 II 2.

3. Die elterliche Gewalt endet — der *Ausübung*, nicht der *Substanz* nach —, wenn ihre *sämtlichen Bestandteile* einem Elternteil *entzogen* werden, §§ 1666, 1669 (eine Entziehung der „elterlichen Gewalt" als solche ist im BGB nicht vorgesehen); s. u. § 26. Sie endet ferner, wenn ein Elternteil gegen das Kind eine Straftat verübt, deretwegen er zu Zuchthaus oder zu Gefängnis von mindestens sechs Monaten verurteilt wird (Sittlichkeitsdelikte, grobe Mißhandlung, Untreue). Man spricht in diesem Fall von der *Verwirkung* der elterlichen Gewalt, § 1676. Und schließlich endet die *Vermögensverwaltung* eines Elternteils, wenn er in *Konkurs* fällt, § 1670.
In all diesen Fällen gehen die entzogenen oder verwirkten Rechte nicht notwendig auf den *anderen* Elternteil als nunmehr alleinigen Rechtsträger über. Es ist vielmehr zu unterscheiden: War die elterliche Gewalt bereits dem anderen Elternteil gemäß § 1671 (Scheidung) oder § 1672 (Getrenntleben) übertragen, so behält er sie. Leben die Eltern noch zusammen, so muß das Vormundschaftsgericht prüfen, ob es dem anderen Gatten die Ausübung der Gewalt überlassen kann oder ob ein *Vormund* oder *Pfleger* bestellt werden muß, weil der Einfluß des seiner Gewalt entkleideten Gatten möglichst ausgeschaltet werden muß. Wird ein Vormund oder Pfleger bestellt, so steht dem anderen Gatten nur die tatsächliche Personensorge zu, §§ 1679, 1680.

Voraussetzung für die Bestellung eines Pflegers oder Vormundes ist, daß das Wohl des Kindes sie erfordert. Nicht notwendig ist ein „Versagen" des unschuldigen Elternteils i. S. von Art. 6 III GG. Trotzdem verletzt diese Regelung nicht das grundrechtlich geschützte Elternrecht; denn mit Rücksicht auf die enge Verbindung, in der die Ehegatten leben, muß das Versagen *eines* Elternteils für ein Eingreifen nach Art. 6 III GG genügen; vgl. KG FamRZ 1965, 158, 161.

War die Ehe schon *aufgelöst* oder leben die Eltern getrennt, und endet die elterliche Gewalt desjenigen Elternteils, dem sie nach den §§ 1671, 1672 übertragen war, so befürchtet das Gesetz nicht mehr, daß dieser noch einen gefährlichen Einfluß ausüben kann, und läßt die elterliche Gewalt ohne weiteres auf den *anderen* Elternteil übergehen, § 1679 II.

4. Zur Verteilung der elterlichen Gewalt nach der Scheidung der Ehe oder bei dauerndem Getrenntleben der Eltern s. u. § 27.

III. Recht zum persönlichen Verkehr

Schrifttum: Schnitzerling, Das Recht auf Verkehr mit dem Kind, FamRZ 1958, 444; *Nowka,* Kindesgefährdung durch das „Verkehrsrecht" gem. § 1634 BGB n. F., FamRZ 1960, 218; *Merkert,* Extensive Interpretation des § 1634 BGB?, NJW 1964, 1059.

Ein Elternteil, dem die Sorge für die Person des Kindes nicht zusteht, behält die Befugnis, mit ihm *persönlich zu verkehren,* § 1634 I. Es soll damit einer Entfremdung vorgebeugt und dem gegenseitigen Liebesbedürfnis Rechnung getragen werden. Das Recht zum persönlichen Verkehr wird allgemein als ein *Ausfluß* des *natürlichen Elternrechts* angesehen und kann darum wie dieses den Eltern niemals gänzlich entzogen werden.

Bestritten ist, ob im Fall der *Verwirkung* der elterlichen Gewalt auch das Verkehrsrecht verwirkt wird. Die Streitfrage ist mit der wohl überwiegenden Auffassung zu verneinen; vgl. *Staudinger-Schwoerer,* § 1634 Anm. 4a. Auch Eltern, welche die elterliche Gewalt verwirkt haben, behalten — jedenfalls der Substanz nach — das Recht, mit dem Kind persönlich zu verkehren.

Das *Vormundschaftsgericht* kann den Verkehr *näher regeln.* Es kann ihn für eine bestimmte Zeit, aber auch — freilich nur in ganz seltenen Ausnahmefällen, namentlich in den Fällen der Verwirkung der elterlichen Gewalt — *dauernd ausschließen,* wenn dies zum Wohl des Kindes erforderlich ist, § 1634 II.

Über den *Umfang* des persönlichen Verkehrs bestimmt in erster Linie die *Vereinbarung der Eltern,* bzw., wenn die Personensorge einem Vormund oder Pfleger zusteht, die Vereinbarung mit diesem. Kommt keine Einigung zustande, so entscheidet das *Vormundschaftsgericht,* desgleichen, wenn ein Elternteil sich an eine früher getroffene Vereinbarung nicht mehr halten will. Während der Dauer des persönlichen Verkehrs ist das Personensorgerecht des anderen Elternteils nicht ausgeschaltet, sondern nur soweit beschränkt, als der Zweck des Verkehrsrechts es erfordert. Bezogen auf das aus dem Personensorgerecht fließende Recht, den Umgang des Kindes zu bestimmen, heißt das: der sorgeberechtigte Elternteil kann grundsätzlich nicht verlangen, daß der Verkehr in seiner oder

der Anwesenheit einer Aufsichtsperson stattfindet. Er braucht es andererseits aber nicht zu dulden, daß der verkehrsberechtigte Elternteil *dritte Personen*, insbesondere seine Geliebte oder seinen jetzigen Ehegatten, bei dem *Besuch zugegen* sein läßt, wenn er von der Anwesenheit dieser Personen einen schädlichen Einfluß auf das Kind zu befürchten Anlaß hat; vgl. dazu BGH 42, 364ff. und die kritischen Anmerkungen zu dieser Entscheidung von *Schwoerer*, FamRZ 1965, 121ff. und *Göppinger*, JR 1965, 337ff.

Die Befugnis, mit dem Kind persönlich zu verkehren, steht nur den *Eltern*, nicht sonstigen Verwandten zu. Der Weigerung des sorgeberechtigten Elternteils, das Kind z. B. mit seinen *Großeltern* verkehren zu lassen, kann darum nur mit Hilfe des § 1666 begegnet werden; vgl. BayObLG, FamRZ 1965, 442.

IV. Bei Ruhen der elterlichen Gewalt, bei ihrer Beendigung im ganzen oder bei Aufhören der Vermögensverwaltung allein haben die Eltern dem Kinde oder dem nunmehr zur Vermögensverwaltung Berufenen das *Vermögen herauszugeben* und über die Verwaltung *Rechenschaft abzulegen*, § 1698.

§ 26. D. Obervormundschaftliche Aufsicht — Einschreiten des Vormundschaftsgerichts

Schrifttum: Hirsch, Entzug und Beschränkung des elterlichen Sorgerechts. Praxis und Reformbedürftigkeit des Sorgerechtsentzugs; Reformvorschläge, 1965.

1. Die *Ausübung* der *elterlichen Gewalt* unterliegt der *Aufsicht* des *Vormundschaftsgerichts*. Aber diese Aufsicht ist keine ständige, das Gericht schreitet nur ein in gewissen Fällen, soweit sie zu seiner Kenntnis kommen.

Um das nicht ganz vom Zufall abhängig zu machen, ist dem *Jugendamt* die Pflicht auferlegt, dem Vormundschaftsgericht *Anzeige* zu machen, wenn ein Fall zu seiner Kenntnis gelangt, in dem das Vormundschaftsgericht zum Einschreiten berufen ist, § 1694.

Regelmäßig stellt das Jugendamt auch *Ermittlungen* an. Vor der Entscheidung hat das Vormundschaftsgericht das Jugendamt zu hören, § 48 JWG. Auch mit dem *Kind* kann das Vormundschaftsgericht *persönlich Fühlung* nehmen, § 1695 II.

Da das Vorgehen gegen den Vater oder die Mutter in natürliche Beziehungen eingreift, ist dem Gericht ein *behutsames Vorgehen* zur Pflicht gemacht. Vor einer Entscheidung, die die Sorge für die Person oder das Vermögen des Kindes betrifft, hat es die Eltern zu hören. Nur aus schwerwiegenden Gründen darf hiervon abgesehen werden, § 1695 I.

Maßnahmen, die in die elterliche Gewalt eingreifen, sind wieder *aufzuheben* oder zu *ändern*, wenn sich die *Voraussetzungen* ändern, unter denen sie getroffen worden sind, § 1696.

2. Die *Fälle*, in denen das BGB das *Vormundschaftsgericht* zum *Einschreiten verpflichtet*, sind bereits genannt worden. Sie seien hier nur kurz zusammengestellt:
a) Wenn die *Eltern* aus tatsächlichen oder rechtlichen Gründen *verhindert* sind, die elterliche Gewalt auszuüben, hat das Vormundschaftsgericht die im Interesse des Kindes erforderlichen Maßregeln zu treffen, z. B. einen Pfleger zu bestellen, § 1693.
b) Wenn in einer bestimmten Angelegenheit das *Interesse* des *Kindes* mit dem Interesse eines Elternteils oder einer mit diesem in gerader Linie verwandten Person in erheblicher Weise *kollidiert*, der Elternteil aber nicht kraft Gesetzes von der Vertretung des Kindes ausgeschlossen ist, hat das Vormundschaftsgericht dem Elternteil die Vertretungsmacht für diese Angelegenheit zu entziehen, §§ 1629 II 2, 1796.
c) Wenn das *geistige* oder *leibliche Wohl* des Kindes dadurch *gefährdet* wird, daß die Eltern das Recht der Personensorge mißbrauchen, das Kind vernachlässigen oder sich eines ehrlosen oder unsittlichen Verhaltens schuldig machen, hat das Vormundschaftsgericht die zur Abwendung der Gefahr erforderlichen Maßnahmen zu ergreifen, § 1666 I. Als solche kommen Gebote, Verbote, Auflagen und Ermahnungen in Betracht. Das Vormundschaftsgericht kann außerdem die Eltern in der Ausübung des Personensorgerechts beschränken oder ihnen einzelne (oder alle) Bestandteile des Sorgerechts entziehen.

Soweit die Eltern auf Grund der vom Vormundschaftsgericht erlassenen Anordnungen die elterliche Gewalt nicht ausüben können, ist ein *Pfleger* zu bestellen, § 1909. Meist ist dies das Jugendamt. Nach § 1666 I 2 kann das Vormundschaftsgericht „insbesondere“ anordnen, daß das Kind zum Zwecke der Erziehung in einer geeigneten *Familie* oder in einer *Erziehungsanstalt* untergebracht wird. Diese Vorschrift hat nur noch geringe praktische Bedeutung. Die Unterbringung des Kindes wird heute in der Mehrzahl der Fälle vom Jugendamt nach den Vorschriften des JWG veranlaßt.

Bei einer *Verletzung* des *Rechts auf Unterhalt* und einer daraus resultierenden Gefährdung dieses Rechts kann das Vormundschaftsgericht auch die *Vermögenssorge* beschränken oder entziehen, § 1666 II.
Ein Einschreiten des Vormundschaftsgerichts nach § 1666 ist nach der einhelligen Meinung der Rechtsprechung nur zulässig, wenn die Eltern *schuldhaft* gehandelt haben. Ein Verhalten, das sich nur objektiv als Rechtsmißbrauch oder Vernachlässigung darstellt, rechtfertigt nur Maßnahmen auf Grund des JWG; vgl. BGH 20, 313; sehr str., a. A. nament-

lich *Gernhuber*, § 49 VIII 3, und *Staudinger-Göppinger*, § 1666 Anm. 194ff. mit beachtlichen Gründen.

d) Wenn das *Vermögen* des Kindes *gefährdet* wird, entweder durch Verletzung der mit der Vermögensverwaltung verbundenen Pflichten oder durch Vermögensverfall der Gewalthaber, hat das Vormundschaftsgericht, ohne daß es auf ein Verschulden der Eltern ankäme, ebenfalls die erforderlichen Maßnahmen zu treffen, § 1667 I.

Es kann z. B. die Vorlegung eines Vermögensverzeichnisses und Rechnungslegung vorschreiben. Es kann dem Elternteil, der das Kind vertritt, die Pflichten hinsichtlich der Wertpapiere, Kostbarkeiten usw. auferlegen, die einem Vormund obliegen, die Hinterlegung der Wertpapiere, die Eintragung eines Sperrvermerks verlangen, u. U. Sicherheitsleistung anordnen und bei Ungehorsam gegen seine Anordnungen sogar die Vermögensverwaltung entziehen, §§ 1667 II, 1668, 1669.

e) Entsprechendes gilt für den Fall der *Wiederheirat* des Elternteils, der das Kindesvermögen verwaltet, wenn dieser seiner Pflicht zur Inventarisierung und zur Auseinandersetzung bezüglich des Kindesvermögens nicht nachkommt, §§ 1683, 1684.

3. Nach dem JWG hat das Vormundschaftsgericht einzuschreiten, wenn die leibliche, geistige oder seelische Entwicklung eines Minderjährigen gefährdet oder geschädigt ist. Hier genügt bereits eine *objektive Gefährdung*. Ein schuldhaftes Handeln des Sorgeberechtigten ist nicht erforderlich. Dem Vormundschaftsgericht stehen drei Möglichkeiten zu Gebote: die Bestellung eines Erziehungsbeistandes, die Gewährung freiwilliger Erziehungshilfe und die Anordnung der Fürsorgeerziehung. Einzelheiten s. u. § 38.

§ 27. E. Sonderregelung der elterlichen Gewalt bei Eheauflösung und Getrenntleben

Schrifttum: Dunz, Das Vorrecht des schuldlos geschiedenen Ehegatten, NJW 1959, 802; *Müller-Freienfels*, Der Einfluß der Schuldigerklärung auf die Regelung der elterlichen Gewalt, JZ 1959, 339; *Riedel*, Das Recht des Kindes aus geschiedenen Ehen, 1960; *Lempp*, Das Wohl des Kindes in §§ 1666 und 1671 BGB, NJW 1963, 1659 und 1964, 440; *Schwoerer*, Kindeswohl und Kindeswille, NJW 1964, 5.

I. Bei *Scheidung* der Ehe (§ 1671 I), *Nichtigerklärung* (§ 1671 VI) und *Aufhebung* derselben (§ 37 EheG), sowie bei *Wiederheirat nach Todeserklärung* (§ 1681 II 3) wird die elterliche Gewalt (Sorgerecht und Vertretungsrecht) durch das *Vormundschaftsgericht* näher geregelt.

1. Die gesamte elterliche Gewalt soll grundsätzlich *einem Ehegatten allein* übertragen werden, damit Streitigkeiten zwischen den geschiedenen

Gatten vermieden werden. Nur wenn das Wohl des Kindes es erfordert, kann *einem* Elternteil die Personen- und dem *anderen* die Vermögenssorge übertragen werden, § 1671 IV.

Eine *weitere Aufteilung* der elterlichen Gewalt ist unzulässig. Sowohl die Personensorge als auch die Vermögensverwaltung sind den Eltern ungeteilt und zeitlich nicht befristet zu übertragen. Das Gericht kann z. B. nicht der Mutter das Recht der Personensorge zuteilen, dem Vater jedoch das Recht zur religiösen Erziehung des Kindes. Eine solche Anordnung kann nur unter den Voraussetzungen des § 1666 erfolgen; vgl. BayObLG FamRZ 1963, 192. Unzulässig ist es auch, die gesamte elterliche Gewalt beiden Ehegatten zu übertragen — mit der Maßgabe, daß bei Streitigkeiten das Vormundschaftsgericht entscheiden soll — und zwar selbst dann, wenn beide Eltern dies vorschlagen; vgl. BayObLG FamRZ 1964, 523.

Die Übertragung erfolgt nur der *Ausübung* nach; denn die elterliche Gewalt ist ein unentziehbares Grundrecht; s. o. § 23 II. Der Elternteil, dem die Sorge für die Person des Kindes nicht zusteht, behält stets das Recht, mit dem Kind *persönlich zu verkehren,* § 1634.

2. Die Eltern haben von Rechts wegen die Möglichkeit, sich über die Zuteilung der elterlichen Gewalt zu *einigen.* Denn eine gütliche Einigung wird in vielen Fällen die beste Gewähr für eine dem Wohl des Kindes entsprechende Regelung bieten. Die Einigung hat aber nur die Bedeutung eines für das Vormundschaftsgericht beachtlichen, aber nicht bindenden *Vorschlags.*

Ein solcher Vorschlag soll innerhalb von zwei Monaten nach Rechtskraft des Scheidungsurteils gemacht werden. Vielfach erfolgt die Einigung im Scheidungstermin zu gerichtlichem Protokoll und wird dann dem Vormundschaftsgericht mit dem Urteil mitgeteilt. Nicht notwendig ist, daß die Einigkeit der Eltern bis zur Entscheidung des Vormundschaftsgerichts fortbesteht. Ein einseitiger Widerruf ist unbeachtlich; vgl. BGH FamRZ 1960, 397. Die Zweimonatsfrist ist *keine Ausschlußfrist.* Sie bezeichnet nur den Zeitraum, den das Vormundschaftsgericht verstreichen lassen muß, ehe es eine eigene Entscheidung trifft; vgl. BGH FamRZ 1966, 94.

Leitend für die Entscheidung des Vormundschaftsgerichts ist das *Kindeswohl,* § 1671 III 1. Von einem gemeinsamen Vorschlag der Eltern darf das Vormundschaftsgericht nur abweichen, wenn dies zum Wohle des Kindes erforderlich ist, § 1671 II.

Ältere *Kinder* sollten vor der Entscheidung *gehört* werden. Ihrem Wunsch kann sogar entscheidende Bedeutung zukommen; vgl. OLG Karlsruhe, FamRZ 1966, 315.

Mangels einer Einigung der Eltern oder bei Mißbilligung ihres Vorschlags soll die Entscheidung die *Schuld* an der Scheidung bzw. der Eheaufhebung oder Nichtigerklärung berücksichtigen, wenn ein Ehegatte allein für schuldig erklärt worden ist, § 1671 III 2. Das Vormundschaftsgericht kann nicht mehr überprüfen, ob der Schuldspruch der wirklichen Sachlage gerecht wird; vgl. BGH 3, 53.

Das Gesetz geht davon aus, daß der Alleinschuldige zur Betreuung des Kindes weniger geeignet ist. Außerdem soll der unschuldige Teil, der durch die Zerstörung der Ehe bereits hart getroffen worden ist, nicht auch noch das Kind verlieren. Deshalb soll das Vormundschaftsgericht die elterliche Gewalt dem schuldlosen Teil übertragen. Dem schuldigen Teil darf es sie nur ausnahmsweise dann zusprechen, wenn „*schwerwiegende Gründe*" dafür sprechen, wenn also die Gründe für die Zuteilung an den Schuldigen ein *erhebliches Übergewicht* über die Gründe für die Zuteilung an den Schuldlosen haben; vgl. BGH 6, 342; 24, 181.

3. Im Rahmen der vom Vormundschaftsgericht getroffenen Regelung kann der Ehegatte, dem das *Sorgerecht übertragen* ist, seine *Ausübung* dem anderen Gatten *widerruflich überlassen*; vgl. RG JW 1938, 1262.

Gegen mißbräuchliche Überlassung kann das Vormundschaftsgericht einschreiten durch Entziehung des Sorgerechts und Bestellung eines Pflegers, § 1666.

4. In besonderen Ausnahmefällen kann das Vormundschaftsgericht die Sorge für die Person und das Vermögen des Kindes einem *Vormund* oder bestimmte Einzelbefugnisse einem *Pfleger* übertragen, wenn dies erforderlich ist, um eine Gefahr für das geistige oder leibliche Wohl oder für das Vermögen des Kindes abzuwenden, § 1671 V.

Das ist dann anzunehmen, wenn beide Eltern oder ein Elternteil ungeeignet sind, ohne daß es dabei auf ein Verschulden ankäme. Kommt kein Elternteil in Betracht, ist ein Vormund zu bestellen. Ist ein Elternteil wenigstens teilweise geeignet, so kann ihm insoweit die elterliche Gewalt belassen und im übrigen ein Pfleger bestellt werden.

5. Während der Dauer der elterlichen Gewalt kann das Vormundschaftsgericht seine *Anordnungen jederzeit ändern*, wenn es dies im Interesse des Kindes für angezeigt hält, § 1696, d. h. wenn triftige, das Wohl des Kindes nachhaltig berührende Gründe vorliegen; vgl. BayObLG FamRZ 1962, 166.

Bei seiner Entscheidung hat es freilich die Vorschriften des § 1671 zu beachten. War z. B. die elterliche Gewalt zunächst dem *schuldlos* geschiedenen Elternteil zugesprochen, so darf sie diesem nur *dann* entzogen und auf den schuldigen Elternteil übertragen werden, wenn *schwerwiegende Gründe* für diese Übertragung sprechen, § 1671 III 2, str. Andererseits ist eine nach § 1671 V angeordnete Vormundschaft bereits dann aufzuheben, wenn ihre Voraussetzungen entfallen, d. h. wenn auch nur bei *einem* Elternteil eine Gefährdung nicht mehr besteht, nicht erst dann, wenn das Vormundschaftsgericht die Änderung im Interesse des Kindes für angezeigt hält; vgl. KG FamRZ 1962, 435.

Ruht die elterliche Gewalt des Elternteils, dem sie nach § 1671 übertragen war, so hat das Vormundschaftsgericht die Ausübung der elterlichen Gewalt auf Antrag dem *anderen* Elternteil zu übertragen, wenn keine Aussicht besteht, daß der Grund des Ruhens wegfallen werde, § 1678 II. Eine nur *vorübergehende tatsächliche* Verhinderung rechtfertigt eine solche

Übertragung nicht. Hier muß ein Pfleger bestellt werden, § 1909. Das Vormundschaftsgericht ist allerdings nicht gehindert, gemäß § 1696 eine Neuverteilung der elterlichen Gewalt vorzunehmen; vgl. BayObLG FamRZ 1962, 32.

6. Ein *Übergang* der elterlichen Gewalt oder ihrer Bestandteile *kraft Gesetzes* findet in folgenden Fällen statt:
a) wenn der Ehegatte, dem die elterliche Gewalt zunächst übertragen war, *stirbt*, § 1681;
b) wenn er die elterliche Gewalt *verwirkt*, § 1679 II;
c) wenn ihm die Sorge für die Person oder das Vermögen des Kindes nach den §§ 1666, 1669 *entzogen* wird, § 1680;
d) wenn seine Vermögensverwaltung infolge *Konkurses* endet, § 1680.

7. Die *Unterhaltsregelung* erfolgt nicht durch das Vormundschaftsgericht, sondern nötigenfalls durch das *Prozeßgericht*. Der sorgeberechtigte Teil muß notfalls den Unterhalt gegen den anderen Elternteil einklagen.

Nach §§ 3, 8 KindergeldG kann das Vormundschaftsgericht über den Empfänger des Kindergeldes Bestimmungen treffen.

II. Bei nicht nur vorübergehendem Getrenntleben der Eltern werden diese sich vielfach darüber verständigen, bei wem die Kinder verbleiben und aufwachsen sollen. Da die gemeinsame Ausübung der elterlichen Gewalt durch die Trennung erschwert wird, überläßt dann ein Gatte dem anderen häufig die Ausübung der elterlichen Gewalt allein, so daß dieser die Erziehungsfragen allein entscheiden und das Kind auch auf Grund einer allgemeinen Ermächtigung allein vertreten kann.

Da eine solche Einigung nicht immer möglich ist und zudem den überlassenden Elternteil nicht von seiner Verantwortlichkeit für die elterliche Gewalt, die unverzichtbar ist, entbindet, eröffnet § 1672 dem *Vormundschaftsgericht* die Möglichkeit, dem einen oder anderen Teil die elterliche Gewalt entsprechend den für die Auflösung der Ehe gegebenen Vorschriften des § 1671 *zuzuteilen* und damit zugleich den von der Ausübung der elterlichen Gewalt Ausgeschlossenen von seiner Verantwortlichkeit zu entbinden.

Anders als nach § 1671 entscheidet das Vormundschaftsgericht nur auf *Antrag* eines Elternteils. Auch hier hat ein gemeinsamer Vorschlag der Eltern den Vorrang, § 1671 II. Liegt eine Einigung der Eltern nicht vor, muß das Vormundschaftsgericht nach Ermittlung des Sachverhalts sich für die Regelung entscheiden, die dem Wohle des Kindes am besten entspricht, etwa dem einen Elternteil die Personensorge, dem anderen Teil die Vermögenssorge übertragen, § 1671 IV 2. Auch hier ist gemäß § 1671 III 2 zu ermitteln, wen die Alleinschuld an der Trennung trifft, str.

Wenn in einem Urteil ein Ehegatte zur Herstellung der ehelichen Gemeinschaft verurteilt worden ist, dann ist das Vormundschaftsgericht bei der Feststellung der Trennungsschuld an dieses Urteil gebunden; vgl. KG FamRZ 1964, 641.

Da mit der Trennung der Anspruch auf den *Familienunterhalt* entfällt, § 1361, muß jetzt der Anspruch des Kindes auf Unterhalt von dem einen Gatten gegen den anderen Gatten im Namen des Kindes geltend gemacht werden, § 1629 II 1, 2. Hs. Die Bestellung eines Pflegers ist hier — entgegen der Grundregel des § 1795 — nicht notwendig. Keine Rolle spielt dabei der Umstand, ob dem klagenden Elternteil bereits das *Alleinvertretungsrecht* zusteht. Es braucht ihm also nicht vor der Klageerhebung das Alleinvertretungsrecht übertragen zu werden; vgl. BGH NJW 1965, 394, str.

III. Eheprozeß

Im Eheprozeß kann nach § 627 ZPO das Prozeßgericht auf Antrag für die Dauer des Rechtsstreits das Getrenntleben der Ehegatten gestatten, ihren gegenseitigen Unterhalt regeln und wegen der Sorge für die Person der gemeinschaftlichen minderjährigen Kinder, soweit es sich nicht um die gesetzliche Vertretung handelt, Anordnungen treffen und die Unterhaltspflicht gegenüber den Kindern im Verhältnis der Ehegatten zueinander ordnen.

Die Anordnungen bezüglich der Kinder sind jedoch unzulässig, soweit das Vormundschaftsgericht bereits eine Regelung nach § 1666 getroffen hat; vgl. BGH NJW 1951, 309.

Streitig ist, ob das *Vormundschaftsgericht* auch *während des Prozesses* eine umfassende Sorgerechtsregelung nach § 1671 treffen kann. Im Hinblick auf § 627a ZPO ist das zu bejahen. Wenn das Vormundschaftsgericht rechtzeitig erreichbar ist und eine Regelung von einer gewissen Dauer angestrebt wird oder eine im Interesse des Kindes erforderliche eingehende Sachaufklärung im summarischen Verfahren der einstweiligen Anordnung wegen des widerstreitenden Vorbringens der Eltern unmöglich ist, wird man sogar das Scheidungsgericht für *verpflichtet* halten müssen, die Verkehrsregelung dem Vormundschaftsgericht zu überlassen; vgl. OLG München, MDR 1964, 417; OLG Düsseldorf, FamRZ 1964, 309; OLG Köln, MDR 1965, 137. Teilweise wird dem Scheidungsgericht sogar die Zuständigkeit abgesprochen, wenn das Vormundschaftsgericht angerufen werden kann; vgl. OLG Hamburg, MDR 1964, 417.

II. Titel

Das Recht der unehelichen Kinder

§ 28

I. Kapitel

Begriff. Allgemeine Rechtsstellung. Rechtspolitisches

Schrifttum: Bosch, Probleme einer Reform des Unehelichenrechts, FamRZ 1961, 457; *ders.*, Fehlender Reformeifer im Bereich des Unehelichenrechts, FamRZ 1962, 292; *ders.*, Die geplante Neuordnung der Rechtsstellung des unehelichen Kindes, FamRZ 1963, 398; *Wägenbaur*, Zur Aktualisierung des Art. 6 Abs. V GG durch die Rechtsprechung, FamRZ 1962, 129; *Göppinger*, Irrungen und Wirrungen im Unehelichenrecht, FamRZ 1962, 449; *Dunz*, Zur Reform des Unehelichenrechts, NJW 1962, 1472; *Maßfeller*, Überlegungen zur Reform der Rechtsstellung des nichtehelichen Kindes, JJb 3 (1962/63), 149; *Schlosser*, Welche Anforderungen sind an eine Reform des Rechts des unehelichen Kindes zu stellen?, FamRZ 1963, 14; *ders.*, Der Einfluß des Grundgesetzes auf die privatrechtliche Stellung des unehelichen Kindes, FamRZ 1963, 601; *ders.*, Anmerkungen zum „Heidelberger Entwurf 1963“ betr. die Neuordnung des Unehelichenrechts, FamRZ 1964, 273; *Neuhaus*, Drei Thesen zur Reform des Unehelichenrechts, FamRZ 1963, 326; *Schwoerer*, Ehrenrettung der exceptio plurium, NJW 1963, 11; *Teplitzky*, Positiver Vaterschaftsbeweis durch Blutgruppengutachten, NJW 1963, 382; *Boehmer*, Das Problem der Brautkinder im deutschen und schweizerischen Recht, NJW 1963, 1945; *Heinrich Lange*, Gesetzgebungswunsch und Lebenswirklichkeit beim Recht der unehelichen Kinder, JuS 1964, 253; *Hummel*, Zum Problem des positiven Vaterschaftsbeweises, NJW 1964, 2191; Verhandlungen des 44. *Deutschen Juristentages*, 1962: Welche Anforderungen sind an eine Reform des Rechts des unehelichen Kindes zu stellen? (Gutachten von *Boehmer* und *Bosch*, Referate von *Zweigert* und *Edlbacher*); *Knöpfel*, Der Referentenentwurf eines Gesetzes über die rechtliche Stellung der unehelichen Kinder, FamRZ 1966, 273.

I. *Unehelich* sind alle Kinder, die die Voraussetzungen ehelicher Abstammung im Sinne des Gesetzes nicht erfüllen, also alle Kinder, die *nicht in einer Ehe oder innerhalb von 302 Tagen nach ihrer Auflösung* geboren sind.
Unehelich ist ferner das Kind, dessen *Unehelichkeit rechtskräftig festgestellt* worden ist, § 1593.

II. Die Rechtsstellung des unehelichen Kindes ist nach geltendem Recht wesentlich ungünstiger als die des ehelichen Kindes. Es gilt mit seinem Vater als nicht verwandt (§ 1589 II) und hat gegen ihn nur einen *beschränkten Unterhaltsanspruch*.
Der Mutter und ihren *Verwandten* gegenüber hat das uneheliche Kind zwar die *rechtliche* Stellung eines *ehelichen* Kindes, § 1705. Das Gesetz spricht aber der Mutter *nur* die äußere, *tatsächliche Sorge* für die Person des Kindes zu, versagt ihr dagegen die elterliche Gewalt und das Ver-

tretungsrecht, § 1707, so daß das Kind stets einen Vormund erhält, § 1773, also sofort in staatliche Fürsorge genommen wird.

III. Man ist sich heute darüber klar, daß die Regelung der Rechtsstellung der unehelichen Kinder reichlich unbefriedigend ist und dringend der Änderung bedarf. Schon in der Weimarer Verfassung wurde durch die sozialdemokratische Partei die Aufnahme der Art. 119 III und 121 durchgesetzt. Nach Art. 119 III hat die *Mutterschaft* ganz allgemein Anspruch auf den Schutz und die Fürsorge des Staates. Nach Art. 121 sind den unehelichen Kindern durch die Gesetzgebung die *gleichen Bedingungen* für ihre leibliche, seelische und gesellschaftliche Entwicklung zu schaffen wie den ehelichen Kindern. Das GG hat in Art. 6 V diesen Leitsatz nahezu wörtlich wiederholt. Die Verwirklichung dieses Gebotes durch den Gesetzgeber steht aber noch aus.
Gefordert wird in Art. 6 V GG nicht die *völlige privatrechtliche Gleichstellung* der unehelichen und der ehelichen Kinder. Art. 6 V GG enthält lediglich die *Anweisung* an den *Gesetzgeber*, unehelichen Kindern unter Vermeidung jeden Makels, der der unehelichen Geburt anhaften könnte, *möglichst ebenso gute Bedingungen* für ihre leibliche und seelische Entwicklung und ihre Stellung in der Gesellschaft zu schaffen wie den ehelichen Kindern. Eine völlige rechtliche Gleichstellung wäre unvereinbar mit der Einrichtung der Ehe, die in Art. 6 I GG unter den „*besonderen Schutz* der staatlichen Ordnung" gestellt wird. Die *völlige* Gleichstellung ist damit nur für das *öffentliche* und *berufliche* Leben verträglich, also im *Privatrecht* nur für die *außerhalb* des *Familien-* und *Erbrechts* gelegenen Gebiete.
Das geltende Recht spiegelt noch immer die sozialen Vorurteile gegen die unehelichen Kinder wider. Es hemmt ihre Entwicklung, ohne dadurch der Ehe zu nützen; die geringere finanzielle Verantwortlichkeit des Mannes für das uneheliche Kind ist geeignet, ihn in seiner Ehescheu zu bestärken. Unserem Gerechtigkeitsempfinden widerspricht es, das Kind unter dem Unwerturteil über seinen Erzeuger mehr leiden zu lassen, als das ohne Preisgabe der Ehe als der staatlich anerkannten und gebilligten Geschlechts- und Lebensgemeinschaft nötig ist.

IV. Diese Erwägungen nötigen dazu, die unehelichen Kinder zwar nicht den ehelichen gleichzustellen, aber ihre *Rechtslage* unter Festhaltung einer grundsätzlich verschiedenen Stellung *möglichst günstig* zu gestalten — vor allem einen annähernd *gleichwertigen Ersatz* für die ihnen *fehlende Familienerziehung* zu schaffen und ihren *Unterhalt möglichst sicherzustellen.*

In dieser Hinsicht ist bereits manches geschehen. Die Rechtslage der unehelichen Kinder ist heute wesentlich günstiger, als sie z. Z. des Inkrafttretens des BGB gewesen ist.

1. Das JWG unterstellt die Kinder mit der Geburt der *Aufsicht* und *Amtsvormundschaft* des *Jugendamts*, § 40 JWG. Durch die Einführung der *Berufs-* und *Amtsvormundschaft* ist dem Unehelichenrecht eine neue Grundlage gegeben worden. Die „Einzelvormundschaft" des BGB, die völlig versagt hatte, ist überwunden. Die *Beistandschaft* in der Sorge für die Person des Mündels, die dem Vormund nach § 1707 I 3 neben der Mutter zusteht, kann und soll durch *Pflegestellen*vermittlung, *ärztliche* und *pflegerische Aufsicht* zu einem möglichst wirksamen Schutz ausgebaut werden, § 31 JWG.

2. Auch eine *bessere Unterhaltssicherung* ist erreicht. Früher waren die unehelichen Kinder, wenn und solange die Unterhaltsbeiträge des unehelichen Vaters nicht eingingen, auf die *allgemeine Armenpflege* angewiesen, die vielfach zu spät und auch dann noch ungenügend einsetzte; zu spät, weil durch das Suchen nach dem geeigneten Einzelvormund und durch das Unvertrautsein des bestellten Vormundes mit seiner Aufgabe kostbare Zeit verloren ging — ungenügend, weil die allgemeine Armenpflege auf die Eigenart der Notlage des unehelichen Kindes nicht hinreichend abgestimmt war. Heute ist durch die Amtsvormundschaft das rechtzeitige Einsetzen der Fürsorge gewährleistet, und auch dem Ausmaß nach ist durch das *Bundessozialhilfegesetz* vom 30. 6. 1961 ein hinreichender Unterhalt sichergestellt.

3. Früher endete der Unterhaltsanspruch des unehelichen Kindes gegen seinen Vater mit der Vollendung des 16. Lebensjahres. Heute ist der Vater dem unehelichen Kinde grundsätzlich bis zur Vollendung des 18. Lebensjahres unterhaltspflichtig, § 1708 i. d. F. des FamRÄndG.

V. Durch die gesetzliche Regelung der erwähnten Hauptfragen ist gleichzeitig die *Richtung*, in der das Unehelichenrecht des BGB *weiter zu entwickeln* ist, *festgelegt* worden. Über sie konnte schon auf dem 32. Deutschen Juristentag in Bamberg (1922) in vielen wesentlichen Punkten Übereinstimmung erzielt werden. In Erkenntnis der Reformbedürftigkeit wurde bereits 1925 dem Reichsrat ein Entwurf des Reichsjustizministeriums zu einem Gesetz über die unehelichen Kinder und die Annahme an Kindes Statt vorgelegt, das nach seiner Umarbeitung 1929 dem Reichstag zuging, aber keine Erledigung fand. Auch später hat man sich mit dem Problem weiter beschäftigt; zuletzt hat der 44. Deutsche Juristentag in Hannover (1962) dem Gesetzgeber Reformvorschläge unterbreitet. Zu einer gesetzlichen Neuordnung ist es aber bis heute noch nicht gekommen. Immerhin liegt nun aber (seit Mai 1966) ein Referentenentwurf eines Gesetzes über die rechtliche Stellung der unehelichen Kinder vor, so daß in absehbarer Zeit mit einer solchen Neuordnung gerechnet werden kann. Im folgenden kann nur kurz die eigene Ansicht zu den Hauptpunkten entwickelt werden.

1. Die *völlige Einordnung* des unehelichen Kindes in die *Familie* des *Vaters* ist *nicht* zu empfehlen. Die zwangsweise Eingliederung des Kindes in eine Familie, die von ihm regelmäßig nichts wissen will, würde das Kind völlig heimatlos machen.

2. An dem Grundsatz, wonach der *unehelichen Mutter* von der elterlichen Gewalt *nur das Personensorgerecht* zustehen soll (§ 1707 BGB), sollte *nicht* mehr festgehalten werden. Zu denken ist jedoch daran, dem Jugendamt die *Feststellung* der *Vaterschaft* und die *Geltendmachung* der *Unterhaltsansprüche* zu belassen. Das könnte geschehen, indem man die *Amtsvormundschaft* des Jugendamtes in eine *Amtspflegschaft* oder eine Beistandschaft umwandelt; so auch die Empfehlung des 44. DJT; ähnlich die Regelung des Referentenentwurfs.

3. Darüber, daß eine bessere Ausgestaltung der Unterhaltsansprüche des unehelichen Kindes nötig ist, herrscht Übereinstimmung. *Beide Eltern* müssen dem Kind in *gleichem Rang* zum Unterhalt verpflichtet werden. Dabei ist der Beitrag zu berücksichtigen, den die Mutter durch ihre tatsächliche Fürsorge leistet. Die *zeitliche Begrenzung* des Unterhaltsanspruchs sollte *entfallen*.

Der Referentenentwurf will die Fiktion beseitigen, daß Kind und Vater nicht miteinander verwandt seien. Daraus folgt dann, daß das Kind gemäß den allgemeinen Regeln auch von den *Eltern seines Vaters* Unterhalt verlangen kann. Das ist angesichts der Vielzahl der unehelichen Väter, die noch in der Berufsausbildung stehen, zu begrüßen.

4. Die schwierigste Frage der ganzen Reform ist die *Feststellung der Vaterschaft*. Hauptstreitpunkt ist hier, ob die an die Beiwohnung geknüpfte Kausalitätsvermutung für die Vaterschaft des Beiwohners schlechthin widerlegbar sein soll durch den Nachweis, daß auch ein anderer der Mutter während der Empfängniszeit beigewohnt habe (§ 1717, sog. exceptio plurium).

Auf der einen Seite ist die Überzeugung auch in Deutschland immer mehr durchgedrungen, daß man das Recht des Kindes auf Existenz nicht von der Sittlichkeit und Treue der Mutter abhängig machen darf. Das spricht

gegen die Befreiung des Beiwohners schlechthin auf Grund des Nachweises der Untreue. Auf der anderen Seite leuchtet das Unmögliche der Annahme mehrerer wirklicher Väter ein und auch das Mißliche der Inanspruchnahme mehrerer Beiwohner als *möglicher* Väter.
Aus diesem Dilemma eröffnet sich nach dem Vorbild des norwegischen und dänischen Rechts als bester Ausweg, von den mehreren möglichen Vätern den *wahrscheinlichsten* als Vater festzustellen; so auch die Empfehlung des 44. DJT. Die exceptio plurium würde dann nur für die Fälle Bedeutung behalten, in denen die Vaterschaft von mindestens zwei Beiwohnern *gleich wahrscheinlich* ist. Diese Fälle sind nicht mehr sehr zahlreich (etwa 5%), da die medizinische Wissenschaft in immer mehr Fällen eine *positive Vaterschaftsfeststellung* ermöglicht; vgl. *Teplitzky*, NJW 1963, 382; *Hummel*, NJW 1964, 2191.

Der Referentenentwurf will das gleiche, wenn seine Formulierung auch dies nicht klar zum Ausdruck bringt. Die Vaterschaftsvermutung soll nicht gelten, „wenn bei Würdigung aller Umstände triftige Gründe gegen die Abstammung des Kindes von dem Manne sprechen“ (§ 1600q). Ein triftiger Grund *kann* auch ein Mehrverkehr der Mutter sein, wenn die Vaterschaft der beiden Beiwohner gleich wahrscheinlich ist; vgl. *Knöpfel*, FamRZ 1966, 281.

5. Endlich sollte dem unehelichen Kind ein *erbrechtlicher* Anspruch zumindest dann zugebilligt werden, wenn sein Vater keine ehelichen Abkömmlinge hinterlassen hat; so auch der Referentenentwurf.

§ 29

II. Kapitel

Das Verhältnis des unehelichen Kindes zur Mutter und deren Verwandten

Schrifttum: Göppinger, Die Übertragung der elterlichen Gewalt auf die uneheliche Mutter, FamRZ 1961, 516; *Eisser*, Der Unterhaltsanspruch des unehelichen Kindes, FamRZ 1963, 473; *Lindacher*, Übertragung der elterlichen Gewalt auf die Kindesmutter (§ 1707 II BGB n. F.), FamRZ 1964, 277.

I. Im Verhältnis zur *Mutter* und *deren Verwandten* hat das uneheliche Kind die *rechtliche Stellung* eines *ehelichen* Kindes, § 1705.

Auf Grund der *Verwandtschaft* ist das Kind gegenüber der Mutter und deren Vorfahren unterhaltsberechtigt und -pflichtig (§§ 1601ff.), erb- und pflichtteilsberechtigt. Es bedarf der Einwilligung der Mutter, wenn es sich verheiraten will (§ 3 II EheG), wenn es vor der Vollendung des 21. Lebensjahres für ehelich erklärt werden soll (§ 1726), wenn es adoptiert werden soll (§ 1747). Es teilt den Wohnsitz der Mutter (§ 11 I 2) und deren Staatsangehörigkeit (§ 4 I RuStAG).

II. Das Kind erhält den *Familiennamen* der *Mutter*, den diese z. Z. der Geburt des Kindes führt, § 1706.
Heiratet die Mutter einen anderen Mann als den Erzeuger des Kindes, so behält das Kind den *Mädchennamen* der Mutter. Dadurch wird der Makel seiner Geburt nach außen hervorgehoben. Deshalb wird dem *Ehemann* der *Mutter* gestattet, durch Erklärung gegenüber der *zuständigen Behörde* dem Kinde *seinen* Namen zu erteilen, wenn Kind und Mutter einwilligen, § 1706 II. Man nennt dies *Einbenennung*.

Die Erklärungen sind in öffentlich beglaubigter Form abzugeben. Zuständig ist der Standesbeamte, der die Geburt des Kindes beurkundet hat, § 31a II PStG. Da die Erklärungen höchstpersönlich sind, ist Vertretung grundsätzlich ausgeschlossen. Für das geschäftsunfähige Kind muß der gesetzliche Vertreter die Einwilligungserklärung abgeben; das geschäftsbeschränkte bedarf nicht der Zustimmung seines gesetzlichen Vertreters. Die Namensänderung ist durch Randvermerk in das Geburtsregister einzutragen, § 30 PStG.

III. *Die elterliche Gewalt* steht der Mutter — jedenfalls zunächst — *nicht* zu; die Mutter hat lediglich die *tatsächliche Personensorge*. Das Kind *vertreten* kann sie *nicht*, § 1707 I 1 und 2. Das Kind erhält stets einen *Vormund*, der bei der Personenfürsorge die Stellung eines Beistandes hat, § 1707 I 3.
Das *Vormundschaftsgericht* kann jedoch einer *volljährigen* Mutter auf *Antrag* die *elterliche Gewalt* über das Kind *übertragen*, § 1707 II 1. Es kann dabei aber einzelne Angelegenheiten oder einen bestimmten Kreis von Angelegenheiten von der Übertragung ausnehmen, § 1707 II 2. Bestritten ist, ob die Übertragung voraussetzt, daß sie dem Wohl des Kindes *förderlich* ist (so die wohl h. M.) oder bereits dann erfolgen muß, wenn das Wohl des Kindes durch sie nicht *gefährdet* wird (so *Gernhuber*, § 57 II 5). Fest steht, daß die Übertragung nur erfolgen darf, wenn sie mit dem Kindeswohl *vereinbar* ist; vgl. OLG Hamm, FamRZ 1963, 302.
Nach § 40 JWG wird das uneheliche Kind in die amtsvormundschaftliche Organisation hineingeboren; mit seiner Geburt erlangt das *Jugendamt* des Geburtsortes die Vormundschaft. Auf seinen Antrag ist es vom Vormundschaftsgericht als Amtsvormund zu entlassen und ein Einzelvormund zu bestellen, soweit das dem Wohl des Mündels nicht entgegensteht, § 45 JWG.

IV. Im Bereich der *tatsächlichen Personensorge* hat die *Mutter* den *Vorrang* vor dem *Vormund*.
Sie hat das Recht, das Kind zu erziehen, seinen Aufenthalt zu bestimmen, seine Herausgabe nach § 1632 zu verlangen, ohne dabei der Mitwirkung

des Vormundes zu bedürfen — sie kann die Herausgabe sogar vom Vormund selbst verlangen —; sie hat das Recht, über die religiöse Erziehung und die Berufswahl zu bestimmen, ferner das Recht auf Dienstleistungen des Kindes gemäß § 1617.

Macht eine Entscheidung der Mutter, welche die Personensorge betrifft, eine *Vertretung* des Kindes notwendig, so muß der Vormund — als Beistand (§§ 1707 I 3, 1686ff.) — sich der Entscheidung der Mutter beugen. Er darf sich nur dann weigern, die erbetene Vertretung vorzunehmen, wenn sich die Entscheidung der Mutter als Mißbrauch ihres Sorgerechts darstellt; vgl. OLG Oldenburg, FamRZ 1964, 643.

Das Sorgerecht kann der *Mutter* als Bestandteil der elterlichen Gewalt nach § 1666 entzogen oder beschränkt werden.

Auch wenn der Mutter die Personensorge gemäß § 1666 entzogen wird, verbleibt ihr das Recht zum *persönlichen Verkehr* mit dem Kinde, § 1634.

Die *Beistandschaft* des Vormundes hat durch das JWG eine Ausgestaltung erfahren, die dem *Jugendamt* als *Amtsvormund* wirksamere Aufsichtsbefugnisse gibt.

Uneheliche Kinder unterstehen, gerade wie Pflegekinder, der *Aufsicht* des *Jugendamtes*, auch wenn sie sich bei der Mutter befinden, es sei denn, daß der Mutter die elterliche Gewalt übertragen worden ist. Doch sollen sie, solange sie sich bei der Mutter befinden, von der Beaufsichtigung widerruflich befreit werden, *wenn ihr Wohl gesichert ist*, § 31 JWG.

V. Sehr bestritten ist, ob die Mutter verpflichtet ist, dem *Kinde* den *Namen des Erzeugers* zu nennen. Dem Persönlichkeitsrecht des Kindes auf Klärung seiner Abstammungsverhältnisse steht hier das Persönlichkeitsrecht der Mutter auf Wahrung ihrer Intimsphäre entgegen. Man wird hier aber dem *Recht* des *Kindes* den *Vorrang* einräumen müssen. Eine Verpflichtung der Mutter, dem *Vormund* oder dem *Vormundschaftsgericht* den Namen des Erzeugers zu nennen, besteht dagegen nicht; vgl. BayObLG FamRZ 1963, 527.

§ 30

III. Kapitel

Das Verhältnis des unehelichen Kindes zum Vater

Schrifttum: Kempf, Der Haftungsgrund der unehelichen Vaterschaft, 1958; *Gaul*, Der Zwiespalt zwischen Unterhalts- und Abstammungsurteil als rechtstheoretisches, rechtspraktisches und legislatorisches Problem, FamRZ 1959, 334, 431; *Ziegler*, Doppelte Vaterschaft?, FamRZ 1959, 342; *Beitzke*, Rentenforderungen und Unterhaltsansprüche des unehelichen Kindes, NJW 1960, 2228; *ders.*, Das Vaterschaftsanerkenntnis, StAZ 1961, 329; *Bosch*, Zur erweiterten Unterhaltspflicht des außerehelichen Vaters (§ 1708 I BGB n. F.), FamRZ 1962, 137; *Eisser*, Der Unterhalt unehelicher Kinder, FamRZ 1963, 473; *Gaul*, Das künftige Verfahren zur Feststellung der unehelichen Vaterschaft und seine Wiederaufnahme, FamRZ 1963, 208;

I. Zwischen dem unehelichen Kind und seinem *Erzeuger* besteht *keine Verwandtschaft* im Rechtssinne, § 1589 II. Der Erzeuger erlangt also nicht die elterliche Gewalt über das Kind, zwischen ihm und dem Kind entsteht kein Erb- und Pflichtteilsrecht, ebensowenig die gegenseitige Unterhaltspflicht der ehelichen Verwandten.
Gleichwohl ist die uneheliche Erzeugung auf das Verhältnis des Erzeugers zum Kinde nicht einflußlos. Das Gesetz gibt dem Kinde nach dem Vorbild des gemeinen Rechts einen unter besonderen Grundsätzen stehenden *Unterhaltsanspruch* gegen den Erzeuger, der aber nicht auf Verwandtschaft, sondern dem Tatbestand der mutmaßlichen Erzeugung beruht.

Ganz folgerichtig wird die Verneinung des Verwandtschaftsverhältnisses freilich nicht durchgeführt. Das Gesetz nennt den Erzeuger: „*Vater*". Die uneheliche Erzeugung begründet ein *Ehehindernis* zwischen dem unehelichen Kind und seinen Abkömmlingen einerseits und dem Vater und dessen Verwandten andererseits, § 4 EheG. Voraussetzung der *Ehelichkeitserklärung* nach §§ 1723ff. ist die „uneheliche *Vaterschaft*".

II. Das Kind hat einen *Unterhaltsanspruch* gegen den *unehelichen Vater*, § 1708.

1. *Voraussetzung* der Unterhaltspflicht ist lediglich die *Tatsache* der *natürlichen Erzeugung*, die Vaterschaft des in Anspruch Genommenen.
a) Zwecks *Erleichterung* der *Beweisführung* bestimmt § 1717 den *Begriff* des *unehelichen Vaters* — aber nur für den Unterhaltsanspruch (und den Entschädigungsanspruch der unehelichen Mutter): Als *Vater gilt, wer* der Mutter *innerhalb der Empfängniszeit*, das ist die Zeit vom 181. bis zum 302. Tage vor der Geburt (unter Einschluß dieser Tage), *beigewohnt* hat. Wir haben es hier also mit einer *Vaterschaftsvermutung* aus der Beiwohnung in der Empfängniszeit zu tun. Hat die Beiwohnung *außerhalb* der gesetzlichen Frist stattgefunden, so entfällt zwar die Vaterschaftsvermutung, es kann aber gleichwohl der Nachweis geführt werden, daß das Kind dennoch vom Konkumbenten stamme; vgl. *Dölle*, § 106 I.
Die Beiwohnung allein beweist nun freilich noch nicht, daß das Kind gerade aus ihr entsprungen ist. Bei der *Ehe* geht das Gesetz mit Recht von der Annahme aus, daß kein anderer der Frau während der Empfängniszeit beigewohnt hat; § 1591 I 2 läßt nur den Gegenbeweis zu, daß es den Umständen nach offenbar unmöglich ist, daß die Mutter das Kind aus der Beiwohnung empfangen hat.

Bei der *außerehelichen* Geschlechtsverbindung glaubt das Gesetz eine solche Annahme nicht machen zu können, es hält die Vaterschaft stets für *unsicher* und rechnet mit der Möglichkeit, daß die Mutter in der Empfängniszeit auch noch mit anderen Männern verkehrt habe.

Die *Vaterschaftsvermutung* ist daher *widerlegbar*:

α) Wie bei ehelichen Kindern durch den Nachweis, daß es den Umständen nach *offenbar unmöglich* ist, daß die Mutter das Kind aus der nachgewiesenen Beiwohnung empfangen hat, § 1717 I 2.

Die Mutter war z. B. schon schwanger zur Zeit der Beiwohnung, oder der Mann war während der ganzen Empfängniszeit zeugungsunfähig.

Für den Nachweis der Unmöglichkeit kommt hier, gerade wie bei den in der Ehe geborenen Kindern (siehe oben § 21 II 2b), der *Blutuntersuchung* und *erbbiologischen Gutachten* große Bedeutung zu. Auch hier gilt § 372a ZPO, wonach jede Partei und jeder Zeuge die Entnahme von Blutproben dulden und sich erbkundlichen Untersuchungen unterwerfen muß.

β) Außerdem durch den Nachweis, daß *auch ein anderer* der Mutter innerhalb der Empfängniszeit *beigewohnt* hat, § 1717 I — die sog. Einrede des Mehrverkehrs, exceptio plurium, auch Einrede der Untreue oder Bescholtenheit genannt.

Auch hier bleibt eine Beiwohnung außer Betracht, wenn es den Umständen nach unmöglich ist, daß die Mutter das Kind aus dieser Beiwohnung empfangen hat, § 1717 I 2.

Aus dieser Gestaltung geht hervor, daß das Gesetz die *Deliktstheorie* ablehnt, nach der mehrere Beischläfer als Gesamtschuldner haften müßten, daß es vielmehr der *Vaterschaftstheorie* huldigt; denn die Unterhaltsklage muß abgewiesen werden, wenn auch nur die Möglichkeit besteht, daß ein anderer als der Beklagte der Erzeuger ist.

Die *allgemeine* Zulassung der Einrede der Untreue bekundet dem weiblichen Geschlecht gegenüber ein entwürdigendes Mißtrauen. Sie übertreibt der Frau gegenüber, die außerehelich verkehrt hat, die *Unsicherheit* der Vaterschaft, die doch auch beim ehelichen Verhältnis besteht, hier aber durch die (eine derartige Ausnahme nicht kennende) Vaterschaftsvermutung ausgeglichen wird. Die Zulassung der Einrede bildet zudem einen Anreiz für den Beiwohnenden, sich von den Lasten der Unterhaltspflicht durch Verkuppelung der Frau an einen zweiten Beischläfer zu befreien. Soweit darin ein Verstoß gegen die guten Sitten liegt, ist freilich die Berufung auf die Einrede r. A. nach ausgeschlossen; für den Fall, daß die Replik unsittlicher Herbeiführung des Einredetatbestandes im Unterhaltsprozeß nicht durchdringt, läßt sich ein Ersatzanspruch des Kindes u. U. aus § 826 ableiten. Schließlich spricht gegen die Einrede, daß es nicht angeht, den Unterhaltsanspruch des Kindes gegen seinen Vater von der *Sittlichkeit* und *Treue* der Mutter abhängig zu machen, sowie dem Manne die Möglichkeit zu geben, die finanziellen Folgen seines außerehelichen Geschlechtsverkehrs auf die Allgemeinheit abzuwälzen.

Diese Überlegungen zeigen, daß die Zulassung der Einrede in ihrer heutigen Gestalt *gegenüber* der *Unterhaltsklage* des *Kindes* unhaltbar ist. Die Frage ist nur, ob man sie ganz beseitigen oder in ihrem Umfang beschränken soll.

b) Die *Einrede* der Untreue ist *ausgeschlossen*, wenn der Beiwohnende in einer öffentlichen Urkunde vor dem Amtsgericht, dem Notar, dem

Standesbeamten oder einem Beamten oder Angestellten des Jugendamtes seine *Vaterschaft nach* der Geburt des Kindes *anerkannt* hat, § 1718 in Verb. mit § 29 II PStG und § 49 II JWG.

Das Anerkenntnis wird am Rand des Geburtseintrages des Kindes vermerkt, § 29 PStG. Außerdem wird ein Hinweis am unteren Rand des Geburtseintrages des Mannes eingetragen.

Ein solches Anerkenntnis stellt keineswegs die uneheliche Vaterschaft schlechthin fest, sondern schließt lediglich die *Berufung darauf* aus, daß ein *anderer* der Mutter innerhalb der Empfängniszeit beigewohnt habe, § 1718. Im übrigen wirkt es nur wie ein außergerichtliches Geständnis, hindert also den Anerkennenden nicht, die eigene Beiwohnung zu bestreiten oder die Unmöglichkeit der Erzeugung aus dieser Beiwohnung zu behaupten; vgl. RG 135, 221; 161, 279.

Die Rspr. erblickt in der *Anerkennung der Vaterschaft* eine einseitige, nicht empfangsbedürftige *Willenserklärung*, insofern darin ein *Verzicht* auf die Einrede des Mehrverkehrs liegt; vgl. BGH 1, 182. Ob der Anerkennende sich aber der beweisrechtlichen Bedeutung des Anerkenntnisses bewußt ist, ist in vielen Fällen zweifelhaft. Vielfach wird darum in dem Anerkenntnis lediglich eine bloße *Wissenserklärung*, eine *geschäftsähnliche Handlung*, gesehen; in diesem Sinne *Dölle*, § 107 III und *Gernhuber*, § 58 II 6. In jedem Fall kann die Erklärung wegen Irrtums, arglistiger Täuschung oder Drohung nach den §§ 119ff. BGB oder in analoger Anwendung dieser Vorschriften angefochten werden.

Eine *Irrtumsanfechtung* durch den bloßen Nachweis der Unrichtigkeit des Anerkenntnisses, also des Irrtums über die Tatsache des Verkehrs mit andern, kommt zwar nicht in Frage, § 1718, wohl aber würde z. B. ein Inhaltsirrtum darin liegen, daß der Erklärende meint, das Anerkenntnis habe nur für die Namensgebung Bedeutung. Das RG hat früher in der Ableugnung des Geschlechtsverkehrs mit andern durch die Mutter trotz Vorhalts eine *arglistige Täuschung* nicht erblicken wollen, weil keine allgemeine Rechtspflicht zur Offenbarung derartiger Tatsachen bestehe und der Anerkennende sich auf die Ableugnung nicht verlassen dürfe (RG 58, 348). Später (RG 107, 175ff.) hat es jedoch mit dieser unhaltbaren Anschauung gebrochen und zugegeben, daß in einer solchen Ableugnung eine arglistige Täuschung i. S. von § 123 liegen kann, die zur Anfechtung berechtigt, wenn der Anerkennende die falsche Angabe geglaubt und dadurch zur Anerkennung tatsächlich bestimmt worden ist; vgl. auch RG 160, 158. Nach letzterer Entscheidung ist ferner das Anerkenntnis nach § 812 *kondizierbar*, wenn sein rechtlicher Grund wegfällt, sich also herausstellt, daß der Anerkennende *unmöglich* der Vater des Kindes sein kann.
Ein bewußt unrichtiges Anerkenntnis ist nichtig, §§ 169 StGB, 134 BGB.

Von der Anerkennung der *Vaterschaft* ist die Anerkennung der sich aus der Vaterschaft ergebenden *Unterhaltspflicht* zu unterscheiden; vgl. RG DJ 1938, 832.

Das Vaterschaftsanerkenntnis kann auch durch einen *Vertreter* abgegeben werden. Einer Abgabe durch den *gesetzlichen* Vertreter muß jedoch der

Vertretene *zustimmen*, str.; vgl. *Dölle*, § 107 III 5. Ein Minderjähriger bedarf zur Abgabe eines Vaterschaftsanerkenntnisses der Zustimmung seines gesetzlichen Vertreters, d. h. also seiner Eltern.

c) Auf einen *Rechtsstreit*, der die uneheliche Vaterschaft zum Gegenstand hat, finden die Vorschriften, welche für den Rechtsstreit über das Bestehen oder Nichtbestehen eines Eltern- und Kindesverhältnisses gelten, nach § 644 ZPO keine Anwendung. Der als unehelicher Vater in Anspruch Genommene kann sich also *aller zulässigen Beweismittel* bedienen, um die Einrede der mehreren Beischläfer darzutun; er kann die Mutter als Zeugin laden.

Unzulässig ist der sog. *Ausforschungsbeweis*. Darunter versteht man Beweisanträge ohne tatsächliche Anhaltspunkte, die darauf abzielen, mit dem Beweisergebnis die gewünschten Tatsachen in Erfahrung zu bringen; vgl. *Dölle*, § 106 III 3. Beispiel: Der Beklagte behauptet Mehrverkehr und benennt die Mutter als Zeugin.

2. *Näherer Inhalt* des Unterhaltsanspruchs

Im Gegensatz zur Unterhaltspflicht der Verwandten, die als eine *familienrechtliche* Verpflichtung unter besonderen Regeln steht, ist der Unterhaltsanspruch des unehelichen Kindes mehr nach *schuldrechtlichen* Gesichtspunkten ausgestaltet. Es kommt auf die *Bedürftigkeit* des Kindes und die *Leistungsfähigkeit* des Vaters für den *ordentlichen* Unterhaltsanspruch nach § 1708 grundsätzlich *nicht* an. — Das Kind kann regelmäßig Unterhalt bis zum *vollendeten 18. Lebensjahr* verlangen, § 1708 I 1; insoweit aber kann der Unterhalt für die *Vergangenheit* nachgefordert werden (§ 1711) und der *Anspruch erlischt nicht* mit dem *Tode des Vaters*, § 1712. — Der Unterhalt ist *nur in Geld* zu leisten, § 1710. — Das Kind kann wegen des Anspruchs *abgefunden* werden, § 1714.

a) Der *Unterhalt umfaßt* den *gesamten Lebensbedarf* einschließlich der Kosten der Erziehung und Vorbildung zu einem Beruf — und zwar so, wie er der Lebensstellung der *Mutter* entspricht, § 1708 I.

Ob der Vater auch verpflichtet ist, die *zusätzlichen* Kosten zu tragen, die entstehen, wenn die Mutter das Kind in einem *Heim* unterbringt, ist bestritten. Überwiegend wird die Frage verneint. Wenn die Mutter ihre Pflicht zu persönlicher Fürsorge nicht erfüllt, dann hat sie den für die Betreuung des Kindes erforderlichen Geldaufwand zu tragen; vgl. OLG Hamm, FamRZ 1962, 318; s. auch LG München I, FamRZ 1964, 644. Mit § 1709 ist diese Auffassung freilich nur schwer zu vereinbaren; s. u. 3.

b) Der Anspruch *beginnt* mit der *Geburt* des Kindes und dauert bis zur *Vollendung des 18. Lebensjahres*, ohne daß es grundsätzlich auf die Bedürftigkeit des Kindes und die Leistungsfähigkeit des Vaters ankäme, § 1708 I 1. Wenn das Kind aber nach der Vollendung des 16. Lebensjahres *eigenes Einkommen* hat, so ist dieser Umstand auf *Verlangen* des *Vaters* zu berücksichtigen, soweit dies der *Billigkeit* entspricht, § 1708 I 3.

Hier steht das uneheliche Kind besser als das eheliche, was sich beim Zusammentreffen von unehelichen mit ehelichen bemerkbar macht (vgl. § 34 II 4c dieses Buches). Bedenken gegen die Verfassungsmäßigkeit dieser Regelung sind vom BVerfG (FamRZ 1964, 186) zerstreut worden.

Über das 18. Lebensjahr hinaus wird dem Kinde ein *außerordentlicher* Unterhaltsanspruch zugebilligt, aber nur, wenn es infolge körperlicher oder geistiger Gebrechen außerstande ist, sich selbst zu unterhalten; weitere Voraussetzung ist die Leistungsfähigkeit des Vaters, §§ 1708 II und 1603 I.

c) Der Unterhalt ist durch Entrichtung einer *Geldrente* zu gewähren, die *monatlich* vorauszuzahlen ist. Durch eine Vorausleistung für mehr als drei Monate wird der Vater nicht befreit, § 1710.

Die Befugnis des Unterhaltspflichtigen, bei *ehelichen* Kindern den Unterhalt unter Umständen auch in anderer Weise, insbesondere in *Natur* zu gewähren, § 1612 I und II, wird dem unehelichen Vater nicht zugestanden. Die Vorausleistung über drei Monate hinaus befreit zwar auch den ehelichen Vater nicht, § 1614 II; da aber der Unterhaltsanspruch des ehelichen Kindes erneute Bedürftigkeit voraussetzt, steht der eheliche Vater insofern günstiger. Es kann aber auch der uneheliche Vater sich darauf berufen, daß das Kind den Geldbetrag, der für eine spätere Zeit gezahlt ist, noch hinter sich hat. Schon die Möglichkeit, den Bereicherungsanspruch des Vaters gegen den Unterhaltsanspruch aufzurechnen, rechtfertigt diese Annahme, ohne daß man auf Treu und Glauben zurückzugreifen braucht; vgl. *Dölle*, § 103 V 1.

Einmaliger *Sonderbedarf* des Kindes (z. B. Krankenhauskosten) verpflichtet den Vater zu einer einmaligen zusätzlichen Zahlung, str.

d) Der Unterhalt wird anders als der der ehelichen Verwandten (§ 1613) auch für die *Vergangenheit* geschuldet, § 1711.

e) Der Unterhaltsanspruch *erlischt nicht* mit dem *Tode* des *Vaters*, ist also *passiv vererblich*, § 1712 I 1. Hs. Er entsteht gegen die Erben, selbst wenn der Vater vor der Geburt des Kindes gestorben ist, § 1712 I 2. Hs. Doch haben die Erben das Recht, das Kind mit dem Betrag abzufinden, der ihm als Pflichtteil gebühren würde, wenn es ehelich wäre, § 1712 II.

Sind mehrere uneheliche Kinder vorhanden, so wird die Abfindung so berechnet, wie wenn sie alle ehelich wären.

Dagegen erlischt der Anspruch mit dem *Tode* des *Kindes*, soweit er nicht auf Erfüllung oder Schadensersatz wegen Nichterfüllung für die Vergangenheit oder auf zur Zeit des Todes bereits fällige, im voraus zu bewirkende Leistungen gerichtet ist, § 1713 I. Die Monatsrente gebührt dem Kinde, das den Beginn des Monats erlebt hat, voll, § 1710 S. 4.

Die Beerdigungskosten hat der Vater zu tragen, soweit ihre Bezahlung nicht von den Erben des Kindes zu erlangen ist, § 1713 II.

f) Während der *Verzicht* des *ehelichen* Verwandten auf den *Unterhalt* für die Zukunft schlechthin nichtig ist, ohne Rücksicht darauf, ob er unentgeltlich oder entgeltlich erfolgt (s. u. § 34 III 4), erklärt § 1714 II

nur den *unentgeltlichen Verzicht* des unehelichen Kindes auf den Unterhalt für die Zukunft für *nichtig.*
Dagegen läßt das Gesetz in § 1714 I ausdrücklich *entgeltliche* Vereinbarungen zwischen dem unehelichen Vater und dem Kind über den Unterhalt für die Zukunft oder über eine an Stelle des Unterhalts zu gewährende Abfindung zu; nur bedürfen derartige Verträge der Genehmigung des Vormundschaftsgerichts, wenn es sich um mehr als 300,— DM handelt, §§ 1714, 1822 Ziff. 12.

3. Die *Unterhaltspflicht* des *unehelichen Vaters geht der der Mutter* und der mütterlichen Verwandten *vor*, § 1709.

Die Vereinbarkeit dieser Vorschrift mit Art. 3 GG war zweifelhaft, ist vom BVerfG jedoch bejaht worden; BVerfGE 11, 277. De lege ferenda ist eine Gleichordnung der Unterhaltsverpflichtungen von Vater und Mutter anzustreben. Die Mutter würde in diesem Fall ihre Unterhaltspflicht regelmäßig durch die Sorge für die Person des Kindes — ebenso wie eine eheliche Mutter — erfüllen. Bei einer Heimunterbringung müßte sie eine entsprechende Geldleistung erbringen.

Soweit die Mutter oder ein unterhaltspflichtiger mütterlicher Verwandter dem Kinde den Unterhalt gewährt, geht der Unterhaltsanspruch des Kindes ohne weiteres auf den Gewährenden über. Der Übergang kann nicht zum Nachteil des Kindes geltend gemacht werden, die Regreßforderung steht also bei teilweisem Übergang des Unterhaltsanspruchs dem dem Kinde verbliebenen Teil nach, § 1709 II.

Streitig ist, ob der übergegangene Anspruch dieselben prozessualen Bevorzugungen (*Pfändungsprivileg*, § 850 d ZPO) genießt wie der Unterhaltsanspruch des Kindes selbst. Das ist zu verneinen, weil diese Bevorzugungen nur der Sicherung des unmittelbaren Lebensbedarfes dienen sollen; vgl. OLG Hamburg, JW 1937, 51; OLG München, SeuffA 69, 382; *Dölle*, § 103 IV 2; *Gernhuber*, § 57 III 5. Wohl aber unterliegt der übergegangene Anspruch der *kurzen Verjährung* des § 197; vgl. *Dölle* und *Gernhuber* aaO.
Gewährt eine *nicht unterhaltspflichtige* Person dem Kinde Unterhalt, so erwirbt sie nicht dessen *Unterhaltsanspruch*, sondern Rechte aus der *Geschäftsführung ohne Auftrag.*

4. § 1709 II wird von der Rechtsprechung *analog* angewandt, wenn der *Ehemann* der Mutter, der bis zur Anfechtung der Ehelichkeit des Kindes als dessen Vater galt, dem Kind Unterhalt geleistet hat; vgl. BGH FamRZ 1964, 41.

Da zum Lebensbedarf auch die Kosten für einen Rechtsstreit rechnen, der eine persönliche Angelegenheit betrifft, kann der Scheinvater nach der Anfechtung von dem Erzeuger auch die *Prozeßkosten* ersetzt verlangen, die er dem *Kind* zur Durchführung des Anfechtungsrechtstreits *vorgeschossen* hat; vgl. BGH NJW 1964, 2151. Seine *eigenen* Prozeßkosten kann er dagegen nicht nach dieser Vorschrift ersetzt verlangen. Hier bleibt ihm nur die deliktische Klage (s. o. § 11 VII).

III. Ersatzansprüche der Mutter

Schrifttum: Brühl, Ersatzansprüche der Kindesmutter aus § 1715 BGB, FamRZ 1965, 241.

Der Verführer einer unbescholtenen, weiblichen Person war nach kanonischem Recht zur Heirat und Dotierung verpflichtet, duc et dota. Die gemeinrechtliche Praxis schwächte das ab zu einem duc aut dota. Sie verpflichtete den Verführer zum Ersatz des Deflorationsschadens (Verschlechterung der Heiratsaussichten) und den unehelichen Vater zum Ersatz der Kosten des Wochenbettes (Sechswochenkosten).

Das BGB kennt — abgesehen vom Ersatzanspruch aus strafbarer Handlung — einen Deflorationsanspruch nur auf Grund der Beiwohnung im *Brautstand,* § 1300, spricht dagegen der unehelichen Mutter *ganz allgemein* einen *Anspruch* auf *Ersatz* der *Kosten* der *Entbindung* und des *Unterhalts* für die ersten sechs Wochen nach der Entbindung zu, § 1715.

1. Die *Voraussetzungen* des Ersatzanspruches sind dieselben wie die des Unterhaltsanspruches des unehelichen Kindes; auf Bedürftigkeit der Mutter und Leistungsfähigkeit des Vaters kommt es nicht an.
Der Anspruch steht der Mutter auch dann zu, wenn der Vater vor der Geburt des Kindes gestorben ist oder wenn das Kind *tot* geboren ist, § 1715 II.

Ob die Mutter den Anspruch auch bei einer *Fehlgeburt* hat, ist bestritten, aber wohl zu bejahen; vgl. *Dölle,* § 104 I 1.

2. Der Ersatzanspruch *umfaßt* (§ 1715 I):

a) Die Entbindungskosten;

b) die Kosten des Unterhalts, d. h. des gesamten Lebensbedarfs, für die ersten 6 Wochen nach der Entbindung ohne Rücksicht auf den wirklichen Aufwand;

c) die infolge der Schwangerschaft oder Entbindung *notwendig* gewordenen weiteren Aufwendungen auch über die ersten 6 Wochen hinaus.

Man denke an die Kosten einer infolge der Schwangerschaft oder Entbindung entstandenen Krankheit, wohl auch an die Beerdigungskosten, wenn die Mutter infolge der Entbindung stirbt. Streitig ist, ob auch entgangener Arbeitsverdienst zu ersetzen ist.

3. Das *Maß* der Ansprüche bestimmt sich nach der *Lebensstellung* der *Mutter.* Den *gewöhnlichen* Betrag der zu ersetzenden Kosten kann die Mutter ohne Rücksicht auf den wirklichen Aufwand verlangen, § 1715 I 2.

4. Der Anspruch *verjährt* in 4 Jahren. Die Verjährung beginnt erst mit dem Ablauf von 6 Wochen nach der Geburt des Kindes, § 1715 III.

IV. Sicherstellung der Unterhalts- und Entschädigungsansprüche

Voraussetzung für die Entstehung der Ansprüche ist die *Geburt* des Kindes. Da die unehelichen Mütter häufig den minderbegüterten Volksklassen angehören, würde sehr oft eine Notlage entstehen, wenn man mit der Geltendmachung der Ansprüche bis zur Geburt des Kindes warten müßte. Deshalb eröffnet § 1716 schon vor der Geburt des Kindes die Möglichkeit der Sicherstellung dieser Ansprüche. Schon vor der Geburt des Kindes kann auf Antrag der Schwangeren durch *einstweilige Verfügung* angeordnet werden, daß der Vater das erste Unterhaltsquartal alsbald nach der Geburt an die Mutter oder den Vormund zu zahlen und angemessene Zeit vor der Geburt zu hinterlegen hat. In gleicher Weise kann die Zahlung des gewöhnlichen Betrags der nach § 1715 zu ersetzenden Entbindungs- und Unterhaltskosten an die Mutter und dessen Hinterlegung angeordnet werden, § 1716 I.

Eine Gefährdung der Ansprüche braucht zum Erlaß der einstweiligen Verfügung ausnahmsweise (vgl. §§ 935ff. ZPO) nicht glaubhaft gemacht zu werden, § 1716 II; es genügt die Glaubhaftmachung der Ansprüche (Schwangerschaft, voraussichtlicher Zeitpunkt der Niederkunft, Beiwohnung des in Anspruch Genommenen in der Empfängniszeit).

Nach § 43 JWG kann auf Antrag des Jugendamts oder einer unverehelichten Mutter für eine Leibesfrucht ein Pfleger bestellt werden, auch wenn die Voraussetzung des § 1912 S. 1 (Nachweis besonderer Fürsorgebedürftigkeit) nicht gegeben ist.

V. Abstammungsklage

Schrifttum: Gaul, Der Zwiespalt zwischen Unterhalts- und Abstammungsurteil als rechtstheoretisches, rechtspraktisches und legislatorisches Problem, FamRZ 1959, 334, 431; *ders.*, Das künftige Verfahren zur Feststellung der unehelichen Vaterschaft und seine Wiederaufnahme, FamRZ 1963, 208; *Baur*, Zivilprozessuale Fragen zum Gleichberechtigungs- und Familienrechtsänderungsgesetz 1961, FamRZ 1962, 508; *Brüggemann*, Das „non liquet" zur Beiwohnungsfrage im Statusprozeß, FamRZ 1964, 337.

Neben der Unterhaltsklage gegen den mutmaßlichen Erzeuger, die lediglich dessen vermögensrechtliche Unterhaltspflicht, seine „*Zahlvaterschaft*", geltend macht, ohne zu einer restlosen Klärung der blutmäßigen Abstammung zu führen, ist auch eine Klage auf *Feststellung* der *blutmäßigen Abstammung* eines unehelichen Kindes möglich, die sowohl als *positive* wie als *negative* Feststellungsklage von dem Kind oder dem als Vater in Anspruch Genommenen erhoben werden kann.

Früher wurde für eine solche Klage der Nachweis eines *besonderen Feststellungsinteresses* gefordert (§ 256 ZPO) und die Auffassung vertreten, daß sie keinen *Familienstandsprozeß* i. S. der §§ 640ff. ZPO begründen könne, also auch nicht zu einem *für* und *gegen alle* wirkenden Urteil (§ 643 ZPO) führen könne. Der Wunsch des rechtskräftig verurteilten Zahlvaters, durch eine negative Feststellungsklage die Grundlagen für ein Wiederaufnahmeverfahren zu beschaffen, um die rechtskräftige Feststellung der Zahlvaterschaft zu beseitigen, könne nicht zur Begründung eines rechtlichen Interesses für eine solche Abstammungsklage herangezogen werden; vgl. RG 159, 58.

Später hat dann das Reichsgericht (RG 160, 293) wegen der Bedeutung der *rassemäßigen Abstammung* nach der Gesetzgebung des Dritten Reiches seine Stellungnahme geändert und die Feststellung der blutmäßigen Abstammung eines unehelichen Kindes im sog. *Status*verfahren nach §§ 640ff. ZPO als *zulässig* anerkannt. Das rechtliche Interesse an dieser Feststellung sei *regelmäßig* gegeben. Den Widerstreit zwischen der Rechtskraft des im Unterhaltsprozeß ergangenen Urteils und des Urteils im Statusprozeß löste das RG *zugunsten* des *Statusurteils*; vgl. RG 169, 131.

Nach 1945 wurde die *Abstammungsklage* zunächst überwiegend *abgelehnt*; vgl. OGH NJW 1949, 751. Weil sich aber nicht leugnen läßt, daß die blutmäßige Abstammung *rechtliche Beziehungen* zwischen dem wirklichen Erzeuger und dem Kinde knüpft, hat der BGH (5, 386) die grundsätzliche Zulässigkeit der Klage auf Feststellung der blutmäßigen Abstammung im Statusverfahren der §§ 640ff. ZPO wieder *anerkannt*. Diese Praxis wurde durch das FamRÄndG bestätigt.

Nach dem neu gefaßten § 644 ZPO nimmt das im Statusverfahren ergangene Feststellungsurteil, wodurch die Vaterschaft eines bestimmten Mannes *verneint* wird, allen gegen diesen Mann gerichteten Schuldtiteln auf *Unterhaltszahlung* mit der *Rechtskraft* des Feststellungsurteils die *Wirkung*. Wird umgekehrt *positiv* festgestellt, daß ein Kind von einem bestimmten Mann abstammt, so verlieren die Unterhaltstitel gegen einen *anderen Mann* ihre Wirkung. Das Kind kann Unterhaltsansprüche gegen den als Erzeuger festgestellten Mann für die Zeit von der *Rechtshängigkeit der Feststellungsklage* an auch dann geltend machen, wenn eine frühere *Unterhaltsklage* gegen diesen abgewiesen worden ist.

Die hier getroffene Regelung grenzt Abstammungsklage und Unterhaltsklage gegeneinander ab, läßt aber manche Zweifelsfragen ungeklärt. Offen ist namentlich, in welchen Fällen von einem *rechtlichen Interesse* an der begehrten Feststellung (§ 256 ZPO) gesprochen werden kann. Vor dem Inkrafttreten des FamRÄndG bejahte die Rechtsprechung zwar grundsätzlich ein rechtliches Interesse, wenn das *Kind* klagte, verneinte es aber regelmäßig, wenn der *Zahlvater* die negative Feststellungsklage erhob. Mit Recht; denn ein Statusurteil konnte nach dem damaligen Rechtszustand ein entgegenstehendes Unterhaltsurteil nicht beseitigen. Heute ist diesem Argument durch die Neufassung des § 644 ZPO der Boden entzogen. Man wird darum der h. M. beipflichten müssen, wonach das *rechtliche Interesse* des *Zahlvaters* mit der *Absicht* begründet werden kann, das *Unterhaltsurteil zu Fall* zu bringen; vgl. BGH FamRZ 1964, 150; OLG Schleswig, FamRZ 1965, 88; a. A. *Baur*, FamRZ 1962, 512.

Die negative Abstammungsklage ist abzuweisen, wenn es *ungewiß* ist, ob der Kläger der Vater des beklagten Kindes ist; es sei denn, daß die Ungewißheit darauf beruht, daß nicht geklärt werden kann, ob der als Vater in Anspruch genommene Kläger der Kindesmutter innerhalb der Empfängniszeit beigewohnt hat; vgl. BGH FamRZ 1964, 150.
Merkwürdig ist, daß ein uneheliches Kind bei einer *positiven* Abstammungsklage die Möglichkeit hat, während eines bestimmten Zeitraumes von *zwei Vätern* Unterhalt zu fordern: vom bisherigen Zahlvater bis zur *Rechtskraft* des Feststellungsurteils und vom wirklichen Vater schon von der Rechts*hängigkeit* des Feststellungsverfahrens ab.
Ungeregelt bleibt auch der *Ausgleich* zwischen dem zu Unrecht belangten scheinbaren Erzeuger und dem wirklichen Erzeuger hinsichtlich der vom ersteren bewirkten Zahlungen; doch gibt hier § 1709 II ein Vorbild für eine zweckgerechte Lösung; vgl. *Gaul*, FamRZ 1963, 215; *Gernhuber*, § 58 I 3; a. A. OLG Bamberg, FamRZ 1965, 392.
Die Zweispurigkeit des Verfahrens zur Feststellung der Vaterschaft: hie Unterhaltsprozeß — hie Klage auf Feststellung der blutmäßigen Abstammung ist mißlich. Sie könnte beseitigt werden, wenn der Gesetzgeber sich entschließen sollte, die Zahlvaterschaft abzuschaffen. In diese Richtung gehen die Vorschläge des Referentenentwurfs. Gerichtliche Vaterschaftsfeststellung soll in Zukunft allein Feststellung der blutmäßigen Abstammung bedeuten.

III. Titel

Legitimation und Adoption

§ 31

I. Kapitel

Legitimation durch nachfolgende Ehe

I. Allgemeines

Zugunsten der Ehelichkeit der Kinder ist nach dem Vorbild des römischen und kanonischen Rechts in fast allen modernen Privatrechten der Satz anerkannt, daß der *nachfolgende Eheschluß* des *Vaters* und der *Mutter* das *vor der Ehe* geborene, also uneheliche Kind *rechtlich einem ehelichen gleichstellt* — man spricht von einer legitimatio per subsequens matrimonium. Dementsprechend bestimmt § 1719: Ein uneheliches Kind wird ehelich, wenn sich der Vater mit der Mutter verheiratet; dies gilt auch, wenn die Ehe für nichtig erklärt wird.

II. Voraussetzungen

1. *Unehelichkeit des Kindes.* In Betracht kommen nur *vor* der Ehe geborene Kinder; nachher geborene, wenn auch vorher erzeugte, sind ohne weiteres ehelich. Voraussetzung ist ferner, daß das Kind nicht nach den §§ 1591ff. als eheliches Kind eines *anderen* anzusehen ist — so, wenn die Ehelichkeit eines im Ehebruch erzeugten Kindes nicht angefochten worden ist.

Dagegen steht der Legitimation nicht im Wege, daß das Kind nach den §§ 1723ff. für das eheliche Kind seines Vaters erklärt worden ist oder daß es durch seinen Vater oder seine Mutter adoptiert worden ist; selbst bei Adoption durch einen *Dritten* treten die Legitimationswirkungen soweit ein, als sie mit dem Adoptionsverhältnis verträglich sind. Heiratet der Vater die Mutter des im Ehebruch erzeugten Kindes später, so kann dieses die Stellung eines ehelichen Kindes der zweiten Ehe erst erlangen, wenn seine Unehelichkeit rechtskräftig festgestellt ist, § 1593. Diese Feststellung kann, wenn der Mann der früheren Ehe die Anfechtung versäumt hat, das *Kind selbst* betreiben, § 1596 I Ziff. 3.

2. *Abstammung des Kindes vom Ehemann der Mutter.* Zum *Nachweis* der *Vaterschaft* dienen *zwei Vermutungen*, die selbständig sind gegenüber den Vermutungen zum Nachweis der ehelichen Abstammung (§§ 1591ff.) und der unehelichen Vaterschaft (§ 1717).

a) *Vaterschaftsvermutung.* Der Ehemann der Mutter gilt als der *Vater* des Kindes, wenn er ihr innerhalb der Empfängniszeit, d. h. vom 181. bis 302. Tage vor der Geburt (unter Einschluß dieser Tage), beigewohnt hat, § 1720 I. Die Vermutung kann nur entkräftet werden durch den Nachweis offenbarer Unmöglichkeit, daß die Mutter das Kind aus dieser Beiwohnung empfangen habe, nicht aber durch den Nachweis mehrerer Beischläfer (exceptio plurium).

b) *Beiwohnungsvermutung.* Die Beiwohnung innerhalb der Empfängniszeit wird vermutet, wenn der Ehemann seine Vaterschaft nach der Geburt des Kindes in einer öffentlichen Urkunde *anerkannt* hat, § 1720 II.

Andernfalls muß der Nachweis mit den gewöhnlichen Beweismitteln von dem erbracht werden, der die Beiwohnung behauptet.

Beiwohnungs- und Vaterschaftsvermutung sind *widerlegbar.* Diese Widerlegbarkeit wird aber *eingeschränkt,* wenn das Vormundschaftsgericht rechtskräftig festgestellt hat, daß das uneheliche Kind durch die Eheschließung seiner Eltern *ehelich* geworden ist. In diesem Fall gelten nämlich die §§ 1593ff., d. h. die Ehelichkeit des Kindes kann dann nur durch eine *Anfechtungsklage* wieder beseitigt werden, § 1721 S. 1.

Das Vormundschaftsgericht hat diese Feststellung nach der Prüfung der Voraussetzungen *von Amts wegen* zu treffen. Sein Beschluß wird mit der formellen Rechtskraft wirksam, § 31 I, III PStG, und ist danach *nicht mehr* (wegen Fehlens der Voraussetzungen der Legitimation) *aufhebbar.*

Die *Anfechtungsklage* kann vom Mann aber nur dann erhoben werden, wenn er erst *nach* der Eheschließung Kenntnis von den Umständen erlangt hat, die für die Unehelichkeit des Kindes sprechen, § 1721 S. 2. Weiß er bei der Eheschließung, daß er nicht der Vater des Kindes ist, so hat er das im *Feststellungsverfahren* geltend zu machen. Schweigt er sich in diesem Verfahren aus, so kann er die Unehelichkeit des Kindes später nicht mehr geltend machen. Sein Anfechtungsrecht erlischt ferner, wenn seit der Eheschließung zehn Jahre verstrichen sind, §§ 1721 S. 3, 1954 IV.

3. Ob die *Ehe* der Eltern *gültig* oder *nichtig* ist, spielt für die Legitimation des Kindes *keine Rolle*; nur muß der Ehemann der *wirkliche Vater* des Kindes sein, § 1719, 2. Hs.

4. *Nicht notwendig* ist die *Zustimmung* des *Kindes* oder der *Eltern*. Die Legitimation ist *kein Rechtsgeschäft*, sondern ein Rechtsereignis, das ganz ohne Rücksicht auf den Willen der Beteiligten als eine gesetzliche Nebenfolge des Eheschlusses eintritt.

III. Wirkungen

1. Vom Eheschluß an erwirbt das uneheliche Kind (ohne Rückwirkung) in *jeder* Hinsicht die *Rechtsstellung* eines *ehelichen*. Es tritt also in die Familie des Vaters ein, erhält dessen Namen und Staatsangehörigkeit. Wenn es minderjährig ist, erlangen der Vater und die Mutter die elterliche Gewalt. Wenn der Mutter die elterliche Gewalt bereits nach § 1707 II übertragen worden war, muß sie sie von der Eheschließung an mit dem Vater teilen.

Die *Vormundschaft* über das Kind hört mit dem Eheschluß nicht von selbst auf, sondern erst dann, wenn die Vaterschaft des Ehemannes durch ein zwischen ihm und dem Mündel ergangenes Urteil rechtskräftig festgestellt ist oder die Aufhebung der Vormundschaft vom Vormundschaftsgericht angeordnet wird, § 1883 I. Dadurch soll verhütet werden, daß das Kind ohne Schutz dasteht, falls der Vater seine Vaterschaft bestreitet. Die sonderbare Folge ist freilich, daß das Kind *mehrere Vertreter* hat; bei Widerstreit ihrer Handlungen wird man der *früher* vorgenommenen den Vorzug geben müssen. Allerdings ist das Vormundschaftsgericht verpflichtet, die Aufhebung der Vormundschaft anzuordnen, wenn es rechtskräftig festgestellt hat, daß der Mündel durch die Eheschließung seiner Eltern ehelich geworden ist, § 1883 II.

2. Die Wirkungen treten auch hinsichtlich der *Abkömmlinge* des Kindes ein, selbst wenn dieses vor dem Eheschluß gestorben war, § 1722.

II. Kapitel

Legitimation durch Ehelichkeitserklärung

Schrifttum: Göppinger, Die Voraussetzungen der Ehelichkeitserklärung gemäß § 1734 BGB i. d. F. des FamRÄndG v. 11. 8. 1961, FamRZ 1963, 272.

I. Allgemeines

Neben der Legitimation durch nachfolgende Ehe hat schon das römische Recht eine Legitimation durch kaiserliches Reskript — legitimatio per rescriptum principis — ausgebildet, die in Deutschland als Recht des Kaisers und der Landesherren ausgeübt wurde. Auch das BGB kennt eine *Ehelichkeitserklärung* des unehelichen Kindes durch *Verfügung der Staatsgewalt,* § 1723.

Diese Form der Legitimation ist vornehmlich als *Ersatzmittel* für die Legitimation durch nachfolgende Ehe gedacht, wenn diese wegen Todes oder Geisteskrankheit der Mutter unmöglich ist oder dem Vater aus anderen Gründen, z. B. wegen liederlichen Lebenswandels der Mutter, nicht zugemutet werden kann. Die Ehelichkeitserklärung ist indessen auf solche Fälle nicht beschränkt, sondern *ganz allgemein* zugelassen, um die natürliche Verwandtschaft möglichst zu einer ehelichen erheben zu können. Sie ist dagegen kein Mittel, um eine *künstliche* Verwandtschaft zu schaffen. Ihre Grundlage ist die *Erzeugerschaft.* Ein künstliches Verwandtschaftsverhältnis zu bis dahin fremden Wahleltern kann nur durch Adoption begründet werden.

Die Ehelichkeitserklärung erzeugt nicht die vollen Wirkungen der ehelichen Kindschaft, sondern nur ein *unvollkommenes Verwandtschaftsverhältnis* des Kindes und seiner Abkömmlinge zum *Erzeuger, nicht* aber zu *dessen Verwandten,* § 1737 I.

II. Voraussetzungen der Ehelichkeitserklärung sind:

1. *Unehelichkeit des Kindes,* § 1723.

Anders als bei der Legitimation durch nachfolgende Eheschließung können *adoptierte* Kinder nicht mehr für ehelich erklärt werden; vgl. *Gernhuber,* § 61 II 5, str.

2. Ein gerichtlich oder notariell beurkundeter *Antrag* des *unehelichen Vaters* an das Vormundschaftsgericht, der die *Anerkennung* des Kindes enthalten muß, §§ 1723, 1725, 1730.

Der Antragsteller muß der *Vater* des Kindes sein. Das Gericht hat darüber Ermittlungen anzustellen. Entspricht die Anerkennung nicht der Wahrheit, so ist die Ehelichkeitserklärung zu versagen. Die Wirksamkeit der erfolgten Ehelichkeitserklärung wird freilich durch den Mangel der Vaterschaft nicht berührt, § 1735.

Der Antrag ist *höchstpersönlich*, kann also nicht durch einen Vertreter erfolgen; der geschäftsbeschränkte Vater bedarf der Zustimmung seines gesetzlichen Vertreters und der Genehmigung des Vormundschaftsgerichts, §§ 1728 I, 1729 I. Bis zum Wirksamwerden der Ehelichkeitserklärung (§ 56a FGG) kann der Antrag zurückgenommen oder nach den Vorschriften des allgemeinen Teils (§§ 119ff.) angefochten werden.

3. Die *gerichtlich oder notariell beurkundete Einwilligung gewisser Personen* in die Ehelichkeitserklärung, §§ 1726 I, 1730.

Die Einwilligungen sind gegenüber dem Vater oder dem Vormundschaftsgericht zu erklären; sie sind unwiderruflich, § 1726 II, aber nach den §§ 119ff. anfechtbar und grundsätzlich höchstpersönlich, § 1728.

a) *Immer* ist *notwendig* die *Einwilligung* des *Kindes*, weil durch die Ehelichkeitserklärung seine Rechtsstellung sehr stark berührt wird.

Bei geschäftsunfähigen oder noch nicht 14 Jahre alten Kindern kann der *gesetzliche Vertreter* die Einwilligung mit Genehmigung des Vormundschaftsgerichts erteilen, § 1728 II. Ist das Kind in der Geschäftsfähigkeit beschränkt, bedarf es der Zustimmung des gesetzlichen Vertreters und der Genehmigung des Vormundschaftsgerichts, § 1729 II. Vor der Entscheidung über die Genehmigung ist in beiden Fällen das Jugendamt zu hören, § 48 I 2 JWG.

b) Die *Einwilligung* der *Mutter* des Kindes ist erforderlich, wenn das Kind noch nicht das 21. Lebensjahr vollendet hat, § 1726 I 1.

Die bisherige Rechtsstellung der Mutter (Personensorge, elterliche Gewalt) wird durch den Übergang der elterlichen Gewalt auf den Vater und dessen Erbrecht beeinträchtigt.

c) Ist der Vater *verheiratet*, so bedarf er auch der *Einwilligung seiner Frau*, § 1726 I 2.

Wenn diese auch nicht mit dem Kinde verschwägert wird, so wird sie doch tatsächlich und rechtlich erheblich durch die Legitimation betroffen; man denke an das konkurrierende Erbrecht des Kindes.

Zu b) und c):

Auch diese Einwilligungen können *nicht* durch einen *Vertreter* erfolgen; die geschäftsbeschränkte Mutter oder Ehefrau bedarf aber nicht der Zustimmung des gesetzlichen Vertreters, § 1729 III. Beider Einwilligung ist nicht erforderlich, falls sie zur Abgabe einer Erklärung dauernd außerstande sind oder ihr Aufenthalt dauernd unbekannt ist, § 1726 III. Die Einwilligung der *Frau* des *Vaters* ist *unersetzbar*; vgl. OLG Hamm, NJW 1965, 1281. Die verweigerte Einwilligung der *Mutter* kann auf Antrag des Kindes durch das Vormundschaftsgericht *ersetzt* werden, wenn das Unterbleiben der Ehelichkeitserklärung dem Kinde zu unverhältnismäßigem Nachteil gereichen würde, § 1727; vorher ist das Jugendamt zu hören, § 48 I 2 JWG.

Diese Regelung ist in zweifacher Hinsicht *bedenklich*. Sie gestattet es, der Mutter gegen ihren Willen das Kind wegzunehmen, gleichgültig, ob die Voraussetzungen des Art. 6 III GG (Versagen der Erziehungsberechtigten, Gefahr der Verwahrlosung) vorliegen oder nicht. War der Mutter die elterliche Gewalt übertragen, so ist es sehr zweifelhaft, ob ihr gegen ihren Willen die Gewalt wieder entzogen werden kann, es sei denn unter den Voraussetzungen des § 1666. Vielfach wird darum — mit gutem Grund — die Verfassungsmäßigkeit des § 1727 angezweifelt. In jedem Fall wird man von den Vormundschaftsgerichten *äußerste Zurückhaltung* bei der Ersetzung der Einwilligung fordern müssen; vgl. dazu *Staudinger-Göppinger*, Vorbem. 31 vor § 1666 und *Dölle*, § 111 II 4.

4. *Leben* des *Kindes* und *grundsätzlich* auch des *Vaters* zur Zeit der Ehelichkeitserklärung, § 1733.

Nach dem Tode des Kindes ist die Ehelichkeitserklärung schlechthin ausgeschlossen, § 1733 I. Nach dem Tode des Vaters ist sie nur zulässig, wenn er den Antrag beim Vormundschaftsgericht eingereicht oder bei oder nach seiner Beurkundung die Urkundsbehörde (Gericht oder Notar) mit der Einreichung betraut hat, § 1733 II.

III. Die Ehelichkeitserklärung erfolgt durch Beschluß des Vormundschaftsgerichts

1. Die Ehelichkeitserklärung kann *nicht* unter einer *Bedingung* oder *Befristung* erfolgen, § 1724.

2. Sie *soll* nur erfolgen, wenn sie dem *Wohle des Kindes* entspricht und keine triftigen Gründe entgegenstehen, § 1734. In diesem Fall *muß* sie aber auch erfolgen, d. h. auf ihre Vornahme besteht ein echter *Anspruch*. Sie ist *nicht mehr* — wie früher — eine *Gnadensache*.

3. Sie wird *wirksam*, wenn sie dem Vater *bekanntgemacht* wird. Sie ist unanfechtbar. Das Gericht darf sie nicht zurücknehmen, § 56a FGG. Auf ihre Wirksamkeit ist es auch ohne Einfluß, wenn mit Unrecht angenommen worden ist, daß ihre gesetzlichen Voraussetzungen vorliegen, § 1735.

4. Ist der *Mann* nicht der *Vater* des Kindes, so kann er die Ehelichkeit nach den allgemeinen Regeln *anfechten*, allerdings nur dann, wenn er erst *nach* der Ehelichkeitserklärung von den Umständen erfahren hat, die für die Unehelichkeit des Kindes sprechen, § 1735a I. Das *Kind* kann seine Ehelichkeit binnen zwei Jahren anfechten, nachdem es Kenntnis von den Umständen erlangt hat, die dafür sprechen, daß es nicht von

dem Mann abstammt. Liegen die Voraussetzungen des § 1596 I Nr. 4 oder 5 vor, so ist die Anfechtung auch nach Ablauf der Zweijahresfrist zulässig, § 1735a II.

IV. Die Wirkungen der Ehelichkeitserklärung

Durch die Ehelichkeitserklärung erlangt das Kind ex nunc die rechtliche Stellung eines ehelichen Kindes des Antragstellers, § 1736.

Da die Eltern des Kindes aber nicht miteinander verheiratet sind, ist es ausgeschlossen, das Kind völlig wie ein eheliches zu behandeln. Die Wirkungen der Ehelichkeitserklärung treten in der Hauptsache *nur* ein im Verhältnis des *Kindes und seiner Abkömmlinge* zum *Vater*, der den Antrag gestellt hat.

1. Im Verhältnis zum *Vater* erlangt das Kind die Rechtsstellung eines ehelichen Kindes. Es erhält den Familiennamen des Vaters und seinen Wohnsitz, § 11 BGB, tritt bei Minderjährigkeit unter seine elterliche Gewalt, während die bisher über es geführte Vormundschaft erlischt. Zwischen Vater und Kind entsteht eine gegenseitige Unterhaltspflicht wie bei ehelichen Verwandten nach den §§ 1601 ff., ein gegenseitiges Erb- und Pflichtteilsrecht usw.

Diese Wirkungen *erstrecken* sich auch auf die *Abkömmlinge* des Kindes, *nicht* aber auf die *Verwandten* des *Vaters, nicht* auf seine *Ehefrau, nicht* auf den *Ehegatten* des Kindes, § 1737 I. Die Frau des Vaters wird also nicht mit dem Kinde verschwägert, ebensowenig der Vater mit dem Ehegatten des *Kindes*. Dieses tritt eben nicht in die Familie des Vaters ein, sondern wird nur samt seinen Abkömmlingen zum Vater in die persönliche Beziehung eines ehelichen Kindes gesetzt.

Da durch die Ehelichkeitserklärung das Kind einem aus einer ehelichen Verbindung stammenden Kinde gleichgestellt wird, wird der Vater, der sich verheiraten will, während er die elterliche Gewalt über das Kind hat, zur Inventarisierung und Auseinandersetzung verpflichtet — gerade wie ein Vater, der sich *wieder*verheiratet, § 1740 in Verb. mit §§ 1683, 1684, 1696.

2. Das Verhältnis des Kindes zu seiner *Mutter* und zur *mütterlichen Familie* bleibt grundsätzlich *unberührt*, § 1737 II, erleidet aber gewisse Abschwächungen.

a) Die Mutter verliert das Recht der *Personensorge* und, wenn ihr die *elterliche Gewalt* übertragen war, auch diese, § 1738 S. 1. Dagegen behält sie — nach allerdings bestrittener Auffassung — das Recht zum *persönlichen Verkehr* (§ 1634).

b) Die *Unterhaltspflicht* der Mutter und der mütterlichen Verwandten tritt hinter die des Vaters zurück, § 1739.

Wird freilich ihre Unterhaltspflicht praktisch, so erhält sie Recht und Pflicht der Personensorge zurück, wenn die elterliche Gewalt des Vaters endigt oder wegen Geschäftsunfähigkeit des Vaters oder nach § 1674 ruht, § 1738 S. 2. Nur die *Personensorge* erhält sie auch dann zurück, wenn ihr vor der Ehelichkeitserklärung die *elterliche Gewalt* gemäß § 1707 II übertragen worden war; vgl. *Gernhuber*, § 61 II 16; str. Einem neuen Verfahren nach § 1707 II steht allerdings nichts im Wege.

§ 33

III. Kapitel

Annahme an Kindes Statt — Adoption

Schrifttum: Becker, Neugestaltung des Adoptionsrechts, NJW 1950, 90; *Klein*, Zur Neuordnung des Adoptionsrechts, FamRZ 1954, 66; *Zur Nieden*, Mängel des Adoptionsrechts, FamRZ 1956, 68; *Glässing*, Voraussetzungen der Adoption, 1957; *Schnitzerling*, Die Adoption, 1960; *Maßfeller*, Das Familienrechtsänderungsgesetz, StAZ 1961, 273; *Schwarzhaupt*, Das Familienrechtsänderungsgesetz von 1961, FamRZ 1961, 329; *Knur*, Die Reform des Adoptionsrechts, DNotZ 1962, 571; *Zur Nieden*, Adoption und Adoptionsvermittlung, 3. Aufl. 1963; *Bosch*, Zur Volljährigenadoption, FamRZ 1964, 401.

I. Begriff — Allgemeines

Die Annahme an Kindes Statt ist die *künstliche* Schaffung eines *ehelichen* Kindesverhältnisses durch *Vertrag ohne Rücksicht auf physiologische Abstammung*. Als künstliches, durch Vertrag geschaffenes Kindesverhältnis kann es auch wieder durch Vertrag und aus wichtigen Gründen auch durch gerichtliche Entscheidung aufgehoben werden, §§ 1768, 1770a, 1770b.

Die Annahme an Kindes Statt ist *nicht schlechthin freigegeben*, sondern an *bestimmte Voraussetzungen* geknüpft. Diese Voraussetzungen wiederum hängen eng zusammen mit dem *Zweck* der Adoption. Ändert sich der Zweck, so müssen sich auch die Voraussetzungen ändern. Ursprünglich verband der Gesetzgeber mit der Adoption nur eine Vorstellung: sie sollte dem Annehmenden *Ersatz* für *fehlende eheliche Abkömmlinge* bieten und so die Fortsetzung der Familie ermöglichen. Die Konsequenz: der Annehmende durfte keine ehelichen Abkömmlinge haben und mußte älter als 50 Jahre sein, § 1744 a. F. Heute sieht der Gesetzgeber in der Adoption mehr und mehr eine *Fürsorgemaßnahme für das Kind*, dem in einer Familie die Grundlage für eine gedeihliche Entwicklung gegeben werden soll; vgl. *Maßfeller*, StAZ 1961, 275; *Schwarzhaupt*, FamRZ 1961, 331. Die *soziale Bedeutung* der Adoption steht im Vordergrund. Dieser Auffassungswandel führte zu einer Milderung der ursprünglichen strengen Voraussetzungen der Adoption. Den Wunsch, Kinder zu adoptieren, haben vor allem jüngere Ehepaare. Adoptiert werden fast nur noch *Klein-* und *Kleinstkinder*. Diese Kinder sind bei jüngeren Ehepaaren auch am besten aufgehoben. Aus diesen Gründen hat das FamRÄndG das Alterserfordernis von 50 Jahren beseitigt und noch andere Erleichterungen geschaffen.

Ob die gesetzlichen Voraussetzungen einer Adoption vorliegen, wird in einem besonderen Verfahren, dem *Bestätigungsverfahren*, geprüft.

Die Annahme an Kindes Statt ist im BGB durchaus als *einheitliche* Einrichtung ausgestaltet. Es werden nicht mehr verschiedene Formen der Annahme wie im römischen Recht unterschieden.

Das römische Recht unterschied zwischen *arrogatio* und *adoptio*. Jene war die Begründung der väterlichen Gewalt über einen bis dahin Gewaltfreien unter Zustimmung der Volksgemeinde, später eines kaiserlichen Reskripts, also eines Aktes der Staatsgewalt; diese war die vertragliche Hingabe eines Gewaltunterworfenen durch den Gewalthaber aus seiner Gewalt in die des Adoptierenden. Von adoptio *plena* sprach man, wenn volle väterliche Gewalt des Adoptivvaters begründet wurde; bei der adoptio *minus plena* entstand nur ein Kindesverhältnis zwischen dem Adoptivvater und dem Angenommenen. Frauen wurde erst in der Kaiserzeit die Adoption auf Grund kaiserlichen Reskripts gestattet, wenn sie eigene Kinder gehabt und verloren hatten.

Das germanische Recht hat eine ähnliche Einrichtung zu anderen Zwecken ausgebildet, die *Affatomie*, *Einkindschaft*, zwecks Herstellung eines Erbenverhältnisses. Erst die Rezeption brachte die Einbürgerung der Adoption in Deutschland.

Die *Hauptschwierigkeit* für die *gesetzliche Regelung* der Annahme an Kindes Statt liegt in dem *Interessengegensatz* begründet zwischen den *natürlichen* Verwandten, mit denen das Kind durch die Bande des Bluts verknüpft ist, und den *neuen* Verwandten, die durch Vertrag an deren Stelle treten sollen.

Das BGB hat sich weder zu einer radikalen Loslösung des Kindes aus seiner natürlichen Familie entschlossen, wie sie der altrömischen arrogatio und adoptio plena eigen war, noch hat es den Schwerpunkt der Beziehungen in der natürlichen Familie belassen, sondern es hat einen Mittelweg eingeschlagen und versucht, die Interessen aller Beteiligten nach Möglichkeit auszugleichen.

Es erkennt die *Doppelstellung* des angenommenen Kindes an. Auf der einen Seite *beläßt* es ihm grundsätzlich Rechte und Pflichten aus der *Zugehörigkeit* zu seiner *natürlichen* Familie und nimmt den leiblichen Eltern nur die elterliche Gewalt, §§ 1764, 1765 I; auf der anderen Seite *gliedert* es das Kind *nicht völlig* in die *Familie* des *Annehmenden* ein, sondern *beschränkt* die Wirkung der Annahme auf den *Annehmenden*, dem es in der Hauptsache nur die Erziehungsrechte zuspricht, aber ein Erbrecht gegenüber dem Kinde versagt, §§ 1757, 1759. Die Halbheiten, die dadurch entstehen, sind gleichwohl einer radikalen Lösung vorzuziehen.

II. Voraussetzungen

1. *Voraussetzungen auf Seiten des Annehmenden.*

a) Der *Annehmende* darf zur Zeit des Vertragsschlusses *keine ehelichen Abkömmlinge* haben, § 1741 S. 1. Durch diesen Grundsatz sollen die ehelichen Kinder vor Benachteiligungen geschützt werden.
Ursprünglich war diese Vorschrift *zwingend*. Sie ist es heute *nicht mehr*. Auf Antrag des Annehmenden kann das zuständige Gericht (das Amtsgericht am Wohnsitz des Annehmenden, § 65 FGG) von dem Erfordernis der Kinderlosigkeit *Befreiung* erteilen, § 1745. Die Befreiung soll allerdings nur erteilt werden, wenn der Adoption keine überwiegenden Interessen der ehelichen Abkömmlinge des Annehmenden entgegenstehen und wenn keine Gefährdung der Interessen des Anzunehmenden durch das Vorhandensein ehelicher Abkömmlinge zu befürchten ist. Vermögensrechtliche Interessen der Beteiligten sollen jedoch keine ausschlaggebende Rolle spielen, § 1745a I. Die ehelichen Abkömmlinge sind zu hören, und auch das Jugendamt soll gehört werden, § 68a FGG. *Ehegatten*, die *gemeinschaftliche* Abkömmlinge haben und in häuslicher Gemeinschaft leben, soll Befreiung nur erteilt werden, wenn sie *gemeinschaftlich* ein Kind annehmen wollen, § 1745a II.

Zu den ehelichen Kindern i. S. dieser Vorschrift rechnen auch die Kinder aus *nichtigen* Ehen und *legitimierte* Kinder, *nicht* aber *angenommene* Kinder, § 1743. Das Vorhandensein eines *unehelichen* Kindes hindert die Adoption eines *anderen* Kindes durch den *Vater* nicht, wohl aber durch die *Mutter*, da deren uneheliches Kind nach § 1705 im Verhältnis zu ihr die Stellung eines ehelichen hat. Die *Adoption eines unehelichen Kindes* steht Vater und Mutter gleichmäßig frei, der Mutter allerdings wohl nur dann, wenn ihr nicht gemäß § 1707 II die elterliche Gewalt übertragen worden ist, str.; vgl. *Dölle*, § 112 II 1a.

b) Der Annehmende muß das *35. Lebensjahr vollendet* haben und *unbeschränkt geschäftsfähig* sein, § 1744 S. 1 u. 2.
Von dem *Alterserfordernis* kann *Befreiung* erteilt werden; § 1745. Zuständig ist wiederum das Amtsgericht am Wohnsitz des Annehmenden, § 66 FGG. Die Befreiung soll insbesondere dann erteilt werden, wenn der Annehmende das leibliche Kind seines Ehegatten adoptieren will, § 1745b. In erster Linie entscheidet das Wohl des anzunehmenden Kindes.

c) Die Annahme des *Mündels* durch den im Amt befindlichen *Vormund* ist *ausgeschlossen*. Zu der Annahme eines Mündels durch den früheren Vormund oder Pfleger soll das Vormundschaftsgericht die Genehmigung nicht vor abgelegter Rechnungslegung erteilen, § 1752.

2. *Voraussetzungen auf Seiten des Anzunehmenden.*

a) Adoptiert werden können *grundsätzlich nur Minderjährige*, § 1744 S. 3.

Das frühere Recht ließ die Adoption *Volljähriger* ebenso zu wie die Adoption Minderjähriger. Es mußte lediglich der Annehmende 18 Jahre älter sein als der Anzunehmende. Die grundsätzliche Beschränkung der Adoption auf Minderjährige, die das FamRÄndG gebracht hat, beruht auf dem oben bereits erwähnten Sinnwandel der Adoption, die heute vor allen Dingen sorgebedürftigen Kindern das Aufwachsen in einer Familie ermöglichen soll. Die *Adoption Volljähriger* ist aber *nicht gänzlich ausgeschlossen.* Das Amtsgericht soll von dem Erfordernis der Minderjährigkeit Befreiung erteilen, wenn es die Herstellung eines Annahmeverhältnisses für *sittlich gerechtfertigt* hält, § 1745c; vgl. dazu *Bosch,* FamRZ 1964, 401.

b) Ein *schon adoptiertes* Kind kann grundsätzlich nicht noch von einem *anderen* adoptiert werden. Von diesem Grundsatz gibt es jedoch eine wichtige *Ausnahme*: *Ehegatten* können ein Kind als *gemeinschaftliches* Kind annehmen, § 1749 I. Diese Adoption kann gleichzeitig geschehen, braucht es aber nicht. Auch später noch kann der eine Gatte das vom anderen schon adoptierte Kind auch seinerseits annehmen, § 1749 II.

III. Der Annahmevertrag

1. Die *Annahme erfolgt* durch *Vertrag* des Annehmenden mit dem Kinde, der unbedingt und unbefristet bei gleichzeitiger Anwesenheit beider Teile *vor Gericht oder vor einem Notar* geschlossen werden muß, §§ 1742, 1750. Für ein Kind, das geschäftsunfähig oder noch nicht 14 Jahre alt ist, kann der Vertrag nur von seinem *gesetzlichen Vertreter* geschlossen werden, der dazu der Genehmigung des Vormundschaftsgerichts bedarf, § 1751 I. Ein Kind, welches das 14. Lebensjahr vollendet hat, kann den Vertrag nur *selbst* schließen. Es bedarf dazu, sofern es nicht unbeschränkt geschäftsfähig ist, außer der Zustimmung seines gesetzlichen Vertreters der Genehmigung des Vormundschaftsgerichts, § 1751 II.
Das Vormundschaftsgericht hat zu prüfen, ob die Adoption den *Interessen* und dem *Wohl* des *Kindes* entspricht. Vor seiner Entscheidung hat es das Jugendamt zu hören, § 48 I 2 JWG.
Der Annehmende muß bei dem Vertragsabschluß nicht *persönlich* anwesend sein. Er kann den Vertrag auch durch einen *Bevollmächtigten* schließen. Das gleiche gilt für das Kind, wenn es unbeschränkt geschäftsfähig ist, und für den gesetzlichen Vertreter des Kindes, § 1751 a I. Der Bevollmächtigte bedarf einer — gerichtlich oder notariell beurkundeten — Vollmacht, die auf den Abschluß eines Annahmevertrages zwischen bestimmten Personen gerichtet ist, § 1751 a II.

2. Der Annahmevertrag bedarf der gerichtlich oder notariell beurkundeten *Einwilligungserklärung* gewisser durch die Annahme betroffener Personen, und zwar:

a) zunächst der *leiblichen Eltern*, bei einem unehelichen Kinde der *Mutter* des *Kindes*, wenn dieses das 21. Lebensjahr noch nicht vollendet hat, § 1747 I 1; die Einwilligung kann erst erteilt werden, wenn das Kind drei Monate alt ist, § 1747 II.
b) sodann der *Ehegatten* des *Annehmenden* und des *Kindes*, § 1746 I.

Die Einwilligung ist nicht erforderlich, wenn die Eltern oder der Gatte zur Abgabe einer Erklärung dauernd außerstande sind oder ihr Aufenthalt dauernd unbekannt ist, §§ 1746 II, 1747 I 2.
Sie ist dem Annehmenden oder dem Kinde oder dem für die Bestätigung des Annahmevertrages zuständigen Gericht gegenüber abzugeben. Sie ist unwiderruflich und kann nicht durch einen Vertreter erteilt werden; Geschäftsbeschränkte bedürfen nicht der Zustimmung des gesetzlichen Vertreters, § 1748.

Die Einwilligung der Eltern muß sich auf einen *bestimmten Annahmevertrag* beziehen; eine *Blanko-Einwilligung* ist unwirksam; vgl. KG FamRZ 1960, 244. Dagegen braucht die *Person* des Annehmenden den Eltern oder der unehelichen Mutter nicht bekannt zu sein; man spricht hier von einer *Inkognito-Adoption*; vgl. BGH FamRZ 1960, 229.
Auf *Antrag* des *Kindes* kann die *Einwilligung* eines *Elternteils* durch das *Vormundschaftsgericht ersetzt* werden, wenn dieser Elternteil seine Pflichten gegenüber dem Kind dauernd gröblich verletzt oder die elterliche Gewalt verwirkt hat und wenn er die Einwilligung böswillig verweigert und das Unterbleiben der Annahme an Kindes Statt dem Kind zu unverhältnismäßigem Nachteil gereichen würde, § 1747 III.

Diese Vorschrift besagt in ihrem *praktischen Ergebnis*, daß einem *Elternteil gegen* seinen *Willen* die elterliche Gewalt der *Substanz* nach entzogen werden kann. Die elterliche Gewalt ist aber — als Grundrecht — nicht der Substanz nach entziehbar (s. o. § 23 II). Aus diesem Grunde bestehen an der Verfassungsmäßigkeit des § 1747 III erhebliche Zweifel; vgl. OLG Stuttgart, FamRZ 1964, 51; *Staudinger-Göppinger*, Vorbem. 31 vor § 1666. Andererseits läßt sich argumentieren, daß Eltern, die aus vollkommen sachfremden Motiven (der geforderte „Preis" für das Kind wird verweigert), böswillig, d. h. aus einer verwerflichen, feindseligen Gesinnung heraus, die Einwilligung verweigern, den Schutz des Grundgesetzes nicht verdienen. Die wohl h. M. hält darum § 1747 III für mit der *Verfassung vereinbar*; vgl. *Dölle*, § 112 III 2d; *Gernhuber*, § 62 V 7. Bei der Auslegung der Vorschrift ist jedoch Art. 6 III GG zu berücksichtigen. Die Trennung des Kindes von einem Elternteil setzt ein Versagen des Elternteils voraus, d. h. eine mindestens objektive Gefährdung des Kindeswohles oder einen objektiven Mißbrauch des elterlichen Erziehungsrechts; vgl. KG FamRZ 1966, 266.

Die Einwilligung der leiblichen Eltern ist nicht notwendig, wenn das Kind bei Lebzeiten des Annehmenden von dessen *Ehegatten* an Kindes Statt angenommen wird, § 1749 II 2.

3. Der Annahmevertrag bedarf der *Bestätigung* durch das zuständige Gericht, § 1741 S. 2. Erst damit tritt er in Kraft. Die Beteiligten sind aber schon vor der Bestätigung gebunden, § 1754 I.

Zuständig ist das *Amtsgericht*, in dessen Bezirk der Annehmende zur Zeit der Einreichung des Antrags (oder der Betrauung der Urkundsbehörde mit der Einreichung) seinen Wohnsitz bzw. Aufenthalt gehabt hat, §§ 65, 66 FGG, *nicht* das *Vormundschaftsgericht*. Den Antrag auf Bestätigung kann jeder Vertragschließende stellen; Vertretung, z. B. durch den Notar, ist zulässig.

Die *Bestätigung* ist *keine Gnadensache*; das Gericht hat hier auch nicht mehr zu prüfen, ob die Adoption den Interessen des Kindes entspricht. Es darf vielmehr die Bestätigung nur aus *ganz bestimmten Gründen versagen*: einmal, wenn ein gesetzliches Erfordernis der Annahme fehlt, und zum anderen, wenn begründete Zweifel daran bestehen, daß ein dem Eltern- und Kindesverhältnis entsprechendes Familienband hergestellt werden soll (man denke an eine Adoption nur zur Erlangung eines adligen Namens oder zwecks Ersparnis von Erbschaftssteuer), § 1754 II. In den letztgenannten Fällen wird der Annahmevertrag häufig schon nach allgemeinen Gesichtspunkten nichtig sein; s. u. V 1.

Gegen die Versagung der Bestätigung steht jedem Vertragschließenden die *sofortige Beschwerde* zu, § 68 FGG. Wird die Bestätigung endgültig versagt, so verliert der Vertrag seine Kraft, § 1754 II 2.

Die *Bestätigung* wird *wirksam*, wenn der Bestätigungs*beschluß* dem *Annehmenden bekannt*gemacht worden ist, § 67 FGG. Nach dem Tode des Kindes kann die Bestätigung nicht mehr erfolgen, § 1753 I, nach dem Tode des Annehmenden nur, wenn er oder das Kind den Antrag auf Bestätigung bereits eingereicht oder nach Beurkundung des Vertrags die Urkundsperson mit der Einreichung betraut hat, § 1753 II.
Die Bestätigung hat *keine rückwirkende Kraft*.

Davon macht § 1753 III eine Ausnahme: Die nach dem Tode des Annehmenden erfolgte Bestätigung wirkt, wie wenn sie vor dem Tode erfolgt wäre, begründet also z. B. ein Erbrecht des Kindes.

Das *Fehlen* einer *gesetzlichen Voraussetzung* der Annahme bewirkt die *Nichtigkeit* der *Annahme* trotz der gerichtlichen Bestätigung. Diese heilt nach herrschender Ansicht die Mängel des Vertragsschlusses nicht.

Davon macht § 1756 nur folgende *Ausnahmen*: Die bestätigte Adoption ist wirksam, auch wenn die Einwilligung der Eltern entgegen § 1747 II erteilt worden ist, ehe das Kind drei Monate alt war. Außerdem heilt die rechtskräftige Bestätigung etwaige *Formmängel*. Auf die Wirksamkeit der Annahme ist es ferner ohne Einfluß, wenn bei der Bestätigung mit Unrecht angenommen worden ist, daß die in den §§ 1746/47 vorgeschriebene Einwilligung der Eltern oder des Ehegatten nicht erforderlich sei, weil eine dieser Personen zur Abgabe einer Erklärung dauernd außerstande oder ihr Aufenthalt dauernd unbekannt sei.

IV. Die Wirkungen der Annahme an Kindes Statt

1. Im *Verhältnis* zum *Annehmenden* erlangt das Kind die *rechtliche* Stellung eines *ehelichen* Kindes des *Annehmenden*, § 1757 I, nicht auch im Ver-

hältnis zu dessen Ehegatten, es sei denn, daß es auch von diesem angenommen wird oder sein leibliches Kind ist; in diesem Falle erwirbt es die rechtliche Stellung eines *gemeinschaftlichen* ehelichen Kindes der Gatten, § 1757 II.

Die *uneheliche Mutter*, deren Kind von ihrem Ehemann adoptiert wird, erlangt damit die *elterliche Gewalt*, h. M.; vgl. *Dölle*, § 114 I 1, str.

Die Wirkungen der Annahme *erstrecken* sich *nicht* auf die *Verwandten* des *Annehmenden*. Es entsteht keine Schwägerschaft zwischen dem Ehegatten des Annehmenden und dem Kinde, auch nicht zwischen dem Annehmenden und dem Ehegatten des Kindes, § 1763.

Dagegen *erstrecken* sich die Wirkungen der Annahme auf die *Abkömmlinge* des *Kindes*, § 1762 S. 1. Diese erlangen also die rechtliche Stellung der Kinder eines ehelichen Kindes des Annehmenden usw. Diese Erstreckung erfolgt jedoch auf *zur Zeit des Vertragsschlusses schon vorhandene* Abkömmlinge und deren später geborene Abkömmlinge nur dann, wenn der Annahmevertrag auch mit den vorhandenen Abkömmlingen geschlossen wird, § 1762 S. 2.

Insoweit ist also auch eine Annahme an Enkels oder Urenkels Statt denkbar. Es wird zudem anerkannt, daß ein solcher Vertrag mit den zur Zeit des Annahmevertrags schon vorhandenen Abkömmlingen des angenommenen Kindes auch noch nachträglich abgeschlossen werden kann; vgl. OLG 40, 92ff.

Die *einzelnen* Wirkungen des Annahmevertrages im Verhältnis zum Annehmenden sind folgende:

a) Das *Kind* wird mit dem *Annehmenden verwandt*, es entsteht also eine gegenseitige *Unterhaltspflicht* wie zwischen Eltern und ehelichen Kindern nach §§ 1601ff.

Die Unterhaltspflicht des Annehmenden geht der der leiblichen Verwandten und des unehelichen Vaters des Kindes *vor*, § 1766 I.

Dagegen entsteht *kein gegenseitiges Erb- und Pflichtteilsrecht*. *Nur* das *Kind* erlangt Erb- und Pflichtteilsrechte gegenüber dem Annehmenden, nicht aber dieser gegenüber dem Kinde, § 1759.

Die Adoption soll für den Annehmenden kein Versorgungsgeschäft sein; doch wird dadurch nicht ausgeschlossen, daß das Kind durch *Verfügung von Todes wegen*, die — bei einer Erwachsenenadoption — als erbvertragliche mit dem Annahmevertrag in derselben Urkunde verbunden sein kann, dem Annehmenden ein Erbrecht einräumt, unbeschadet des Pflichtteilsrechtes der leiblichen Verwandten. Auf der anderen Seite gestattet § 1767, daß das Erbrecht des *Kindes* im *Annahmevertrag ausgeschlossen* wird.

b) Das Kind erhält den *Familiennamen* des *Annehmenden*, § 1758 I, darf aber dem neuen Namen seinen früheren Familiennamen hinzufügen, sofern das nicht im Annahmevertrag ausgeschlossen ist, § 1758 IV.

Wird das Kind von einer *Frau* angenommen, die infolge ihrer Verheiratung einen anderen Namen führt, so soll in dem Annahmevertrag vereinbart werden, ob das Kind den *Ehenamen* der *Frau* oder den Namen erhält, den die Frau *vor* der *Verheiratung* geführt hat. Enthält der Annahmevertrag keine Bestimmungen über den Namen des Kindes, so gilt als vereinbart, daß es den *Ehenamen* der Frau erhalten soll, § 1758 II. Wenn ein Kind von einem Ehepaar *gemeinschaftlich* angenommen wird (§ 1757 II), erhält das Kind den Familiennamen des *Mannes*, § 1758 III.

Falls das von einer Frau angenommene Kind den Ehenamen der Frau erhalten soll, ist die *Zustimmung* des *Ehemannes* oder *früheren Ehemannes* erforderlich, § 1758a I. Zweifel an der Verfassungsmäßigkeit dieser Vorschrift (vgl. z. B. *Gernhuber*, § 62 IX 4) sind durch das BVerfG (FamRZ 1966, 19) ausgeräumt worden. Es erscheint zwar mit dem Gedanken der *Gleichberechtigung* schwer vereinbar, daß die Frau dann, wenn sie den Namen, den sie rechtmäßig erworben hat und der damit ihr *eigener* Name geworden ist, an das adoptierte Kind *weitergibt*, der Zustimmung des *Mannes* bedürfen soll. Andererseits kommt man an der Tatsache nicht vorbei, daß der Name der Frau *auch* der Name des *Mannes* ist. Wichtige Gründe, die den Ehemann veranlassen, seine Zustimmung zu verweigern, können darum nicht gänzlich unberücksichtigt bleiben. Man denke an den Fall, daß der Mann die Ehelichkeit eines während der Ehe geborenen Kindes mit Erfolg angefochten hat und die Frau das Kind nach der Scheidung adoptiert.
Verweigert der Ehemann die Zustimmung oder *kann* er sie nicht erteilen, so kann gemäß § 1758a II das Vormundschaftsgericht sie *ersetzen*, wenn vom Standpunkt des Ehemannes und seiner Familie keine wichtigen Gründe entgegenstehen. Nach der ursprünglichen Fassung des § 1758a II konnte die Zustimmung nur bei *Kindern unter 18 Jahren ersetzt werden*. Diese Beschränkung ist vom BVerfG (FamRZ 1966, 19) für *nichtig* erklärt worden. Die Zustimmung des Ehemannes kann nunmehr also in *jedem* Adoptionsfall ersetzt werden. Regelmäßig wird das wesentliche Interesse, das Mutter und Kind an der Führung desselben Namens haben, das gegenteilige Interesse des Vaters oder seiner Familie überwiegen. Nur bei *ganz zwingenden Gründen* kann darum das Gericht die *Ersetzung* der Zustimmung *verweigern*.
Stimmt der Mann *nicht* zu, und wird seine Zustimmung auch nicht bis zur Bestätigung des Annahmevertrages ersetzt, so ist gemäß § 1758a III der Annahmevertrag gleichwohl gültig, und das Kind hat dann den *Mädchennamen der Mutter* zu führen. Wenn die Frau infolge Nichtigerklärung, Aufhebung oder Scheidung der Ehe ihren Mädchennamen wiedererhält, so erstreckt diese Namensänderung sich auch auf das Adoptivkind, wenn dieses das 18. Lebensjahr noch nicht vollendet hat, § 1758a V.

c) Das Kind tritt — solange es minderjährig ist — unter die *elterliche Gewalt* des *Annehmenden*. Der Annehmende erlangt also sowohl die Personensorge als auch die Vermögensverwaltung.

Der Annehmende hat eine unbedingte Inventarisierungspflicht hinsichtlich des Kindesvermögens, § 1760, und eine Auseinandersetzungspflicht, wenn er sich verheiratet, während er die elterliche Gewalt über das Kind innehat, § 1761.

d) Das Kind erhält, wenn es noch nicht volljährig ist, den *Wohnsitz* des Annehmenden, § 11 I 2, aber *nicht* dessen *Staatsangehörigkeit*.

e) Das *Recht* der *Einwilligung* des Sorgeberechtigten in die *Eheschließung* des Kindes steht an Stelle der leiblichen Eltern dem *Annehmenden* zu, § 3 II EheG.

f) Zwischen dem Annehmenden und dem Adoptivkind besteht ein *aufschiebendes Ehehindernis*, solange das Adoptionsverhältnis besteht, § 7 EheG.

2. Im *Verhältnis* zu den *leiblichen* Verwandten des Kindes werden Rechte und Pflichten aus dem *Verwandtschaftsverhältnis* grundsätzlich *nicht berührt*, § 1764. Es verbleibt also z. B. das gegenseitige *Erbrecht*. Davon macht das Gesetz folgende Ausnahmen:

a) Die leiblichen Eltern verlieren die elterliche Gewalt, die uneheliche Mutter Recht und Pflicht der Personensorge, § 1765 I.

Wiedererlangung der Personensorge ist möglich in den Fällen des § 1765 II, aber ohne das Recht der Vertretung.

Die Eltern behalten jedoch das Recht, mit dem Kind *persönlich zu verkehren*, § 1634; vgl. *Gernhuber*, § 62 IX 10; a. A. *Dölle*, § 114 IV 1; sehr str. Adoptiveltern, die diesen Verkehr nicht wollen, haben die Möglichkeit der *Inkognito-Adoption*. Außerdem dürfte hier wohl das Vormundschaftsgericht öfter als sonst von seinem Recht Gebrauch machen, den Verkehr für eine bestimmte Zeit oder dauernd auszuschließen, § 1634 II 2.

b) Die gegenseitige Unterhaltspflicht bleibt zwar bestehen, doch tritt die *Unterhaltspflicht* der *leiblichen* Verwandten und des unehelichen Vaters gegenüber dem Kinde und seinen durch die Annahme mitumfaßten Abkömmlingen *zurück hinter* die *Unterhaltspflicht* des *Annehmenden*, § 1766 I.

Die auf der Blutsverwandtschaft beruhende Unterhaltspflicht zwischen dem Kinde und seinen Abkömmlingen wird durch diese Vorschrift nicht berührt, die nur das Rangverhältnis zwischen den Wahl- und den leiblichen Eltern ordnen will. Das Kind hat also seinen Unterhalt zunächst von seinen Abkömmlingen zu beanspruchen und umgekehrt, § 1606 I.

c) Die Berufung der leiblichen Eltern zur *Vormundschaft* über das volljährige Kind fällt weg, § 1899 II.

V. Unwirksamkeit und Aufhebung des Adoptionsvertrages

Schrifttum: Machleid, Nichtigkeit und Anfechtbarkeit des Adoptionsvertrages, FamRZ 1956, 361; *Heinisch*, Beendigung und Nichtigkeit der Adoption, 1960.

1. Die *Bestätigung* ist nur eine der Voraussetzungen der Annahme und hat *nicht* die *Kraft*, etwaige *Mängel* des Annahmevertrages zu *heilen*. Für den Annahmevertrag wie für die Einwilligungserklärung gelten die allgemeinen Grundsätze über die Willenserklärungen, namentlich über die *Nichtigkeit* und *Anfechtbarkeit*, also auch über die Möglichkeit, eine anfechtbare Erklärung zu bestätigen.

Bei *Simulation* und *Sittenverstoß* ist der Annahmevertrag nichtig, §§ 117, 138. Ein *Scheingeschäft* liegt vor, wenn die Parteien einen Adoptionsvertrag schließen, ohne dessen Rechtswirkungen ernstlich zu wollen, wenn sie also z. B. darin übereinstimmen, daß der Angenommene nicht die Rechte und Pflichten eines Kindes erwerben soll. *Sittenwidrig* ist ein Adoptionsvertrag, wenn die Parteien mit seinem Abschluß sachfremde, sittlich nicht zu billigende Ziele verfolgen. Hier wollen zwar die Parteien ein Adoptionsverhältnis begründen, aber nur oder vorwiegend deswegen, um dem Angenommenen gegen Entgelt einen adligen Namen oder dem Annehmenden Steuervorteile zu verschaffen oder um ähnlicher Ziele willen. Fehlt nur *einem* Partner der Wille, ein wirkliches Eltern-Kind-Verhältnis herzustellen oder verfolgt nur *ein* Partner sachfremde Zwecke, ohne daß der andere davon weiß, so ist der Vertrag nicht nichtig; vgl. BGH FamRZ 1961, 306.
Die *Anfechtung* ist namentlich wegen *Irrtums* über *Charaktereigenschaften* des Angenommenen oder wegen *Täuschung* möglich, §§ 119, 123; vgl. RG 114, 341; 147, 310; 152, 228. In der letzten Entscheidung wird bei Annahme eines gemeinschaftlichen Kindes jedem Ehegatten, wenn für ihn die Voraussetzungen der Anfechtung gegeben sind, ein Anfechtungsrecht zuerkannt, aber nur für das Verhältnis zwischen ihm selbst und dem Kinde.
Die Anfechtung und die Bestätigung einer anfechtbaren Erklärung sind *höchstpersönlich*, § 1755 i. Verb. mit §§ 1748 II u. 1751.

2. Neben der Möglichkeit, die Annahme durch Anfechtung rückwirkend zu vernichten, erkennt das Gesetz die *Zulässigkeit* eines *Aufhebungsvertrages* an, der die Wirkungen der Annahme für die *Zukunft* beseitigt, §§ 1768ff.
a) Der Aufhebungsvertrag muß von *sämtlichen Beteiligten* geschlossen werden, d. h. von dem Annehmenden bzw. den Wahleltern und dem Kinde sowie den Abkömmlingen, auf die sich die Wirkung der Annahme erstreckt, § 1768 II u. III.

Nach dem Tode des Kindes können die übrigen Beteiligten das Verhältnis lösen; gleiches gilt bei einem gemeinschaftlichen Kinde nach dem Tode eines Gatten, § 1769.

b) Für den Aufhebungsvertrag gelten im allgemeinen die *gleichen Grundsätze wie für den Annahmevertrag*, § 1770. Er verträgt weder eine Bedingung noch eine Zeitbestimmung, § 1768 I 2.

Die Einwilligung dritter Personen, wie sie die §§ 1746, 1747 vorschreiben, ist nicht erforderlich. Auch der Aufhebungsvertrag bedarf der Bestätigung, die nur Formfehler heilt. Auch der Aufhebungsvertrag kann nichtig oder anfechtbar sein.

c) Die Aufhebung vernichtet die Wirkungen der Adoption *für die Zukunft* mit der Rechtskraft des die Aufhebung bestätigenden gerichtlichen Beschlusses.
Das Kind und die von der Aufhebung erfaßten Abkömmlinge *verlieren* das *Recht*, den *Familiennamen* des *Annehmenden* zu führen, ausgenommen in dem Fall, daß der Aufhebungsvertrag mit einem gemeinschaftlich angenommenen Kinde nur im Verhältnis zu einem Ehegatten allein aufgehoben wird, § 1772. Die Rechtsbeziehungen des Kindes zu seinen

leiblichen Eltern werden durch die Aufhebung nicht umgestaltet, namentlich lebt ihre elterliche Gewalt nicht wieder auf, das Kind kommt also gegebenenfalls unter Vormundschaft.

3. In bestimmten Fällen kann der Annahmevertrag auch *gegen* den Willen der Beteiligten wieder *aufgehoben* werden, und zwar durch das *Vormundschaftsgericht.* Die gerichtliche Aufhebung kommt in zwei Fällen in Betracht.

a) Einmal kann das Vormundschaftsgericht den Annahmevertrag aufheben, solange das Kind minderjährig ist, wenn dies aus *schwerwiegenden Gründen* zum *Wohl des Kindes erforderlich* ist, § 1770 a S. 1. Interessen der Adoptierenden rechtfertigen die Aufhebung nicht. Ist das Kind als gemeinschaftliches Kind von beiden Ehegatten adoptiert worden, so kann das Vormundschaftsgericht sich auch darauf beschränken, das Annahmeverhältnis zu einem der Annehmenden aufzuheben, § 1770a S. 2.

b) Ein Annahmeverhältnis muß ferner vom Vormundschaftsgericht aufgehoben werden, wenn ein eheliches Kind ohne die *Einwilligung seiner Eltern,* ein uneheliches Kind ohne die *Einwilligung seiner Mutter* an Kindes Statt angenommen worden ist, § 1770b I 1. Die Aufhebung erfolgt in diesem Fall nur auf *Antrag* des Elternteils, ohne dessen Einwilligung das Kind adoptiert worden ist, § 1770b II. Sie kann nur erfolgen, solange das Kind noch minderjährig ist, und hat zu unterbleiben, wenn durch die Aufhebung das Wohl des Kindes erheblich gefährdet würde, § 1770b I 2.

Ist die Einwilligung der Eltern oder der unehelichen Mutter *bewußt* nicht eingeholt worden, so bedarf es keiner Aufhebung, weil die *Adoption* mangels einer gesetzlichen Voraussetzung *nichtig* ist. Das gleiche gilt, wenn die Einwilligung wirksam angefochten worden ist; vgl. BayObLG NJW 1966, 354. Eine Aufhebung kommt also nur dann in Betracht, wenn bei der Bestätigung mit Unrecht angenommen worden ist, die Eltern oder die uneheliche Mutter seien zur Abgabe einer Erklärung dauernd außerstande oder unbekannten Aufenthalts, ihre Einwilligung daher entbehrlich; denn nur in diesem Fall ist der Annahmevertrag trotz der fehlenden Einwilligungen wirksam geworden, § 1756 II.

Der *Antrag* muß *innerhalb eines Jahres* gestellt werden von dem Zeitpunkt an, zu dem der Antragsberechtigte von der Adoption Kenntnis erlangt hat, § 1770b III. Der Antrag kann nicht durch einen Vertreter gestellt werden, § 1770b IV. Ein Elternteil, der sein Kind im Stich gelassen hat, kann den Antrag nicht stellen, § 1770b II 2.

c) Die *Verfügung,* durch die das Vormundschaftsgericht ein Adoptionsverhältnis *aufhebt,* wird erst mit der *Rechtskraft wirksam.* Gegen die Verfügung steht dem Annehmenden und dem Kind, in den Fällen des § 1757 II auch dem Ehegatten des Annehmenden, das Rechtsmittel der

Beschwerde zu, § 56c FGG. Die Aufhebung hat die gleichen Wirkungen wie eine vertragliche Aufhebung. Wird das Annahmeverhältnis erst nach dem Tod des Annehmenden aufgehoben, so hat dies die gleiche Wirkung, wie wenn das Annahmeverhältnis vor dem Tod aufgehoben worden wäre, § 1770c.

Vor jeder gerichtlichen Aufhebung eines Annahmevertrages ist das Jugendamt zu hören, § 48 I 2 JWG.

4. Von *Rechts wegen* tritt die *Aufhebung* des Adoptionsverhältnisses ein, wenn der *Annehmende* mit dem *Kind* oder einem Abkömmling des Kindes dem Verbot des § 7 EheG zuwider eine *Ehe schließt*; zwischen dem Ehepaar findet das Adoptionsverhältnis damit sein Ende, § 1771 I.

Ist die Ehe nichtig oder für nichtig erklärt, so wird das Adoptivverhältnis zwar nicht aufgehoben; gleichwohl wird die dem einen Gatten über den anderen etwa zustehende elterliche Gewalt verwirkt, § 1771 II.

§ 34

IV. Titel

Verwandtschaftsrecht — Unterhaltspflicht

Schrifttum: Schrade, Die Grundzüge des Verwandten-Unterhalts nach dem Inkrafttreten des Gleichberechtigungsgesetzes, FamRZ 1957, 342; *Brühl,* Unterhaltsrecht, 2. Aufl. 1962; *Köhler,* Handbuch des Unterhaltsrechts, 1963.

I. Allgemeines

Nahe Verwandte sind verpflichtet, sich gegenseitig zu unterstützen. Das BGB nennt diese Unterstützungspflicht „*Unterhaltspflicht*“ und beschränkt sie — wie das römische und gemeine Recht — auf *Verwandte* in *gerader Linie,* § 1601.

Unter *Seiten*verwandten, z. B. *Geschwistern,* besteht also *keine Unterhaltspflicht,* ebensowenig unter Verschwägerten und Stiefverwandten, wie z. B. Schwiegereltern und Schwiegerkindern.

In der HöfeO. f. d. brit. Zone (§ 12 VI) vom 24. 4. 1947 ist eine Unterhaltspflicht gegenüber Geschwistern vorgesehen, dort freilich als Abfindung für deren Weichen im Erbrecht.

Neben der Unterhaltspflicht der in gerader Linie miteinander Verwandten kennt das BGB auch noch familienrechtliche Unterhaltspflichten auf anderer Grundlage, nämlich die des Ehegatten (§§ 1360ff., s. auch §§ 58ff. EheG), des unehelichen Vaters (§§ 1708ff.) usw. — eine Erstreckung auf Seitenverwandte oder Verschwägerte ist aber nirgends vorgesehen.

Der Unterhaltsanspruch ist vom Gesetz als ein *familienrechtlicher* Anspruch ausgestaltet worden, der in erster Linie nicht von schuldrechtlichen, sondern *familienrechtlichen* Erwägungen beherrscht wird. Er entsteht auf Grund des Verwandtschaftsverhältnisses nicht in einer ein für allemal bestimmten Höhe, sondern wird beeinflußt durch die *Bedürftigkeit* der einen und die *Leistungsfähigkeit* der anderen Seite. Er entsteht deshalb auch nicht mit dem Bedürfnisfall als ein einheitliches Forderungsrecht, sondern erneuert sich nach Maßgabe seiner Voraussetzungen fort und fort.

Daraus ergeben sich wichtige Folgerungen, nämlich die Unvererblichkeit nach dem Tode des Pflichtigen (§ 1615), die Unverjährbarkeit des Anspruchs im ganzen (§ 194) und die Unmöglichkeit, ihn im Konkurse des Pflichtigen für die Zukunft geltend zu machen (§ 3 KO läßt als Konkursforderungen nur *bestehende* Ansprüche zu).

Durch die Kennzeichnung des Unterhaltsanspruchs als eines familienrechtlichen Anspruchs wird selbstverständlich nicht geleugnet, daß er auch obligatorischen Charakter hat, insofern er auf eine Leistung geht; aber es wird dadurch zum Ausdruck gebracht, daß die Analogie des Schuldrechts nur soweit Platz greifen kann, als die Eigenart des Familienrechts nicht eine besondere Behandlung bedingt.

II. Die Voraussetzungen der Unterhaltspflicht sind:

1. *Bedürftigkeit* des Unterhalts*berechtigten*. Bedürftig ist, wer außerstande ist, sich selbst zu unterhalten, § 1602 I, sei es aus dem Vermögen, dessen Stamm eventuell angegriffen werden muß, sei es durch Verwertung der Arbeitskraft.

In Betracht kommt aber nur für die Unterhaltsbestreitung verwertbares Vermögen und eine nach der *Lebensstellung zumutbare* Verwertung der Arbeitskraft. So kann man z. B. dem Studenten bei *Leistungsfähigkeit* des *Verpflichteten* nicht eine Tätigkeit ansinnen, die ihn an der Erfüllung seiner Hauptaufgabe, dem Studium, *nennenswert* hindert. Die Betätigung als Werkstudent ist grundsätzlich nicht zumutbar.

Eine *Ausnahmestellung* nimmt das *minderjährige unverheiratete* Kind gegenüber seinen Eltern ein, einerlei, ob es in der häuslichen Gemeinschaft lebt oder nicht: es braucht den Stamm seines Vermögens nicht anzugreifen, es kann Gewährung des Unterhalts insoweit verlangen, als die Einkünfte seines Vermögens und der Ertrag der ihm billigerweise zuzumutenden Arbeit zum Unterhalt nicht ausreichen, § 1602 II.

Die *Beweislast* für die Bedürftigkeit liegt dem Unterhalt Beanspruchenden ob. Der Student wird also nachweisen müssen, daß er sich trotz ernstlicher Bemühungen zumutbaren Nebenverdienst nicht beschaffen konnte bzw. daß ihm ein Nebenerwerb überhaupt nicht oder doch nach dem gegenwärtigen Stand seines Studienganges (Examensvorbereitung und dgl.) nicht zugemutet werden kann.

Die *freiwillige* Leistung *Dritter* befreit nicht von der Unterhaltspflicht, auch nicht die Unterstützung durch die Sozialhilfe (§ 2 BSHG) oder öffentliche Studienförderungsmittel für bedürftige Studenten (Honnefer Modell). Anders, wenn der Dritte gewillt und imstande ist, den Unterhalt dauernd zu gewähren, und der Berechtigte sich deswegen in einer tatsächlich gesicherten Stellung befindet; vgl. RG 105, 166.

2. *Leistungsfähigkeit* des in *Anspruch Genommenen*; denn die Selbsterhaltung geht vor, § 1603. Der Pflichtige muß imstande sein, ohne Gefährdung *seines angemessenen* Unterhalts den Unterhalt zu gewähren und zwar bei Berücksichtigung seiner sonstigen Verpflichtungen. Die Schulden dürfen dabei keineswegs insgesamt abgezogen werden, vielmehr kommt es darauf an, was mit Rücksicht auf das Vermögen, dessen Einkünfte und die Erwerbsmöglichkeiten zur Deckung der Verbindlichkeiten (Verzinsung der Schulden und planmäßige Abtragung) nach wirtschaftlichen Grundsätzen zurückzustellen ist; vgl. RG JW 1910, 14, 16 u. Recht 1917, Nr. 1653. Auf die Erhaltung des *Stamm*vermögens hat der Pflichtige nicht schlechthin ein Recht, sondern nur soweit, als dessen Erhaltung zur Sicherung seines eigenen angemessenen Unterhalts auch für die Zukunft nötig ist; davon abgesehen muß er auch das Kapital angreifen. Ist die Leistungsunfähigkeit vorübergehender Natur, so kann dem Pflichtigen die Aufnahme eines Darlehens zugemutet werden. Nicht minder ist seine Erwerbs*fähigkeit* zu berücksichtigen, also zu veranschlagen, was er durch zumutbare Arbeit verdienen *kann*, nicht was er tatsächlich verdient. Bei der Gefährdung des Unterhalts kommt es nicht nur auf die Gegenwart an, sondern es ist auch die zukünftige Entwicklung zu berücksichtigen.

Der *Beweis* der *Leistungsfähigkeit* liegt nicht dem Bedürftigen ob, vielmehr ist die Leistungsunfähigkeit als Einwendung vom Inanspruchgenommenen zu beweisen.

Eine *Ausnahmestellung* nimmt auch hier wieder das *minderjährige unverheiratete* Kind ein. Die Eltern trifft eine *gesteigerte Unterhaltspflicht*; sie dürfen ihren eigenen Unterhalt nicht voranstellen, sondern müssen *alle verfügbaren Mittel* zu ihrem und der Kinder Unterhalt gleichmäßig verwenden, § 1603 II 1. Diese Verpflichtung tritt nicht ein, soweit der Unterhalt eines Kindes aus dem Stamme seines Vermögens bestritten werden kann oder ein anderer unterhaltspflichtiger Verwandter (etwa der Großvater) vorhanden ist, § 1603 II 2.

Beim Güterstand der *Gütergemeinschaft* gilt das Gesamtgut als dem unterhaltspflichtigen Gatten allein gehörig, § 1604 S. 1. Gegenüber bedürftigen Verwandten beider Gatten ist die Leistungsfähigkeit so zu bemessen, wie wenn der Bedürftige mit beiden Gatten verwandt wäre, § 1604 S. 2.

3. *Reihenfolge* der Unterhaltspflichtigen. Unter den Pflichtigen besteht eine *Reihenfolge*, in der sie herangezogen werden, die im wesentlichen der Erbfolgeordnung entspricht.

a) *Vor* den *Verwandten* haftet zunächst der *Ehegatte* des Unterhaltspflichtigen, § 1608.

Das gilt auch für den *geschiedenen* Ehegatten, soweit er noch unterhaltspflichtig ist, § 63 EheG.

Seine Haftung beruht auf der Vorschrift des § 1360, die die Ehegatten einander zur Unterhaltsgewährung verpflichtet, ohne Rücksicht darauf, ob der eigene angemessene oder auch nur notdürftige Unterhalt gewährleistet ist.

Für den Fall des *Zusammentreffens* der Unterhaltspflicht eines *Gatten* mit der von *Verwandten* des unterhaltsbedürftigen Gatten wird die Verpflichtung des Gatten *gemildert*; er gilt schon dann als *leistungsunfähig*, wenn er dem andern Gatten bei Berücksichtigung seiner sonstigen Verpflichtungen nicht ohne Gefährdung des eigenen angemessenen Unterhalts den Unterhalt gewähren kann. Für diesen Fall kann der unterhaltspflichtige Gatte den bedürftigen Gatten auf seine leistungsfähigen Verwandten verweisen; *deren Haftung* geht *vor*, § 1608 I 2.

b) Die *Abkömmlinge* sind *vor* den *Verwandten* der *aufsteigenden* Linie unterhaltspflichtig nach der gesetzlichen Erbfolgeordnung und dem Verhältnis der Erbteile, § 1606 I.

Es haften also die Kinder vor den Enkeln; an Stelle eines verstorbenen Kindes haften dessen Abkömmlinge in Höhe des bei der Erbfolge auf sie entfallenden Stammteiles, also nicht zu gleichen Teilen und nicht als Gesamtschuldner; vgl. RG 57, 69.

c) Unter den Verwandten der *aufsteigenden* Linie haften die *näheren* vor den *entfernteren*, *mehrere gleich nahe* zu *gleichen Teilen*, § 1606 II.

Diese Regelung stimmt mit der Erbfolgeordnung nicht mehr überein. Leben z. B. noch die Eltern der Mutter, aber nur noch die Mutter des Vaters, so würde im Erbgang die Hälfte des Nachlasses an die Eltern der Mutter, die andere Hälfte an die Mutter des Vaters fallen. Unterhaltspflichtig sind jedoch die noch lebenden Großelternteile zu gleichen Teilen, d. h. zu je einem Drittel.

Im Verhältnis der Eltern zum Kinde haftete nach der früheren Vorschrift des § 1606 II 2 der *Vater vor* der *Mutter*. Da das gegen den Gleichberechtigungsgrundsatz verstieß (BGH 17, 360), bestimmt § 1606 III n. F., daß die Eltern nach ihren Erwerbs- und Vermögensverhältnissen haften, wobei die Beitragsart und Größe des Beitrags jeden Elternteils zum Familienunterhalt maßgebend ist. § 1360 ist sinngemäß anzuwenden (s. o. § 11 IV). Das gilt auch dann, wenn die Eltern getrennt leben oder ihre Ehe aufgelöst oder für nichtig erklärt ist, § 1606 III 2. D. h., wenn ein Kind nach der Scheidung bei der Mutter lebt, so leistet die Mutter ihren Unterhaltsbeitrag i. d. R. durch die Führung des Haushalts und die Betreuung des Kindes, während der Vater den erforderlichen Geldbetrag zur Verfügung zu stellen hat. Nach dem Wortlaut ist die Haftung nicht bloß gleichrangig, sondern auch *anteilig* und *nicht gesamtschuldnerisch*. Das ist zwar nicht unbestritten, aber wohl h. M.; vgl. *Staudinger-Gotthardt*, § 1606 Anm. 21ff.; a. A. insbesondere *Beitzke*, Festschrift Hedemann (1958), 1ff.

Zur Vertretung des Kindes im Unterhaltsprozeß s. o. § 27 II.

d) Zu allen Gruppen ist festzustellen, daß ein leistungs*unfähiger* Verwandter als *nicht vorhanden* zu behandeln ist. Dadurch erhöht sich die Unterhaltspflicht der gleichnah Verwandten, gegebenenfalls tritt die Unterhaltspflicht der entfernteren Verwandten ein, § 1607 I. Der Leistungsunfähigkeit wird der Fall gleichgestellt, wo die *Rechtsverfolgung* gegen den Pflichtigen im *Inland* ausgeschlossen oder wesentlich erschwert ist, § 1607 II 1. Unter Rechtsverfolgung ist auch die Zwangsvollstreckung zu verstehen; vgl. *Staudinger-Gotthardt*, § 1607 Anm. 17.

Beispiel: Der verarmte Vater hat einen vermögenden Sohn und einen Sohn, der sich im Ausland aufhält, während dessen Frau mit einem Kinde in Deutschland lebt. In diesem Fall müssen der reiche Sohn und der Enkel für seinen Unterhalt aufkommen. Falls der Enkel leistungsunfähig ist, kann sich der Großvater für dessen Teil nicht an seine noch lebende begüterte Mutter halten, sondern nur an seinen reichen Sohn, der die ganze Unterhaltslast tragen muß.

Wer an Stelle eines *leistungsunfähigen* Verwandten unterhaltspflichtig wird, erfüllt mit der Unterhaltsleistung eine eigene Verbindlichkeit, nicht die Schuld des Leistungsunfähigen. Er kann darum den Leistungsunfähigen nicht regreßpflichtig machen, wenn dieser wieder zu Vermögen kommt. Wer dagegen wegen Ausschlusses oder Erschwerung der *Rechtsverfolgung*, d. h. nach § 1607 II, an Stelle eines vor ihm Haftpflichtigen als *Nachmann* herangezogen wird, erwirbt nach Maßgabe seiner Unterhaltsleistung den Unterhaltsanspruch des Unterhaltsberechtigten gegen den nicht belangbaren Verwandten; er darf den übergegangenen Anspruch aber nicht zum Nachteil des Unterhaltsberechtigten geltend machen, § 1607 II 2.

Angenommen, der im Ausland lebende Sohn habe seinem Vater anstatt der von ihm beanspruchten 3000,— DM nur 1500,— DM als äußerstes, was er leisten könne, gesandt und der inländische reiche Sohn habe dem Vater außer seinem Teil von 3000,— DM die fehlenden 1500,— DM als Nachmann gegeben, dann darf er den auf ihn übergegangenen väterlichen Unterhaltsanspruch in Höhe von 1500,— DM nicht vom Bruder beitreiben, weil er sonst den Vater schädigen würde. Zu beachten ist, daß der Nachverpflichtete, wenn er für einen Vorverpflichteten einspringt, regelmäßig auch einen *Ersatz*anspruch aus auftragloser Geschäftsführung erlangt, der anders als der übergegangene Unterhaltsanspruch nicht in vier Jahren (§ 197), sondern erst in dreißig Jahren verjährt (§ 195), auch der Beschränkung aus § 1613 nicht unterliegt; str., wie hier *Staudinger-Gotthardt*, § 1607 Anm. 39 u. § 1613 Anm. 26; a. A. *Gernhuber*, § 41 IV 4.

4. *Reihenfolge* der Unterhalts*berechtigten*. Es ist denkbar, daß ein Unterhaltspflichtiger von mehreren Bedürftigen in Anspruch genommen wird.

Dann muß er ihnen allen Unterhalt gewähren, soweit er dazu imstande ist. Ist er dazu außerstande, schreibt das Gesetz folgende *Rangordnung* vor, § 1609:

a) Die *Abkömmlinge* gehen den *Verwandten* der *aufsteigenden* Linie *vor* und unter ihnen hat wiederum den *Vorrang*, wer zur *gesetzlichen Erbfolge berufen* ist — die Kinder schließen also ihre Abkömmlinge aus, die Abkömmlinge verstorbener Kinder stehen den noch lebenden Kindern gleich, § 1609 I.

Die Unterhaltspflicht gegenüber den unehelichen Kindern gehört zu den Verbindlichkeiten, die bei Bemessung der Leistungsfähigkeit des Vaters vorweg zu berücksichtigen sind; denn insoweit ist dem Vater die Einrede des Notbedarfs versagt; vgl. RG 106, 373, s. unten c.

b) Der *Ehegatte* steht den *minderjährigen unverheirateten* Kindern gleich; anderen Kindern und den übrigen Verwandten geht er vor, § 1609 II 1.

Ist die Ehe geschieden, aufgehoben oder für nichtig erklärt, so geht der unterhaltsberechtigte Gatte den volljährigen oder verheirateten Kindern sowie den übrigen Verwandten des Unterhaltspflichtigen vor, § 1609 II 2. Im Verhältnis zu den *minderjährigen unverheirateten* Kindern und einem *neuen* Ehegatten entscheidet die *Billigkeit* (§§ 59 I 2, 60 S. 2, 61 EheG); regelmäßig werden sich alle Beteiligten eine entsprechende Herabsetzung des ihnen zukommenden Unterhalts gefallen lassen müssen.

c) Unter den *Verwandten aufsteigender* Linie gehen die *näheren den entfernteren vor*, also die Eltern den Großeltern usw. Zwischen Vater und Mutter wird hier kein Unterschied gemacht, § 1609 I.

Zu allen Gruppen (a—c) ist festzustellen, daß ein zur Verfügung stehender Betrag, der für mehrere in der Rangordnung *gleich*stehende Personen nicht ausreicht, gleichmäßig nach dem Verhältnis ihres Bedarfs auf sie zu verteilen ist.

Wo *uneheliche* Kinder mit *ehelichen* zusammentreffen, kann es vorkommen, daß die Ansprüche der unehelichen, da sie unter den *sonstigen Verbindlichkeiten* (§ 1603) vorweg in Rechnung gestellt werden, voll befriedigt werden, während der Vater sich seinen ehelichen Kindern gegenüber mit Erfolg auf seine Leistungsunfähigkeit beruft und sie auf die Großeltern verweist. Entsprechendes gilt für das Zusammentreffen des Unterhaltsanspruchs der Ehefrau mit dem von unehelichen Kindern des Mannes. Ein höchst unbilliges Ergebnis, an dem jedoch de lege lata — entgegen einer verbreiteten Ansicht (s. z. B. *Dölle*, § 103 IV 3) — nicht gerüttelt werden kann! Für die *Zwangsvollstreckung* stehen allerdings nach § 850d ZPO uneheliche Kinder minderjährigen unverheirateten ehelichen Kindern im Range nach und anderen ehelichen Abkömmlingen gleich; vgl. BayObLG, NJW 1963, 360.

III. Der Inhalt des Unterhaltsanspruchs

Schrifttum: Knorn, Die Kosten der Erziehung und Vorbildung zu einem Beruf, FamRZ 1964, 618; *Roth-Stielow,* Elterliche Prozeßkostenvorschußpflicht für eheliche und außereheliche Kinder, NJW 1965, 2046.

1. Der Unterhalt umfaßt den *gesamten* Lebensbedarf, einschließlich der Kosten der Erziehung und Vorbildung zu einem Beruf — und zwar entsprechend der *Lebensstellung* des *Bedürftigen,* § 1610. Grundsätzlich kann dieser also *angemessenen,* d. h. *auskömmlichen* Unterhalt verlangen, bei dem nicht bloß auf die unter allen Umständen zu befriedigenden Bedürfnisse zu sehen ist, sondern auch auf seine Lebensstellung. Diese wird beeinflußt durch eine Reihe von Umständen, wie Lebensstellung und Vermögensverhältnisse der Eltern, Anlagen, Ausbildung und Berufswahl des Bedürftigen, die selbständige Entwicklung seiner Persönlichkeit und die erlangte Berufsstellung, bei der Frau auch durch die Stellung des Mannes usw. Was dementsprechend zu leisten ist, kann nur auf Grund der Verhältnisse des einzelnen Falles entschieden werden.

Ob die Kosten für ein *Hochschulstudium* zum angemessenen Unterhalt gehören, wurde früher davon abhängig gemacht, ob das Studium „standesgemäß" sei. Heute kann es nicht mehr auf den Stand der Eltern ankommen, sondern nur noch auf die entsprechende Befähigung des Kindes. Sind die Eltern zu der Finanzierung des Studiums nicht in der Lage, so greifen die staatlichen Förderungsmaßnahmen („Honnefer Modell") ein; vgl. *Gernhuber,* § 41 VI 2. Die Eltern haben die Ausbildungskosten auch dann noch zu tragen, wenn das Kind *volljährig* geworden ist (s. o. II 1); zurückhaltend BGH FamRZ 1962, 153; dazu LG Ulm, FamRZ 1964, 634. Zum Lebensbedarf rechnen auch die Kosten zur Durchführung eines *Rechtsstreits,* der eine *persönliche Angelegenheit* betrifft. Der Unterhaltspflichtige hat diese Kosten vorzuschießen, soweit dies der Billigkeit entspricht (vgl. § 1360a IV), sehr str. Wie hier *Staudinger-Gotthardt,* § 1610 Anm. 20ff.; *Dölle,* § 86 VII 1b bb; LG Bielefeld, NJW 1965, 1279. Andere geben nur den minderjährigen Kindern ein Recht auf einen Prozeßkostenvorschuß (so *Gernhuber,* § 41 VI 3); wiederum andere beschränken die Vorschußpflicht auf lebenswichtige Prozesse (so LG Landshut, FamRZ 1965, 620; *Palandt-Lauterbach,* § 1610 Anm. 3), und wiederum andere lehnen eine Vorschußpflicht unter Verwandten auch heute noch gänzlich ab (so etwa die Landgerichte Koblenz und Düsseldorf, FamRZ 1963, 49 und NJW 1963, 1619, sowie *Roth-Stielow,* NJW 1965, 2046ff.). Daß Abkömmlinge ihren Eltern nicht für einen *Ehescheidungsprozeß* Vorschuß leisten müssen (OLG Celle, NJW 1963, 1363), ergibt sich aus dem Gedanken der Billigkeit. Es kann Kindern nicht zugemutet werden, an der Zerstörung der Ehe ihrer Eltern mitzuwirken.

Ausnahmsweise kann nur *notdürftigen Unterhalt* verlangen, wer durch *eigenes sittliches Verschulden* unterhaltsbedürftig geworden ist, § 1611 I. Gleiches gilt, wenn der *Bedürftige* sich dem Pflichtigen gegenüber einer *Verfehlung schuldig* macht, die als *Pflichtteilsentziehungsgrund* anerkannt ist, § 1611 II.

Der Bedürftige kann sich wegen der infolgedessen eintretenden Anspruchsbeschränkung nicht an andere Unterhaltspflichtige halten, § 1611 III. In den Fällen des § 1611 II kann sich jedoch nur der zur Pflichtteilsentziehung Berechtigte auf die Anspruchsbeschränkung berufen, nicht andere neben ihm Pflichtige.

2. Der Unterhalt ist regelmäßig durch eine *Geldrente* monatlich im voraus zu leisten, § 1612 I, III. Die Rente gebührt dem Berechtigten, der den Beginn des Monats erlebt hat, voll, § 1612 III 2.

Wenn *besondere Gründe* es *rechtfertigen*, kann der Verpflichtete verlangen, daß ihm die Unterhaltsgewährung in *anderer Art* gestattet wird, § 1612 I 2. Der Landwirt, dem die Geldzahlung schwerfällt, erbietet sich zur Naturalverpflegung; der Enkel will den dem Trunk ergebenen Großvater in einem Heim unterbringen.

Die *Eltern* haben ganz allgemein *unverheirateten Kindern* gegenüber das *Recht*, zu *bestimmen*, in welcher Art und für welche Zeit im voraus sie Unterhalt gewähren wollen; doch kann das Vormundschaftsgericht auf Antrag des Kindes aus besonderen Gründen die elterliche Bestimmung ändern, § 1612 II. Ändern kann das Vormundschaftsgericht jedoch nur eine von der normalen Unterhaltsleistung abweichende Bestimmung der Eltern. Haben sich die Eltern für eine (monatlich im voraus zu zahlende) Geldrente entschieden, so kann diese Wahl vom Gericht nicht abgeändert werden.

3. Wegen seiner *Zweckgebundenheit* und wohl auch, um den Schuldner vor Forderungen zu schützen, auf die er sich nicht einrichten konnte, kann der Unterhaltsanspruch nicht für die *Vergangenheit* geltend gemacht werden — in praeteritum non vivitur.

Davon macht das Gesetz eine *Ausnahme*. Unterhalt für die Vergangenheit kann von dem Zeitpunkt an verlangt werden, zu dem der Verpflichtete in *Verzug* gekommen oder der Unterhaltsanspruch *rechtshängig* geworden ist. Der Berechtigte kann in diesem Fall nach seiner Wahl Erfüllung oder Schadensersatz wegen Nichterfüllung fordern, § 1613.

4. Für die *Zukunft* kann auf den Unterhalt *nicht verzichtet* werden, § 1614 I.

Jede Vereinbarung, durch welche der Unterhaltsanspruch gemindert oder aufgehoben werden soll, auch die entgeltliche, auch die im Vergleichswege, ist nichtig, § 134. Zulässig ist nur die nähere Regelung des Unterhalts*betrages* in den Grenzen der *Angemessenheit;* vgl. RG WarnR 1919 Nr. 69.

§ 1614 ist entsprechend anwendbar auf die gegenseitigen Unterhaltsansprüche der Ehegatten bei bestehender Ehe, § 1360a III. Er gilt aber nicht für den Unterhaltsanspruch geschiedener Ehegatten. *Ehegatten* können darum für die Zeit *nach der Scheidung* auf ihre Unterhaltsansprüche *verzichten*, § 72 EheG.

Eine *Vorausleistung* befreit den Pflichtigen bei erneuter Bedürftigkeit des Berechtigten, falls der Unterhalt durch Geldrente geleistet wird, nur für drei Monate; falls er in anderer Weise geleistet wird, auf eine der Art und dem Zweck der Rente entsprechende Zeit. Wenn der Unterhaltspflichtige den Zeitabschnitt, für den vorausgeleistet werden soll, selbst zu bestimmen hat (Eltern gegenüber einem unverheirateten Kind), befreit die Vorausleistung nur für einen den Umständen nach angemessenen Zeitabschnitt, §§ 1614 II, 760 II.

Wenn ein *Dritter* an Stelle des Unterhaltspflichtigen dem Berechtigten Unterhalt gewährt, so hat er nach § 679 den Erstattungsanspruch des *Geschäftsführers ohne Auftrag* gegen den Pflichtigen, falls er die Übernahme der Geschäftsführung sobald als möglich angezeigt hat. § 1613 steht dem Erstattungsanspruch nicht entgegen. Das ist wichtig für den Träger der Sozialhilfe, der den Hilfsbedürftigen unterstützt. Die sog. Überleitungsanzeige an den Unterhaltspflichtigen (zur Überleitung s. jetzt § 90 BSHG) bewirkt den Übergang des Unterhaltsanspruchs für die Zukunft und wirkt wie eine Mahnung; vgl. BGH 20, 128ff. Wohl aber muß sich der Geschäftsführer unter Umständen vom Pflichtigen entgegenhalten lassen, daß er den Unterhaltsberechtigten mit den erforderlichen Mitteln versehen habe und infolge zulässiger Vorausleistung für die kritische Zeit gar nicht mehr unterhaltspflichtig gewesen sei, folglich auch nicht durch den Geschäftsführer von einer Verbindlichkeit befreit worden sei.

5. Der Unterhaltsanspruch ist unabtretbar (§ 400) und nur beschränkt pfändbar (§ 850b I Ziff. 2 ZPO); gegen ihn kann nicht aufgerechnet werden, § 394. Soweit er auf künftige Leistung gerichtet ist, unterliegt er nicht der Verjährung, § 194 II. Nur rückständige Ansprüche verjähren in 4 Jahren, § 197.

6. Der Unterhaltsanspruch *erlischt* grundsätzlich mit dem Tode des Berechtigten oder des Verpflichteten, § 1615.

Ausgenommen sind die Ansprüche, die nach § 1613 für die Vergangenheit geltend gemacht werden können, und die im Augenblick des Todes fälligen Vorausleistungen, § 1612 III.

Beim Tode des Berechtigten hat der Pflichtige die *Beerdigungskosten* zu tragen, soweit ihre Bezahlung nicht vom Erben zu erlangen ist, § 1615 II.

Der Unterhaltsanspruch erlischt ferner, wenn seine *Voraussetzungen* (Bedürftigkeit des Berechtigten, Leistungsfähigkeit des Verpflichteten) *entfallen.*

Tritt *nach* der *Rechtskraft* eines zum Unterhalt verurteilenden Urteils eine *wesentliche Veränderung* der für den Inhalt des Urteils maßgebend gewesenen Verhältnisse ein, so ist jeder Teil berechtigt, im Wege der Klage eine entsprechende *Änderung* des Urteils zu verlangen, § 323 ZPO.

IV. Nicht selten wird die Unterhaltsleistung *vertraglich* geregelt. Hat die Regelung nur die *gesetzliche* Unterhaltspflicht zum Gegenstand, so bedarf sie keiner Form, bedeutet aber im allgemeinen nur die Festlegung der Unterhaltsrente ihrer *Höhe* nach, unabhängig von den Verhältnissen der Beteiligten, ohne den Unterhaltsanspruch der Anwendbarkeit der wesentlichen für den gesetzlichen Unterhaltsanspruch maßgebenden Vorschriften zu entziehen; die §§ 1614 und 1615 bleiben maßgebend, nicht aber § 1613, der den Unterhaltsanspruch für die Vergangenheit nur für die Zeit von der Inverzugsetzung oder Rechtshängigkeit an anerkennt; vgl. dazu RG 164, 65. Wesentliche Veränderungen in der Bedürftigkeit oder Leistungsfähigkeit einer Partei berühren die Geschäftsgrundlage und sind geeignet, den Endzweck beider Parteien zu vereiteln; vgl. RG DR 40, 2163. Die Einwirkung von Gesetzesänderungen ist aus dem Vertragszweck zu ermitteln; vgl. RG 165, 31.

III. Abschnitt

Vormundschaftsrecht

Schrifttum: Wedermann, Das deutsche Vormundschaftsrecht, 1929; *Boschan*, Die Vormundschaft, Handbuch für den Vormund, 1956; *Potrykus*, Die Vormundschaftsformen des Reichsjugendwohlfahrtsgesetzes, 1956; *Brand-Hensel*, Die Vormundschafts-, Familienrechts- und Fürsorgeerziehungssachen in der gerichtlichen Praxis, 2. Aufl. 1963; *Möhring*, Vermögensverwaltung in Vormundschafts- und Nachlaßsachen, 5. Aufl. 1963.

§ 35. Begriff und Aufgabe der Vormundschaft — Arten — Geschichtliches

I. Begriff und Aufgabe

Die *Vormundschaft* ist das *Amt* der *Fürsorge und Vertretung schutzbedürftiger Personen*, die entweder der *elterlichen Gewalt entbehren* (so bei der *Alters*vormundschaft) oder trotz Volljährigkeit einer *besonderen Fürsorge* bedürfen (Vormundschaft über *Volljährige*).

1. Die Vormundschaft ist zwar *kein Familienverhältnis*, aber ein aus der *Schutzgewalt* der *Sippe* (Muntrecht) herausgewachsenes *Amt*, das die *Familienfürsorge*, namentlich die fehlende *elterliche* Fürsorge, *ersetzen* soll und dementsprechend ausgestaltet ist.
Der *Zweck* dieses Amtes, die fehlende Familienfürsorge zu ersetzen, hat zu einer *familienrechtlichen* Ausgestaltung der ganzen Einrichtung geführt. Am klarsten tritt das hervor bei der *Alters*vormundschaft über Minderjährige; sie ist als ein Ersatzmittel der elterlichen Gewalt ausgebaut. Aber auch bei der Vormundschaft über schutzbedürftige *Volljährige* finden Schutz und Fürsorge *nach Art elterlicher Fürsorge* statt. Und die Fürsorge in *einzelnen* Angelegenheiten durch *Pfleger* ist *vormundschaftsähnlich*, also elternähnlich normiert.

Deshalb gehört die Vormundschaft ins *Familienrecht* und nicht ins Schuldrecht (dahin verwies sie *Windscheid* in seinem Pandektenlehrbuch). Wenn sich auch schuldrechtliche Verpflichtungen zwischen Mündel und Vormund ergeben nach Art eines Auftragsverhältnisses (§§ 1834ff.), so ist das nur *eine* Seite der Einrichtung und ändert nichts an der im *Grundzug amtsrechtlichen Stellung* des Vormunds.

2. Die Vormundschaft soll die *fehlende Familienpflege,* namentlich die elterliche Gewalt, *ersetzen.* Deshalb setzt sie nur ein, wenn ein *Kind* überhaupt nicht unter der elterlichen Gewalt steht — die Eltern sind tot oder unbekannt — oder wenn die Eltern die elterliche Gewalt verloren haben, § 1773.
Bei *Volljährigen,* die der elterlichen Gewalt entwachsen sind, ist Voraussetzung die *Entmündigung,* § 1896.
Zur Bevormundung kommt es ferner, wenn den Eltern die *elterliche Gewalt* in einem *solchen Umfang entzogen* ist, daß sie *weder* in Angelegenheiten der *Person noch* des *Vermögens vertretungsberechtigt* sind, § 1773.

3. Die *Vormundschaft* ist zwar ein *Amt,* der Vormund aber *kein Staatsbeamter,* sondern nur der *Träger* einer *sozialrechtlichen Amtsstellung.*
Nur wenn man das erkennt, eröffnet sich das Verständnis für die eigenartige *Mischung* von *öffentlich-rechtlichen* und *privat-rechtlichen* Vorschriften bei der Ausgestaltung der Vormundschaft. Auch hier zeigt sich, daß die sozialrechtlichen Interessen teils mit den Mitteln des *öffentlichen,* teils des *Privatrechts* Schutz erfahren.
Öffentliches Recht gilt für die *Bestellung* des Vormunds; denn die Vormundschaft kann nur durch Anordnung des *Vormundschaftsgerichts* übertragen werden (§ 1774) — soweit sie nicht nach der Jugendwohlfahrtsgesetzgebung den Jugendämtern, also *Behörden,* als *Amts*vormundschaft zusteht.
Der *Rechts-* und *Pflichtenkreis* des Vormunds ist ein *sozial*rechtlicher, insoweit dieser als Vertreter der staatlichen Gemeinschaft einem ihm *Unter*geordneten elternähnliche Familienfürsorge angedeihen läßt. Die Einzelausgestaltung seiner Rechtsstellung ist vorwiegend in den Formen des *Privatrechts* erfolgt — ganz wie beim Familienrecht im engeren Sinne. Es bestehen zwischen Mündel und Vormund ähnliche Ausgleichsverpflichtungen wie zwischen Auftraggeber und Beauftragtem. Der Vormund muß eigennützig verwandte Mündelgelder verzinsen (§§ 1834 und 668); er hat einen Anspruch auf Vorschuß oder Ersatz von Aufwendungen zwecks Führung der Vormundschaft (§§ 1835 und 669, 670) — was bei der Amtsvormundschaft des Jugendamts dahin eingeschränkt ist, daß dessen allgemeine Verwaltungskosten nicht ersetzt zu werden brauchen, § 38 II 3 JWG.
Die *Haftung* des Vormundes ist dagegen *nicht* wie die der Eltern auf die Sorgfalt wie in *eigenen* Angelegenheiten *beschränkt*; vielmehr haftet er als *Amtsträger* für *jede Fahrlässigkeit*; mehrere haften als Gesamtschuldner, § 1833.

4. *Obervormundschaft.* Der *Staat* hat die Vormundschaft eingerichtet in Anerkennung einer ihm obliegenden sozialethischen Verpflichtung zur

Fürsorge für die Jugendlichen und darüber hinaus für jeden seines Schutzes besonders bedürftigen Menschen.
Mit der *bloßen Einrichtung* der Vormundschaft und der *Ernennung* eines Vormundes sind aber die eben erwähnten *Aufgaben noch nicht voll erfüllt*. Es muß auch das *pflichtmäßige Arbeiten* der Vormünder *gewährleistet* werden. Auf die Kraft der *elterlichen* Liebe und Hingabe kann bei ihrem Wirken nicht gerechnet werden. Der Staat nimmt deshalb für sich die *Obervormundschaft* in Anspruch und betraut mit ihrer Ausübung die *Vormundschaftsgerichte*. Als Vormundschaftsgericht fungieren die *Amtsgerichte*. Zuständigkeit und Verfahren sind im FGG geregelt (s. u. § 39 I 1).
Nach Art. 147 EGBGB sind aber die *landesrechtlichen* Vorschriften unberührt geblieben, nach denen für einige der dem Vormundschaftsgericht obliegenden Verrichtungen *andere* Behörden zuständig sind; so in Württemberg die Bezirksnotariate. Die Beseitigung dieser Besonderheiten sieht die VO über die Zuständigkeit der Amtsgerichte in Vormundschafts- und Nachlaßsachen vom 10. 6. 1936 vor, die aber noch nicht durchgeführt ist.
Die schwierige Frage, wie ein fruchtbringendes Zusammenwirken von Vormund und Vormundschaftsgericht am besten gesichert werden kann, löst das BGB nach dem Vorbild der Preußischen Vormundschaftsordnung vom 5. 7. 1875. Danach liegt der *Schwerpunkt* in der Fürsorge des *Vormundes*, der bei seiner Amtsführung möglichst *selbständig* gestellt wird und die Verwaltung grundsätzlich *selbstverantwortlich* zu führen hat. Das *Vormundschaftsgericht* ist, abgesehen von der Ernennung und Entlassung des Vormundes, *beschränkt* auf die *Aufsicht* über dessen Amtsführung und die Entscheidung über die *Genehmigung* wichtiger Rechtsgeschäfte. Ein Recht zum *eigenmächtigen Eingriff* hat es nur ausnahmsweise.

II. Einzel- und Berufs- oder Amtsvormundschaft

Wenn die Vormundschaft ein *Amt* ist, so gewinnt die Frage der *Auswahl* der *geeignetsten* Persönlichkeiten für dieses Amt besondere Bedeutung. In dieser Richtung hat das BGB versagt. Während sonst in Deutschland die Erlangung von Amtsstellen an die Erfüllung peinlicher und hochgeschraubter Vorbedingungen geknüpft ist, geht das BGB davon aus, daß sich ungefähr jedermann zum Vormund eigne. Die Vorschriften über Fähigkeit und Tauglichkeit (§§ 1780ff.) sind nur die Zusammenstellung einiger Ausschlußgründe. Das Gesetz kennt grundsätzlich nur die *Einzelvormundschaft*, die als ein *unentgeltliches Ehrenamt* zu führen ist, § 1836. *Kohler* hat für diese Regelung das harte Wort von der „vereinzelten Dilettantenvormundschaft" geprägt.
Die Vorschriften des BGB *paßten nur* für *kleinere Verhältnisse* auf dem Land und in der Kleinstadt, wo Verwandte oder befreundete Personen, die mit den Verhältnissen des Mündels vertraut sind, für ein solches Amt

zur Verfügung stehen. Sie *paßten* aber *nicht* für die *Verhältnisse* der *Großstadt*, wo solche Beziehungen und damit ein persönliches Interesse des Vormunds für den Mündel vielfach fehlen und der Grundsatz der Unentgeltlichkeit die Neigung des mit seinen eigenen Angelegenheiten schon hinreichend beschäftigten Großstädters zur Übernahme und hingebenden Führung eines so verantwortungsvollen Amtes sicher nicht erhöht.

Ganz besonders hat sich diese Unzulänglichkeit des Gesetzes zum Nachteil der *unehelichen* Kinder ausgewirkt, für die geeignete Persönlichkeiten nur schwer zu finden waren.

Deshalb entstanden bald nach Inkrafttreten des BGB Bestrebungen zur Einführung der *Berufsvormundschaft*, d. h. der Betrauung besonders geeigneter, gegebenenfalls auch zu besoldender Persönlichkeiten mit einer Reihe von Vormundschaften unter gleichzeitiger Benutzung oder Schaffung einer Organisation, die die vormundschaftliche Fürsorge nicht bloß vom guten Willen des einzelnen abhängig macht, sondern diesen als Glied der Organisation fördert und stützt.

Eine gesetzliche Handhabe für diese Bestrebungen bot Art. 136 EGBGB, der unter gewissen Voraussetzungen eine Ausnahme vom Bestellungsgrundsatz des § 1773 machte und den Landesrechten die Befugnis gab zur Errichtung von *Anstalts-* und *Vereinsvormundschaften.*

Den *Schlußstein* dieser *Entwicklung* setzte das am 1. 4. 1924 in Kraft getretene *Reichsjugendwohlfahrtsgesetz* vom 9. Juli 1922. Seine Hauptbedeutung liegt in der Einführung der *Amtsvormundschaft* der von den Gemeinden oder Gemeindeverbänden einzurichtenden *Jugendämter.* Außerdem brachte es eine Vereinheitlichung des Rechts der Anstalts- und Vereinsvormundschaften.

Das *Gesetz zur Änderung und Ergänzung des RJWG* vom 11. 8. 1961 hat der zwischenzeitlichen Entwicklung Rechnung getragen. U. a. hat es die Anstaltsvormundschaft beseitigt. Heute werden folgende Arten der Berufsvormundschaft unterschieden:

a) die *gesetzliche Amtsvormundschaft*: Mit der Geburt eines *unehelichen Kindes* wird das Jugendamt des Geburtsortes kraft Gesetzes Amtsvormund, § 40 JWG.

Zur Zusammensetzung des Jugendamts s. u. § 39 IV 1. Zuständig ist innerhalb des Jugendamts der *Jugendwohlfahrtsausschuß*. Der Jugendwohlfahrtsausschuß überträgt die Ausübung der vormundschaftlichen Obliegenheiten einzelnen seiner Beamten oder Angestellten, § 37 JWG.

b) die *bestellte* Amtsvormundschaft: Das Jugendamt kann mit seinem Einverständnis zum Vormund eines Minderjährigen bestellt werden, wenn kein geeigneter anderer Vormund vorhanden ist, § 46 JWG.

c) die *Vereinsvormundschaft*: Rechtsfähige Vereine, die vom Landesjugendamt für geeignet erklärt sind, können auf ihren Antrag zu Vormündern bestellt werden, § 53 JWG.

Die vormundschaftlichen Obliegenheiten werden in diesem Fall von den einzelnen *Mitgliedern* ausgeübt. Für ein Verschulden dieser Mitglieder haftet der Verein dem Mündel aus § 31.

Die Amtsvormundschaft ist *notwendig*. Dessenungeachtet soll sie nur ein *Lückenbüßer* sein. Zum Amtsvormund bestellt werden soll das Jugendamt *nur* dann, wenn kein geeigneter *anderer* Vormund vorhanden ist, § 46 JWG. Und die gesetzliche Amtsvormundschaft soll beendet werden, „wenn dies dem Interesse des Mündels förderlich erscheint“, § 50 JWG. Steht ein geeigneter Einzelvormund zur Verfügung, dann wird von der Rechtsprechung regelmäßig angenommen, daß die Ersetzung der Amtsvormundschaft durch die Einzelvormundschaft dem Interesse des Kindes entspricht, str.; vgl. *Gernhuber*, § 67 II 4 mit Nachweisen auch der Gegenmeinung. Das gleiche gilt für die Vereinsvormundschaft.

III. Arten der Vormundschaft

Innerhalb der Vormundschaft im weiteren Sinne unterscheidet man die *Vormundschaft* im engeren Sinne und die *Pflegschaft*.

1. Die *Vormundschaft* im engeren Sinne bezweckt eine *allgemeine* Fürsorge für die Person oder das Vermögen. Das Gesetz sieht sie in zwei Bedürfnisfällen vor:
a) über *Minderjährige*, wenn die elterliche Gewalt fehlt oder versagt (Altersvormundschaft),
b) über *Volljährige*, die der elterlichen Gewalt entwachsen sind, für den Fall der *Entmündigung* (Volljährigenvormundschaft).
Regelmäßig wird für eine Vormundschaft nur *ein* verwaltender Vormund bestellt, das Gericht kann jedoch auch eine *Mehrheit* von *verwaltenden Vormündern* bestellen, soll dies aber nur aus besonderen Gründen tun, § 1775.
Zwecks größerer Sicherung des Mündels und Entlastung des Vormundschaftsgerichts kann neben dem Vormund ein *Gegenvormund* bestellt werden, der das Vormundschaftsgericht bei der Beaufsichtigung des Vormunds unterstützt, § 1792.

2. Die *Pflegschaft* ist vormundschaftsähnliche Fürsorge mit *begrenzterem Aufgabenkreis*; sie bezweckt grundsätzlich nur eine Fürsorge für *einzelne Angelegenheiten* (vgl. § 44 dieses Buches).

IV. Geschichtliches

1. In *Rom* stand die *vormundschaftliche Gewalt* über *Unmündige* (impuberes) anfänglich der agnatischen Familie, weiterhin der gens zu. Seit den XII Tafeln konnte der *pater familias testamentarisch* einen *tutor ernennen*. Später trat als dritte Form ergänzend dazu die Vormundschaft durch *obrigkeitliche Berufung*. So unterschied man tutela testamentaria, legitima und dativa. Der tutor hatte die Fürsorge für die persönlichen und Vermögensangelegenheiten des Mündels und das Recht, durch auctoritatis interpositio, d. i. förmliche Zustimmung, die Geschäfte des Schutzbefohlenen wirksam zu machen. Die *Frauen*tutel (tutela mulierum) ist in geschichtlicher Zeit schon auf die auct. interp. zu gewissen Geschäften beschränkt und umfaßt nicht mehr die Vermögensverwaltung; und auch in dieser Beschränkung verblaßt sie immer mehr und wird im 5. Jahrhundert nach Christus abgeschafft.
Inhaltlich wandelte sich die tutela aus einem im *Interesse* des *Vormundes* begründeten *Gewalt*verhältnis um in eine im *Interesse* des *Mündels* getroffene *Fürsorgeeinrichtung*, ein *Amt* (munus).
Neben der Tutel entwickelte sich im römischen Recht die cura als Vormundschaft über *pflege*bedürftige *Mündige*, namentlich als cura minorum, prodigi und furiosi. Ihr Wesen erschöpft sich in der Vermögensfürsorge, die durch *formlose Zustimmung* (consensus) zu gewissen Geschäften geschah. Während die Unmündigen einen tutor haben mußten, wurde die cura über die Minderjährigen anfänglich nur mittelbar erzwungen (der consensus sollte die Gefahr der Anfechtung wegen Übervorteilung ausschließen); erst im Laufe der Zeit wurde aus einer Einrichtung für bestimmte gefährliche Geschäfte ein *ständiges Amt* der *Fürsorge* für die minores viginti quinque annis.
In der *Kaiserzeit* bildete sich eine *staatliche Obervormundschaft* mit *scharfer Überwachung* der *Vormünder* aus.

2. Auch das ältere *deutsche* Recht kannte eine *Fürsorge* für Personen, die weder der ehemännlichen noch väterlichen Munt unterstanden, also für *unverheiratete Frauen, vaterlose Minderjährige, Geisteskranke, Gebrechliche, Greise. Trägerin* der *Vormundschaft* war anfänglich die *Sippe*, die sie durch den nächsten Schwertmagen ausübte. Mit der Schwächung des Familienbandes tritt das *Recht* des *nächsten Schwertmagen* als *geborenen Vormundes* immer mehr hervor, die *Sippe* wird auf seine *Beaufsichtigung*, also die *Obervormundschaft* beschränkt. Später nimmt der *König* als oberster Schutzherr der Witwen und Waisen die *Obervormundschaft* in Anspruch, der Gedanke der *staatlichen* Fürsorge bricht sich Bahn. Die weitere Auflösung des Familienverbandes führt zur Anerkennung des *Rechtes des Vaters, letztwillig* über die *Bevormundung zu bestimmen*, den Vormund zu küren. In den *Städten* nimmt die *Obrigkeit* die *Überwachung* des *Vormundes* in *die Hand*. Städtische Vormundschaftsordnungen werden erlassen, die mangels eines geborenen oder gekorenen Vormundes die obrigkeitliche *Ernennung* (und evtl. Absetzung) eines Vormundes vorsehen. Auch der geborene oder gekorene Vormund muß sich auf die Dauer eine Prüfung seiner Tauglichkeit gefallen lassen. Das *Bestellungsprinzip bricht sich Bahn.*
Inhaltlich verdrängt im *späteren Mittelalter* der *Fürsorgegedanke* völlig den *Machtgedanken*, der der vormundschaftlichen Gewalt der Sippe neben dem Schutzgedanken innewohnte.
Die *Frauen*vormundschaft wird ganz wie im römischen Recht immer mehr abgeschwächt. Was die *Jugendlichen*vormundschaft angeht, so erstreckte sich diese ursprünglich bis zu dem Zeitpunkt, wo das Kind *zu seinen Jahren* gekommen war (ein Zeitpunkt, der verschieden, vom zwölften bis achtzehnten Jahr, festgelegt wurde); später wurde die Bevormundung *bis zur Volljährigkeit* vorgeschrieben, ohne daß ein der tutela und cura der Römer entsprechender Unterschied zwischen Unmündigen und Mündigen gemacht worden wäre.

3. Die *Rezeption* hat *wenig Einfluß* gehabt. Der *Unterschied* zwischen *tutela* und *cura* wurde *nicht aufgenommen* (mit zeitweiser Ausnahme im sächsischen Recht). Die Vormundschaft behielt ihren *einheitlichen* Charakter. Der Vormund bedurfte, auch wenn er vom Vater benannt war, der *obrigkeitlichen Bestätigung* (confirmatio iuris Germanici). Die *Obervormundschaft* übten nach gemeinem Recht die *Gerichte* aus. Die *Führung* der *Vormundschaft* erfolgte im allgemeinen nach den Grundsätzen des spätrömischen Rechts.
Die *Geschlechts*vormundschaft über Frauen verschwand. Neben die Vormundschaft über *Minderjährige* und *entmündigte Geisteskranke* trat die über *Verschwender* und *Trunksüchtige*.
Das Vormundschaftswesen wurde durch die *Reichspolizeiordnungen* von 1548 und 1577 und durch landesgesetzliche Vormundschaftsordnungen geregelt.

4. Weittragende Bedeutung erlangte die *Preuß. Vormundschaftsordnung* von 1875. Sie brach mit dem gemeinrechtlichen, aus dem römischen Recht überkommenen Grundsatz scharfer Überwachung und Abhängigkeit des Vormundes und ersetzte ihn durch den Grundsatz der *Selbstverwaltung*. Das Vormundschaftsgericht wurde auf die Überwachung der Amtsführung und die Genehmigung wichtiger Geschäfte beschränkt.
Die Preuß. Vormundschaftsordnung machte nach dem Vorbild des allgemeinen Landrechts einen Unterschied zwischen der *Vormundschaft* als *allgemeiner Fürsorge* für Person und Vermögen und der *Kuratel* als Fürsorge für *einzelne* Angelegenheiten oder einen *bestimmten* engeren Kreis von Angelegenheiten.

5. Das BGB hat sich im *wesentlichen* an die *Preußische Vormundschaftsordnung angeschlossen*.

§ 36

I. Titel

Vormundschaft über Minderjährige

I. Kapitel

Anordnung der Vormundschaft

Schrifttum: Prey, Auswahl und Bestellung des Vormundes, Rpfleger 1959, 210.

I. Das Bestellungsprinzip

Nach dem BGB tritt die Vormundschaft niemals ohne weiteres kraft Gesetzes oder testamentarischer Anordnung (ex lege oder ex testamento) ein, sondern *nur* kraft eines *richterlichen Konstitutivaktes*. Das Vormundschaftsgericht hat die Vormundschaft von Amts wegen anzuordnen, § 1774.

Um dem Gericht Kenntnis von jedem Bedürfnisfall zu verschaffen, sind einer Reihe von Behörden und sonstigen Beteiligten *Anzeigepflichten* auferlegt, so dem Standesbeamten (§ 48 FGG), den Gerichten (§ 50 FGG), dem Jugendamt (§ 49 FGG), dem Vormund, dem Gegenvormund und ihren Erben (§§ 1894, 1895) usw.

Die *gesetzliche Amts*vormundschaft über *alle unehelichen* im Bezirke des Jugendamts geborenen Kinder erlangt nach § 40 JWG das *Jugendamt.*

Außerdem erlangt der für eine Leibesfrucht bestellte Pfleger mit der Geburt des Kindes im Einverständnis mit dem Jugendamt ohne weiteres die Vormundschaft (§ 43 JWG).

*In allen anderen Fällen der Berufs*vormundschaft (bestellte Amtsvormundschaft, Vereinsvormundschaft) gilt das *Bestellungsprinzip.*

II. Die Bedürfnisfälle

Ein Minderjähriger erhält einen Vormund:

1. wenn er *nicht unter elterlicher Gewalt steht* oder wenn die Eltern nicht zu seiner Vertretung befugt sind, § 1773 I;

So, wenn *beide* Eltern tot oder für tot erklärt sind (§ 1677) oder die elterliche Gewalt verwirkt haben (§ 1676), wenn Personensorge und Vermögensverwaltung ihnen entzogen sind (§ 1666) oder das Wohl oder das Vermögen des Kindes nach der Scheidung seiner Eltern gefährdet ist (§ 1671 V); und schließlich, wenn ein Elternteil die elterliche Gewalt verwirkt hat oder sie ihm entzogen ist und sie wegen Unvereinbarkeit mit dem Wohle des Kindes nicht dem anderen Elternteil anvertraut werden kann (§§ 1679, 1680).

2. wenn sein *Familienstand nicht zu ermitteln* ist (Findelkind), § 1773 II.

III. Die Person des Vormundes

1. Das *Vormundschaftsgericht* hat — abgesehen von den Fällen der gesetzlichen Amtsvormundschaft (§ 40 JWG) — den *Vormund auszuwählen,* ist aber *in der Wahl nicht völlig frei.*

a) Von vornherein *scheiden aus* die für *unfähig* erklärten Personen, nämlich Geschäftsunfähige sowie wegen Geistesschwäche, Verschwendung oder Trunksucht Entmündigte, § 1780.

Ihre Bestellung ist nichtig; sie handeln als Vertreter ohne Vertretungsmacht.

b) Nicht in Betracht kommen ferner die Personen, die nicht bestellt werden *sollen,* die sogenannten *Untauglichen* — ohne daß ihre Bestellung ungültig wäre.

α) Kraft *Gesetzes* sind schlechthin untauglich (§ 1781): Minderjährige, unter vorläufige Vormundschaft Gestellte, wer nach § 1910 zur Besorgung seiner Vermögensangelegenheiten einen Pfleger erhalten hat, der Gemeinschuldner während der Dauer des Konkurses, wer der bürgerlichen Ehrenrechte für verlustig erklärt ist, soweit sich nicht aus dem StGB ein anderes ergibt. (Dabei ist zu beachten, daß § 34 Ziff. 4 StGB von „Unfähigkeit", Vormund zu sein, spricht, was selbstverständlich im Hinblick auf § 1781 Nr. 4 einengend im Sinne von Untauglichkeit auszulegen ist.)
β) Kraft *elterlicher Anordnung* ist untauglich, wer durch letztwillige Anordnung der Eltern des Mündels von der Vormundschaft ausgeschlossen ist, § 1782. Bei wider-

sprechenden Anordnungen der Eltern gilt die Anordnung des zuletzt verstorbenen Elternteils.

γ) *Mangels behördlicher Erlaubnis* sind untauglich Beamte oder Religionsdiener, die nach den Landesgesetzen (für Bundesbeamte vgl. § 65 BBG) einer besonderen Erlaubnis zur Übernahme der Vormundschaft bedürfen, § 1784 I. Die Erlaubnis darf allerdings nur aus wichtigem dienstlichen Grunde versagt werden, § 1784 II.

c) Auch aus dem Kreise der danach Tauglichen *kann* das Vormundschaftsgericht regelmäßig *nicht frei* den wählen, der ihm am geeignetsten erscheint, sondern muß die *Ansprüche* gewisser Personen auf *Bestellung* zum Vormund berücksichtigen, falls dadurch nicht das Interesse des Mündels gefährdet wird. Das Gesetz spricht hier von einer *Berufung* zur Vormundschaft.

Als Vormund ist berufen, wer von den *Eltern* des Mündels als Vormund benannt ist. Haben der Vater und die Mutter verschiedene Personen benannt, so gilt die Benennung durch den *zuletzt verstorbenen* Elternteil, § 1776. Die Eltern können einen Vormund nur benennen, wenn ihnen z. Zt. ihres Todes die Sorge für die Person und das Vermögen des Kindes zusteht § 1777 I. Die Benennung muß durch letztwillige Verfügung erfolgen, § 1777 III.

Die früher in § 1776 I Ziff. 3 u. 4 a. F. vorgesehene gesetzliche Berufung der *Großväter* ist gestrichen worden.

Wer dergestalt berufen ist, hat ein *Recht* auf *Bestellung*; wenn er übergangen wird, kann er sofortige Beschwerde einlegen, § 60 I Nr. 1 FGG. Sein Recht ist freilich *kein unbedingtes*; es ist *ausgeschlossen*, wenn er unfähig oder untauglich ist (§§ 1780 bis 1784), wenn er die Übernahme der Vormundschaft verzögert oder daran verhindert ist oder wenn seine Bestellung das Interesse des Mündels gefährden würde, § 1778 I. Außerdem können *vorgezogen* werden für eine minderjährige Ehefrau deren *Mann*, § 1778 III, *sowie ganz allgemein* das *Jugendamt* oder rechtsfähige *Vereine*, wenn der berufene Vormund als nicht geeignet erscheint, §§ 46, 53 IV JWG. Wenn das Hindernis an der Übernahme der Vormundschaft ein vorübergehendes ist, kann der Berufene nach Wegfall des Hindernisses die Entlassung des bisherigen Vormundes und seine eigene Bestellung verlangen, § 1778 II.

Das Recht auf Bestellung schließt die Ernennung eines Mitvormundes ohne Zustimmung des Berufenen aus, § 1778 IV.

d) Erst *wenn kein Berufener vorhanden ist, wählt das Vormundschaftsgericht* nach Anhörung des Jugendamts *frei* eine *geeignete Persönlichkeit* aus — unter möglichster Berücksichtigung von Verwandten und Verschwägerten, sowie der Konfession des Mündels, § 1779.

Verwandte und Verschwägerte, die nicht berufen sind, haben, wenn das Vormundschaftsgericht sie übergeht, keine Beschwerde aus eigenem Recht, sondern nur wegen Verletzung der Mündelinteressen, § 57 I Ziff. 9 FGG; vgl. RG 64, 288.

IV. Es besteht eine staatsbürgerliche *Verpflichtung* zur *Übernahme* der *Vormundschaft* für jeden *Deutschen*, den das Vormundschaftsgericht als Vormund ausgewählt hat, es sei denn, daß er nach dem Gesetz unfähig oder untauglich ist (§§ 1780 bis 1784) oder einen *Ablehnungsgrund* hat.

1. Ein *Ablehnungsrecht* hat:

a) eine Frau, die mindestens zwei schulpflichtige Kinder hat oder glaubhaft macht, daß die ihr obliegende Fürsorge für ihre Familie die Ausübung des Amtes dauernd besonders erschwert, § 1786 I Nr. 1;
b) wer das 60. Lebensjahr vollendet hat, § 1786 Nr. 2;
c) wer mehr als vier minderjährige eheliche oder diesen gleichgestellte Kinder hat, wobei ein von einem *anderen* an Kindes Statt angenommenes Kind nicht mitgezählt werden darf, § 1786 Nr. 3;
d) wer durch Krankheit oder Gebrechen verhindert ist, die Vormundschaft ordnungsmäßig zu führen, § 1786 Nr. 4;
e) wer wegen Entfernung seines Wohnsitzes vom Sitze des Vormundschaftsgerichtes die Vormundschaft nicht ohne besondere Belästigung führen kann, § 1786 Nr. 5;
f) wer nach § 1844 zur Sicherheitsleistung angehalten wird, § 1786 Nr. 6;
g) wer mit einem anderen zur gemeinschaftlichen Führung der Vormundschaft bestellt werden soll, § 1786 Nr. 7;
h) wer mehr als eine Vormundschaft oder Pflegschaft führt, § 1786 Nr. 8. Die Vormundschaft oder Pflegschaft über mehrere Geschwister gilt nur als eine; die Führung von zwei Gegenvormundschaften steht der Führung einer Vormundschaft gleich.

2. Das *Ablehnungsrecht erlischt*, wenn es nicht *vor* der Bestellung bei dem Vormundschaftsgericht geltend gemacht wird, § 1786 II.

3. *Grundlose schuldhafte Ablehnung* macht den Ablehnenden dem Mündel gegenüber *verantwortlich* für den Schaden, der durch die Verzögerung der Bestellung entsteht, § 1787 I. Der Ablehnende muß die Vormundschaft — unbeschadet seines Beschwerderechts — auf Verlangen des Vormundschaftsgerichts vorläufig übernehmen, § 1787 II.

4. Das *Vormundschaftsgericht* kann den Ausgewählten durch *Ordnungsstrafen* zur Übernahme, gegebenenfalls zur vorläufigen Übernahme (§ 1787 II), *anhalten*, § 1788 I.

Die Strafen dürfen nur in Zwischenräumen von mindestens einer Woche und nicht mehr als dreimal verhängt werden, § 1788 II, so daß man sich mit Zahlung von höchstens 3000 DM von der Übernahme einer Vormundschaft befreien kann, vorbehaltlich der Ersatzpflicht nach § 1787. Der Mindestbetrag der einzelnen Strafe ist 1,— DM, der Höchstbetrag 1000,— DM (VO über Vermögensstrafen und Bußen vom 6. 2. 1924 i. Verb. mit § 2 WährgsG).

Auf die *Amts-* und die *Vereins*vormundschaft findet nach den §§ 38 I, 53 IV JWG das Ordnungsstrafverfahren keine Anwendung.

V. Bestellungsakt und die Bestallung

1. Die Bestellung des Vormundes erfolgt durch *Verpflichtung* des Vormundes zu *treuer* und *gewissenhafter Führung* der Vormundschaft; die Verpflichtung soll mittels Handschlags an Eides Statt erfolgen, § 1789, ohne daß diese Form wesentlich wäre; wesentlich ist nur, daß der Vormund gegenüber dem Vormundschaftsgericht (zuständig ist der Rechtspfleger, § 3 I Nr. 2a RechtspflG) die fragliche Verpflichtung übernimmt. Die Verpflichtung ist also ein *Rechtsakt*, zu dem Gericht und Vormund *zusammenwirken* müssen; da er aus *öffentlich-rechtlichen* Willenserklärungen besteht, unterliegt er nicht den Vorschriften des BGB über die Irrtumsanfechtung; vgl. KG RJA 14, 8.

Die Bestellung verträgt grundsätzlich keine Bedingung oder Befristung; doch kann die Entlassung für den Fall vorbehalten werden, daß ein bestimmtes Ereignis eintritt oder nicht eintritt, § 1790.

2. Um sich im Rechtsverkehr und bei der Führung von Rechtsstreitigkeiten ausweisen zu können, erhält der Vormund eine *Bestallung*, d. h. eine öffentliche *Urkunde* des Vormundschaftsgerichts *über sein Amt*, § 1791. Rechte und Pflichten aus dem Amt beginnen aber bereits mit der Bestellung.

Die Bestallung ist als *Zeugnis* des Gerichts von Beweiswert, hat aber nicht die verstärkte rechtliche Wirkung der Vollmachtsurkunde mit ihrem erhöhten Verläßlichkeitsschutz i. S. der §§ 170ff. BGB; vgl. RG 74, 263.

VI. Bestellung eines Mitvormundes oder Gegenvormundes

1. *Mit*vormund. Das Vormundschaftsgericht *soll* in der *Regel* für den Mündel — und wenn mehrere Geschwister zu bevormunden sind, für alle Mündel — *nur einen* Vormund bestellen, § 1775. Eine Bestellung *mehrerer* Vormünder soll das Gericht *nur aus besonderen Gründen* vornehmen, so z. B. wegen besonders schwieriger und umfangreicher Vermögensverwaltung. Die Regel des § 1775 gilt auch bei Benennung mehrerer Vormünder mit gleichem Rang durch die Eltern.

2. Dagegen *kann* das Vormundschaftsgericht jederzeit einen *Gegen*vormund bestellen (§ 1792 I), wenn nicht die Eltern des Mündels die Bestellung eines solchen bei der Benennung ausgeschlossen haben (§§ 1852, 1855, 1856).

Ein Gegenvormund *soll* bestellt werden, wenn mit der Vormundschaft eine *Vermögensverwaltung* verbunden ist, es sei denn, daß die Verwaltung nicht erheblich oder daß die Vormundschaft von mehreren Vormündern gemeinschaftlich zu führen ist, § 1792 II. Führen diese die Vormund-

schaft nicht gemeinschaftlich, so kann der eine zum Gegenvormund des anderen bestellt werden, § 1792 III.
Neben dem *Amtsvormund* wird *kein Gegenvormund* bestellt, neben dem *Vereinsvormund kann* einer bestellt werden, §§ 38 I 2, 53 IV JWG.

Für die Berufung und Bestellung des Gegenvormundes gilt das Gleiche wie für die des Vormundes, § 1792 IV.

§ 37

II. Kapitel

Führung der Vormundschaft

I. Der Wirkungskreis des Vormunds im allgemeinen

1. Der Vormund soll *Elternstelle* beim Mündel vertreten. Seine Gewalt hat daher im *wesentlichen* den *gleichen Inhalt* wie die *elterliche* Gewalt. „Der Vormund hat das Recht und die Pflicht, für die *Person* und das *Vermögen* des Mündels zu sorgen, insbesondere den Mündel zu *vertreten*", § 1793. Grundsätzlich führt der Vormund die Vormundschaft *selbständig*, aber unter *Aufsicht* des Vormundschaftsgerichts, das ihm auch beratend zur Seite zu stehen hat; s. u. § 39 I 4.

2. Als *gesetzlicher Vertreter* ist er berechtigt, für den geschäftsunfähigen oder geschäftsbeschränkten Mündel *Rechtsgeschäfte* vorzunehmen oder in Ergänzung der Willenserklärung des Geschäftsbeschränkten die *erforderliche Zustimmung* zu geben oder zu versagen. Vermögensrechtliche Erwerbsgeschäfte soll er grundsätzlich im *Namen* des *Mündels* vornehmen, Verpflichtungen, die sachlich den Mündel angehen, kann er auch im *eigenen* Namen eingehen, da dadurch der Mündel nicht gefährdet wird.
Die *Vertretungsmacht* des Vormundes *erstreckt sich nicht* auf *höchstpersönliche* Rechtsgeschäfte, die nur vom Mündel selbst vorgenommen werden können.

3. Das Amt des Vormundes ist *höchstpersönlich*. Die *Übertragung* des *Amts* im ganzen oder in seinen einzelnen Befugnissen ist unstatthaft. Dagegen darf der Vormund sich, *unbeschadet* seiner *Aufsichtspflicht* und *Leitung*, der Unterstützung dritter Personen bedienen, z. B. einer in der Kinderpflege erfahrenen weiblichen Person den Besuch des Mündels übertragen (vgl. KGJ 38 A 34) oder einen Bevollmächtigten bestellen, ja sogar bei großem Umfang einen Generalbevollmächtigten mit der Verwaltung der Vermögensangelegenheiten betrauen. Das darf aber nie dazu

führen, daß sich der Vormund der Verwaltung ganz entschlägt. Bei *wichtigen* Rechtshandlungen, die verständigerweise seines persönlichen Entschlusses bedürfen, kann er sich nicht vertreten lassen, so bei genehmigungspflichtigen Geschäften, der Zustimmung zur Eheschließung des Mündels usw.

4. Der *Vormund haftet* dem Mündel gegenüber nicht bloß für die Sorgfalt wie in eigenen Angelegenheiten, sondern *für jede Fahrlässigkeit*, § 1833. Seine *Pflichtverletzung* ist *keine unerlaubte Handlung*, sondern die Verletzung eines durch die Bestellung begründeten *gesetzlichen Dauerschuldverhältnisses*.
Hat sich der Vormund zur Erfüllung seiner Pflichten zulässigerweise der Unterstützung *dritter* Personen bedient, so ist zu unterscheiden: Hätte der Vormund auch *selbst* tätig werden können, so haftet er für ein Verschulden der Hilfsperson nach § 278. Handelt es sich dagegen um Aufgaben, deren Erfüllung vom Vormund *nicht* erwartet werden konnte (ärztliche Behandlung, Durchführung eines Rechtsstreites), so haftet der Vormund nur für ein Verschulden bei der Auswahl der Hilfsperson oder ihrer Überwachung; vgl. *Dölle*, § 124 I.

Der *Mündel* haftet für ein Verschulden des Vormundes als seines gesetzlichen Vertreters in jedem Fall nach § 278. § 831 ist dagegen nicht anwendbar, weil der Vormund vom Mündel nicht zu einer Verrichtung bestellt worden ist.

II. Die Sorge für die Person

Schrifttum: Hampel, Rechtliche Probleme der Heim- und Anstaltsunterbringung Minderjähriger in der freiwilligen Gerichtsbarkeit, FamRZ 1963, 537.

1. Die *Personenfürsorge umfaßt* die *gleichen Angelegenheiten* und hat den *gleichen Inhalt* wie die des *elterlichen* Gewalthabers, § 1800 I i. Verb. mit §§ 1631 bis 1633. Sie umfaßt also das *Recht* und die *Pflicht*, den Mündel zu *erziehen*, zu *beaufsichtigen* und seinen *Aufenthalt* zu bestimmen, § 1631 I. Auf Antrag hat das Vormundschaftsgericht den Vormund bei der Erziehung durch *geeignete Maßregeln* zu *unterstützen*, § 1631 II.

Problematisch war die Frage, ob das Aufenthaltsbestimmungsrecht den Vormund berechtigt, den Mündel in einem *geschlossenen Heim* oder einer *geschlossenen Anstalt* unterzubringen. Die Praxis hatte gegen eine solche Unterbringung zunächst keine Bedenken. Das BVerfG erblickte darin aber einen Verstoß gegen Art. 104 II GG; vgl. BVerfG 10, 302. Die Folge dieses Beschlusses ist § 1800 II: Eine Unterbringung des Mündels, die mit einer Freiheitsentziehung verbunden ist, ist nun nur noch mit *Genehmigung des Vormundschaftsgerichts* zulässig. Aus welchen Gründen die Unterbringung erfolgt, ob zu Heil- oder Pflegezwecken oder nur aus erzieherischen Gründen, spielt dabei keine Rolle, str,; vgl. zum Streitstand *Dölle*, § 125 I 2a. Der Mündel hat gegen die Genehmigungsverfügung den Rechtsbehelf der sofortigen Beschwerde; vgl. BGH NJW 1964, 2304.

Das Aufenthaltsbestimmungsrecht des Vormundes berechtigt ihn auch dazu, *Klage auf Herausgabe* des Mündels gegen jeden zu erheben, der ihn ihm widerrechtlich vorenthält, § 1632.

2. Das Sorgerecht umfaßt an sich auch das *Recht*, über die *religiöse Erziehung* des *Mündels* zu *bestimmen*. Regelmäßig obliegt dem Vormund aber nicht die *Bestimmung* der Religion, sondern nur die Durchführung der religiösen *Erziehung*. Meist wird er dem gleichen Bekenntnis wie der Mündel angehören; vgl. § 1779 II 2. Gehört er einem anderen Bekenntnis an, so kann ihm die Sorge für die religiöse Erziehung entzogen werden, § 1801. Eine schon erfolgte Bestimmung über die religiöse Erziehung kann er nicht ändern, § 3 II 6 RKEG, ebensowenig einen Bekenntniswechsel durch einen personensorgeberechtigten Elternteil verhindern, § 3 I RKEG. Zur Erstbestimmung der Religion bedarf er der *Genehmigung* des *Vormundschaftsgerichts*, § 3 II 2 RKEG.

Auf die *Amts*vormundschaft und die *Vereins*vormundschaft findet § 1801 keine Anwendung, §§ 38 I, 53 IV JWG. Der Amtsvormund und der Vereinsvormund haben aber auf das religiöse Bekenntnis oder die Weltanschauung des Mündels oder seiner Familie bei der *Unterbringung* Rücksicht zu nehmen, §§ 38 III, 53 IV JWG.

3. Das *Fürsorgerecht* des Vormundes kann durch das *konkurrierende Sorgerecht* der *Eltern* kraft Gesetzes *begrenzt* sein, so daß ihm *nur die Vertretung* in den *die Person betreffenden Angelegenheiten zusteht*, während ihm im übrigen die Personensorge überhaupt nicht oder nicht in vollem Umfang zukommt.

Ausgeschlossen wird die Personensorge des Vormundes durch das *Fürsorgerecht* der *unehelichen Mutter*, § 1707. Hier hat der Vormund nur die Stellung eines Beistandes. *Begrenzt* wird die Personensorge, wenn die elterliche Gewalt eines Elternteils nach § 1673 wegen beschränkter Geschäftsfähigkeit ruht. In diesem Fall steht dem Vormund die Personensorge neben dem geschäftsbeschränkten Elternteil zu. Bei Meinungsverschiedenheiten geht grundsätzlich die Meinung des Vormunds vor. Nur wenn die elterliche Gewalt einer Mutter wegen Minderjährigkeit ruht, geht ihre Meinung der des Vormundes vor, § 1673 II 3.

4. Das *Erziehungsrecht* des Vormunds kann ihm ferner entzogen werden durch eine Anordnung des *Vormundschaftsgerichts*, daß der Mündel zum Zweck der Erziehung in einer geeigneten *Familie* oder in einer *Erziehungsanstalt* untergebracht werden soll, § 1838 S. 1. Durch die Unterbringung geht das Erziehungsrecht auf den Vorstand der Anstalt oder das Haupt der Familie über; das Fürsorgerecht im übrigen verbleibt dem Vormund.

Eine *Pflichtverletzung* des Vormundes braucht nicht notwendig vorzuliegen, noch die Gefahr der Verwahrlosung zu bestehen. Wenn allerdings den Eltern (allein oder neben dem Vormund) die Personensorge zusteht, kann die Unterbringung nur angeordnet werden, wenn die Voraussetzungen des § 1666 gegeben sind, § 1838 S. 2.

5. Zu einer Reihe *persönlicher* Angelegenheiten bedarf der Vormund der *Genehmigung* des *Vormundschaftsgerichts*; s. u. IV, 3.

III. Die Sorge für das Vermögen

Schrifttum: Sichtermann, Das Recht der Mündelsicherheit, 1958; *Möhring*, Vermögensverwaltung in Vormundschafts- und Nachlaßsachen, 5. Aufl. 1963.

1. *Allgemeines*. Auch die *Vermögens*fürsorge des Vormundes hat grundsätzlich den *gleichen Inhalt* wie die des *elterlichen Gewalthabers*. Ihr Zweck ist *Erhaltung* des Vermögens und *nutzbringende Verwertung* im Rahmen ordnungsmäßiger Geschäftsführung. Spekulationsgeschäfte gehen auf Gefahr des Vormundes. Bei seinen Verfügungen ist er nicht gehindert, auch das Interesse der Familie und namentlich der Kinder des Mündels zu berücksichtigen, aber erst in zweiter Linie und nicht gegen das Interesse des Mündels; vgl. RG JW 1912, 67.

a) Die *Grundlage* der *Verwaltung* bildet das *Vermögensverzeichnis*, von dessen Einreichung der Vormund nicht befreit werden kann, § 1802.

Der Vormund muß das Vermögen des Mündels verzeichnen, das Verzeichnis mit der Versicherung der Richtigkeit und Vollständigkeit versehen und so dem Vormundschaftsgericht einreichen. § 1802 I. Das Verzeichnis muß auch die Schulden und Lasten enthalten. Ein etwaiger Gegenvormund ist zuzuziehen, § 1802 I 2. Der Vormund kann sich bei der Aufnahme des Verzeichnisses auf Kosten des Mündels der Hilfe eines Beamten, eines Notars oder eines anderen Sachverständigen bedienen, § 1802 II. Ist das eingereichte Verzeichnis ungenügend, so kann das Vormundschaftsgericht anordnen, daß das Verzeichnis durch eine zuständige Behörde oder einen zuständigen Beamten oder Notar aufgenommen wird, § 1802 III.

b) Die zum Vermögen des Mündels gehörigen Sachen darf er in (unmittelbaren) *Besitz* nehmen, er kann sie aber auch dem Mündel nach pflichtmäßigem Ermessen belassen.

c) Der Vormund *soll sein* Vermögen und das des *Mündels getrennt* halten. Eine Verwendung des Mündelvermögens im eigenen Interesse ist ihm untersagt (§ 1805) und macht ihn ersatzpflichtig (§ 1833); Geld hat er von der Zeit der Verwendung an zu verzinsen, § 1834.

Inanspruchnahme unentgeltlicher *Dienstleistungen* ist keine Vermögensverwendung, begründet aber, soweit der Vormund kein Recht auf die Dienste hat, u. U. Schadensersatz- oder Bereicherungsansprüche. Es wird nicht zu beanstanden sein, wenn der Vormund, der den Mündel in Pflege genommen hat, nach Art der Eltern von ihm kleinere Dienstleistungen verlangt, str.

d) *Schenkungen* und *Freigebigkeiten* in Vertretung des Mündels sind *verboten* und *nichtig*. Ausgenommen sind Schenkungen, durch die einer sittlichen Pflicht oder einer auf den Anstand zu nehmenden Rücksicht entsprochen wird, § 1804; s. u. V 1 d.

e) *Verwaltungsfreies Vermögen* kann ganz wie bei der elterlichen Vermögensverwaltung vorkommen, wenn bei einem *Erwerb* von *Todes wegen* oder durch *unentgeltliche Zuwendung* unter Lebenden der Erblasser oder der Schenker das Verwaltungsrecht ausgeschlossen hat; hier ist ein *Pfleger* zu bestellen, § 1909 I 2, durch dessen Bestellung das Verwaltungsrecht des Vormundes ausgeschlossen wird, § 1794. Bis dahin hat der Vormund Verwaltungsrecht und -pflicht, muß aber vom Bedürfnis der Pflegschaft unverzüglich Anzeige machen.
Statt das Verwaltungsrecht *auszuschließen*, kann der Erblasser oder der Schenker nach § 1803 auch *bindende Anordnungen für die Verwaltung* treffen, von denen der Vormund nur mit Genehmigung des Vormundschaftsgerichts oder der (ersetzbaren) Zustimmung des noch lebenden Schenkers abweichen darf, § 1803 II, III.

2. *Die Anlage von Mündelgeldern insbesondere.* Der Vormund ist verpflichtet, das zum Vermögen des Mündels gehörige *Geld verzinslich anzulegen*, soweit er es nicht zur Bestreitung von Auslagen bereit zu halten hat, § 1806. Die Art der Anlage ist dem Vormund nicht völlig freigegeben, sondern es ist ihm eine sog. *mündelsichere Anlage* vorgeschrieben, §§ 1807ff. Das BGB zählt in § 1807 die zugelassenen Anlegungsarten auf, beläßt aber dem Landesrecht einen gewissen Spielraum zur näheren Bestimmung und Ergänzung.

Die Vorschriften der §§ 1806ff. betreffen *nicht* die zu Beginn der Vormundschaft *vorhandenen* oder dem Mündel später durch *Erbfall zufallenden Anlagen*, wie z. B. Wertpapiere. Ob diese in mündelsichere Anlagen *umzuwandeln* sind, ist Frage des pflichtmäßigen Ermessens im Einzelfall. Oft würde eine solche Umwandlung nur verlustreich sein.

a) Als *mündelsicher* werden anerkannt („die Anlegung soll nur erfolgen“, § 1807):

α) Forderungen, für die eine sichere Hypothek an einem inländischen Grundstück besteht, oder sichere Grundschulden oder Rentenschulden an inländischen Grundstücken, § 1807 I Nr. 1.

Die Landesgesetze können für die innerhalb ihres Geltungsbereichs gelegenen Grundstücke die Grundsätze bestimmen, nach denen die Sicherheit einer Hypothek, einer Grundschuld oder Rentenschuld festzustellen ist, § 1807 II; vgl. z. B. Art. 73 Preuß. AGBGB. Nähere Angaben bei *Sichtermann*, 26ff. Über Erbbaurechtshypotheken vgl. §§ 18ff. ErbbaurechtsVO.
Durch die Ausführungsgesetze werden die *Beleihungsgrenzen* und ihre Ermittlung bestimmt. Mündelsicherheit ist nach diesen Bestimmungen im allgemeinen gegeben, wenn die Belastung $^1/_2$ bis $^2/_3$ des Grundstückswertes nicht übersteigt.

β) Verbriefte Forderungen gegen das *Reich* oder einen Bundesstaat (Land), sowie Forderungen, die in das *Reichs*schuldbuch oder in das Staatsschuldbuch eines Bundesstaates (Landes) eingetragen sind, § 1807 I Nr. 2; Beispiel: Staatsanleihen.

γ) Verbriefte Forderungen, deren Verzinsung vom *Reich* oder von einem Bundesstaat (Land) gewährleistet ist, § 1807 I Nr. 3; Beispiel: Landesbodenbriefe der Bayerischen Landesbodenkreditanstalt.

δ) Wertpapiere, insbesondere Pfandbriefe, sowie verbriefte Forderungen jeder Art gegen eine inländische kommunale Körperschaft oder die Kreditanstalt einer solchen Körperschaft, sofern die Wertpapiere oder die Forderungen von der Bundesregierung mit Zustimmung des Bundesrats zur Anlegung von Mündelgeld für geeignet erklärt sind, § 1807 I Nr. 4.

Nach Art. 212 EGBGB sind ferner die landesgesetzlichen Vorschriften für das Gebiet des betr. Landes in Kraft geblieben, in denen gewisse Wertpapiere zur Anlage für geeignet erklärt worden waren; vgl. die Übersicht bei *Sichtermann*, 45ff.

ε) Die Anlage bei einer öffentlichen Sparkasse, wenn sie von der zuständigen Behörde des Bundesstaates (Landes), in dem sie ihren Sitz hat, zur Anlegung von Mündelgeld für geeignet erklärt ist, § 1807 I Nr. 5; eine Übersicht über das dazu ergangene Landesrecht gibt *Sichtermann*, 53ff.

Die Anlage soll mit *Sperrvermerk* erfolgen, d. h. so, daß zur Abhebung stets die Genehmigung des Gegenvormundes oder des Vormundschaftsgerichtes erforderlich ist, § 1809.

b) Wenn die *verzinsliche* Anlage nach § 1807 *nicht tunlich* ist, so soll aushilfsweise und vorübergehend das Geld bei der Deutschen Genossenschaftskasse, der Deutschen Girozentrale (Deutschen Kommunalbank), bei einer Staatsbank oder bei einer anderen durch Landesgesetz dafür geeignet erklärten inländischen Bank oder bei einer Hinterlegungsstelle angelegt werden, § 1808. Da die Anlage nach § 1808 eine wesentlich geringere Verzinsung erbringt, so kommt sie namentlich für Geld in Betracht, das voraussichtlich bald wieder gebraucht wird.
Die Anlage soll auch hier mit Sperrvermerk erfolgen, § 1809.

Im Falle der *Amtsvormundschaft* kann Mündelgeld auch bei der das Jugendamt errichtenden Körperschaft angelegt werden, § 38 II JWG. Ob diese Körperschaft mündelsicher ist, bestimmt sich nach den allgemeinen Grundsätzen. Auf die *Vereinsvormundschaft* wird § 38 zwar in § 53 IV JWG für anwendbar erklärt; da aber Voraussetzung einer solchen Anlage die „Mündelsicherheit" ist, ergibt sich, daß private Anstalten und Vereine das Geld nicht bei sich selbst anlegen dürfen.

c) Der Vormund soll das Geld nur mit *Genehmigung des Gegenvormundes* anlegen, § 1810; s. u. IV. 2.

d) Das Vormundschaftsgericht kann dem Vormund eine *andere Anlegung* als die *gesetzlich angeordnete* gestatten. Die Erlaubnis soll nur verweigert werden, wenn die beabsichtigte Art der Anlegung nach Lage des Falles den Grundsätzen einer wirtschaftlichen Vermögensverwaltung zuwiderlaufen würde, § 1811.

Das Vormundschaftsgericht muß also prüfen, ob die vom Vormund beabsichtigte Anlage der vom Gesetz vorgeschriebenen *gleichwertig* ist, d. h. die gleiche *Sicherheit* und die gleichen *wirtschaftlichen Vorteile* bietet. Nicht notwendig ist, daß die beabsichtigte Anlage für den Mündel vorteilhafter ist als die gesetzlich vorgeschriebene. So ist z. B. die Anlage von Mündelgeld bei einer *Großbank* zu gestatten, da diese Anlage der Anlage bei einer Sparkasse gleichwertig ist; vgl. LG Hannover, FamRZ 1965, 163; *Lindacher*, BB 1963, 1242; str.

e) Eine schuldhafte *Verletzung der Anlagevorschriften* macht den Vormund ersatzpflichtig, § 1833.

Doch liegt noch nicht ohne weiteres darin ein Verschulden, daß der Vormund die Anlage nicht sofort vornimmt, es muß ihm eine billige Frist zur Überlegung und Ausführung gelassen werden.

f) Die Vorschriften der §§ 1806ff. sind *bloße Ordnungsvorschriften.* Eine anderweitige Anlage ist *nicht ungültig*, der Vormund handelt aber insoweit auf eigene Gefahr.

In der Praxis wird sogar überwiegend angenommen, daß durch § 1806 die *Befugnis* des Vormunds nicht ausgeschlossen werde, das Mündelgeld, wenn er dies für vorteilhafter halte, in anderer Weise, etwa durch Ankauf eines Grundstückes, Vergrößerung des Geschäfts, Beteiligung an einer Gesellschaft usw. nutzbar anzulegen. Demgegenüber ist vom Standpunkt des geltenden Rechts aus zu betonen, daß ein derartiges Vorgehen ohne Einholung der Zustimmung des Gerichts den Vormund nicht von seiner Haftpflicht befreien kann, wenn die Anlage sich ohne Verschulden als schadenbringend erweist; in der Mißachtung der §§ 1806ff. liegt bereits das Verschulden; vgl. *Dölle*, § 126 II 3a.

3. Die Pflicht zur *Hinterlegung* von *Wertpapieren* und *Kostbarkeiten.*

a) Der Vormund muß die zum Vermögen des Mündels gehörenden *Inhaberpapiere*, sowie die mit *Blankoindossament* versehenen *Orderpapiere* nebst Erneuerungsscheinen bei einer Hinterlegungsstelle oder bei einer Staatsbank, bei der Deutschen Girozentrale (Deutschen Kommunalbank) oder bei der Deutschen Genossenschaftskasse *hinterlegen* mit der Bestimmung, daß die Herausgabe nur mit Genehmigung des Vormundschaftsgerichts verlangt werden kann, § 1814.

Das gilt *nicht* für Inhaberpapiere, die nach § 92 zu den *verbrauchbaren* Sachen gehören (z. B. Banknoten), und ebenfalls nicht für die Zins-, Renten- oder Gewinnanteilscheine, § 1814 S. 2.

b) An Stelle der Hinterlegung kann der Vormund die Inhaberpapiere auf den *Namen* des *Mündels umschreiben* lassen, Bundes- und Landespapiere kann er in *Schuldbuchforderungen* umwandeln lassen — jeweils mit der Bestimmung, daß er über sie nur mit Genehmigung des Vormundschaftsgerichts verfügen kann, § 1815 I.

Das *Vormundschaftsgericht* kann auch seinerseits die Umwandlung in Buchforderungen mit einem derartigen Sperrvermerk anordnen, § 1815 II.

Einen entsprechenden Vermerk hat der Vormund auch bei den schon vorhandenen oder später vom Mündel erworbenen Buchforderungen eintragen zu lassen, § 1816.

c) Aus besonderen Gründen kann das *Vormundschaftsgericht* den Vormund von der Verpflichtung zur Hinterlegung und Eintragung des Sperrvermerks *entbinden*, § 1817.

So z. B., wenn der Mündel durch die Vertrauenswürdigkeit des Vormunds oder seine Aufbewahrungseinrichtungen gegen Verlust und Veruntreuung genügend gesichert ist; vgl. KGJ 20 A 225ff., str.
Wie das Gericht, können auch *Vater* und *Mutter* des Mündels dem Vormund Hinterlegung und Sperrvermerk erlassen, § 1853, ebenso ein *Dritter*, der dem Mündel von Todes wegen oder unter Lebenden eine unentgeltliche Zuwendung macht, § 1803.

d) Aus besonderen Gründen kann das Vormundschaftsgericht aber die Hinterlegungs- und Eintragungspflicht auch *ausdehnen* auf *sonstige Wertpapiere* (z. B. Sparbücher, Hypothekenbriefe) und *Kostbarkeiten*, § 1818.

Die Hinterlegung von Zins-, Renten- und Gewinnanteilscheinen kann auch ohne besonderen Grund angeordnet werden, wenn der Vormund dies beantragt, § 1818, 2. Hs.

e) Stets hindert die auf § 1814 oder § 1818 beruhende Hinterlegung nicht bloß die *Verfügung* des Vormunds, sondern auch die *Eingehung* einer *Verpflichtung* zu einer solchen Verfügung ohne die Genehmigung des Vormundschaftsgerichts, § 1819. Die Hinterlegung erzeugt also eine allgemeine Beschränkung der Vertretungsmacht des Vormundes. Entsprechendes gilt für umgeschriebene Inhaberpapiere und Buchforderungen, § 1820.

Ist der hinterlegte Gegenstand aber herausgegeben oder der Sperrvermerk gelöscht, so fällt diese Beschränkung Dritten gegenüber fort, gleichgültig, ob das zu Recht oder Unrecht geschehen ist. Erforderlich bleibt aber auch dann die Genehmigung des Gegenvormunds oder des Vormundschaftsgerichts nach den §§ 1812 u. 1813.

4. Eine *allgemeine Verpflichtung* des Vormunds zur *Sicherheitsleistung* für das seiner Verwaltung unterstellte Vermögen besteht *nicht*. Das Vormundschaftsgericht kann aber aus *besonderen* Gründen den Vormund zur Sicherheitsleistung anhalten, deren Art und Umfang es nach seinem Ermessen bestimmt, § 1844; die §§ 232ff. sind also nicht anwendbar.

Zur Erzwingung der Sicherheitsleistung kann das Vormundschaftsgericht *Ordnungsstrafen* verhängen, § 1837. Das Anhalten zur Sicherheitsleistung bildet jedoch vor der Bestellung zum Vormund einen Ablehnungsgrund (§ 1786 Nr. 6) und gibt dem schon bestellten Vormund einen Anspruch auf Entlassung, § 1889.

IV. Der Genehmigungszwang

1. *Allgemeines.* Der *Selbständigkeit* des Vormunds sind für zahlreiche Rechtsgeschäfte *Schranken* dadurch gezogen, daß er zu ihrer Vornahme

die *Genehmigung* des Gegenvormundes oder des Vormundschaftsgerichts einholen muß.

Der Ausdruck Genehmigung umfaßt dabei sowohl die *vorherige* wie die *nachfolgende Zustimmung*.

Das Erfordernis der Genehmigung ist *regelmäßig* im Sinne einer *Beschränkung* der *Vertretungsmacht* des Vormunds vorgeschrieben; der Vormund wird, wenn er die Geschäfte ohne die erforderliche Genehmigung vornimmt, ähnlich wie ein Vertreter ohne Vertretungsmacht behandelt, §§ 1829 bis 1831. In Ausnahmefällen ist das Erfordernis der Genehmigung nur im Sinne einer *Ordnungs*vorschrift aufgestellt; das ohne Genehmigung vorgenommene Rechtsgeschäft ist gültig, der Vormund macht sich aber einer Pflichtwidrigkeit schuldig (§§ 1837, 1886) und wird dem Mündel schadensersatzpflichtig, § 1833.

Gleichgültig ist es für das Erfordernis der Genehmigung, ob der Vormund *selbst* handelt oder nur *seine Zustimmung* zu einem vom *Mündel* vorgenommenen Rechtsgeschäft gibt; sonst wäre die Umgehung des Genehmigungszwangs ohne weiteres möglich. Einer Umgehung auf dem Umweg über § 110 beugt § 1824 ausdrücklich vor, indem er bestimmt, daß der Vormund Gegenstände, zu deren Veräußerung eine Genehmigung erforderlich ist, dem Mündel nicht ohne diese Genehmigung zur Erfüllung eines vom Mündel geschlossenen Vertrages oder zur freien Verfügung überlassen darf.

2. Die Genehmigung des *Gegenvormundes* ist erforderlich zur Verfügung über die zum „*Kapital*vermögen" (im Gegensatz zum Grundstücksvermögen [§ 1821]) des Mündels gehörigen *Ansprüche*; über *bewegliche* Sachen des Mündels kann der Vormund — *abgesehen* von *Geld* und *Wertpapieren* — *grundsätzlich frei verfügen*. Nach § 1812 I bedarf der Vormund der *Genehmigung* des *Gegenvormundes*:

a) zur *Verfügung* über *Ansprüche* und *Wertpapiere* des Mündels und
b) zur Eingehung der *Verpflichtung* zu einer solchen Verfügung.

Als Verfügung ist auch anzusehen die Einziehung einer Forderung (Kündigung und Annahme der Leistung zum Zweck der Erfüllung) oder die Erteilung einer Löschungsbewilligung — nicht aber die Prozeßführung.

Um aber dem Vormund die Amtsführung nicht zu sehr zu erschweren, wird er bei der *Annahme* einer *geschuldeten Leistung* in folgenden Fällen vom *Genehmigungszwang befreit*, § 1813: α) wenn der Gegenstand der Leistung nicht in Geld oder Wertpapieren besteht (das rechtfertigt sich namentlich daraus, daß der Vormund bewegliche Sachen — außer Wertpapieren — frei veräußern darf); β) wenn der *Anspruch* (nicht die einzelne Leistung) nicht mehr als 300 DM beträgt; γ) wenn Geld zurückgezahlt wird, das der *Vormund* angelegt hat; δ) wenn der Anspruch zu den Nutzungen des Mündelvermögens gehört (anders bei der Rückzahlung des Kapitals); ε) wenn der Anspruch auf Nebenleistungen (Kosten der Kündigung oder der Rechtsverfolgung u. dgl.) geht. — Doch erstrecken sich die Befreiungen zu β) u. γ) nicht auf die Erhebung von Geld, bei dessen Anlegung ein anderes bestimmt worden ist; die Befreiung zu γ) gilt auch nicht für die Erhebung von Geld, das nach § 1807 I Nr. 1—4 angelegt ist, § 1813 II.

Soweit die Genehmigung des *Vormundschaftsgerichts* zu den hierunter fallenden Rechtsgeschäften nach den §§ 1819—1822 notwendig ist (so z. B. bei Wertpapieren, die mit Sperrvermerk hinterlegt sind [§ 1819], und Grundstücksforderungen [§ 1821]), *genügt diese*, § 1812 I 1. Auch davon abgesehen, wird die *Genehmigung* des *Gegenvormundes* durch die des *Vormundschaftsgerichts ersetzt*, § 1812 II; fehlt ein Gegenvormund, so tritt an Stelle seiner Genehmigung die des Vormundschaftsgerichts, sofern nicht die Vormundschaft von mehreren Mitvormündern gemeinschaftlich geführt wird, § 1812 III. Endlich kann das Vormundschaftsgericht zur selbständigen Vornahme der fraglichen Geschäfte eine allgemeine Ermächtigung erteilen, soll das aber nur tun, wenn es zur Vermögensverwaltung, insbesondere zum Betrieb eines Erwerbsgeschäftes erforderlich ist, § 1825.

Eine reine Ordnungsvorschrift ist § 1810, wonach der Vormund die Anlegung des Mündelgeldes nur mit Genehmigung des Gegenvormundes bewirken *soll*.

3. Die Genehmigung des *Vormundschaftsgerichts* ist zunächst für eine Reihe von Rechtsgeschäften erforderlich, die die *Person* des Mündels betreffen.

Antrag auf Ehelichkeitserklärung und die Einwilligung des Mündels dazu, §§ 1728/29, 1731; Abschluß und Aufhebung des Adoptionsvertrags, §§ 1750 bis 1752, 1755, 1770; Antrag des Mündels auf Entlassung aus der Staatsangehörigkeit, § 19 I RuStAG; Bestimmungen über die religiöse Erziehung des Mündels, § 3 II RKEG; Antrag auf Todeserklärung des Mündels, § 16 III VerschG. Bei Geschäftsunfähigkeit des Mündels ist die Genehmigung notwendig zur Erhebung der Aufhebungs- oder Scheidungsklage und zur Anfechtung der Ehelichkeit eines Kindes, §§ 612 II, 641 II ZPO.

Vor allem ist die vormundschaftsgerichtliche Genehmigung erforderlich für eine große Zahl von *Vermögensverwaltungsgeschäften*, nämlich:

a) *Verfügungen* (und entsprechende Verpflichtungsgeschäfte) über nach § 1814 oder § 1818 *hinterlegte Wertpapiere, Kostbarkeiten* und über die in hinterlegten Hypotheken-, Grundschuld- und Rentenschuldbriefen verkörperten Rechte, ferner über die in Namenspapiere oder Buchforderungen umgewandelten Inhaberpapiere sowie gesperrte Buchforderungen, §§ 1819 und 1820.

b) *Grundstücksgeschäfte*, nämlich:

Die *Verfügung* über ein *Grundstück* oder ein *Recht* an einem Grundstück, § 1821 Nr. 1; die Verfügung über eine *Forderung*, die auf Übertragung des Eigentums an einem Grundstück oder auf Begründung oder Übertragung eines Rechtes an einem Grundstück oder auf Befreiung eines Grundstückes von einem solchen Recht gerichtet ist, § 1821 Nr. 2; die Verfügung über ein eingetragenes *Schiff* oder Schiffsbauwerk oder über eine Forderung, die auf Übertragung des Eigentums an einem eingetragenen Schiff oder Schiffsbauwerk gerichtet ist, § 1821 Nr. 3; die Eingehung der *Verpflichtung* zu einer der vorgenannten Verfügungen, § 1821 Nr. 4; endlich ein Vertrag, der auf den entgeltlichen *Erwerb* eines Grundstücks, eines eingetragenen Schiffs oder Schiffsbauwerks oder eines Rechts an einem Grundstück gerichtet ist, § 1821 Nr. 5. Auch wenn der Mündel am Grundstück usw. nur *mit*berechtigt ist, wie bei der Erbengemeinschaft, ist Genehmigung erforderlich; anders nur, wenn es sich um seinen Anteil am Vermögen einer juristischen Person oder einer OHG handelt; vgl. RG 54, 278; 133, 7.

Zu den Grundstücksrechten im Sinne dieser Vorschriften gehören *Hypotheken, Grundschulden* und *Rentenschulden nicht*, da sie der Verkehr zum beweglichen, zum sog. *Kapital*vermögen rechnet, § 1821 II. Danach ist wohl zur Belastung des Grundstückes mit einer Hypothek die Genehmigung des Vormundschaftsgerichts erforderlich, da die Belastung eine Verfügung über das *Grundstück* ist; nicht dagegen zur Veräußerung der Hypothek, für die § 1812 gilt.

Die Streitfrage, ob es als eine Belastung des Grundstücks anzusehen ist, wenn der Vormund ein Grundstück erwirbt und gleichzeitig für einen Teil des Kaufpreises eine Hypothek (*Restkaufpreishypothek*) bestellt, ist für den Vormund bedeutungslos, da er ja schon nach § 1821 Nr. 5 der Genehmigung des Vormundschaftsgerichts für den Erwerb bedarf. Anders für den Inhaber der elterlichen Gewalt, der im Erwerb von Grundbesitz nicht beschränkt ist.

c) Gewisse Geschäfte, die sich auf das *Gesamtvermögen* oder eine *Erbschaft* beziehen, nämlich:

Die Verpflichtung des Mündels zu einer Verfügung über sein Vermögen im ganzen, über eine ihm angefallene Erbschaft (oder einen ihm angefallenen Erbteil, § 1922 II) oder seinen künftigen gesetzlichen Erbteil oder künftigen Pflichtteil, sowie die Verfügung über den Anteil des Mündels an einer Erbschaft, § 1822 Nr. 1; die Ausschlagung einer Erbschaft (oder eines Erbteils, § 1922 II) oder eines Vermächtnisses, der Verzicht auf den Pflichtteil nach dem Tode des Erblassers und der Erbteilungsvertrag, § 1822 Nr. 2; der Ehevertrag, wenn darin der Zugewinnausgleich ausgeschlossen oder eingeschränkt oder wenn Gütergemeinschaft vereinbart oder aufgehoben wird, § 1411 I; die Ablehnung der Fortsetzung der Gütergemeinschaft und die Aufhebung der fortgesetzten Gütergemeinschaft, §§ 1484 II, 1492 III; der Erbverzicht und Pflichtteilsverzicht, §§ 2346, 2347; der Erbvertrag des bevormundeten Erblassers mit seinem Ehegatten oder Verlobten, § 2275 II u. III; vgl. auch §§ 2282 II, 2290 III, 2291 I, 2292.

d) Verträge über ein *Erwerbsgeschäft*, nämlich solche, die auf den entgeltlichen Erwerb oder die Veräußerung gerichtet sind, sowie ein zum Betrieb eines Erwerbsgeschäfts eingegangener Gesellschaftsvertrag, § 1822 Nr. 3.

Spätere Änderungen des Gesellschaftsvertrages fallen nicht unter § 1822 Nr. 3; vgl. BGH 38, 26; dazu kritisch *Beitzke*, JR 1963, 182ff.

Eine reine Ordnungsvorschrift ist § 1823, wonach der Vormund nicht ohne Genehmigung des Vormundschaftsgerichts ein *neues Erwerbsgeschäft* im Namen des Mündels *beginnen* oder ein *bestehendes* Erwerbsgeschäft des Mündels *auflösen* soll. Vgl. auch § 112.

e) Gewisse *Kreditgeschäfte*, nämlich die Aufnahme von Geld auf Kredit des Mündels, § 1822 Nr. 8, und die Übernahme einer fremden Verbindlichkeit, namentlich die Verbürgung, § 1822 Nr. 10.

Als Übernahme einer fremden Verbindlichkeit wird auch die Beteiligung an einer GmbH oder der Beitritt zu einer Genossenschaft angesehen; letzteres allerdings sehr str.; vgl. *Palandt-Lauterbach*, § 1822 Anm. 10.

f) Gewisse andere *vermögensrechtlich bedenkliche Geschäfte*, nämlich:

Ausstellung einer Schuldverschreibung auf den Inhaber, Eingehung einer Verbindlichkeit aus einem Wechsel oder einem anderen indossablen Papier, § 1822 Nr. 9, Erteilung einer Prokura, § 1822 Nr. 11, Rechtsgeschäfte, durch die die für eine Forderung des Mündels bestehende Sicherheit aufgehoben oder gemindert oder die Verpflichtung dazu begründet wird, § 1822 Nr. 13, ein Vergleich oder Schiedsvertrag, es sei denn, daß der Gegenstand des Streites oder der Ungewißheit in Geld schätzbar ist und den Wert von 300,— DM nicht übersteigt, § 1822 Nr. 12, Vereinbarungen zwischen dem unehelichen Vater und dem Kind über den Unterhalt für die Zukunft oder eine Abfindung, § 1714.

g) *Pachtverträge* über ein Landgut oder einen gewerblichen Betrieb, § 1822 Nr. 4.

h) Gewisse Verträge, die dem Mündel eine *persönliche Bindung* oder die Verpflichtung zu wiederkehrenden Leistungen für längere Zeit auferlegen, nämlich:

Ein Lehrvertrag, der für längere Zeit als ein Jahr geschlossen wird, § 1822 Nr. 6, Dienst- oder Arbeitsverträge, wenn der Mündel zu persönlichen Leistungen für längere Zeit als ein Jahr verpflichtet werden soll, § 1822 Nr. 7, Verträge, z. B. Miet- oder Pachtverträge, wohl auch Abzahlungsgeschäfte, durch die der Mündel zu wiederkehrenden Leistungen über das vollendete 21. Lebensjahr hinaus verpflichtet wird, wenn das Vertragsverhältnis länger als ein Jahr über diesen Zeitpunkt hinaus fortdauern soll, § 1822 Nr. 5.

Das Vormundschaftsgericht kann zur selbständigen Vornahme der in § 1822 Nr. 8—10 bezeichneten Geschäfte dem Vormund eine *allgemeine Ermächtigung* erteilen, soll das aber nur tun, wenn es zur Vermögensverwaltung, insbesondere zum Betrieb eines Erwerbsgeschäftes erforderlich ist, § 1825.

4. *Verfahren* bei der vormundschaftsgerichtlichen Genehmigung.

a) Das Vormundschaftsgericht hat die Sachlage von *Amts wegen* zu prüfen und ist in seinem Vorgehen nicht von einem Antrag abhängig, § 12 FGG. Trotzdem wird man annehmen müssen, daß es seine Genehmigung nicht gegen den Willen des Vormundes erteilen darf. Das folgt aus dem Prinzip der Selbständigkeit des Vormundes. Maßgebend für die Entscheidung ist ausschließlich das *Interesse des Mündels*.

b) Das Vormundschaftsgericht soll vor seiner Entscheidung den *Gegenvormund anhören*, wenn ein solcher vorhanden und die Anhörung tunlich ist, § 1826. In gewissen Fällen ist auch die Anhörung des *Mündels* und der *Verwandten* oder *Verschwägerten* vorgeschrieben, §§ 1827, 1847.

c) Die Genehmigung kann *nur* dem *Vormund gegenüber* erklärt werden, nicht auch gegenüber dem Mündel oder dem Dritten, demgegenüber das Rechtsgeschäft vorzunehmen ist, § 1828. § 182 I gilt hier also nicht.

Mit der Mitteilung an den Vormund ist aber der Beschluß dem Dritten gegenüber noch nicht wirksam geworden. Das geschieht erst, wenn der *Vormund* diesem die Genehmigung mitteilt oder ihm gegenüber das Rechtsgeschäft auf Grund der Genehmigung vornimmt. Die Mitteilung des Genehmigungsbeschlusses an den *Vormund* ist nur eine *innere* Angelegenheit zwischen diesem und dem Gericht, ein Dritter kann sich darauf nicht berufen. Bis zur Mitteilung des Beschlusses *durch den Vormund* an den Dritten kann die Genehmigung frei widerrufen und auf Beschwerde des Vormunds vom Beschwerdegericht zurückgenommen werden, §§ 55, 18 I, 62 FGG. Erst von da ab ist sie unabänderbar. Die Mitteilung steht *im Belieben des Vormundes*, so daß er trotz ihm erteilter Genehmigung das wirksame Zustandekommen eines Vertrages verhindern kann; vgl. RG 130, 151.

Die Mitteilung der Genehmigung braucht aber *nicht ausdrücklich* zu erfolgen. Weiß der Vormund, daß dem anderen Vertragsteil die Erteilung der Genehmigung bekannt ist, dann genügt, daß er dem anderen Teil zu erkennen gibt, daß er den Vertrag so, wie er geschlossen und genehmigt ist, auch weiterhin billigt; vgl. BGH 15, 97. Über das Erfordernis der Mitteilung muß der Notar die Beteiligten belehren; vgl. BGH 19, 5.

d) Die Genehmigung macht das Geschäft *nur so wirksam*, wie es zur Genehmigung *unterbreitet* ist. Bei einem schriftlichen Vertrag trifft sie also nur den beurkundeten Inhalt; mündliche Nebenabreden, die dem Gericht nicht zur Genehmigung mitgeteilt wurden, werden nicht gedeckt, vgl. RG 50, 284; 61, 209; 99, 72.

Ebensowenig kann die Genehmigung einen Unwirksamkeitsgrund beseitigen, der sich aus den allgemeinen gesetzlichen Vorschriften ergibt; vgl. RG 67, 63.

e) Die Genehmigung selbst ist formfrei.

f) Der Bescheid des Vormundschaftsgerichts, ein bestimmtes Rechtsgeschäft bedürfe keiner vormundschaftsgerichtlichen Genehmigung (Negativattest), steht der Erteilung der Genehmigung nicht gleich; vgl. BGH FamRZ 1966, 139.

g) Ist der Mündel volljährig geworden, so tritt seine Genehmigung an die Stelle derjenigen des Vormundschaftsgerichts, § 1829 III.

5. Bei Vornahme eines Rechtsgeschäfts *ohne* die erforderliche *Genehmigung* des Vormundschaftsgerichts unterscheidet das Gesetz zwischen *einseitigen* Rechtsgeschäften und *Verträgen*.

a) Ein *einseitiges* Rechtsgeschäft — wie z. B. die Eintragungs- oder Löschungsbewilligung bei der Hypothek — ist endgültig unwirksam und kann auch durch Nachbringung der Genehmigung nicht wirksam gemacht werden, § 1831 S. 1.

Das ist die gleiche Behandlung wie beim einseitigen Rechtsgeschäft des Geschäftsbeschränkten und des vollmachtlosen Vertreters; der Gegner, der sich die Vornahme des Rechtsgeschäfts gefallen lassen muß, soll nicht für unbestimmte Zeit im Ungewissen bleiben. Dies Bedenken fällt weg, wenn für die Vornahme des Rechtsgeschäfts eine Frist vorgeschrieben ist und die erforderlichen Erklärungen vor Ablauf der Frist sämtlich vorliegen. Deshalb ist z. B. bei Ausschlagung der Erbschaft gegenüber dem Nachlaßgericht das Nachbringen der Genehmigung innerhalb der Frist gestattet; vgl. RG 118, 145; KGJ 50 A 73.

Selbst wenn der Vormund das Rechtsgeschäft *mit* der vormundschaftsgerichtlichen Genehmigung einem anderen gegenüber vornimmt, muß er auf Verlangen die Genehmigung in *schriftlicher Form vorlegen*; tut er das nicht, ist das Rechtsgeschäft unwirksam, wenn der Gegner es aus diesem Grunde unverzüglich zurückweist, § 1831 S. 2.

b) *Verträge* dagegen können durch *nachträgliche Genehmigung wirksam* werden, § 1829 I. Bis zur Entscheidung über die Erteilung oder Verweigerung der Genehmigung entsteht ein Schwebezustand (schwebende Unwirksamkeit), während dessen der Vertrags*gegner* — abgesehen vom Fall der Täuschung (§ 1830) — an den Vertrag gebunden ist.

Zur alsbaldigen *Lösung* dieses Schwebezustandes gibt § 1829 II dem Vertragsgegner — ähnlich wie bei den Verträgen Geschäftsbeschränkter — ein *Aufforderungsrecht* gegenüber dem Vormund (bzw. dem volljährig gewordenen Mündel [§ 1829 III]) zur Mitteilung darüber, ob die Genehmigung erteilt sei. Die Gebundenheit erlischt und die Genehmigung gilt als verweigert, wenn die Mitteilung der Genehmigung nicht binnen zwei Wochen nach Empfang der Aufforderung erfolgt.

Neben dem Aufforderungsrecht gibt § 1830 dem Vertragsgegner auch ein *Widerrufsrecht*, aber nicht grundsätzlich (wie § 109 I bei Verträgen Minderjähriger), sondern nur *ausnahmsweise* (vgl. § 109 II), nämlich dann, wenn der Vormund beim Vertragsschluß objektiv wahrheitswidrig die Genehmigung des Vormundschaftsgerichts behauptet hat; der Widerruf ist ausgeschlossen, wenn der Vertragsgegner das Fehlen der Genehmigung beim Vertragsschluß gekannt hat. Außerdem kann der Vormund, der das Vorliegen der Genehmigung behauptet hat, nach Analogie des § 179 als falsus procurator belangt werden, str.; vgl. *Dölle*, § 128 VI 6 C cc. Jedenfalls haftet er dem Dritten wegen arglistiger Täuschung (§§ 823, 826), dem Mündel nach § 1833.

Die Vorschriften über *Verträge* gelten auch dann, wenn der *Mündel selber* den *Vertrag* geschlossen hat. Der Dritte kann zunächst nach § 109 widerrufen bis zur Genehmigung des Vormundes, dann noch nach § 1830 bis zur Mitteilung der Genehmigung des Vormundschaftsgerichts.

Falls die Genehmigung dem Vormund schon *vor* dem Vertragsschluß durch Mitteilung nach § 1828 erteilt ist, ohne daß der Dritte beim Abschluß des Vertrages davon Kenntnis hat, bleibt er an den Vertrag gebunden und hat das Aufforderungsrecht des § 1829 nicht, obwohl er sich zunächst in ähnlicher Ungewißheit befinden mag wie beim Fehlen der Genehmigung; er kann diese Ungewißheit durch Erkundigung beim Vormundschaftsgericht jederzeit beseitigen.

6. *Die Rechtsnatur* der vormundschaftsgerichtlichen Genehmigung ist streitig.
Die Genehmigung des Vormundschaftsgerichts ist ein *Staatsakt*, eine *Staatswillenserklärung*, die die *Vertretungsmacht* des *Vormunds erweitert*, die den Vormund zur Vornahme des Rechtsgeschäfts *ermächtigt*, ihn aber nicht dazu verpflichtet; vgl. RG 76, 366. Bis zur Vornahme des Rechtsgeschäfts kann das Vormundschaftsgericht seine Entscheidung ändern; vgl. KG RJA 15, 264. Die Genehmigung darf nicht als Zustimmung im Sinne der §§ 182ff. aufgefaßt werden, ist überhaupt keine privatrechtliche Willenserklärung — und deshalb finden die Vorschriften des BGB über die Unwirksamkeit und Anfechtbarkeit von Rechtsgeschäften auf sie keine unmittelbare Anwendung. Gleichwohl hat man sich für eine analoge Anwendung ausgesprochen, weil die Genehmigung eine Mitwirkung an der Verwaltung des Vormundes sei, die zusammen mit der Mitteilung des Vormundes den rechtsgeschäftlichen Tatbestand bilde und die privatrechtliche Wirkung hervorbringe. Insoweit hat sie das RG (71, 170 und 137, 345) als einen obrigkeitlichen Akt bezeichnet, der zugleich ein privatrechtliches Rechtsgeschäft darstelle. Die Annahme, daß der Vormund oder ein für den Mündel zu bestellender Pfleger das genehmigte Rechtsgeschäft auch wegen eines Irrtums des *Richters* bei der Erteilung der Genehmigung oder wegen einer ihm gegenüber vorgenommenen Täuschung anfechten könne, ist jedoch mehr als befremdlich. Haltbar ist nur die Annahme, daß der Vormund den Geschäftsabschluß oder die gleichfalls rechtsgeschäftliche Mitteilung anfechten kann, weil *er* unter dem Einfluß des *gleichen* Willensmangels gehandelt hat wie der Richter; vgl. *Kipp*, § 115 VIII; *Dölle*, § 128 VI 1.
Die *Mitteilung* der Genehmigung (oder Versagung) durch den *Vormund an den Dritten* ist unbestritten eine privatrechtliche *Willens*erklärung, nicht eine bloße Wissensmitteilung; denn die Mitteilung muß in dem Sinne erfolgen, daß der Vormund die Genehmigung (oder Versagung) *sich zu eigen macht*.

7. Auf die erforderliche Genehmigung des *Gegenvormundes* finden die Vorschriften der §§ 1828 bis 1831 entsprechende Anwendung, § 1832. Die Erteilung oder Versagung der Genehmigung kann *nur* dem *Vormund* gegenüber erklärt werden und wird dem Dritten gegenüber erst wirksam mit der entsprechenden Mitteilung durch den *Vormund*. Die vorherige Anhörung des Gegenvormundes kommt natürlich nicht in Betracht.

Die Genehmigung des Gegenvormundes ist selbstverständlich keine obrigkeitliche Handlung, wenn er sie auch als Hilfsorgan des Vormundschaftsgerichts vornimmt, sondern eine privatrechtliche Willenserklärung, die die Vertretungsmacht des Vormunds erweitert. Gegen die Anwendung der Anfechtungsregeln (§§ 119ff.) auf sie bestehen keine Bedenken.

8. Der Genehmigungszwang bedeutet eine Beschränkung der Vertretungsmacht des Vormundes, zugleich aber auch eine *Milderung seiner Verantwortlichkeit.* Deshalb fragt sich, ob der Vormund nicht auch in *anderen* Fällen ein Rechtsgeschäft wirksam dem Genehmigungszwang unterstellen kann. Das ist indessen zu verneinen. Das Gericht darf keine Genehmigung erteilen, die im Gesetz nicht vorgesehen ist; vgl. *Dölle,* § 128 IV; *Gernhuber,* § 64 IV 1.

Ebensowenig können die Eltern, der Erblasser oder Schenker weitere Fälle des Genehmigungszwangs einführen.

Im übrigen schließt eine Genehmigung durch das Vormundschaftsgericht eine Haftung des Vormundes keineswegs aus; vgl. BGH JZ 1964, 324.

V. Ausschluß der Vertretungsmacht des Vormundes

1. Die Vertretungsmacht des Vormundes ist in einer Reihe von Fällen *ausgeschlossen*:

a) Sie umfaßt nicht die Rechtsgeschäfte, für die der Mündel die *Stellung* eines *unbeschränkt Geschäftsfähigen* hat, §§ 112, 113.

b) Sie erstreckt sich nicht auf die Angelegenheiten, für die ein *Pfleger* bestellt ist, § 1794.

c) Wegen der Gefahr einer *Interessenkollision* ist dem Vormund das *Selbstkontrahieren* nur im Rahmen des § 181 gestattet, § 1795 II. Er darf also nicht im Namen des Mündels mit sich im eigenen Namen oder als Vertreter eines Dritten ein Rechtsgeschäft vornehmen, außer wenn es ausschließlich in der Erfüllung einer Verbindlichkeit besteht. Er darf darum auch mehrere Mündel nicht vertreten, wenn sie miteinander ein Rechtsgeschäft vornehmen, z. B. einen Gesellschaftsvertrag schließen wollen.

Auch das *Gericht* kann ein Selbstkontrahieren nicht gestatten; vgl. BGH 21, 229, str.; das gilt auch für den Pfleger (vgl. RG 71, 162) und führt z. B. bei der Erbauseinandersetzung oft zu einer wahren „Pflegerhäufung". Unpraktisch!

Außerdem entzieht § 1795 I Nr. 1 und 3 dem Vormund ausdrücklich die Vertretungsbefugnis für Rechtsgeschäfte (Rechtshandlungen) und Rechtsstreite zwischen dem Mündel und den *nächsten Verwandten* des *Vormunds* (dem Ehegatten und den Verwandten gerader Linie) — mit Ausnahme der Erfüllungsgeschäfte.

Weiter ist dem Vormund die Vertretungsmacht entzogen, wenn er selbst der Schuldner des Mündels aus einer durch Pfandrecht, Hypothek oder Bürgschaft gesicherten Forderung ist und es sich um die Übertragung oder Belastung dieser Forderung oder um die Aufhebung oder Minderung dieser Sicherheiten handelt, § 1795 I Nr. 2. Gleiches gilt für einen Rechtsstreit über eine derartige Angelegenheit, § 1795 I Nr. 3.

Endlich kann das *Vormundschaftsgericht* auch in anderen Fällen dem Vormund die Vertretung für *einzelne* Angelegenheiten oder einen bestimmten Kreis von Angelegenheiten entziehen, wenn das *Interesse* des *Mündels in erheblichem Gegensatz* steht zum Interesse des *Vormundes* oder eines von ihm vertretenen Dritten oder seines Gatten oder eines seiner Verwandten in gerader Linie, § 1796.

d) Die Vertretungsmacht des Vormundes ist schlechthin beschränkt durch das *Verbot* von *Schenkungen* aus dem Vermögen des Mündels mit Ausnahme derer, durch die einer sittlichen Pflicht oder einer auf den Anstand zu nehmenden Rücksicht entsprochen wird, § 1804.

Der Vormund kann auch der vom Mündel selbst vorgenommenen Schenkung nicht zustimmen, und auch das Vormundschaftsgericht kann eine Schenkung nicht genehmigen. Ein Mündel kann — abgesehen von Anstandsschenkungen — nichts verschenken.

2. Nimmt der Vormund trotz Ausschluß der Vertretungsmacht ein Rechtsgeschäft vor, so beurteilen sich die Rechtsfolgen regelmäßig nach den §§ 177ff.

Einseitige Rechtsgeschäfte sind schlechthin nichtig, Verträge können durch Genehmigung eines Pflegers — und soweit sie rein vorteilhaft sind, durch die des Mündels selbst — wirksam werden. Gegebenenfalls haftet der Vormund als falsus procurator nach § 179. Lediglich eine gegen das Verbot des § 1804 verstoßende Schenkung wird als unheilbar nichtig angesehen; vgl. *Dölle*, § 124 II 1.

3. Läßt der Sachverhalt klar ersehen, daß der Vormund die Vertretungsmacht zu seinem eigenen Nutzen oder zu dem eines andern *mißbraucht*, so ist zwar die Vertretungsmacht nicht ausgeschlossen, doch kann der Dritte, der diese mißbräuchliche Ausnutzung erkannt hat oder bei einiger Aufmerksamkeit hätte erkennen müssen, sich wegen seines unlauteren Verhaltens auf die Vertretungsmacht nicht berufen; vgl. RG 52, 99; 71, 222; 75, 301; noch weitergehend 85, 353.

VI. Ansprüche aus der Führung der Vormundschaft

1. Der Vormund (auch der Gegenvormund) kann für *Aufwendungen*, die er für erforderlich halten durfte, nach den Regeln des *Auftrags Ersatz* und *Vorschuß* verlangen, § 1835. Die nötigen Mittel kann der Vormund nach § 181 selbst aus dem Vermögen des Mündels entnehmen. Der ihm zukommende Geldbetrag ist von der Zeit der Verwendung an zu verzinsen, § 256.

Für *Zeitversäumnis* infolge der Amtsführung kann er keinen *Ersatz* verlangen; eine dafür gewährte Entschädigung ist *Vergütung*. Bei *Dienstleistungen* muß man scheiden zwischen den zur Verwaltungstätigkeit gehörigen vormundschaftlichen Diensten und den sonstigen Diensten, die der Vormund regelmäßig durch einen anderen

(Rechtsanwalt, Arzt, Handwerker usw.) verrichten läßt. Für jene erhält er keinen Ersatz, für diese kann er angemessenen Ersatz verlangen, wenn er sie kraft seines Gewerbes oder Berufes selbst leistet, § 1835 II. Der Vormund, der Arzt ist, kann also für die ärztliche Behandlung des Mündels das übliche Honorar berechnen.

Schäden, die der Vormund bei Führung der Vormundschaft erleidet, sind ihm nur soweit zu ersetzen, als sie sich unter den Gesichtspunkt der „Aufwendung" bringen lassen.
Bei *Streitigkeiten* über Ersatzpflicht und Höhe entscheidet nicht das Vormundschafts-, sondern das *Prozeßgericht*.

2. Ein *Anspruch* auf *Vergütung* für die Führung der Vormundschaft steht dem Vormund grundsätzlich *nicht* zu, § 1836 I 1.
Das Vormundschaftsgericht kann ihm jedoch eine angemessene Vergütung bewilligen, soll das aber nur tun, wenn das Vermögen des Mündels sowie der Umfang und die Bedeutung der vormundschaftlichen Geschäfte es rechtfertigen, § 1836 I 2 und 3. Aus besonderen Gründen kann auch dem Gegenvormund eine angemessene Vergütung bewilligt werden, § 1836 I 2.
Die Vergütung kann auch für eine vergangene Zeit bewilligt werden, sie kann ferner nach der ausdrücklichen Vorschrift des § 1836 I 4 jederzeit für die *Zukunft* geändert oder entzogen werden. Nach § 18 FGG muß man sogar annehmen, daß die Entscheidung auch für die *Vergangenheit* abgeändert werden kann; vgl. KGJ 51 A 44. Das Vormundschaftsgericht soll vor jeder Entscheidung den Vormund und auch den Gegenvormund (wenn ein solcher vorhanden oder zu bestellen ist) hören, § 1836 II.

3. *Amts*vormünder und *Vereins*vormünder erhalten nur ihre *besonderen Aufwendungen — ausschließlich der allgemeinen Verwaltungskosten —* ersetzt. Einen Anspruch auf Vergütung haben sie nicht, da sie regelmäßig für ihre Dienste durch das ihnen zufließende Gehalt entschädigt werden oder doch ihr Amt im Sinne einer freiwilligen Liebestätigkeit versehen, §§ 38 II, 53 IV JWG.

VII. Führung durch mehrere Vormünder

1. Sind ausnahmsweise (§ 1775) *mehrere Vormünder* bestellt worden, so führen sie regelmäßig die Vormundschaft *gemeinschaftlich*, § 1797 I 1. Sie können also den Mündel nur gemeinschaftlich vertreten und müssen alle Geschäfte gemeinschaftlich besorgen. Das ist vernünftigerweise nicht so zu verstehen, daß alle handeln müssen, es genügt, wenn einer mit Zustimmung der andern handelt.
Bei *Meinungsverschiedenheiten entscheidet* das *Vormundschaftsgericht*, sofern nicht bei der Bestellung ein anderes bestimmt wird, § 1797 I 2. Das Gericht kann einer der verschiedenen Meinungen den Vorzug geben oder alle verwerfen, nicht aber selber die zu ergreifenden Maß-

nahmen vorschreiben, weil das der Selbständigkeit des Vormunds widersprechen würde. Jeder Vormund hat aber selbständig das Recht der Beschwerde, § 58 I FGG.

Um die daraus erwachsenden Schwierigkeiten zu vermeiden, empfiehlt es sich für das Gericht, bei der Bestellung zu bestimmen, daß der Mehrheitswille für gewisse oder alle Angelegenheiten entscheiden solle. Nach der Bestellung geht das nur mehr auf dem Umweg über die Entlassung und Neubestellung.

Wenn die Vormundschaft gemeinschaftlich zu führen ist, erübrigt sich die Bestellung eines *Gegenvormundes*, § 1792 II.

2. Das *Vormundschaftsgericht* kann die *Führung* der Vormundschaft aber auch unter mehrere Vormünder nach *bestimmten Wirkungskreisen verteilen*, § 1797 II 1.

Man denke daran, daß einem Vormund die Sorge für die Person, einem andern die für das Vermögen zugewiesen wird oder daß für die Verwaltung eines industriellen Unternehmens ein besonderer Vormund bestellt wird.

Dann führt jeder Vormund innerhalb des ihm überwiesenen Wirkungskreises die Vormundschaft *selbständig*, § 1797 II 2. Für diesen Fall *kann* der eine Vormund zum Gegenvormund des anderen bestellt werden, § 1792 III. Nach § 18 FGG ist das Vormundschaftsgericht jederzeit in der Lage, die Verteilung aufzuheben oder abzuändern. Das Vormundschaftsgericht entscheidet auch bei Meinungsverschiedenheiten, §§ 1797, 1798.

3. Bestimmungen, die der *Vater* oder die *Mutter* für die Geschäftsverteilung oder die Entscheidung von Meinungsverschiedenheiten wirksam (d. h. durch letztwillige Verfügung unter der Voraussetzung des Benennungsrechts, § 1777) getroffen haben, sind vom Vormundschaftsgericht zu befolgen, sofern nicht ihre Befolgung das Interesse des Mündels gefährden würde, § 1797 III.

4. Jeder Vormund haftet für sein Verschulden. Sind für den Schaden mehrere nebeneinander verantwortlich, so haften sie als *Gesamtschuldner*, § 1833.

VIII. Der Gegenvormund

1. Der Gegenvormund fungiert als *Unterstützungsorgan* des *Vormundschaftsgerichts* bei der *Beaufsichtigung* des *Vormundes*.

Er hat darauf zu achten, daß der Vormund die Vormundschaft pflichtmäßig führt, und hat dem Vormundschaftsgericht unverzüglich *Anzeige* zu machen von etwaigen Pflichtwidrigkeiten des Vormundes, sowie von Fällen, in denen das Vormundschaftsgericht zum Eingreifen berufen ist, wie z. B. vom Tod, Wegfall oder Verhinderung des Vormundes, § 1799 I.

Namentlich muß er sich beim Amtsantritt über den Stand des Vermögens und dessen mündelsichere Anlage unterrichten; vgl. RG 79, 11.

Zu einem *unmittelbaren Eingreifen* in die vormundschaftliche Verwaltung ist er *nicht berechtigt*. Soweit seine Genehmigung erforderlich ist, kann er nach pflichtmäßiger unverzüglicher Prüfung durch ihre Versagung das Geschäft verhindern; im übrigen ist er auf die Anrufung des Gerichts beschränkt, wenn er eine vom Vormund beabsichtigte Maßnahme als pflichtwidrig oder unzweckmäßig beanstandet.

2. Um ihm die Möglichkeit zur sachgemäßen Erfüllung seiner Aufsichtspflichten zu verschaffen, *verpflichtet* das Gesetz den *Vormund*, ihn bei der *Aufnahme des Vermögensverzeichnisses zuzuziehen* (§ 1802) und ihm auf Verlangen über die Führung der Vormundschaft *Auskunft* zu erteilen, sowie *Einsicht* in die auf die Vormundschaft bezüglichen Papiere zu gestatten, § 1799 II.

Die vom Vormund zu legende *Rechnung* über die Vermögensverwaltung (§§ 1840, 1890) ist dem Gegenvormund unter Nachweis des Vermögensbestandes vorzulegen und von ihm mit den Bemerkungen zu versehen, zu denen die Prüfung Anlaß gibt, §§ 1842, 1891.

3. Der Gegenvormund *haftet* wie der Vormund dem Mündel auf Ersatz des durch *schuldhafte Pflichtverletzung* entstandenen Schadens, § 1833 I, z. B. bei schuldhafter, die Mündelinteressen mißachtender Genehmigung oder schuldhafter Verzögerung seiner Entscheidung.

4. Der Gegenvormund hat wie der Vormund *Anspruch* auf *Verwendungsersatz*, § 1835. Eine *Vergütung* kann ihm nur unter außergewöhnlichen Umständen bewilligt werden, § 1836 I 2.

§ 38

III. Kapitel

Fürsorgemaßnahmen nach dem Jugendwohlfahrtsgesetz

Schrifttum: Vgl. die Angaben zu §20 II dieses Buches; ferner: *Becker*, Von der Schutzaufsicht zur Erziehungsbeistandschaft, MDR 1963, 261.

I. Erziehungsbeistandschaft

1. Für einen *Minderjährigen*, dessen *leibliche, geistige* oder *seelische Entwicklung gefährdet oder geschädigt ist*, ist ein *Erziehungsbeistand* zu bestellen, wenn diese Maßnahme zur Abwendung der Gefahr oder zur Beseitigung des Schadens geboten und ausreichend erscheint, § 55 JWG.

Die Erziehungsbeistandschaft ist zu unterscheiden von der Beistandschaft des BGB. Der Beistand des BGB soll einen Elternteil unterstützen, dem die elterliche Gewalt oder die Sorge für die Person oder das Vermögen des Kindes allein zusteht, § 1685 I; s. o. § 23 V. Ein Erziehungsbeistand wird angeordnet, wenn die Entwicklung des Minderjährigen gefährdet oder geschädigt ist, auch wenn die elterliche Gewalt beiden Eltern zusteht.

2. Der Erziehungsbeistand wird vom *Jugendamt* bestellt, und zwar entweder auf Antrag der *Personensorgeberechtigten*, § 56 I JWG, oder von Amts wegen, wenn das *Vormundschaftsgericht* die Bestellung anordnet, § 57 I JWG.

Die Erziehungsbeistandschaft kann auch vom *Jugendgericht* in einem Jugendstrafverfahren angeordnet werden, §§ 5 I, 9 Nr. 2 JGG.

3. Der Erziehungsbeistand hat eine doppelte Aufgabe: Einmal hat er die *Personensorgeberechtigten* bei der Erziehung zu *unterstützen*, und zum anderen hat er dem *Minderjährigen* mit *Rat* und *Hilfe* zur Seite zu stehen. Eigens erwähnt wird seine Verpflichtung, den Minderjährigen bei der Verwendung seines Arbeitsverdienstes zu beraten, § 58 I JWG.

Zur Erfüllung seiner Aufgaben hat der Erziehungsbeistand das Recht *jederzeitigen Zutritts* zu dem Minderjährigen. Die Personensorgeberechtigten dürfen ihm nicht das Betreten der Wohnung verweigern, § 58 I JWG. Außerdem sind die Personensorgeberechtigten verpflichtet, dem Erziehungsbeistand auf Verlangen *Auskunft* zu geben. Eine gleiche Auskunftspflicht trifft den Arbeitgeber, die Lehrer, sowie die Personen, bei denen sich der Minderjährige nicht nur vorübergehend aufhält, § 59 JWG.

Das *Jugendamt* hat den Erziehungsbeistand zu beraten und bei seiner Tätigkeit zu unterstützen, § 60 JWG.

4. Der Erziehungsbeistand hat dem Jugendamt und, falls er auf Grund eines Beschlusses des Vormundschaftsgerichts bestellt ist, auch dem Vormundschaftsgericht auf Verlangen zu *berichten*. Umstände, die zu weiteren erzieherischen Maßnahmen Anlaß geben können, hat er dem Jugendamt unverzüglich mitzuteilen, § 58 II JWG.

5. Die Erziehungsbeistandschaft *endet* mit der *Volljährigkeit*, § 61 I JWG. Sie ist *aufzuheben*, wenn der Erziehungszweck erreicht oder die Erreichung des Erziehungszwecks anderweitig sichergestellt ist, sowie mit dem Beginn der Ausführung der freiwilligen Erziehungshilfe oder der Fürsorgeerziehung, ferner, wenn im Falle des § 56 I JWG ein Personensorgeberechtigter die Aufhebung beantragt. Die Aufhebung geschieht durch die Behörde, welche die Erziehungsbeistandschaft angeordnet hat, § 61 II JWG.

II. Freiwillige Erziehungshilfe

1. Einem *Minderjährigen*, der das 20. Lebensjahr noch nicht vollendet hat und dessen leibliche, geistige oder seelische *Entwicklung gefährdet* oder *geschädigt* ist, ist *Freiwillige Erziehungshilfe* zu gewähren, wenn diese Maßnahme zur Abwendung der Gefahr oder zur Beseitigung des Schadens geboten ist und die Personensorgeberechtigten bereit sind, die Durchführung der Freiwilligen Erziehungshilfe zu fördern, § 62 JWG.

2. Freiwillige Erziehungshilfe wird vom *Landesjugendamt* gewährt. Voraussetzung ist ein *Antrag* der *Personensorgeberechtigten*. Der Antrag ist bei dem Jugendamt zu stellen, § 63 JWG.

3. Freiwillige Erziehungshilfe bedeutet in aller Regel *Unterbringung* des Minderjährigen in einer geeigneten *Familie* oder in einem *Heim*. Beantragt der Vormund Freiwillige Erziehungshilfe und soll der Minderjährige in einer *geschlossenen Anstalt* untergebracht werden, so ist vor der Unterbringung die Genehmigung des Vormundschaftsgerichts einzuholen, § 1800 II.

4. Die Freiwillige Erziehungshilfe *endet*, wenn der Minderjährige volljährig wird, § 75 I JWG. Sie ist *aufzuheben*, wenn ein Personensorgeberechtigter dies beantragt, § 73 III JWG, ferner dann, wenn ihr Zweck erreicht oder anderweitig sichergestellt ist, § 75 II JWG.

III. Fürsorgeerziehung

1. Das Vormundschaftsgericht ordnet für einen *Minderjährigen*, der das 20. Lebensjahr noch nicht vollendet hat, *Fürsorgeerziehung* an, wenn sie erforderlich ist, weil der Minderjährige zu *verwahrlosen droht* oder *verwahrlost ist*, § 64 S. 1 JWG.
Die Fürsorgeerziehung bedeutet in aller Regel, daß der Minderjährige den Personensorgeberechtigten weggenommen und in einer geeigneten Familie oder einem Heim untergebracht wird, § 69 III JWG. Dieser *schwerwiegende Eingriff* in die elterliche Gewalt ist *nur zulässig*, wenn *keine ausreichende andere Erziehungsmaßnahme* (Erziehungsbeistandschaft, Freiwillige Erziehungshilfe) gewährt werden kann, § 64 S. 2 JWG, zumal hier — anders als nach § 1666 — ein Verschulden der Erziehungsberechtigten nicht vorausgesetzt wird.

2. Das Vormundschaftsgericht entscheidet von *Amts wegen* oder auf *Antrag*. Antragsberechtigt sind das Jugendamt, das Landesjugendamt und jeder Personensorgeberechtigte, § 65 I JWG. Vor der Entscheidung sind die Antragsberechtigten und der Minderjährige zu hören, § 65 II 1 JWG.

Fürsorgeerziehung kann auch in einem Jugendstrafverfahren vom *Jugendgericht* angeordnet werden, §§ 5 I, 9 Nr. 3 JGG.

3. Bei Gefahr im Verzug kann das Vormundschaftsgericht die *vorläufige Fürsorgeerziehung* anordnen, § 67 I JWG. Die vorläufige Fürsorgeerziehung ist insbesondere deswegen bedeutsam, weil sie über die *Rechtzeitigkeit* der Anordnung entscheidet. Ist sie rechtzeitig angeordnet worden, d. h. ehe der Minderjährige das 20. Lebensjahr vollendete, so kann die *endgültige* Fürsorgeerziehung auch noch angeordnet werden, nachdem der Minderjährige das 20. Lebensjahr vollendet hat, § 67 IV JWG.

4. Die *Ausübung* der Fürsorgeerziehung obliegt dem *Landesjugendamt* unter *Beteiligung* des *Jugendamts*, § 69 I JWG. Das Landesjugendamt bestimmt den Aufenthalt des Minderjährigen, § 71 I JWG. Grundsätzlich soll der Minderjährige in einer geeigneten *Familie* oder einem *Heim* untergebracht werden, in denen die Erziehung nach den Grundsätzen seiner Kirche, Religionsgesellschaft oder Weltanschauungsgemeinschaft durchgeführt wird, § 71 II JWG. Widerruflich kann auch die Erziehung in der *eigenen Familie* des Minderjährigen unter Aufsicht des Landesjugendamts angeordnet werden, wenn dadurch der Zweck der Fürsorgeerziehung nicht gefährdet wird, § 69 III 2 JWG. Den Personensorgeberechtigten ist unverzüglich mitzuteilen, wo der Minderjährige untergebracht ist. Auch die Eltern, denen das Sorgerecht nicht zusteht, sind zu unterrichten, soweit sie erreichbar sind, § 71 IV JWG.
Das Landesjugendamt hat dem Vormundschaftsgericht mindestens einmal jährlich über die Entwicklung des Minderjährigen und die Aussichten, die Fürsorgeerziehung aufzuheben, zu berichten, § 73 JWG.

5. Das *Landesjugendamt* gilt für alle Rechtsgeschäfte, welche die Eingehung, Änderung oder Aufhebung eines Arbeits- oder Berufsausbildungsverhältnisses oder die Geltendmachung der sich aus einem solchen Rechtsverhältnis ergebenden Ansprüche betreffen, als *gesetzlicher Vertreter* des Minderjährigen. Es ist auch befugt, den Arbeitsverdienst und die Renten des Minderjährigen zu verwalten und für ihn zu verwenden, § 69 IV JWG.

6. Die Fürsorgeerziehung *endet* mit der *Volljährigkeit*, § 75 I JWG. Sie ist *aufzuheben*, wenn ihr *Zweck erreicht* oder anderweitig *sichergestellt* ist, § 75 II JWG. Die Aufhebung erfolgt durch das Vormundschaftsgericht entweder von Amts wegen oder auf Antrag. Der Antrag kann vom Jugendamt, dem Landesjugendamt, jedem Personensorgeberechtigten, sowie vom Minderjährigen selbst gestellt werden, wenn er das 14. Lebensjahr vollendet hat, § 75 IV JWG.

§ 39

IV. Kapitel

Vormundschaftsgericht — Gemeindewaisenrat —Jugendamt

I. Rechtsnatur, Ziel und Grenzen der vormundschaftsgerichtlichen Tätigkeit

1. Die *Fürsorgetätigkeit* des Vormundschaftsgerichts vollzieht sich in den Formen der *freiwilligen Gerichtsbarkeit* — also *grundsätzlich* nicht durch *autoritative Entscheidung* dessen, was Recht *ist* (wie im Zivilprozeß), sondern durch *Überwachung* der vormundschaftlichen Verwaltung und *Mitwirkung* bei der Rechtsgestaltung, sei es durch *Genehmigung* von Rechtsgeschäften (vgl. §§ 1821ff.), sei es durch *Anordnung dessen, was geschehen soll* (vgl. §§ 1838, 1846 usw.).

Auch wo ein Streit entschieden wird, z. B. wenn sich die Eltern über Fragen der elterlichen Gewalt nicht einigen können, ist der Unterschied zum Urteil des Zivilprozesses, das ein Recht feststellt, augenscheinlich; die Entscheidung des Vormundschaftsrichters spricht sich aus über die Vornahme einer beabsichtigten Handlung. Die gekennzeichnete grundsätzliche Scheidung zwischen Zivilprozeß und freiwilliger Gerichtsbarkeit kann freilich durch *positive Vorschriften durchbrochen* werden. Ebenso wie eine an sich der freiwilligen Gerichtsbarkeit zugehörige Rechtsschutzhandlung durch positiven Rechtssatz dem Zivilprozeß zugewiesen werden kann — man denke an das Entmündigungs- und das Aufgebotsverfahren — ist es auch möglich, das Vormundschaftsgericht mit der Feststellung dessen, was *ist*, zu betrauen. Die Feststellung der unehelichen Vaterschaft durch das Vormundschaftsgericht (§ 1599 II) gliedert z. B. einen an sich dem Zivilprozeß zugehörigen Rechtsstreit der freiwilligen Gerichtsbarkeit ein.

Die *Zuständigkeit* und das *Verfahren* der Vormundschaftsgerichte sind durch die §§ 35ff. FGG geregelt.

Sachlich zuständig sind die Amtsgerichte, § 35 FGG; die *örtliche* Zuständigkeit ergibt sich aus den §§ 36ff. FGG.
Gegen die Verfügungen des Vormundschaftsgerichts findet das Rechtsmittel der *Beschwerde* statt; über diese entscheidet das Landgericht, § 19 FGG. Die Beschwerde steht zunächst jedem zu, dessen Recht durch die Verfügung beeinträchtigt wird, § 20 FGG. Darüber hinaus erweitert § 57 FGG das Beschwerderecht subjektiv zwecks schärferer Kontrolle über die Führung der Vormundschaft. Endlich gibt § 59 FGG dem *Mündel* ein *selbständiges* Beschwerderecht.
Die *weitere* Beschwerde ist *nur* wegen *Gesetzesverletzung* zulässig, §§ 27 bis 29 FGG.
Die Entscheidung des Vormundschaftsgerichts ist ein *Verwaltungsakt* und kann als solcher auch *nichtig* sein, so die Bestellung einer Person zum Vormund, die nach § 1780 zu diesem Amte unfähig ist. Ein nichtiger Verwaltungsakt ist *unbeachtlich*. Die Nichtigkeit ist jedoch die *Ausnahme*. Regelmäßig ist eine Entscheidung, deren gesetzliche Voraussetzungen fehlen, solange zu beachten, bis sie *aufgehoben* wird; vgl. BayObLG, FamRZ 1962, 536 (Bestellung des Jugendamts zum Amtsvormund eines *Volljährigen*).
In Ergänzung zu § 16 FGG geben die §§ 51 bis 53 FGG genauere Bestimmungen über den *Eintritt* der *Wirksamkeit* gewisser Verfügungen des Vormundschaftsgerichts. In Ausnahme von § 18 FGG wird durch § 55 FGG die *Unabänderlichkeit* einer Verfügung, durch die die *Genehmigung* zu einem Rechtsgeschäft erteilt oder

verweigert wird, nicht vom Eintritt der Rechtskraft abhängig gemacht, sondern davon, ob die Genehmigung oder Verweigerung einem *Dritten* gegenüber *wirksam* geworden ist; von diesem Augenblick an ist das Gericht diesem Dritten gegenüber an seine Verfügung gebunden. Im übrigen ist das Gericht nach § 18 FGG zur Abänderung einer von ihm erlassenen Verfügung, die nicht der sofortigen Beschwerde unterliegt, ohne weiteres befugt.

2. Die Erledigung der vormundschaftsgerichtlichen Geschäfte ist durch das RechtspflG vom 8. 2. 1957 grundsätzlich dem *Rechtspfleger* übertragen worden, freilich mit *zahlreichen Ausnahmen* für die *wichtigeren Geschäfte*, §§ 3 und 12 RechtspflG.

3. Da es sich beim Vorgehen des Vormundschaftsgerichtes um *Verwaltungs*tätigkeit handelt, hat das Gericht sie von *Amts wegen* auszuüben. *Oberstes Ziel* muß sein, das *Wohl des Mündels möglichst zu fördern* ohne Rücksichtnahme auf damit nicht verträgliche Interessen Dritter.

Ein *Dritter* kann deshalb eine Beschwerde nicht darauf gründen, die Entscheidung des Gerichts verletze *seine Interessen;* vgl. *Dölle*, § 130 I 2.

4. Entsprechend dem Grundsatz der *Selbstverwaltung* des Vormunds ist das *Vormundschaftsgericht* in der Hauptsache auf die *Aufsicht* über die Führung der Verwaltung *beschränkt*, § 1837. Darin liegt, daß das Gericht in Fragen der *Zweckmäßigkeit* dem Vormund *keine bindenden Anweisungen* erteilen kann. Wohl aber kann es und hat es den Vormund zu *unterstützen*, indem es ihn berät und ihm gegebenenfalls mit seinen behördlichen Mitteln Hilfe leistet, etwa um den Aufenthalt des Kindes zu ermitteln, vgl. KGJ 47 A 35.

Der Vormund entscheidet z. B. selbständig über die Art der Erziehung, die Berufswahl, über die für die Erziehung usw. aufzuwendenden Kosten, über den Abschluß von Rechtsgeschäften, für die kein Genehmigungszwang vorgeschrieben ist, die Anstrengung von Prozessen.

Die *Überwachung* des Gerichts hat sich darauf zu richten, ob der Vormund seine gesetzlichen Pflichten und die ihm auferlegten besonderen Anordnungen erfüllt. Gegen *Pflichtwidrigkeiten* hat das Gericht durch geeignete Gebote und Verbote, notfalls durch Ordnungsstrafen einzuschreiten, § 1837.

Neben den besonderen Pflichten hat nun aber der Vormund bei der Bestellung die *allgemeine* Verpflichtung *zu treuer und gewissenhafter Amtsführung* übernommen, § 1789. Daraus ergibt sich ein Recht des Vormundschaftsgerichts zum Einschreiten auch in *Zweckmäßigkeitsfragen*. Ist die Zweckwidrigkeit des Vorgehens des Vormundes so augenscheinlich und so groß, daß sie zu einer *erheblichen Schädigung* des Mündels führen muß, wird sie zur *Pflichtwidrigkeit*, die ein Einschreiten des Gerichts erfordert; vgl. KG OLG 41, 78; *Dölle*, § 130 I 4. Das Gericht vermag allerdings, wenn dem Vormund seine Pflichtwidrigkeit nicht als *Verschulden* angerechnet werden kann, nur so vorzugehen, daß es den *Vormund* wegen Gefährdung der Mündelinteressen *entläßt* und ihm bis zur Entscheidung des neuen Vormundes vorläufig die Vornahme der gefährdenden Handlung verbietet; vgl. KG RJA 6, 18, str.

Die Selbständigkeit des Vormundes ist demnach cum grano salis zu nehmen und besteht wirklich nur da, wo man über die Zweckmäßigkeit einer Maßnahme verschiedener Meinung sein kann. Selbst hier bleibt dem Gericht, wenn seine Auffassungen oder Ratschläge mißachtet werden, die Möglichkeit der Entlassung, da diese nach § 1886 keine Pflichtwidrigkeit voraussetzt.

II. Die einzelnen Befugnisse des Vormundschaftsgerichts

1. Das *Aufsichtsrecht* des Vormundschaftsgerichts erstreckt sich auf die *gesamte Tätigkeit* des Vormundes und Gegenvormundes. Es enthält nicht nur das Recht zur *Überwachung*, sondern auch Recht und Pflicht, durch geeignete Gebote und Verbote gegen Pflichtwidrigkeiten *einzuschreiten* (§ 1837), notfalls durch *Entlassung* des Vormunds; s. unten § 42 II 2.

Art und Maß der Anordnungen haben der beanstandeten Pflichtverletzung zu entsprechen. In Betracht kommen z. B. die Anordnung des persönlichen Erscheinens, das Verbot einer Handlung, etwa einer unzulässigen Vermögensanlage, das Gebot, eine solche rückgängig zu machen, die Aufstellung eines Wirtschaftsplanes usw.

2. Als *Hilfsmittel* zur Ausübung des Aufsichtsrechts dienen das *Recht*, die *Einreichung* eines *Vermögensverzeichnisses* zu verlangen, das Recht auf *Auskunft* und das Recht auf *periodische Rechnungslegung*.

a) Nach § 1802 ist der Vormund verpflichtet, das bei Anordnung der Vormundschaft vorhandene und später anfallende Mündelvermögen zu verzeichnen und das *Verzeichnis* dem Vormundschaftsgericht *einzureichen*.

b) Nach § 1839 kann das Vormundschaftsgericht jederzeit vom Vormund und Gegenvormund *Auskunft* über die Führung der Vormundschaft und die persönlichen Verhältnisse des Mündels verlangen.

Auf Grund dessen kann das Gericht bei besonderer Veranlassung auch Vorlage der *Belege* verlangen, die zu einem Vermögensverzeichnis gehören, oder der zum Mündelvermögen gehörigen *Wertpapiere*; regelmäßig wird es sich freilich mit der üblichen periodischen Berichterstattung begnügen.

c) Nach § 1840 hat der Vormund dem Vormundschaftsgericht über die *Vermögensverwaltung periodisch Rechnung zu legen.*

Diese *öffentlichrechtliche*, durch Ordnungsstrafen erzwingbare Pflicht des Vormundes gegenüber dem *Vormundschaftsgericht* ist zu unterscheiden von der *privatrechtlichen* Verpflichtung des Vormundes gegenüber dem

Mündel, diesem nach Beendigung des Amtes über die Verwaltung *Rechenschaft* abzulegen (§ 1890); darauf hat der Mündel einen im Zivilprozeß einklagbaren Anspruch.

α) Die *Verpflichtung* zur Rechnungslegung gegenüber dem Gericht bezieht sich *nur* auf das der Verwaltung des *Vormundes* unterworfene Mündelvermögen, also z. B. nicht auf das Vermögen, das ein Testamentsvollstrecker verwaltet.

β) Die Rechnung ist im allgemeinen *jährlich* zu legen; das Rechnungsjahr bestimmt das Vormundschaftsgericht, § 1840 II. Bei Verwaltungen von geringem Umfang kann das Vormundschaftsgericht nach der Rechnungslegung für das erste Jahr den Zeitraum *verlängern*, höchstens jedoch auf 3 Jahre, § 1840 III.

γ) Die Rechnung soll eine *geordnete Zusammenstellung* der *Einnahmen* und *Ausgaben* enthalten, über den *Ab-* und *Zugang* des Vermögens Auskunft geben und, soweit Belege erteilt zu werden pflegen, mit *Belegen* versehen sein, § 1841 I. Bei einem Erwerbsgeschäft mit kaufmännischer Buchführung genügt als Rechnung eine aus den Büchern gezogene *Bilanz;* das Vormundschaftsgericht kann jedoch Vorlage der Bücher und sonstigen Belege verlangen, § 1841 II.

δ) Ist ein *Gegenvormund* vorhanden oder zu bestellen, so hat ihm der Vormund die Rechnung unter Nachweis des Vermögensbestandes vorzulegen, der Gegenvormund hat sie mit den durch die Prüfung veranlaßten Bemerkungen zu versehen, § 1842.

ε) Das *Vormundschaftsgericht* hat die Rechnung rechnungsmäßig und sachlich zu *prüfen* und, soweit erforderlich, ihre Berichtigung und Ergänzung herbeizuführen, § 1843 I. Das Gericht kann danach gewisse Ausgabeposten beanstanden und ihre Absetzung verlangen, ebenso die Einsetzung gewisser Einnahmeposten vorschreiben — ohne damit der Entscheidung der Rechtsfrage zwischen Vormund und Mündel vorgreifen zu können. Notfalls können Streitpunkte schon vor Beendigung der Vormundschaft durch einen Prozeß zwischen dem Vormund und einem für den Mündel zu bestellenden Pfleger (§ 1909) ausgetragen werden, § 1843 II. Auch die Anerkennung eines Postens durch das Vormundschaftsgericht bindet den Mündel nicht, da das Gericht nicht als sein Vertreter, sondern nur als Aufsichtsorgan handelt. Deshalb findet auch keine Entlastung des Vormundes durch das Gericht statt. Eine Bekräftigung der Rechnungslegung durch Offenbarungseid kann vom Vormundschaftsgericht nicht verlangt werden; § 259 verpflichtet nur den zum Offenbarungseid, der „Rechenschaft“ (vgl. § 1890) abzulegen hat, nicht aber den zur Rechnungslegung Verpflichteten.

ζ) *Vater* und *Mutter* können, sofern sie den Vormund zu benennen haben, in der dafür vorgeschriebenen Form den von ihnen benannten Vormund von der Verpflichtung *entbinden*, während der Dauer seines Amtes Rechnung zu legen, §§ 1854/55. Doch kann das Vormundschaftsgericht diese Anordnung außer Kraft setzen, wenn ihre Befolgung das Interesse des Mündels gefährden würde, § 1857.

3. Das Vormundschaftsgericht kann den Vormund aus besonderen Gründen zur *Sicherheitsleistung* für das seiner Verwaltung unterliegende Vermögen anhalten, § 1844; s. o. § 37 III 4.

4. Das Vormundschaftsgericht kann den Vormund und Gegenvormund zur Befolgung seiner Anordnungen durch *Ordnungsstrafen* anhalten, § 1837 II. Die einzelne Strafe darf den Betrag von 1000,— DM nicht übersteigen; sie muß vor ihrer Festsetzung angedroht worden sein, § 33 FGG.

Da die Ordnungsstrafe nur als Zwangsmittel gedacht ist, kann sie nicht mehr verhängt werden, wenn die Ausführung der gerichtlichen Anordnung unmöglich geworden ist; vgl. OLG 21, 291.

5. Das Vormundschaftsgericht kann *ausnahmsweise* durch *eigene Maßregeln* die Interessen des Mündels wahrnehmen, also unter Umständen *selbst* die sonst dem *Vormund obliegenden Fürsorgehandlungen* vornehmen, wie z. B. die Kündigung einer Forderung, Unterbringung des Mündels usw. — Dies aber *nur* unter der *Voraussetzung*, daß ein *Vormund noch nicht bestellt* oder daß der *bestellte* Vormund an der *Erfüllung* seiner *Pflichten verhindert* ist, § 1846.
Regelmäßig wird die Bestellung eines Pflegers in solchem Falle genügen (§ 1909); das Vormundschaftsgericht selbst darf nur handeln, wenn ein Aufschub untunlich ist; vgl. RG 71, 162ff.

6. Zu den Befugnissen des Vormundschaftsgerichts, wenn das Wohl eines Minderjährigen eine Erziehungsbeistandschaft oder eine Fürsorgeerziehung notwendig macht oder dem Minderjährigen Freiwillige Erziehungshilfe gewährt wird, s. o. § 38.

III. Die Pflichten des Vormundschaftsgerichts

Die *Ausübung* des *Aufsichtsrechts* und der sonstigen Befugnisse des Vormundschaftsgerichts ist nicht nur ein Recht, sondern auch eine *Pflicht* des *Vormundschaftsrichters. Schuldhafte Pflichtverletzung macht ihn dem Mündel* nach § 839 I und III *schadensersatzpflichtig*, § 1848. Für den Vormundschaftsrichter haftet nach Art. 34 GG der *Staat.* Das gilt auch für die *Rechtspfleger.*

1. Die Pflichtverletzung ist eine *unerlaubte Handlung*, da der Vormundschafts*richter*, anders als der Vormund, *zum Mündel in keinem vertragsähnlichen Pflichtverhältnis steht.*
Also Verjährung nach § 852, Ausgleichspflicht nach § 841, Gerichtsstand nach § 32 ZPO.

2. Die Haftung besteht *nur* dem *Mündel, nicht* aber *Dritten gegenüber.*

3. Fällt dem *Vormundschaftsrichter nur Fahrlässigkeit zur Last,* kann er nach § 839 I 2 nur dann in Anspruch genommen werden, wenn der Mündel nicht auf *andere* Weise, etwa durch Inanspruchnahme des Vormundes, Ersatz erlangen kann.
Selbst wenn der Vormundschaftsrichter *vorsätzlich* gehandelt hat, tritt seine Ersatzpflicht nicht ein, wenn der Mündel es vorsätzlich oder fahrlässig unterlassen hat, den Schaden durch Gebrauch eines Rechtsmittels abzuwenden, § 839 III.

Umstritten ist die Frage, ob dem Mündel ein schuldhaftes Handeln des Vormundes nach § 278 angerechnet werden kann. Im allgemeinen ist im Gebiet der *unerlaubten Handlung* § 278 mangels einer schuldrechtlichen Beziehung *nicht anwendbar*. Dagegen wird eine schuldhafte Pflichtverletzung des Vormundes *nach* der Amtspflichtverletzung des Vormundschaftsrichters (und damit nach dem Entstehen einer schuldrechtlichen Beziehung) dem Mündel nach §§ 254 II 2, 278 angelastet; vgl. BGH 33, 136; ablehnend *Gernhuber*, § 44 I 4.

IV. Mitwirkung des Gemeindewaisenrats. — Das Jugendamt

1. *Allgemeines.* Die *Auswahl* der *geeignetsten Persönlichkeit* als Einzelvormund kann man von der alleinigen und persönlichen Tätigkeit des Vormundschaftsrichters nicht erwarten; ebensowenig ist er allein zur *persönlichen Überwachung* der einzelnen Vormundschaften imstande. Deshalb hat ihm das BGB nach dem Vorbild der preußischen Vormundschaftsordnung als *Hilfsorgan* einen von der Gemeinde zu stellenden ehrenamtlich tätigen Beamten, den *Gemeindewaisenrat*, zur Seite gegeben; dieser hat die im einzelnen Fall zum Vormund, Pfleger usw. geeigneten Personen dem Vormundschaftsgericht vorzuschlagen (§ 1849) und in Unterstützung des Gerichts darüber zu wachen, daß sich die Vormünder der Personenfürsorge pflichtmäßig annehmen (§ 1850) usw.

Früher wurde die Einrichtung des Gemeindewaisenrats durch das *Landesrecht* geregelt. Der Gemeindewaisenrat hat aber die auf ihn gesetzten Erwartungen nur zum Teil erfüllt. In den Städten hielt es schwer, geeignete Personen zur Übernahme des Amtes zu finden, und ihre Tätigkeit hielt sich als unentgeltliche Nebenbeschäftigung vielfach in einem rein formalen Rahmen.

Deshalb hat das RJWG die *Jugendämter* mit den Obliegenheiten des Gemeindewaisenrats betraut, § 42 RJWG a. F., § 47 JWG n. F. Das hatte eine Belebung der Tätigkeit des Gemeindewaisenrats zur Folge. Denn diese verantwortungsvolle Aufgabe können nur Personen erfüllen, die die *Waisen-* und *Jugendpflege* zum *Beruf* machen.

Außerdem hat man das Jugendamt wegen dieser Sachkunde noch über den Aufgabenkreis des Gemeindewaisenrats hinaus zur Mitwirkung im Vormundschaftswesen berufen. Daß es mit der *Amtsvormundschaft* betraut ist (§ 40 JWG) oder mit ihr betraut werden kann (§ 46 JWG), ist schon früher hervorgehoben worden (oben § 35), so daß hier nurmehr seine sonstigen Aufgaben zu behandeln sind.

Die öffentliche Jugendhilfe ist eine *Selbstverwaltungsangelegenheit* der *Gemeinden* und *Gemeindeverbände*. Jede kreisfreie Stadt und jeder Landkreis errichten ein Jugendamt, § 12 JWG. Das Jugendamt besteht aus dem *Jugendwohlfahrtsausschuß* und der *Verwaltung* des Jugendamtes, § 13 II JWG. Dem Jugendwohlfahrtsausschuß müssen angehören: 1. neben den Mitgliedern der Vertretungskörperschaft in der Jugendwohlfahrt erfahrene oder tätige Personen aller Bevölkerungskreise,

2. Personen, die auf Vorschlag der im Bezirke des Jugendamtes wirkenden Jugendverbände und freien Vereinigungen der Jugendwohlfahrt durch die Vertretungskörperschaft zu wählen sind (die genannten Vereinigungen haben Anspruch auf zwei Fünftel der Zahl der stimmberechtigten Mitglieder), 3. der Leiter der Verwaltung (Landrat, Oberbürgermeister) oder ein von ihm bestellter Vertreter, 4. der Leiter der Verwaltung des Jugendamtes, 5. ein Arzt des Gesundheitsamtes, 6. Vertreter der Kirchen und der jüdischen Kultusgemeinde, 7. ein Vormundschaftsrichter oder ein Jugendrichter, § 14 JWG.
Der Leiter der Verwaltung des Jugendamts kann im Rahmen der Beschlüsse des Jugendwohlfahrtsausschusses die Erledigung einzelner Geschäfte oder Gruppen von Geschäften besonderen Ausschüssen, sowie freien Vereinigungen der Jugendwohlfahrt, Jugendverbänden oder einzelnen in der Jugendwohlfahrt erfahrenen Männern und Frauen widerruflich übertragen, § 18 JWG.

2. *Die Obliegenheiten des Jugendamts als Gemeindewaisenrat.*
a) Es hat dem Vormundschaftsgericht die Personen *vorzuschlagen,* die sich im einzelnen Falle zum Vormunde, Gegenvormund oder Mitglied eines Familienrats eignen, § 1849.

Soweit es sich um Bestellung berufener Personen handelt, kommt natürlich ein Vorschlagsrecht nicht in Frage, allenfalls eine Äußerung über die Tauglichkeit solcher Personen (vgl. § 1778). Wenn das Jugendamt nach §§ 40ff. JWG gleichzeitig *Amts*vormund ist, entfällt praktisch das Vorschlagsrecht. Soweit das Jugendamt nach § 46 JWG als Amtsvormund bestellt werden *kann,* ist eine Bestellung nur mit seinem Einverständnis möglich; es kommt also insofern nur eine Äußerung über die Voraussetzungen einer solchen Bestellung in Frage.

b) Das Jugendamt hat in Unterstützung des Vormundschaftsgerichts darüber zu *wachen,* daß die Vormünder der sich in seinem Bezirk aufhaltenden Mündel für die *Person* der Mündel, insbesondere für ihre Erziehung und ihre körperliche Pflege, pflichtmäßig Sorge tragen, § 1850 I 1. Es hat dem Vormundschaftsgericht Mängel und Pflichtwidrigkeiten, die es in dieser Hinsicht wahrnimmt, *anzuzeigen* und auf Erfordern über das persönliche Ergehen und das Verhalten eines Mündels *Auskunft zu erteilen,* § 1850 I 2.

Soweit das Jugendamt gleichzeitig Amtsvormund ist, kommen diese Überwachungspflichten praktisch nicht in Frage. Die unter der Amtsvormundschaft stehenden Mündel werden also nicht besonders überwacht.

c) Eine *Gefährdung* des *Mündelvermögens,* von der es *Kenntnis erlangt,* muß das Jugendamt dem Vormundschaftsgericht *anzeigen,* § 1850 II.

Eine Überwachungspflicht ist damit nicht ausgesprochen; ebensowenig steht ihm eine Einmischung in die Vermögensverwaltung zu.

d) Endlich hat das Jugendamt von jedem Falle, in dem ein Vormund, Gegenvormund oder Pfleger zu bestellen ist, dem Vormundschaftsgericht *Anzeige* zu machen, § 49 FGG.
Das *Vormundschaftsgericht* hat seinerseits dem *Jugendamt mitzuteilen:*

1. die Anordnung der Vormundschaft über einen in dessen Bezirk weilenden Mündel, 2. den Namen des bestellten Vormunds und des Gegenvormunds, 3. einen Wechsel in der Vormundschaft, § 1851 I.

Bei Aufenthaltsverlegung des Mündels vgl. § 1851 II.

3. *Die weiteren Aufgaben des Jugendamts.* Das Jugendamt hat — abgesehen von den Obliegenheiten, die ihm als *Gemeindewaisenrat* zufallen — nach dem JWG noch folgende *weitere* Aufgaben:

a) Es hat das *Vormundschaftsgericht bei allen Maßnahmen zu unterstützen, die die Sorge für die Person Minderjähriger betreffen,* § 48 I 1 JWG, insbesondere hat es sich gutachtlich über die Höhe des Unterhalts Minderjähriger zu äußern, § 48 III JWG.

b) Das *Vormundschaftsgericht muß* in einer Reihe von Fällen *vor* seiner *Entscheidung das Jugendamt hören,* § 48 I 2 JWG.

Bei *Gefahr im Verzug* kann das Vormundschaftsgericht aber *einstweilige Anordnungen* auch schon *vor* Anhörung des Jugendamts treffen, § 48 II 1 JWG.

c) *Das Vormundschaftsgericht kann das Jugendamt* mit dessen Einverständnis *betrauen* mit der *Ausführung der Anordnungen* aus § 1631 II (Unterstützung der Eltern durch geeignete Maßnahmen), *sowie sonstiger Anordnungen,* § 48 II 2 JWG.

d) Das *Jugendamt hat* die *Vormünder*, Beistände und Pfleger seines Bezirkes *planmäßig zu beraten* und bei der Ausübung des Amtes zu *unterstützen,* § 51 JWG.

e) Das Landesjugendamt kann auf Antrag des Jugendamtes Beamte oder Angestellte des Jugendamtes ermächtigen, *Beurkundungen* gem. §§ 1718 und 1720 II (Vaterschaftsanerkennung des Erzeugers und des Ehemannes) *vorzunehmen,* sowie die im § 1706 II bezeichneten *Erklärungen* (Namenserteilung durch den Ehemann der Mutter des unehelichen Kindes) entgegenzunehmen und *zu beglaubigen,* § 49 JWG.

f) Das Jugendamt kann endlich *selbst Vormund* sein. Kraft Gesetzes ist es *Amts*vormund für alle unehelichen Kinder seines Bezirks, § 40 JWG. Mit seinem Einverständnis kann es auch in anderen Fällen als Vormund für einen Minderjährigen bestellt werden, § 46 JWG.

4. *Im Verhältnis zum Vormundschaftsgericht* hat der *Gemeindewaisenrat* die *Stellung* einer *gleichberechtigten* Behörde. Er ist ein Organ der Gemeinde, die ihn bestellt hat. Infolgedessen hat das Vormundschaftsgericht sich, wenn es Beanstandungen geltend machen will, an die Gemeinde zu wenden und sie um Abhilfe zu ersuchen; irgendeine Disziplinargewalt steht ihm nicht zu, sofern das Landesrecht sie ihm nicht übertragen hat.

Nach herrschender Praxis hat der Gemeindewaisenrat das Recht der Beschwerde gegen Entscheidungen des Vormundschaftsgerichts gem. § 57 I Ziff. 9 FGG.

Für das *Jugendamt*, das ebenfalls eine Einrichtung der *Gemeinde* ist (§ 12 JWG), gilt Entsprechendes, soweit es sich um die besonderen, ihm nicht als Gemeindewaisenrat zugewiesenen Aufgaben der §§ 48 ff. JWG handelt.

§ 40

V. Kapitel

Befreite Vormundschaft

I. Allgemeines

Bei besonderer Vertrauenswürdigkeit eines Vormundes mögen die starken Bindungen, denen die Amtsführung unterliegt, als unnötig erscheinen und eine Lockerung vertragen. Das *Gesetz* selbst räumt gleichwohl dem *Alters*vormund in *keinem einzigen Fall* eine *freiere Stellung ein.* Aber es gibt den Eltern die *Befugnis*, den *Vormund* unter gewissen Voraussetzungen von *bestimmten Beschränkungen und Verpflichtungen zu befreien.*

II. Die Voraussetzungen der Befreiungsanordnung

1. Die Eltern können die Anordnung nur treffen, wenn ihnen zur Zeit ihres Todes die *Sorge* sowohl für die Person wie das Vermögen des Kindes *zusteht*, §§ 1856, 1777 I.

2. Die Befreiung kann nur durch *letztwillige Verfügung* erfolgen, §§ 1856 S. 1, 1777 III.

3. Die Befreiung kann nur für *den* Vormund angeordnet werden, den der befreiende Elternteil *benannt* hat. Doch darf man in der Befreiungsanordnung *eines* Elternteils für den vom *andern* benannten Vormund eine Bestätigung dieser Benennung erblicken, §§ 1852 I, 1855; s. aber auch § 1856 S. 2.

III. Zulässiger Inhalt der Befreiungen

1. *Ausschluß* der *Bestellung* eines *Gegenvormundes*, § 1852 I.

Damit ist der Vormund nicht bloß von der *Aufsicht* eines Gegenvormundes befreit, sondern auch von seiner *Mitwirkung* bei der Vornahme der Rechtsgeschäfte, die nach §§ 1809, 1810 und 1812 der Genehmigung des Gegenvormundes bedürfen. Ebenso fällt damit in diesen Fällen weg die als Ersatz der Genehmigung des Gegenvormundes vorgesehene Genehmigung des Vormundschaftsgerichts, § 1852 II 2.

2. *Befreiung* von den in §§ 1809 und 1810 vorgesehenen *Beschränkungen bei der Geldanlage* oder von dem in § 1812 vorgesehenen *Erfordernis* der *Genehmigung* des *Gegenvormundes* oder des *Vormundschaftsgerichts* zu *Verfügungen* über Forderungen oder andere Rechte auf eine Leistung sowie über Wertpapiere, § 1852 II 1.

Die fraglichen Befreiungen können einzeln oder alle angeordnet werden — ohne daß die Bestellung eines Gegenvormundes ausgeschlossen wird.

3. *Befreiung* von der *Pflicht, Inhaber-* und *Orderpapiere* zu *hinterlegen* (§ 1814) und den *Sperrvermerk* in das *Reichs-* oder Staatsschuldbuch *eintragen zu lassen* (§ 1816), § 1853.

4. *Befreiung* von der *Pflicht* zur *periodischen Rechnungslegung* (§ 1840), nicht aber von der Schlußrechnung, § 1854. An die Stelle der Rechnungslegung tritt dann eine nach Ablauf von je zwei Jahren einzureichende *Übersicht* über den *Vermögensbestand,* § 1854 II, III.

IV. Das *Vormundschaftsgericht kann* die *elterlichen Anordnungen außer Kraft* setzen, wenn ihre Befolgung das Interesse des Mündels *gefährden* würde, § 1857.

V. Die *Amts*vormundschaft *genießt* nach § 38 I JWG *stets alle zulässigen Befreiungen* der §§ 1852 bis 1854. Das gleiche gilt nach § 53 IV JWG für den *Vereinsvormund,* jedoch mit der Maßgabe, daß ein *Gegen*vormund (d. i. meist das Jugendamt) bestellt werden kann.

§ 41

VI. Kapitel

Die Mitwirkung der Familie. — Einrichtung eines Familienrates

I. Beratende Mitwirkung der Familie

Die Familie wirkt im allgemeinen nur *beratend* mit bei der Führung der Vormundschaft.

§ 1847 verpflichtet das Vormundschaftsgericht, in wichtigen Angelegenheiten vor einer Entscheidung Verwandte oder Verschwägerte des Mündels zu *hören.* Die Anhörung soll jedoch nur erfolgen, wenn es ohne erhebliche Verzögerung und ohne unverhältnismäßige Kosten geschehen kann.

Die Verwandten und Verschwägerten können von dem Mündel Ersatz ihrer Auslagen (nach Festsetzung der Höhe durch das Vormundschaftsgericht) verlangen, § 1847 II.

II. Tätige Beteiligung der Familie an der Obervormundschaft im Familienrat

Das BGB läßt aber unter gewissen Voraussetzungen auch eine *tätige Beteiligung* der Familie *an der Obervormundschaft* zu durch Einrichtung eines *Familienrats*, der an *die Stelle* des *Vormundschaftsgerichts tritt*, § 1872. Da der Familienrat aus dem Vormundschaftsrichter als Vorsitzendem und einigen Mitgliedern besteht, § 1860, ist er nichts anderes als ein *durch Zuziehung von Privatpersonen erweitertes Vormundschaftsgericht.*

Seine Einrichtung wird sich namentlich da empfehlen, wo große industrielle oder landwirtschaftliche Betriebe fortzusetzen sind und die dem Richter fehlenden technischen Kenntnisse usw. durch die Zuziehung von Verwandten und Verschwägerten oder sonstigen Sachkundigen ergänzt werden sollen. In der Praxis kommt er sehr selten vor. Wegen der Regelung im einzelnen vgl. die §§ 1858 bis 1881.

§ 42

VII. Kapitel

Ende der Vormundschaft

Vorbemerkung. Es ist zu unterscheiden zwischen dem *Ende* der *Vormundschaft überhaupt* und der *Beendigung* des *Amtes* eines *bestimmten Vormundes* bei Fortdauer des Bedürfnisses der Bevormundung.

I. Die Vormundschaft endet mit *Wegfall* ihrer *Voraussetzungen*, § 1882, ohne daß grundsätzlich ein besonderer Aufhebungsakt nötig wäre — also:

1. mit dem *Tod des Mündels* oder der Rechtskraft des Beschlusses über die Todeserklärung oder die Feststellung der Todeszeit, § 1884 II;

Ist der Mündel nur *verschollen*, so hat das Vormundschaftsgericht die Vormundschaft *aufzuheben*, wenn ihm der Tod des Mündels bekannt wird, § 1884 I; eine vorherige Todeserklärung ist also nicht nötig.

2. mit der *Volljährigkeit* oder *Volljährigkeitserklärung* des Mündels;

3. mit *Eintritt* oder *Wiedereintritt* der *elterlichen Gewalt.*

Beispiele: Annahme an Kindes Statt, § 1757, Übertragung der elterlichen Gewalt auf die uneheliche Mutter, § 1707 II, Legitimation durch Ehelichkeitserklärung, § 1736. Für die Legitimation durch *nachfolgende Ehe* trifft § 1883 eine *Sondervor-*

schrift: die Vormundschaft endet ohne weiteres nur, wenn die Vaterschaft durch rechtskräftiges Urteil zwischen Vater und Kind festgestellt ist; sonst ist die Aufhebung nötig. — Die Vormundschaft endigt ferner, wenn das Ruhen der elterlichen Gewalt aufhört, die verwitwete minderjährige Mutter z. B. volljährig wird und damit die elterliche Gewalt erlangt oder wenn das Vormundschaftsgericht einem Elternteil die Vertretungsmacht, die es ihm entzogen hatte, wieder zurücküberträgt.

II. Das Amt des Vormundes (und des Gegenvormundes, § 1895) endet:

1. *ohne weiteres* mit dem *Tod* oder der *Entmündigung* des *Vormundes*, § 1885;

2. mit der *Entlassung* des *Vormundes* durch das Vormundschaftsgericht. Diese erfolgt:

a) auf seinen *Antrag*, wenn ein *wichtiger Grund vorliegt*, namentlich wenn ein gesetzlich anerkannter Grund zur Ablehnung der Übernahme des Amtes nachträglich eintritt, § 1889;

b) von *Amts wegen* in folgenden Fällen:

α) Die *Entlassung hat zu erfolgen:*
wenn die *Mündelinteressen durch die Fortführung des Amtes*, namentlich wegen pflichtwidrigen Verhaltens des Vormundes, aber auch aus unverschuldeten Gründen, z. B. langwieriger Erkrankung, gefährdet würden, oder wenn *in der Person* des *Vormundes* einer der *Untauglichkeitsgründe* des § 1781 *vorliegt*, § 1886, oder wenn eine *dienstliche Hinderung* des zum Vormund bestellten *Beamten* oder *Religionsdieners eintritt* (Versagung oder Rücknahme der notwendigen Erlaubnis zur Übernahme oder Fortführung der Vormundschaft), § 1888, oder wenn ein zur Vormundschaft *Berufener* nur *vorübergehend verhindert* war und nach Hebung des Hindernisses seine Bestellung zum Vormund *beantragt*, § 1778 II.

β) Die Entlassung *kann* erfolgen, wenn bei der Bestellung die Entlassung für den Fall vorbehalten war, daß ein bestimmtes Ereignis eintritt oder nicht eintritt (§ 1790) — und nunmehr diese Bedingung sich erfüllt.

III. Rechtsfolgen des Endes der Vormundschaft

1. Der *Vormund hat* nach Beendigung seines Amtes oder der Vormundschaft *das verwaltete Vermögen herauszugeben* und über die Verwaltung *Rechenschaft abzulegen*, § 1890 S. 1. Soweit er dem Vormundschaftsgericht *Rechnung* gelegt hat, genügt die Bezugnahme auf diese Rechnung, § 1890 S. 2.

Diese Pflichten bestehen gegenüber dem *Mündel* und sind je nach den Umständen entweder dem *Mündel selbst* gegenüber zu erfüllen (so z. B. bei Volljährigkeit des Mündels) oder gegenüber dem *neuen gesetzlichen Vertreter* bzw. den Erben des

Mündels. Die *Rechenschaftsablegung* gegenüber dem *Mündel* ist eine *privatrechtliche* Verpflichtung und scharf zu scheiden von der *öffentlichrechtlichen* Verpflichtung zur *Rechnungsablegung* gegenüber dem *Vormundschaftsgericht* i. S. des § 1840; die Ablegung der Rechenschaft erfolgt nach § 259, der Vormund ist also gegebenenfalls auch zur Leistung des Offenbarungseides gehalten.

Der Vormund hat die *Rechnung*, nachdem er sie dem Gegenvormund vorgelegt hat (vgl. über dessen Pflichten § 1891), dem *Vormundschaftsgericht einzureichen*. Dieses hat die Rechnung rechnungsmäßig und sachlich zu *prüfen* und deren *Abnahme* durch Verhandlung mit den Beteiligten unter Zuziehung des Gegenvormundes zu *vermitteln*. Soweit die Rechnung als richtig anerkannt wird, hat das Vormundschaftsgericht das Anerkenntnis zu beurkunden, § 1892.

Wird die Rechnung nicht eingereicht, so kann das Vormundschaftsgericht den Vormund dazu durch *Ordnungsstrafen* anhalten.
Wird die Rechnung nicht als richtig anerkannt, so ist der Mündel bzw. der neue gesetzliche Vertreter auf den Prozeßweg zu verweisen. Die Herausgabe des Vermögens hat das Vormundschaftsgericht weder zu vermitteln noch zu bewirken; auch insoweit steht dem Mündel nur der Weg der Klage offen.

Einen *Verzicht* des *volljährig* gewordenen *Mündels* gegenüber dem Vormund auf die Rechenschaftsablegung hat das Vormundschaftsgericht zu beachten und die Prüfung zu unterlassen.

2. Der Vormund hat seine *Bestallung* dem Vormundschaftsgericht *zurückzugeben*, § 1893 II.

3. Der Vormund ist auch nach Beendigung der Vormundschaft zur *Fortführung* der *Mündelgeschäfte* und zur *Vertretung* des *Mündels berechtigt*, bis er von der Beendigung Kenntnis erlangt oder sie kennen muß. Auf diese Befugnis kann sich jedoch ein *Dritter* nicht berufen, wenn er die Beendigung der Vormundschaft oder des vormundschaftlichen Amtes bei der Vornahme des Rechtsgeschäfts kannte oder hätte kennen müssen, §§ 1893 I, 1698a, 1698b.
Eine *Verpflichtung* zur Fortführung von Mündelgeschäften besteht *nur dann*, wenn die Vormundschaft durch den *Tod* des *Mündels* endigt und auch hier *nur* hinsichtlich solcher Geschäfte, mit deren Aufschub *Gefahr* verbunden ist, §§ 1893 I, 1698b.

4. Der Vormund hat dem Vormundschaftsgericht den *Tod* des *Gegenvormundes* oder eines Mitvormundes, der Gegenvormund den Tod des Vormundes unverzüglich *anzuzeigen*. Eine Anzeigepflicht trifft auch die Erben des Vormundes und des Gegenvormundes, §§ 1894, 1895.

§ 43

II. Titel

Vormundschaft über Volljährige

I. Voraussetzungen. Ein Volljähriger erhält *nur* dann einen Vormund, wenn er *entmündigt* ist, § 1896.

II. Rechtliche Behandlung. Es finden grundsätzlich die Vorschriften für die Vormundschaft über Minderjährige Anwendung, soweit nicht Abweichungen angeordnet sind, § 1897.

III. Besondere Vorschriften gelten für:

1. Die *Anordnung* der Vormundschaft:

a) Die Eltern sind weder berechtigt, einen Vormund zu benennen, noch jemanden von der Vormundschaft auszuschließen, § 1898.

b) Zur Vormundschaft berufen sind die Eltern, falls nicht der Mündel von einem Dritten an Kindes Statt angenommen ist, § 1899. Die Eltern sind in gleichem Rang berufen, jedoch ist nur ein Elternteil als Vormund zu bestellen. Die Auswahl trifft das Vormundschaftsgericht entsprechend § 1779 II.

c) Die Ehegatten sind nicht berufen, dürfen aber als Vormund bestellt werden, und zwar sogar vor den Eltern, § 1900.

2. *Die Personensorge.* Sie ist *begrenzt durch den Zweck der Vormundschaft* — der Vormund hat z. B. kein Erziehungsrecht, § 1901 I.

Erziehungsmaßregeln kommen nur zur Bekämpfung der geistigen und sittlichen Mängel in Betracht, die zur Entmündigung führten. So kann der Vormund den Mündel gegen seinen Willen — aber mit Genehmigung des Vormundschaftsgerichts, § 1800 II — in einer Irren- oder Trinkerheilanstalt unterbringen, nicht aber in einer Besserungsanstalt; vgl. KGJ 43, 67; *Dölle*, § 138 V 1 b.

Während nach § 1633 die *Personensorge* des Vormunds für eine *minderjährige verheiratete* Frau sich auf die *Vertretung beschränkt* und die Personenfürsorge im übrigen dem Ehemann zusteht, gilt *diese Beschränkung nicht* für die Vormundschaft über eine *volljährige verheiratete* Frau, § 1901 II.

Denn regelmäßig wird der Ehemann zum Vormund bestellt werden; wo seiner Bestellung ausnahmsweise Bedenken entgegenstehen, liegt aber eben deswegen kein Anlaß zur Beschränkung des Vormundes vor.

3. *Die Vermögenssorge.* Hier sind die Befugnisse des Vormundes *noch stärker eingeschränkt* als bei der Altersvormundschaft.

Er kann eine *Ausstattung* aus dem Mündelvermögen *nur mit Genehmigung* des *Vormundschaftsgerichtes* versprechen oder gewähren, § 1902 I.
Zu einem Miet- oder Pachtvertrag sowie zu einem anderen Vertrag, durch den der Mündel zu wiederkehrenden Leistungen verpflichtet wird, bedarf der Vormund der Genehmigung des Vormundschaftsgerichts, wenn das Vertragsverhältnis länger als vier Jahre dauern soll, § 1902 II 1.

Die Vorschrift des § 1822 Nr. 4, wonach der Vormund zu einem Pachtvertrag über ein Landgut oder einen gewerblichen Betrieb schlechthin der Genehmigung bedarf, bleibt unberührt, § 1902 II 2.

4. *Die befreite Vormundschaft.* Der *Vater* und die *Mutter* sind als Vormünder *kraft Gesetzes aller Befreiungen teilhaftig*, die sie bei der Altersvormundschaft anordnen können, § 1903 I. Insbesondere unterbleibt die Bestellung eines Gegenvormundes, § 1903 I 1.

Wenn der Vater oder die Mutter im Falle der Minderjährigkeit des Mündels zur Vermögensverwaltung nicht berechtigt sein würden, gelten diese Befreiungen nicht, § 1903 II.

b) Das Vormundschaftsgericht kann die Befreiungen außer Kraft setzen, wenn sie das Interesse des Mündels gefährden, § 1903 I 3; unter dieser Voraussetzung kann auch ein Gegenvormund bestellt werden.
c) Dem Vater oder der Mutter ist außerdem ein Gegenvormund zu bestellen, wenn sie die Bestellung beantragen, § 1904 I.
Wird ein Gegenvormund bestellt, so stehen dem Vater oder der Mutter die in § 1852 bezeichneten Befreiungen nicht zu, d. h. ihre Maßnahmen unterliegen dem Genehmigungszwang nach § 1812 und den für die Geldanlage gegebenen Vorschriften der §§ 1809 und 1810. Das Vormundschaftsgericht soll die Bestellung des Gegenvormundes nur mit Zustimmung des Elternteils aufheben, dem der Gegenvormund bestellt ist, § 1904 II.

5. *Ende der Vormundschaft.* Die Vormundschaft endet in entsprechender Anwendung des § 1882 mit der Aufhebung der Entmündigung.

Bei Aufhebung auf Grund einer *Anfechtungsklage* kann die Wirksamkeit der von oder gegenüber dem Entmündigten vorgenommenen Rechtsgeschäfte nicht auf Grund des Beschlusses in Frage gestellt werden, § 115 I 1. Davon abgesehen, wirkt die Aufhebung nicht zurück. Die von oder gegenüber dem Vormund vorgenommenen Rechtsgeschäfte werden also durch die Aufhebung nicht beeinflußt, § 115 I 2.

IV. Vorläufige Vormundschaft

1. *Voraussetzungen.* Ein *Volljähriger*, dessen *Entmündigung beantragt* ist, kann unter *vorläufige Vormundschaft* gestellt werden, wenn das *Vormundschaftsgericht* es zur Abwendung einer *erheblichen Gefährdung* der

Person oder des Vermögens des Volljährigen *für erforderlich* erachtet, § 1906.

Die Vormundschaft ist nichtig, wenn der Entmündigungsantrag nicht rechtswirksam gestellt ist. Die irrige Annahme der Gefährdungsvoraussetzung durch das Vormundschaftsgericht schadet dagegen der Wirksamkeit der Anordnung nicht.
Das *Entmündigungsgericht*, das anders als im Eheprozeß (§ 627 ZPO) keine *vorläufigen Maßnahmen* treffen kann, ist nach § 657 ZPO verpflichtet, das Vormundschaftsgericht zwecks Anordnung von Fürsorgemaßnahmen zu benachrichtigen.

2. *Rechtliche Behandlung*. Die *vorläufige* Vormundschaft ist *wahre Vormundschaft*, hat aber nur *vorübergehende Bedeutung*. Sie *führt zur Beschränkung* der *Geschäftsfähigkeit* und gibt dem Mündel die Stellung eines geschäftsbeschränkten Minderjährigen, § 114.

3. *Sondersätze*:
a) Die *Vorschriften* über die *Berufung gelten nicht*, also freie Wahl des Vormundes durch das Vormundschaftsgericht, § 1907.
b) Die vorläufige Vormundschaft *endet*:
α) ohne weiteres mit der Rücknahme oder der rechtskräftigen Abweisung des Entmündigungsantrages, § 1908 I;
β) mit der Bestellung des endgültigen Vormunds auf Grund der erfolgten Entmündigung, § 1908 II;
γ) mit *ihrer Aufhebung*, die bei Wegfall des Schutzbedürfnisses zu erfolgen hat, § 1908 III.

§ 44

III. Titel

Pflegschaft

Schrifttum: Boschan, Die Pflegschaft, 1956.

I. Begriff und Zweck der Pflegschaft

Die *Pflegschaft* ist *vormundschaftsähnliche Fürsorge* mit *begrenzterem Aufgabenkreis*.

1. Die *Aufgaben* der Pflegschaft. Sie *dient*:
a) zur *Ergänzung* des *elterlichen oder vormundschaftlichen Schutzes* für *einzelne Angelegenheiten*, an deren Besorgung die Eltern oder der Vormund verhindert sind, § 1909 I;
b) zur *Erweiterung* des *vormundschaftlichen Schutzes*:
α) zum Teil im Anschluß an die *Alters*vormundschaft (Pflegschaft für eine Leibesfrucht, § 1912),

β) zum Teil im Anschluß an die Vormundschaft über *Volljährige* (Gebrechlichkeitspflegschaft, § 1910, und Abwesenheitspflegschaft, § 1911),
c) zum vorläufigen *Ersatz* einer *nicht sofort einrichtbaren Vormundschaft* (*vorläufige Pflegschaft*, § 1909 III),
d) zum *Schutz* der *Interessen unbekannter Beteiligter*, z. B. eines Nacherben, § 1913.

2. Die *Begrenzung* des Aufgabenkreises. Während der Vormund *allgemein* mit der Fürsorge für den Mündel und mit seiner Vertretung betraut ist, ist der *Wirkungskreis des Pflegers entsprechend* dem *besonderen Fürsorgebedürfnis*, das die Einleitung einer Pflegschaft voraussetzt, *begrenzt*. *Grundsätzlich* wird ein Pfleger nur *für einzelne Angelegenheiten* oder einen *Kreis von solchen* bestellt.
Im Fall der *Gebrechlichkeitspflegschaft* kann dem Pfleger allerdings die Sorge für *alle Angelegenheiten* einer fürsorgebedürftigen, volljährigen Person anvertraut werden, § 1910 I. Da aber die Pflegschaft auf die Geschäftsfähigkeit des Pfleglings keinen Einfluß hat, dient sie nur zur *Unterstützung* des Pflegebefohlenen. Der Pfleger ist — die Geschäftsfähigkeit des Pfleglings vorausgesetzt — kein gesetzlicher Vertreter, sondern ein vom Staat bestellter Bevollmächtigter, was auch darin zum Ausdruck kommt, daß die Pflegschaft grundsätzlich nur mit Einwilligung des Gebrechlichen angeordnet werden darf. Jedenfalls ergibt sich aus all dem, daß auch der Gebrechlichkeitspfleger einen *begrenzteren* Aufgabenkreis hat als der Vormund.
Ohne weiteres erhellt das für den zweiten Fall, wo ein Pfleger mit *allen* Angelegenheiten einer fürsorgebedürftigen Person betraut werden kann, dem der *vorläufigen Pflegschaft*, § 1909 III. Auch hier führt die Pflegschaft nicht zu einer Beschränkung der Geschäftsfähigkeit und ist *zeitlich begrenzt*, da sie in eine Vormundschaft übergeleitet werden muß.

3. Die Pflegschaft *bezweckt* in *all* diesen Fällen nur die Fürsorge für *Personen* (auch für *juristische* Personen). Es *gibt nur Personen-*, *nicht aber Sachpflegschaften* vormundschaftlicher Art.
Der in § 1914 geregelte Fall der *Pflegschaft* für ein *Sammelvermögen* ist keine Pflegschaft im eigentlichen Sinne, sondern eine Güterpflege, die systematisch falsch eingruppiert ist.

II. Die einzelnen Fälle der Pflegschaft

1. *Ergänzungspflegschaft*, § 1909. Wer unter elterlicher Gewalt oder unter Vormundschaft steht, erhält für Angelegenheiten, an deren Besorgung die Eltern oder der Vormund verhindert sind, einen Pfleger, § 1909 I 1.

Ob die Verhinderung auf tatsächlichen oder rechtlichen Gründen beruht, ist gleichgültig. Eine wichtige rechtliche Verhinderung ergibt sich aus dem Verbot des Selbstkontrahierens (§ 181). Als besonderen Fall hebt das Gesetz den hervor, daß ein Dritter bei unentgeltlicher Vermögenszuwendung an den Mündel die Verwaltung durch die Eltern oder den Vormund ausgeschlossen hat, § 1909 I 2.
Das Vormundschaftsgericht hat das Fürsorgebedürfnis zu prüfen; es kann die Bestellung eines Pflegers insbesondere dann ablehnen, wenn es nicht gewillt ist, das beabsichtigte Geschäft zu genehmigen.

Die Eltern oder der Vormund sind verpflichtet, dem Vormundschaftsgericht unverzüglich Anzeige zu machen, wenn eine Pflegschaft erforderlich wird, § 1909 II.

2. *Pflegschaft für eine Leibesfrucht*, § 1912. Ein *ungeborenes*, aber *schon erzeugtes Kind erhält zur Wahrung* seiner *künftigen Rechte, soweit diese der Fürsorge bedürfen*, einen *Pfleger*, § 1912 S. 1.
Die Fürsorge steht jedoch den Eltern zu, wenn das Kind, falls es bereits geboren wäre, unter elterlicher Gewalt stehen würde, § 1912 S. 2.

Nach § 43 JWG kann auf *Antrag* des *Jugendamtes* oder einer *unverheirateten Mutter* für eine Leibesfrucht ein Pfleger bestellt werden, auch wenn die *Voraussetzung* des § 1912 S. 1 nicht gegeben ist. Es bedarf also keines besonderen Nachweises, daß die künftigen Rechte der Fürsorge bedürfen; die Fürsorgebedürftigkeit wird ohne weiteres angenommen. Doch gilt dieser Sondersatz, wie sich aus der systematischen Stellung des § 43 JWG ergibt, *nur für uneheliche* Kinder. Mit der Geburt des Kindes wird der Pfleger im Einverständnis mit dem Jugendamt Vormund; § 40 JWG, der dem Jugendamt die Amtsvormundschaft über das uneheliche Kind zuweist, findet hier also keine Anwendung.

Ob eine Pflegschaft nach § 1912 auch für eine künftige juristische Person eingerichtet werden kann, ist bestritten; bejahend KG OLG 24, 246; verneinend *Dölle*, § 143 II 1.

3. *Gebrechlichkeitspflegschaft*, § 1910. Ein *Volljähriger*, der *nicht unter Vormundschaft* steht, kann einen *Pfleger* für seine *Person und* sein *Vermögen* erhalten, *wenn er infolge körperlicher Gebrechen*, insbesondere weil er taub, blind oder stumm ist, *seine Angelegenheiten nicht zu besorgen vermag*, § 1910 I. Die Pflegschaft darf nur mit seiner Einwilligung angeordnet werden, es sei denn, daß eine Verständigung mit ihm nicht möglich ist, § 1910 III. Wird die Pflegschaft ohne Einwilligung des Pflegebedürftigen angeordnet, so spricht man von einer *Zwangspflegschaft*.
Die Zwangspflegschaft ist nicht unproblematisch. Sie vertritt in der Praxis nur allzuoft die Entmündigung, ohne aber dem Pflegling die Kautelen des Entmündigungsverfahrens zu bieten. Aus diesem Grund ist bei der Anordnung einer Zwangspflegschaft Zurückhaltung geboten, der Pflegling hat Anspruch auf rechtliches Gehör und ein selbständiges Beschwerderecht; vgl. BGH 35, 1; BVerfG NJW 1965, 2051.

Da die Pflegschaft auf die Geschäfts- und Prozeßfähigkeit des Pfleglings keinen Einfluß hat, bleibt dieser neben dem Pfleger handlungsfähig; der Pfleger hat die Stellung eines vom Staat ernannten Bevollmächtigten. Ist freilich der Pflegling geschäftsunfähig oder nur beschränkt geschäftsfähig, dann hat der Pfleger die Stellung eines gesetzlichen Vertreters; vgl. RG HRR 1929 Nr. 1651; str.

Die Pflegschaft kann auch auf *einzelne* Angelegenheiten, z. B. die Durchführung eines Rechtsstreits, oder einen bestimmten Kreis von Angelegenheiten, insbesondere die *Vermögens*angelegenheiten *beschränkt* werden, wenn ein Fürsorgebedürfnis nur in einem solchen Umfang besteht. Eine derartige *beschränkte Pflegschaft* wird auch zugelassen, falls ein Volljähriger an *geistigen* Gebrechen leidet, § 1910 II.

Infolgedessen ist das Vormundschaftsgericht in der Lage, von der Entmündigung eines Geisteskranken oder Geistesschwachen abzusehen, wenn die mildere Maßnahme der Pflegschaft ausreicht, so z. B. wenn die vollständige Heilung in absehbarer Zeit zu erwarten ist und deshalb die Stellung des Entmündigungsantrages unterbleibt; vgl. RG 52, 240; 65, 202.

4. *Abwesenheitspflegschaft*, § 1911. Ein *abwesender* Volljähriger, dessen *Aufenthalt unbekannt* ist, erhält einen Pfleger für seine *Vermögensangelegenheiten*, soweit sie der Fürsorge bedürfen, § 1911 I 1. Gleiches gilt, wenn der Aufenthalt des Abwesenden zwar bekannt ist, dieser aber an der Rückkehr und Besorgung seiner Vermögensangelegenheiten verhindert ist, § 1911 II. Das Gesetz erwähnt besonders den Fall, wo der Widerruf eines erteilten Auftrags oder einer Vollmacht nötig wird, § 1911 I 2.

Nach dem Wortlaut des § 1911 kann nur für eine *natürliche* Person ein Abwesenheitspfleger bestellt werden. Eine Ausnahme davon enthält das *Zuständigkeitsergänzungsgesetz* vom 7. 8. 1952. Nach § 10 I ZustErgG kann unbeschadet der allgemeinen gesetzlichen Vorschrift nicht nur für natürliche Personen, sondern auch für *Gesellschaften* und *juristische Personen* ein Pfleger schon dann bestellt werden, wenn die Verbindung zu dem Aufenthaltsort der natürlichen Personen oder der gesetzlichen Vertreter der juristischen Person unterbrochen oder so erschwert ist, daß ihre Vermögensangelegenheiten in der Bundesrepublik nicht ordnungsmäßig erledigt werden können.

5. *Vorläufige Pflegschaft*, § 1909 III. Wenn die *Voraussetzungen* für die *Anordnung* einer *Vormundschaft* vorliegen, ein *Vormund aber noch nicht bestellt ist*, ist eine Pflegschaft anzuordnen, § 1909 III.

Das darf selbstverständlich nur dann geschehen, wenn der sofortigen Bestellung eines Vormundes Hindernisse im Wege stehen, wenn z. B. Zweifel über die Berufung einer Person zu klären sind oder es schwierig ist, einen geeigneten Vormund zu finden.

6. *Pflegschaft für unbekannte oder ungewisse Beteiligte*, § 1913. Ist *unbekannt* oder *ungewiß*, *wer* bei einer Angelegenheit der *Beteiligte* ist, so kann *dem Beteiligten für diese Angelegenheit*, soweit eine *Fürsorge er-*

forderlich ist, ein Pfleger bestellt werden. Insbesondere kann einem *Nacherben*, der noch nicht erzeugt ist, oder dessen Persönlichkeit erst durch ein künftiges Ereignis bestimmt wird, für die Zeit bis zum Eintritt der Nacherbfolge ein Pfleger bestellt werden, § 1913.

Dasselbe gilt, wenn durch Vertrag eine Leistung zugunsten eines noch nicht erzeugten Dritten bedungen wird, § 331; vgl. KGJ 29 A 156. Voraussetzung der Pflegerbestellung ist aber immer, daß die *Rechtsordnung* künftigen Rechten noch nicht erzeugter Personen Rechnung trägt. Die Bestellung ist z. B. ausgeschlossen, wenn jemand einen Kaufvertrag mit einer noch nicht erzeugten Person abschließen will; vgl. KGJ 20 A 241.

III. Das Sonderrecht der Pflegschaft

Da die Pflegschaft im Sinne des BGB eine *Unterart* der *vormundschaftlichen* Fürsorge ist, finden *auf die Pflegschaft* die für die *Vormundschaft geltenden Vorschriften entsprechende Anwendung*, soweit sich nicht aus dem Gesetz ein anderes ergibt, § 1915 I.
Gesetzliche *Sondervorschriften* sind:

1. Die *Bestellung* eines *Gegenvormundes* ist nicht *erforderlich*, aber auch nicht unzulässig, falls nicht Vater oder Mutter sie ausgeschlossen haben, §§ 1915 II, 1852.

2. Die *Grundsätze* über die *Berufung* gelten nicht für eine nach § 1909 anzuordnende *Ergänzungspflegschaft* — also freie Auswahl des Pflegers durch den Richter, § 1916.

Das ist verständlich, weil der Pfleger oft die Interessen des Pfleglings gegenüber seinen Eltern wahrzunehmen hat.

Besonderes gilt, wenn die Pflegschaft anzuordnen ist für ein Vermögen, das dem Gewaltunterworfenen von einem *Dritten* letztwillig oder unentgeltlich unter Lebenden zugewandt ist *unter Ausschluß* der *elterlichen* oder *vormundschaftlichen Verwaltung*, § 1909 I 2. Hier erkennt das Gesetz dem Zuwender das Recht zu, eine bestimmte Person — auch sich selbst — als Pfleger zu berufen. Die Berufung muß aber vom Erblasser *durch letztwillige Verfügung* und vom Dritten *bei* der Zuwendung erfolgen, § 1917 I.

Die Vorschriften des § 1778 (betr. die Übergehung des Berufenen) finden entsprechende Anwendung. Ein Recht, bestimmte Personen auszuschließen (§ 1782), steht dem Zuwender nicht zu.

3. Für die *Führung* der *Pflegschaft* können der *Erblasser* oder *Schenker* zugunsten des von ihnen benannten Pflegers dieselben *Befreiungen* anordnen, die nach den §§ 1852 bis 1854 Vater und Mutter bei der Vormundschaft bestimmen können, § 1917 II.

Das Vormundschaftsgericht hat das Recht, die Befreiungen außer Kraft zu setzen, wenn sie das Interesse des Pfleglings gefährden, § 1917 II 2. Lebt der Schenker noch, so ist jedoch zu einer Abweichung von seinen Anordnungen seine Zustimmung erforderlich, § 1917 III.

4. Die *Geschäftsfähigkeit* des *Pfleglings* wird durch die *Pflegschaft selbst nicht beeinflußt.* — Aber sie *fehlt* aus anderen Gründen bei der Ergänzungspflegschaft, § 1909 I. Sie *kann* fehlen bei der Gebrechlichkeitspflegschaft (§ 1910) und der vorläufigen Pflegschaft (§ 1909 III); regelmäßig ist jedoch der Gebrechliche in der Geschäftsfähigkeit nicht beschränkt, ebensowenig der Abwesende.

So ist ein *Widerstreit* zwischen den Handlungen des Pfleglings und denen des Pflegers möglich — ganz wie wenn jemand selbst einen Bevollmächtigten bestellt hat. Dementsprechend ist auch der Widerstreit zu lösen: Die *zuerst* vorgenommene Handlung ist wirksam, bei gleichzeitiger Vornahme widersprechender Handlungen bleibt die Wirkung aus; gegenüber einem Widerspruch des geschäftsfähigen Pfleglings darf das Vormundschaftsgericht die Pflegerhandlung nicht genehmigen. Der Pflegling kann die Handlung des Pflegers unter denselben Voraussetzungen und in demselben Umfang rückgängig machen, wie jemand seine eigenen Handlungen rückgängig machen kann.

5. Für die *Beendigung* der *Pflegschaft* überhaupt gilt im Gegensatz zur Vormundschaft die *Regel*, daß sie *nicht ohne weiteres* (ipso iure) mit dem Wegfall ihrer Voraussetzungen *endet*, sondern *durch Aufhebungsbeschluß* des Vormundschaftsgerichts; die Pflegschaft ist aufzuheben, wenn der Grund für ihre Anordnung weggefallen ist, § 1919. Das rechtfertigt sich daraus, daß die Fortdauer des Fürsorgebedürfnisses im einzelnen Fall verschieden und sein Wegfall nicht immer leicht festzustellen ist. Wo dafür ein sicherer Zeitpunkt gegeben ist, bleibt es bei der Beendigung kraft Gesetzes.

a) *Fälle* der *Beendigung kraft Gesetzes*:

α) Die *Ergänzungspflegschaft* endet mit der *Beendigung* der *elterlichen Gewalt* oder der *Vormundschaft*, § 1918 I,

β) die Pflegschaft für eine *Leibesfrucht mit der Geburt* des Kindes, § 1918 II,

γ) die Pflegschaft zur Besorgung einer *einzelnen Angelegenheit mit deren Erledigung*, § 1918 III,

δ) die Pflegschaft für *Abwesende* mit der *Rechtskraft* des *Beschlusses* über die *Todeserklärung* oder die *Feststellung der Todeszeit*, § 1921 III.

b) *Fälle der Beendigung durch Aufhebungsbeschluß.*

α) Ein Aufhebungsbeschluß ist nötig bei der *Gebrechlichkeitspflegschaft*, die nicht zur Besorgung einer einzelnen Angelegenheit eingerichtet ist.

Sie ist aufzuheben, wenn der Gebrechliche die Fähigkeit, seine eigenen Angelegenheiten allein zu besorgen, wiedererlangt. Da sie nach § 1910 III nur mit Einwilligung des Gebrechlichen eingerichtet werden darf, ist sie außerdem ohne weiteres aufzuheben, wenn der *Gebrechliche* es *beantragt*, selbst wenn das Fürsorgebedürfnis weiter bestehen sollte, § 1920. Ob der Gebrechliche geschäftsfähig ist oder nicht, spielt dabei keine Rolle; vgl. KG FamRZ 1966, 321.

β) Ein Aufhebungsbeschluß ist nötig bei der *Abwesenheitspflegschaft*. Sie ist aufzuheben, wenn der Abwesende an der Besorgung seiner Vermögensangelegenheiten nicht mehr verhindert ist, § 1921 I. Selbst der Tod des Abwesenden führt nicht ohne weiteres zur Beendigung; das Vormundschaftsgericht hat aber die Pflegschaft aufzuheben, wenn ihm der Tod bekannt wird, § 1921 II. Rechtshandlungen des Pflegers nach dem Tode des Pfleglings, aber vor der Aufhebung der Pflegschaft, berechtigen und verpflichten dessen Erben.

γ) Ein Aufhebungsbeschluß ist nötig bei der *Pflegschaft* für *unbekannte Beteiligte* (§ 1913), es sei denn, daß es sich um die Besorgung einer einzelnen Angelegenheit handelt und diese erledigt ist. In diesem Fall gilt § 1918 III.

δ) Ob ein Aufhebungsbeschluß nötig ist, wenn im Falle des § 1909 III (*vorläufige Pflegschaft*) ein Vormund bestellt wird, ist bestritten, aber wohl zu bejahen.

Für die *Beendigung* des *Amtes* eines *bestimmten Pflegers* gilt das Gleiche wie bei der Vormundschaft, § 1915.

Sachregister

(Die Zahlen verweisen auf die Seiten)

C

D

Paragraphenverzeichnis

Paragraphenverzeichnis

LEHRBÜCHER UND GRUNDRISSE DER RECHTSWISSENSCHAFT

FSC
www.fsc.org
MIX
Papier | Fördert gute Waldnutzung
FSC® C083411

Kolibri 360 GmbH
Ferdinand-Jühlke-Straße 7
99095 Erfurt, Deutschland
produktsicherheit@kolibri360.de